普通高等教育"十一五"国家级规划教材

高等学校物流管理与工程类系列教材

现代服务学概论

（第 2 版）

霍红　刘莉　主编

中国财富出版社有限公司

图书在版编目（CIP）数据

现代服务学概论／霍红，刘莉主编．—2版．—北京：中国财富出版社有限公司，2025.1

ISBN 978－7－5047－7475－0

Ⅰ.①现…　Ⅱ.①霍…②刘…　Ⅲ.①服务经济学—高等学校—教材　Ⅳ.①F063.1

中国版本图书馆 CIP 数据核字（2021）第 130021 号

策划编辑	黄正丽	**责任编辑**	刘 斐 郑泽叶	**版权编辑**	李 洋
责任印制	苟 宁	**责任校对**	卓闪闪	**责任发行**	敬 东

出版发行	中国财富出版社有限公司			
社　　址	北京市丰台区南四环西路 188 号 5 区 20 楼		**邮政编码**	100070
电　　话	010－52227588 转 2098（发行部）		010－52227588 转 321（总编室）	
	010－52227566（24 小时读者服务）		010－52227588 转 305（质检部）	
网　　址	http：//www.cfpress.com.cn		**排　　版**	宝蕾元
经　　销	新华书店		**印　　刷**	宝蕾元仁浩（天津）印刷有限公司
书　　号	ISBN 978－7－5047－7475－0/F·3774			
开　　本	787mm×1092mm　1/16		**版　　次**	2025 年 1 月第 2 版
印　　张	24.25		**印　　次**	2025 年 1 月第 1 次印刷
字　　数	531 千字		**定　　价**	68.00 元

前　言

近年来，我国服务业蓬勃发展，移动支付、共享经济和大数据管理等服务领域已经走在世界前列，市场竞争已经从制造技术、产品质量的竞争转变为服务竞争。各类企业迫切需要掌握服务管理的一系列理论和方法，来应对这种转变。《现代服务学概论（第2版）》的主要目的是为读者提供现代服务领域入门知识的同时，让读者熟悉特定的顾客服务问题。现代企业除了需要传统的服务营销和管理知识外，还要增加在服务创新、服务质量管理、国际服务贸易和服务供应链管理等方面的竞争力。

《现代服务学概论（第2版）》共十章，与第1版相比，除了对原有章节内容进行更新，还根据服务业发展的最新趋势，增加了第十章服务供应链。第一章介绍了现代服务导论，包括服务与服务系统、服务经济、国内外服务业的发展概况及现代服务业的发展趋势。第二章引入了服务战略，介绍了服务战略的概念及要素、服务竞争战略特点，重点介绍了服务的一般性竞争战略。第三章阐述了服务市场选择，包括服务市场概况、服务市场细分、服务目标市场的选择、服务市场定位。第四章介绍了服务营销组合，涉及服务营销组合概述、内容、设计和服务组合。第五章对服务创新与开发进行展开，介绍了服务创新的内涵、服务创新的类型、新服务开发的模式和新服务开发的过程。第六章对服务质量管理进行了深入研究，指出产生服务质量差距的原因，并阐释服务质量是如何进行衡量、设计和改进的。第七章介绍了服务补救，提出服务补救的模型与实施，最后介绍各种理论在服务补救中的应用。第八章介绍了顾客服务管理，涉及顾客及其价值、顾客关系、高效的顾客服务管理、顾客保留分析和客户关系管理等。第九章介绍了国际服务贸易，包括服务贸易的概述、服务贸易的基本理论、全球服务贸易发展新趋势及我国服务贸易竞争力的现状和发展趋势。第十章介绍了服务供应链，包括服务供应链概述、服务供应链相关理论和服务供应链的应用。

本书具有以下特点。

1. 在每一章的前面，均有"本章学习目的"，引导读者针对性地去学习有关知识。

2. 每一章都有一个导入案例，正文中也配有若干案例、数据链接、小贴士等，以供读者对内容作深入理解。

3. 贯穿本书的有一系列图形及表格，同时每一章还有配套课后思考题，帮助读者理解所学内容。

本书适合高等院校工商管理、企业管理、应用经济学、国际经济与贸易及相关专业师生使用，也适合第三产业各行业中高级管理人员阅读。由于编者水平有限，不妥之处在所难免，虚心接受读者的宝贵意见。

本书由霍红、刘莉担任主编。参加编写的人员还有王海滨、钟海岩和张冬冬。其中第一章、第二章、第四章、第九章、第十章由刘莉编写，第三章、第六章由霍红、钟海岩编写，第五章由霍红、王海滨编写，第七章、第八章由王海滨、张冬冬编写。本书在编写过程中，参考了国内外专家学者的相关著作，对此表示衷心感谢。

2024 年 9 月

目　录

第一章　现代服务导论

[本章学习目的]

掌握：服务的基本特征；服务经济的作用；影响服务经济的因素。

熟悉：服务的分类；服务经济的定义；国内外服务业的发展状况；现代服务业的发展趋势。

了解：服务的内涵；服务业的分类。

✏️ 导入案例

海南：中医药服务纳入自贸港新增鼓励类产业目录

2020年11月，海南省对外公布《关于促进中医药在海南自由贸易港传承创新发展的实施意见》，明确将中医药服务纳入海南自贸港新增鼓励类产业目录，全面推动中医药传承与创新发展。

意见提出，海南将充分利用自贸港政策制度优势，将中医药服务贸易作为全省开展服务贸易创新发展的重点领域进行突破，吸引更多中医药服务贸易企业落户。海南融合创新发展中医药健康旅游，围绕国际旅游消费中心建设将中医药生态、绿色和健康的理念与旅游深度融合，打造独特的中医药健康旅游新业态新模式。此外，鼓励省内公立医院拓展服务项目，增设与休闲度假功能相结合的康养中心；鼓励旅行社与各类中医医疗、康养机构合作，将中医药与观光、休闲、度假类产品结合，在国内外市场推广。

据了解，海南还提出构建高水平中医药服务体系，实现县办中医医疗机构全覆盖，实现所有社区卫生服务机构、乡镇卫生院和70%以上的村卫生室具备中医药服务能力。在中药研究方面，海南将充分利用独特的热带气候资源，开展南药、芳香药、黎药、海洋药资源的研究、保护和开发利用工作。

第一节　服务与服务系统

一、服务的概念

（一）服务的多种定义

"服务"这一词对每个人都不会陌生，但如果要明确回答"什么是服务"却很难。"服务"和"管理"一样，是看不到摸不着的东西，而且应用的范围也越来越广泛，难以简单概括，所以直到今天，还没有一个权威的定义能为人们所普遍接受。"服务"在古代是"侍候"的意思，随着时代的发展，"服务"被不断赋予新意，如今，"服务"已成为整个社会不可或缺的人际关系的基础。社会学意义上的服务，是指为他人、为集体的利益而工作或为某种事业而工作，如"为人民服务，他在邮电局服务了十五年"。经济学意义上的服务，是指以等价交换的形式，为满足企业、公共团体或其他社会公众的需要而提供的劳务活动，它通常与有形的产品联系在一起。

服务是一种复杂的现象，我们可以找到许多有关服务的定义，涵盖了从个人服务到产品服务，甚至还可以再广一些。它们都包含一个共同的方面，即强调服务的无形性以及生产和消费的同时进行。以下列举了几个具有代表性的定义。

1960年，美国市场营销协会（AMA）给服务下的定义为："用于出售或者同产品连在一起进行出售的活动、利益或满足感。"这一定义在此后的很多年里一直被人们广泛采用。

1974年，斯坦通（Stanton）指出："服务是一种特殊的无形活动。它向顾客或工业用户提供所需的满足感，它与其他产品销售和其他服务并无必然联系。"

1983年，莱特南（Lehtinen）认为："服务是与某个中介人或机器设备相互作用并为消费者提供满足的一种或一系列活动。"

1990年，格鲁诺斯（Gronroos）给服务下的定义是："服务是以无形的方式，在顾客与服务职员、有形资源等产品或服务系统之间发生的，可以解决顾客问题的一种或一系列行为。"市场营销学泰斗菲利普·科特勒（Philip Kotler）给服务下的定义是："一方提供给另一方的不可感知且不导致任何所有权转移的活动或利益，它在本质上是无形的，它的生产可能与实际产品有关，也可能无关。"我们也可以这样来理解服务：服务就是本着诚恳的态度，为别人着想，为别人提供方便或帮助。

《服务营销》一书中提出"服务是一种涉及某些无形因素的活动，它包括与顾客或他们拥有财产的相互活动，它不会造成所有权的更换，条件可能发生变化，服务产出可能或不可能与物质产品紧密相连"。

《质量管理体系 基础和术语》（GB/T 19000—2016）中规定：服务通常是无形的，并且是在供方和顾客接触面上至少需要完成一项活动的结果。

（二）服务的相关概念

服务概念体系还包括：服务行为、服务产品、服务型企业、服务产业和服务经济，它们体现在服务由微观到宏观的各个层面。

1. 服务行为

服务是一方为另一方提供服务的活动，是当一方有某方面的需求，而自已没有能力或不愿亲自实现时，通过交易方式请求另一方帮助实现的活动过程。服务行为是服务的具体微观表现，服务管理的内容是针对服务行为的时间、地点、方式以及服务过程中的顾客感受展开的。

2. 服务产品

服务产品，是生产者通过由人力、物力和环境所组成的结构系统来销售及交付的，能被消费者购买和实际接收及消费的产品功能。

3. 服务型企业

服务型企业是指从事现行营业税"服务业"科目规定的经营活动的企业。与制造型企业相比，服务型企业的一个最大特点就是人力资本在企业资本中的占比高，人力资本已经成为服务型企业的"第一资源"。服务型企业的经营理念是一切以顾客的需求为中心，其工作重心是以产品为载体，为顾客提供完整的服务。其利润总额中，服务所创造的利润占据重要比例。与传统的产品型企业相比，服务型企业能够更好地满足顾客的要求，提高顾客的满意度和忠诚度，增加服务型企业的利润，增强服务型企业的市场竞争。

4. 服务产业

以增值为目的提供服务产品的生产部门和企业集合叫服务产业。对服务产业的划分方法有很多，如按照服务提供对象划分为消费性服务业和生产性服务业两类。

5. 服务经济

服务经济是以人力资本基本生产要素形成的经济结构、增长方式和社会形态。在服务经济时代，人力资本成为基本要素，土地和机器的重要性都大大下降了，人力资本成为经济增长的主要来源。因此，服务经济增长主要取决于人口数量和教育水平。现代服务经济产生于工业化高度发展的阶段，是依托信息技术和现代管理理念发展起来的，现代服务经济的发达程度已经成为衡量区域现代化、国防化和竞争力的重要标志之一，是区域经济新的极具潜力的增长点。

二、服务的特征——IIHP 特性

学者们对于服务的特征进行过各方面的阐述，基本都认为服务主要具有无形性、不可分离性、异质性和易逝性（简称 IIHP 特性）。

（1）无形性（Intangibility）。服务不能以与感知有形商品同样的方式被看到、闻到、触摸到或感觉到。

（2）不可分离性（Inseparability）。在服务过程中，消费者与生产者必须直接发生联系，从而导致生产的过程也是消费的过程。

（3）异质性（Heterogeneity）。从一次服务交易到下一次服务交易，服务操作存在着潜在的可变性。

（4）易逝性（Perishability）。服务不能保存，没有使用的服务不能储存起来，服务本身是不能产生库存的。

以上四个特征使服务运营管理更具有挑战性，同时也要求管理者拥有与传统管理实践不同的思路。

（一）无形性

无形性是服务最主要的特征。服务的产品形式可以是完全的劳务，即无形产品形式。比如汽车修理人员提供的修理服务，民航、铁路提供的运输服务。但是，也有很多是与有形产品的制造和提供结合在一起的服务形式。比如，汽车制造公司的汽车销售服务等。

服务的无形性会给顾客带来一定的问题。主要体现如下。

（1）服务缺乏存储的能力。例如，下午日常没有售出去的电影院座位不可能加到晚场的电影中去。

（2）服务不受专利的保护。例如，企业会称他们的工艺流程是受专利保护的，实际上受保护的是工艺流程中有形的机器，而非工艺流程本身。

（3）服务展示或传达过程困难。例如，保险对于许多人而言是种复杂产品，我们看不到它，也不了解它，在购买之前也不能抽样品体验，即使花了很多钱购买了保险，在将来的某一时间之前也是感受不到的。因此保险推销员向顾客解释其产品的价值是相当困难的。

（4）服务定价困难。例如，你要去当一个家庭教师，辅导小学英语、数学，那么你每小时收费多少？你的劳动成本又是多少？服务定价所面临的挑战在于根本就没有销售的具体产品的成本，因为服务的主要成本是劳动力。

（二）不可分离性

不可分离性是服务管理的显著特征，即服务的生产与消费是同时进行、不可分离的。也就是说服务人员提供服务的同时也是顾客消费服务的时候，二者在时间上不可分离。服务的不可分离性又派生出其他一些特性，主要如下。

（1）服务是在服务提供者实际在场的情况下产生的。例如，医疗手术需要外科医生在场，家庭服务需要家政服务员在场。

（2）顾客参与生产过程。顾客参与生产过程会随情况而变，例如，顾客在接受医疗手术或理发等服务时需要全程在场，顾客在接受家庭清洁服务时只需在服务开始和结束时在场，顾客通过网络学习大学课程时只需精神在场。

（3）服务过程中有其他顾客出现。服务过程通常是几个顾客共享的，这种共享既可能是负面的，也可能是正面的。比如，公共场合吸烟会扰乱非吸烟者的空间，自习室里的聊天会影响他人学习。当然，"其他顾客"也会带来正面的影响。例如，电影院观众的笑声和恐怖的尖叫声常常会增强人们对电影的兴趣，一般情况下门口停车场上停满车的饭店比没有车停的饭店更加吸引顾客用餐。

（4）服务不易大量生产。因为服务提供者是直接与所生产的服务相联系的，单个服务提供者只能生产有限的服务量。对于特定的人所提供的服务感兴趣的顾客只能到服务提供者的场所。

（三）异质性

服务的异质性是指服务的构成成分及其质量水平经常变化，很难统一。异质性所引起的主要障碍是服务的标准化和质量控制难以实现。不同的服务人员由于其自身因素的影响会提供不同质量和效果的服务，即使同一个服务人员提供的服务也会因时因地而产生不同的水准。例如，饭店里的服务员常常承认，他们各自与顾客打交道的质量也会因不同的顾客、不同的时间而变化。

（四）易逝性

易逝性是服务区别于商品的特性，也说明了服务不能储存的特性。原来可以使用的服务，如果不消费掉也就不再存在了。而货物管理中，充分利用储存空间和期货的能力将为人们提供很多选择的余地。例如，当你打电话给仓库管理员求助，得到的回应通常是："对不起，我正忙，我将在半个月后与您联系。"消费者或许可以为货物的运输等上很长的一段时间，但是如果服务不能在很短的时间内提供给消费者，这笔生意很可能因此而跑掉。服务产品只有出现消费者需求的时候才会生产，如不适用将会产生机会损失。

三、服务的分类

服务包括的内容十分复杂，因而有必要进一步研究服务的分类，以使对服务业的研究更具针对性。虽然不同的分类方法或多或少有一定的局限性，但服务的分类有助于更有条理地讨论服务管理，打破行业障碍，互相取长补短。如医院可以向旅馆学习管理经验，干洗店也可以向银行学习——为客户开设晚间存取款业务。服务的分类方法很多，本书结合众多参考资料，详细阐述服务的分类。

（一）服务的主要分类

1. 按服务与有形产品的关系分类

按照服务与有形产品的关系可分为两类。

（1）单纯服务，与有形商品交易无关的，独立进行交易的服务。如电影院放映电影的有偿服务，再如旅客与航空公司之间的买卖客运服务。

（2）附属服务。依附于商品买卖的劳务转让。比如消费者购买电子类产品之后，卖方或厂商会提供一系列售后服务。一个企业在产品的开发和架设销售渠道之后，增加产品的附属服务是企业利益增加的重要因素。

2. 按服务的贸易方式分类

服务贸易方式即服务的提供方式，服务贸易是指一国居民与他国居民所做的服务交易，也就是透过提供服务来从事进出口贸易活动。这些跨越国界所进行的服务交易，如果按照世界贸易组织（WTO）服务部门分类，服务被划分为12个部门，包括：商业服务、通信服务、营造及相关工程服务、配销服务、教育服务、环境服务、金融服务、人体健康服务、观光及旅游服务、娱乐文化及运动服务、运输服务和其他服务。另外，服务贸易也可能透过单纯以服务供给者提供服务的方式，或与商品结合的方式提供服务。由此可见，服务贸易的交易形态相较商品交易更为复杂。

3. 按服务的战略性分类

拉弗朗克在 *Classifying Service to Gain Strategic Marketing Insights* 一文中将服务从五个方面进行分类。

（1）根据服务活动的性质，可以从两个层面对服务进行分析：一是谁或什么是服务的直接接受者；二是服务是可触知的还是不可触知的，即是有形活动还是无形活动。这样可以得到以下四种组合形式。

①对人的可触知的活动，如医疗卫生服务、餐饮服务。

②对物的可触知的活动，如运输、设备维修。

③作用于顾客心理的不可触知的活动，如教育、信息服务。

④作用于顾客财产的不可触知的活动，如金融服务、法律服务。

按服务的接受者与服务活动的性质分类，如表1-1所示。

表 1-1　　　　　　　　　　按服务的接受者与服务活动的性质分类

服务活动的性质	服务的接受者	
	人	物
有形活动	作用于顾客的服务： 医疗卫生服务 美容理发 客运 餐饮 健身	作用于物的服务： 商品运输 维修 家庭清洁 洗染 园艺
无形活动	作用于顾客意识的服务： 教育 电视、广播 戏剧 博物馆 信息服务	作用于无形物的服务： 银行 保险 法律服务 金融服务 会计服务

（2）按照服务组织与顾客之间关系的类型（会员关系或非正式关系），及服务传递的形式（持续传递或间断传递）可分为：会员关系的持续传递、非正式关系的持续传递、会员关系的间断传递、非正式关系的间断传递。按相互关系及服务传递的形式分类，如表1-2所示。

表1-2　　　　　　　　　　　按相互关系及服务传递的形式分类

服务传递的形式	服务组织与顾客之间的关系	
	会员关系	非正式关系
持续传递	保险 学生大学注册 与银行关系 电话用户	广播电台 住宅照明 公共高速公路 灯塔
间断传递	长途电话 月票 智能计算机软件 剧院订票	汽车租赁 邮政服务 打收费电话 公共交通服务 餐馆用餐

（3）按照需求和供给的性质可分为：需求波动大而供给受限制程度也大、需求波动大而供给受限制程度小、需求波动小而供给受限制程度也小、需求波动小而供给受限制程度大，按需求和供给的性质分类，如表1-3所示。

表1-3　　　　　　　　　　　　按需求和供给的性质分类

供给受限制程度	需求波动	
	大	小
大	酒店 客运 餐馆	与其他服务类似但企业的基础能力不足
小	电话服务 电力 燃气、煤气	保险 银行 法律服务

（4）按照顾客与服务业之间交互的性质（顾客到服务场所、企业上门服务或远程交易），及服务的可获性（单一场所或多个场所）可分为：顾客到服务场所的单一场所服务、企业上门服务的单一场所服务、远程交易的单一场所服务、顾客到服务场所的多个场所服务、企业上门服务的多个场所服务、远程交易的多个场所服务。按交互的

性质与服务的可获性分类，如表1-4所示。

表1-4　　　　　　　　　按交互的性质与服务的可获性分类

服务的可获性	顾客与服务业之间交互的性质		
	顾客到服务场所	企业上门服务	远程交易
单一场所	电影院 理发店	家政服务 出租车	地方电视台 信用卡管理企业
多个场所	连锁便利店 公共汽车	上门专递 AAA 紧急维修	电话公司 无线电通讯网

（5）按照服务的定制程度（高或低）与服务人员为满足顾客需求行使的判断程度（高或低）可分为：定制程度高、判断程度高，定制程度低、判断程度高，定制程度高、判断程度低，定制程度低、判断程度低。按定制程度与判断程度分类，如表1-5所示。

表1-5　　　　　　　　　　按定制程度与判断程度分类

判断程度	定制程度	
	高	低
高	出租车服务 法律服务 医疗卫生服务 人才中心	预防性健康计划 教育 大学餐饮服务
低	旅店服务 电话服务 金融服务	快餐 家电维修 公共交通

（二）服务过程分类

施米诺在 *How Can Service Businesses Survive and Prosper* 一文中，根据影响服务传递过程性质的两个主要维度：劳动力密集程度和交互及定制程度，设计了一个服务过程矩阵，如图1-1所示。垂直维度衡量劳动力密集程度，劳动力密集程度＝劳动力成本/资本成本；水平维度衡量与顾客之间的交互及定制程度。"定制"是指顾客个人影响要传递的服务的性质的能力。如果服务是标准化而非定制化，顾客与服务人员之间就无须过多交互。

服务过程矩阵将服务分成四个部分，每个部分各有其特点。

（1）服务工厂：低劳动力密集/低交互及定制。"服务工厂"提供标准化服务，具

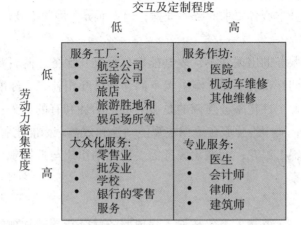

图 1-1 服务过程矩阵

有较高的资本投资。

（2）服务作坊：低劳动力密集/高交互及定制。"服务作坊"允许有较多的服务定制，但在高资本环境下经营。

（3）大众化服务：高劳动力密集/低交互及定制。"大众化服务"的顾客在劳动力密集的环境中得到无差别的服务。

（4）专业服务：高劳动力密集/高交互及定制。"专业服务"的顾客会得到专业人员为其提供的个性化服务。

（三）标准化服务、个性化服务、超值服务

1. 标准化服务

标准是对重复性事物和概念所做的统一规定。它以科学、技术和实践经验的综合成果为基础，经有关方面协商一致，由主管机构批准，以特定形式发布，作为共同遵守的准则和依据。而服务标准化是指通过对服务标准的制定和实施，以及对标准化原则和方法的运用，以达到服务质量目标化，服务方法规范化、服务过程程序化，从而获得优质服务的过程。例如，目前我国饭店业所采用的标准体系主要包括《中央厨房建设要求》（GB/T 44142—2024）、《中央厨房 运营管理规范》（GB/T 44141—2024）等。标准化的推行有效地促进了服务企业从传统的经验管理向科学管理的过渡与转变，为服务企业带来了可观的经济效益和良好的社会效益。

2. 个性化服务

标准化的服务不能使顾客得到差异需求的满足，因为标准化的住宿达不到游客求新、求奇、求变的要求；标准化的服务同各类顾客的需求也不能完全保持一致，不同年龄、不同职业的顾客对服务产品有各自的需求。而与标准化不同的个性化能凸显服务企业经营的特色，展现服务企业的核心竞争力。因此服务企业为顾客提供优质服务

远远不能只停留在标准规范上，应该体现在更深层次的内涵上，即个性化服务。个性化服务不照抄照搬基本服务要求的条条框框，因人而异，因时而变，使顾客得到满意、惊喜。

当然，个性化服务的出现并不代表其能取代标准化服务，两者都没有取代对方的可能，因为它们之间存在着差异，侧重点不同，并且互相补充。标准化服务注重的是服务规范和程序，而个性化服务强调的是服务的灵活性和有的放矢；标准化服务强调整体的形象和效率，而个性化服务提倡主观能动性和效益；标准化服务注重掌声四起，而个性化服务追求锦上添花；标准化服务需要鲜明的组织与群体观念，而个性化服务需要浓厚的感情因素。

3. 超值服务

管理学家奥雷罗·彼德·杰尔林说，超值服务就是指超越常规的服务，也就是做到这个国家和这个企业规定的服务之外，自觉地使这种服务无限延伸，超越顾客的要求。这种超值服务会使顾客深切感受到企业无微不至的关怀，从而使顾客和企业之间建立起友好、融洽的关系。这是对传统服务观念和服务行为的挑战。

超值服务是贯穿于科研、生产、销售全过程的，以顾客为导向，向顾客提供最满意的产品和最满意的服务。超值服务包括：售前超值服务，如售前培训、售前调研、售前准备和售前接触；售中超值服务，如服务人员与顾客进行交流、沟通和洽谈；售后超值服务，如服务制度、用户沟通制度、员工服务规范、员工培训制度和奖惩制度。

四、服务系统

（一）服务系统的内涵

服务系统（Service System）可看作一种社会化的技术系统，是自然系统与制造系统的复合。服务系统是对特定的技术或组织的一种网络化配置，用来提供服务以满足顾客的需求和期望。在服务系统中，服务的提供者与服务的需求者之间按照特定的协议、通过交互以满足某一特定顾客的请求，进而创造价值，彼此之间形成协作生成关系。好的服务系统使那些没有经验的服务提供者能够快速准确地完成复杂的服务任务。

（二）服务系统的构成

服务系统是由多个要素和多维度组成的，是在某种环境下提供的一系列产品和服务的组合。服务系统以服务体验为核心，包括以下子系统。

1. 支持性设施

在提供服务前必须到位的物质资源。例如，机场、车站、码头、医院、快递网点等。

2. 辅助物品

顾客购买服务时需要同时购买和消费的物质产品，或是顾客自备的物品。例如，学校里的图书、餐厅的菜品和篮球场上的自备篮球等。

3. 信息

为享受高效服务和按其具体要求定制服务的顾客提供的运营数据或信息，例如，航空公司官网上显示的余票信息、出门行走所需的导航系统、旅游公司发布的酒店网址链接等。

4. 显性服务

可以用感官察觉到的、构成服务基本或本质特性的利益，它是一项服务的基本特征。例如，航空飞行、发型设计、汽车修理等。

5. 隐性服务

顾客能够模糊感到服务带来的精神上的收获，或服务的非本质特性，这是一项服务的附属特征。例如，汽车检修后的安全感、健康体检后的轻松感、旅游时的愉悦感。

（三）服务系统的特征

1. 动态性

美国麻省理工学院福莱斯特认为，复杂系统的行为取决于内部多重因素及其反馈结构，其中，反馈分为正向反馈和负向反馈，前者是指系统中过去行动的结果反馈回去后，继续导致更强烈的行动；后者是指系统中过去行动的结果反馈回去后，调节机制对系统的未来行动作出调节，从而使整个系统趋于稳定。通常，服务系统由多个要素共同构成，并具有反馈功能的复杂系统，其基本特征表现为动态性。

2. 开放性

美国学者卡斯特、罗森茨韦克等将系统分为开放式系统和封闭式系统，认为开放式系统是指系统与外部环境保持信息、能量、资源等交换，在相互持续性作用下能够达到或实现动态稳定状；封闭式系统是指系统与外部环境不发生任何交换和作用。实践显示，客户参与大多数服务系统的整个运作过程，服务系统与外界客观存在紧密相连关系，其基本特征表现为开放性。

（四）服务系统的基本构成要素

服务系统的基本构成要素包括服务的提供者、服务的需求者、软件/硬件、服务环境、各类支撑资源等。有学者认为服务系统由以下九大要素组成。

（1）顾客（Customer）：服务需求的提出者、服务的接收者。

（2）目标（Goals）：服务被设计或运行的主要目的。

（3）输入（Input）：将要被提供服务的顾客。

（4）输出（Output）：已经被提供服务的顾客。

（5）过程（Process）：提供服务的全过程。

（6）人力使能者（Human Enabler）：参与服务的人。

（7）物理使能者（Physical Enabler）：向服务过程提供资源的实体。

（8）信息使能者（Informatics Enabler）：向服务过程提供知识的实体。

（9）环境（Environment）：各类约束或标准，以使服务达到特定标准。

第二节 服务经济

一、服务经济的定义

服务经济（Service Economy）是以人力资本基本生产要素形成的经济结构、增长方式和社会形态，是社会进入更高发展阶段的经济形态。从发展规律看，国际会从以农业产品和工业产品的生产为主转向以服务产品的生产为主。当然，各个国家发展水平不同，所处的阶段也不同，发达国家已经显现出服务业为主的经济形态，而发展中国家大多处于产品经济阶段。

二、服务经济的作用

（一）服务业促进经济的增长和生活质量的提高

全球范围内经济的增长促进了服务业的发展，人民生活水平不断得到提高，人们拥有了更多可支配的收入和更多的闲暇时间来享受需要和发展需要。例如，人们对服务的需求正成为消费地位的一种象征。人们从对耐用消费品的追求转变为对旅游、美丽、健康、安全的追求。在发达国家，服务业占国内生产总值（GDP）的比重为 50%～60%，吸收的劳动力占 50%~80%。服务业不仅成为经济增长的重要推动力量，而且对于扩大就业、提高人民生活水平发挥了重要作用。

改革开放以来，我国服务业规模不断扩大、结构不断改善，对增加就业、满足人民生产生活需要发挥了积极作用。据不完全统计，我国服务业增加值年均增长 10%，占 GDP 的比重由 1978 年的 24.6% 提高到 2012 年的 45.5%。国家统计局的国内生产总值数据表明，服务业在国民经济中所占的比例已经提高到 41%，略低于制造业的 46%，远远超过了第一产业。随着服务业的发展，中国将经历与发达国家相似的经济结构过程。管理学家彼得·德鲁克曾预言：中国可能是第一个通过服务贸易而非货物贸易实现世界经济一体化的国家。

（二）服务业是国际竞争力重要的组成部分

加快服务业发展有利于提高国家的整体竞争力。第二次世界大战以后，随着西方发达国家技术进步和产业结构的演进，服务产业迅速增长，在国民经济中的地位不断增强，成为国民经济的支柱产业。同时，20 世纪 80 年代以来，经济的全球化发展趋势引人注目，经济全球化使当代国际经济竞争的性质、形式和内容都发生了重大变化。在经济全球化的发展中，服务业成为异军突起的国际竞争新领域，服务产业发展水平成为一个国家经济竞争优势的关键所在。

现代市场经济下，在产业链当中附加值比较高的一般都处在产业链的两端，也就是说在产品的设计、产品的研发、物流和营销等生产性服务方面，而恰恰在这些方面，我们国家做得还不够，比如我国就明显存在着重制造、轻服务的问题，所以虽然中国的制造业有很大的发展，但在制造业的设计、管理、品牌方面与先进国家相比还有很大的差距，也正因为这些原因导致我国产业的整体竞争能力不强。因此，加快服务业的发展对提高我国产业竞争能力起到至关重要的作用。

我国加入世贸组织（WTO）以来，积极履行有关承诺，服务业对外开放程度进一步提高，外商投资大幅度增加，市场法律法规体系进一步完善，服务业发展步伐加快，整体竞争力有所增强。

（三）服务业是提供就业和创业机会的重要途径

20 世纪初期，全球的主要劳动力集中在农业与制造业，服务业劳动力所占的比重很小，其产出也占总产出很少的一部分。但是，随着经济的发展，服务业的经济地位也不断提高。以美国为例，1900 年，美国服务业的就业人数仅占总劳动力的 30%；到 1984 年，服务业雇用的劳动力人数占到 74%；到 20 世纪 90 年代，这个数字上升到 80%。如今，平均每 4 个美国人中，就有 3 个在服务业工作。在日本，情况也是如此，1990 年日本的服务业增加值占到了 GDP 的 62.93%。在日本，工业雇员人数增长缓慢，服务业雇员人数逐年增长。

充分就业是所有国家宏观经济的重要指标。中国是劳动力供给大国，在经济改革中，中国社会遇到的一大问题就是失业问题。在大量农村剩余劳动力涌入城市，同时城市人口就业压力不断加大的形势下，商业对劳动力的吸纳作用变得尤为重要。据不完全统计，自改革开放以来，我国服务业增加值年均增长 10%，占 GDP 的比重由 1978 年的 23.7% 提高到 2003 年的 33.1%，服务业占全社会就业人员的比重由 12.2% 上升为 29.3%，新增就业 1.7 亿人。服务业对于扩大就业、提高人民生活水平发挥了重要的作用，已成为我国经济增长的重要推动力。

（四）服务业促进产业结构的升级

早在 300 多年前，英国学者配第就用产业结构的变化来说明世界经济的发展，他指出：各国人均收入不同的主要原因在于产业结构的差别。工业收入较农业收入多，而商业收入又比工业收入多。此后的 300 多年间，各国学者又对产业结构理论作了进一步的研究，研究显示，经济的发展和人均收入的增加来源于高附加值产业的发展，具体表现在第二、第三产业的比重相对提高，以及各产业内部高附加值部分所占比重的提高。随着科技的进步和劳动生产率的提高，人们的需求有了更大的变化，随之而来的是产业结构的变革。

丹尼尔·贝尔（Daniel Bell）在《后工业社会的来临》一书中把社会经济的发展划

分为三个主要的阶段——前工业化社会、工业化社会、后工业化社会，指出人类正进入后工业化社会，后工业化社会的一个"最简单"的特点，即大多数劳动力转为从事第三产业以及服务业经济。后工业化社会已成为产生服务经济的重要阶段。

全球服务业呈现快速增长势头，服务业产值在各国国民经济结构中的比重不断攀升，逐渐成为许多发达国家的主导产业。美、英、法等发达国家的服务业占 GDP 的比重基本超过 70%。发展中国家的比重要小得多，但也都超过了 50%，并呈快速增长态势。譬如，印度的软件服务业以及信息服务业进展十分迅猛，正逐渐成为全球服务外包的首要目的国。据世界银行数据统计，1980—2000 年，全球服务业增加值占 GDP 的比重由大约 56% 升至 63%，主要发达国家达到 71%，中等收入国家达到 60%，低收入国家达到 44%。进入 21 世纪，发达国家的服务业比重基本达到 70%。2001 年，在世界 GDP 中，服务业所占比重为 68%，其中最高的是美国，2002 年达到 75%。

我国服务产业曾经十分落后，20 世纪 80 年代，农业劳动力占总劳动力约 66%，另外约 33% 为第二产业劳动力，服务产业就业人数甚微。经过几十年的发展，我国的产业结构有了很大的变化。已实现了从"一、二、三"到"二、三、一"的转变，即从以农业为主，工业、建筑业次之，流通业、服务业为辅的产业结构优化为以工业、建筑业为主，流通业、服务业次之，农业比重最少的产业结构。而现在，中国的产业结构排序是"三、二、一"，服务经济时代已经到来。

三、影响服务经济的因素

（一）技术创新

以信息技术为核心的新一轮科技革命，正在从动力、渠道、内容等多个方面重塑全球服务经济格局。服务贸易数字化、智能化、平台化的趋势明显，移动互联网、大数据、云计算、人工智能、区块链等网络技术的广泛应用，不断催生新的服务业态，网络经济、数字经济、平台经济的繁荣既丰富了服务经济的内容、形式，也提升了服务经济的效率。以服务贸易数字化为例，软件与信息技术的广泛应用，使旅游、医疗康养、文化创意等传统服务贸易与"互联网+"的融合不断加速，基于云平台的服务效率提升，交易成本降低，降低信息不对称风险，使远程甚至跨境贸易趋于活跃。

（二）分工专业化

随着信息技术的广泛应用以及产业链分工的细化和专业化，三大产业的传统边界被打破，制造业服务化的特征明显，模糊了产业链中制造和服务环节，使货物贸易和服务贸易的关联性增强。据统计，欧美等发达国家产品制造环节的附加值不到产品最终价格的 40%，其余增加值产生于服务环节，这一趋势将加速服务外包化发展。

（三）发展中国家的开放政策

随着发展中国家经济发展水平的提升，服务业在经济结构中的占比在增加，供给能力和需求逐步增长，进一步融入全球经济的开放政策也为服务贸易的扩大提供了便利。目前，中国、印度已是全球服务外包大国，东南亚、欧洲在承接国际服务外包上也呈现良好增长态势，发展中国家在全球服务贸易增长中正发挥越来越大的作用。2020 年，全球服务外包市场需求已经达到约 1.8 万亿美元，其中离岸外包规模达到约 4500 亿美元。

（四）国家监管政策

与货物贸易自由化、便利化不同，服务经济具有无形性、广布性，不能通过口岸监管予以很好的控制。出于对安全威胁的担心，很多国家对服务贸易尤其是数字贸易实施了比较严格的监管。改革完善国内监管体制，提升对服务贸易的监管能力，探索有效监管模式，正成为各国面临的重要课题。

（五）新一轮贸易协定

在全球化受阻的背景下，区域经贸协定加速，服务贸易在区域经贸协定中的地位越发突出，成为国际协定的重要内容。除此之外，正在推进的国际服务贸易协定谈判，几乎覆盖所有服务部门，包括金融服务、信息通信技术服务（包括电信和电子服务）、专业服务、海运服务、快递服务、能源服务、政府采购等。随着服务贸易的兴起，WTO 也对扩大市场准入、完善国内规制以及跨境电子商务等方面表现出较大关注。随着大型区域合作协定和国际服务贸易协定以及多边贸易体制取得进展，服务贸易发展将实现进一步加速。

（六）国际治理规则

信息技术不断催生服务新业态、新模式，全球化在不断延伸服务贸易的广度和深度。然而，多边规则和机制则止步不前，相对服务贸易发展的需要严重缺位。在缺乏国际统一规范和规则的情况下，各国各自为政，隐性贸易壁垒众多。国际社会亟待努力构筑新的服务贸易监管国际框架，加强多边规则的覆盖面和约束力，促使各国提高监管透明性，降低贸易壁垒。

第三节　国内外服务业的发展概况

一、服务业的概念

服务业通常被称为第三产业。1935 年，新西兰教授费歇尔提出了"第三产业"的概念，他在《安全与进步的冲突》一书中将人类生产活动的发展分成三个阶段。其中处于初级阶段的生产活动以农业和畜牧业为主；处于第二阶段的以工业生产为标志；第三阶段的产业即第三产业，费歇尔的理论很快被人们所接受。从 20 世纪 50 年代后期开始，世界各国的经济统计部门普遍采用这种产业分类方法。表 1-6 是国际上通用的三大产业划分。

表1-6 　　　　　　　　　　国际上通用的三大产业划分

产业划分	解释	产业范围
第一产业	产品直接取自自然界的部门	农业、林业、牧业、渔业、狩猎业
第二产业	对初级产品进行再加工的部门	采矿业，制造业，电力、燃气及水的生产和供应业，建筑业
第三产业（服务业）	为生产和消费提供各种服务的部门	商业、餐饮业、仓储业、运输业、交通业、邮政业、电讯业、金融业、保险业、房地产业、租赁业、技术服务业、职业介绍、咨询业、广告业、会计事务、律师事务、旅游业、装修业、娱乐业、美容业、修理业、洗染业、家庭服务业、文化艺术、教育、科学研究、新闻传媒、出版业、体育、医疗卫生、环境卫生、环境保护、宗教、慈善事业、政府机构、军队、警察等

二、服务业的分类

（1）从服务营销的角度将服务业分为三类，卖方相关分类法、买方相关分类法和服务相关分类法。服务营销角度的服务业分类如表1-7所示。

表1-7 　　　　　　　　　　服务营销角度的服务业分类

卖方相关分类法	企业性质	民间、营利 民间、非营利 公营、营利 公营、非营利
	表现的功能	通信业 顾问咨询 教育 金融 保健 保险
	收入来源	取自市场 纯捐赠 课税

买方相关分类法	市场类型	消费品市场 工业市场 政府市场 农业市场
	购买服务的途径	便利性服务 选购服务 专卖服务 非寻找服务
	动机	工具型（达成目的的手段） 表现型（目的本身）
服务相关分类法	服务形态	规格服务 定制服务
	以人/器械为基础	以人为主的服务 以器械为主的服务
	接触度的高低	高接触度 低接触度

（2）国际标准化组织将服务业分为十二类，如表1-8所示。

表1-8　　　　　　　　　　服务业的十二类分类

分类依据	服务业类别	内容
国际标准化组织	接待服务	餐馆、旅行社、娱乐场所、广播、电视、度假村
	交通与通信	机场、空运、公路、铁路和海上运输、电信、邮政、数据通信
	健康服务	医疗所、医院、救护队、医疗实验室、眼镜商
	维修服务	电器、机械、车辆、热力系统、空调、建筑、计算机
	公用事业	清洁、垃圾管理、供水、场地维护、供电、煤气和能源供应、消防、治安、公共服务
	贸易	批发、零售、仓储、配送、营销、包装
	金融	银行、保险、生活津贴、地产服务、会计
	专业服务	建筑设计、勘探、法律、执法、安全、工程、项目管理、质量管理、咨询、培训与教育
	行政管理	人事、计算机处理、办公服务
	技术服务	咨询、摄影、实验室
	采购服务	签订合同、库存管理与分发
	科学服务	探索、开发、研究、决策支持

（3）依据服务业的经济性质，把服务业划分为五类。

①生产服务业，是指直接和生产过程有关的服务活动行业。

②生活性服务业，是指直接满足人们生活需要的服务活动行业，包括加工性质的服务，具有提供一定物质载体的特点；活动性服务，即不提供物质载体，只提供活动的服务。

③流通服务业，是指商品交换和金融领域内的服务行业，包括生产过程的继续、交换性服务业和金融服务业。

④知识服务业，是指以知识为基础，为人类的生产和生活提供较高层次的精神文化需求的服务业，包括专业性服务业和发展性服务业。

⑤社会综合服务业，是指不限于某个领域的交叉性服务活动行业，包括公共交通业、社会公益事业和城市基础服务。

依据服务业经济性质的服务业分类如表 1-9 所示。

表 1-9 　　　　　　　　依据服务业经济性质的服务业分类

分类依据	服务业类别		内容
服务业经济性质	生产服务业		厂房、车间、机器等劳动手段的修缮和维护；作业线的装备、零部件的转换、机器的擦拭、喷漆、涂油和保养；生产的组织、工时的运筹、劳动力的调整以及计划、进度、报表的编制
	生活性服务业	加工性质的服务	饮食、缝纫、家用器具的修理等
		活动性服务	旅店、理发、浴池；文化性服务，如戏剧、电影、音乐、舞蹈等文化娱乐活动及旅游活动
	流通服务业	生产过程的继续	仓储、保管、搬运、包装等
		交换性服务业	商业的销售、结算等商业活动服务
		金融服务业	银行、保险、证券、期货等
	知识服务业	专业性服务业	技术咨询、信息处理等
		发展性服务业	新闻出版、报纸杂志、广播电视、科学研究、文化教育等
	社会综合服务业	公共交通业	运输业、航运业等
		社会公益事业	公共医疗、消防、环境保护、市政建设等
		城市基础服务	供电、供水、供气、供暖、园林绿化等

三、全球服务业的发展概况

近年来，受世界经济复苏缓慢、增长低迷的影响，全球服务业平稳低速增长，发展水平极度不平衡；跨国投资稳中略降，仍保持主体地位；全球服务贸易保持稳健中低增速，仍高于世界贸易整体增长速度；政策创新加速，互联网新业态成为主要发力点。同时，物联网发展推动全球服务业持续创新，互联网金融为金融业发展提供新动力与新模式，众包模式成为服务外包业增长的新引擎，互联网智能制造成为制造服务化的新趋势，共享经济成为服务发展的新模式，大数据及电子商务等新兴业态保持强劲增长态势。2005—2017年，全球服务贸易的增长速度超过了货物贸易，平均每年增长5.4%。分销和金融服务是服务贸易最重要的组成部分，分别占服务贸易的近20%。教育、卫生或环境服务等其他服务的份额正在迅速增加，但目前占服务贸易总额的比例微不足道。

（一）服务业产值和就业人数显著增长

全球已进入服务经济时代，服务业主导的产业结构变迁与经济转型升级成为世界经济发展新趋势。绝大多数国家服务业产值的年增长速度都超过本国GDP增长速度。世界银行数据显示，过去30年全球服务业增加值占GDP比重逐年提升，当前占比已超过60%，其中美国、德国、日本等发达国家服务业增加值已经达到GDP的70%以上。即使是中低收入国家也达到了43%的平均水平。在服务业吸收劳动力就业方面，西方发达国家服务业就业比重普遍达到70%左右，少数发达国家达到80%以上。

（二）服务业在国际经济中的比重增加

目前，世界主要发达国家的经济重心开始转向服务业，产业结构呈现"工业型经济"向"服务型经济"转型的总体趋势。服务贸易已占世界贸易的20%以上。以国际旅游服务为例，据联合国旅游署公布的数据，2018年，全球多个客源市场出境游的快速发展推动了国际旅游收入的提高，达到1.7万亿美元。旅游收入占全球服务出口收入的29%，占全球商品和服务出口收入的7%。

（三）全球服务业跨国投资仍保持主体地位

2012—2014年，全球服务业吸引外国直接投资（FDI）好于整体FDI水平，发展中国家吸引FDI水平好于发达国家。2012年、2013年全球服务业FDI分别为5930亿美元、6780亿美元。根据联合国贸易发展会议2015年发布的《世界投资报告》数据，2014年全球FDI流量下降了16%，约为1.23万亿美元，流入发展中经济体约6810亿美元，增长2%，创历史新高。其中，服务业FDI达到6700亿美元，占54.5%，说明全球FDI向服务业转型的趋势仍然没有改变。同时，在全球FDI大幅度下降的形势下，服务业FDI下降仅约1%，从6780亿美元下降到6700亿美元，说明服务业仍是全球投资意愿较强的主要领域。

（四）现代服务业在全球范围内创新发展

20 世纪 90 年代以来，现代服务业进入了迅速发展时期。传统的基于工业化的经济格局转变为知识经济格局。现代服务业在工业经济时代处于经济发展边缘的位置，规模和影响力都比较小，但却为后来的知识经济时代发展奠定了基础。在知识经济时代，企业所关心的是核心能力和核心业务的发展，大量商务活动的外包促使现代服务业在世界范围内迅速壮大起来，并逐渐成为推动各国经济发展的重要力量。例如广告服务、租赁服务、咨询服务、会展服务等。从第二次世界大战结束到 20 世纪 80 年代是现代服务业的发展时期。美国广告业最先进入了全面发展阶段，60 年代繁荣的美国广告业开始进入欧洲和日本。从 20 世纪 50 年代起，世界租赁业从近代租赁业转向现代租赁业，据统计，1982 年工业发达国家租赁投资约占全部设备投资的 15%。世界上最发达的咨询市场也出现在美国，其中有著名的麦肯锡公司。西欧大规模咨询活动开展较晚，但发展很快，日本也跟上了发展。从 1945 年开始，贸易展览会和博览会成为会展业的主导形式，60 年代，专业消费展览从专业展览会分离出来，直接展示并销售产品。除此之外，这个时期的律师业也以美国市场最发达。除了美国、日本、欧洲等发达国家和地区，在亚洲的新加坡、中国香港和韩国，企业理财服务和经纪服务、审计外包服务也都成为充满生机的新兴行业。信息服务和人事服务是在这个阶段出现的两种新兴服务行业，1985 年美国信息产业的产值占 GDP 的 60%，猎头公司最早出现在美国，在七八十年代出现并盛行于中国香港、日本、欧洲。经过这一时期的发展，现代服务业实现了产业化，在经济中发挥的作用越来越大。同时发达国家的服务业也迈出了国际化的步伐，引领现代服务业发展的潮流。

现代服务业包括生产服务业、商务服务业、人力资源服务业和消费服务业，涵盖时尚创意、工业设计、研发服务、智能物流、融资服务、营销服务、专业咨询、商业、医疗、教育等。现代服务业在国际分工中占有优势地位。许多发达国家本身并不参与制造和生产，却在国际分工与贸易中获得绝大多数利益。其原因就在于这些国家的跨国公司凭借其先进的现代服务业，特别是高水平的研发能力和市场营销能力，控制了全球生产网络和价值链，从而取得高收益。这种获利模式已经成为发展中国家努力的方向。目前，美国、法国、英国、德国等国的服务业比重都已达到 70% 及以上。另外，针对现代服务业的直接投资也不断加大。

跨境电商、物联网、互联网金融、众包、大数据、共享经济等新兴服务业、新的服务模式蓬勃发展，成为拉动全球服务业增长的主要引擎，新业态的不断涌现推动了各国服务业政策的不断创新。各国经济发展阶段的巨大差异导致不同经济体之间服务业发展极度不平衡，发达国家仍保持绝对优势，同时发展中国家也具有较大发展空间。

📝 **数据链接**

"通过分析过往年份的数据,服务业对当今世界不可或缺",前世贸组织总干事罗伯托·阿泽维多 2019 年 11 月 6 日在第二届中国国际进口博览会上指出,服务业对当今世界不可或缺,不仅贡献了全球超过 2/3 的经济产出,同时为发展中国家提供了 2/3 以上的就业机会,为发达国家提供了 4/5 的就业机会。

《2019 年世界贸易报告(中文版)》在第二届中国国际进口博览会上发布,2019 年报告的主题是"服务贸易的未来发展",报告中根据世界贸易组织试验性的新统计方法,指出了服务贸易在全球贸易和经济中的重要性被长期低估,并认为随着技术的进步,技术贸易方式和成本将呈下降趋势。未来服务贸易将迎来更大发展,同时由于服务贸易监管的复杂性,各国应积极参与服务领域的国际合作。

报告显示,服务贸易自 2005 年至 2007 年,每年平均增长 5.4%,增速超过货物贸易 4.6% 的增速。在发展中经济体,服务贸易占整体贸易的比重日益上升,而发展中国家在全球服务贸易中的占比,也较 2005 年上升了超过 10 个百分点。

《2019 年世界贸易报告(中文版)》最大的亮点之一,是采用了全新的统计方法,对全球贸易进行了更为全面的分析,前中国驻世贸组织大使张向晨认为,这有助于世贸组织成员重新认识服务贸易。据了解,新统计方法在统计数据中包括了之前没有覆盖的服务供应,加入了在其他国家经营的公司、办公室或者是附属机构所从事的服务贸易的数据。由此得出的结论显示,2017 年服务贸易总值达到了 13.3 万亿美元,这意味着全球服务贸易的总量比传统统计方法得出的结果要高出 20 个百分点。这也体现出服务贸易对于全球贸易至关重要。

张向晨表示,正如报告所预测的,技术进展在未来几年内会大幅促进服务贸易。如在中国,数字技术已经完全重塑了商业模式,让原先难以面对面提供的服务现在可以实现远程提供。如今中国有 5.92 亿网民上网购物,以及超过 3 亿的网上教育用户,此数字仍然在不断增长。我们应探索如何能够让这种尚未完全挖掘的潜力充分发掘,特别对发展中国家和地区而言。如果发展中国家和地区能充分利用数字技术,他们全球服务贸易的占比会增长约 15%。

此外,张向晨认为,服务贸易中的包容性应该得到更多关注。服务贸易对于发展中国家和地区中小企业在全球贸易中的发展非常重要,但目前在全球服务贸易中,发展中国家和最不发达国家的占比仍然较低,为了解决这一问题,世贸组织成员应当共同努力,例如各成员应当提出有更多关注成效的服务贸易规则及其他措施。

据了解,报告中多次提及中国服务贸易的快速增长。自中国加入世贸组织以来,中国服务贸易进出口总额从最初的 719 亿美元增长至 2018 年的 7919 亿美元,近 20 年间增长了十余倍。同时中国进一步扩大开放,为服务提供商提供了更多市场准入机遇,不仅正式确立了准入前国民待遇加负面清单的外资准入管理制度,同时宣布取消外资设立独资寿险公司、证券公司和基金管理公司的股比限制。

世贸组织首席经济学家罗伯特·库普曼表示，在过去一年当中，服务贸易和货物贸易的增长都比较缓慢，主要是因为经济增长放缓，贸易摩擦加剧。世贸组织的贸易平衡指标显示，2005年开始，货物贸易和服务贸易较快速的增长态势已经有所放缓。

罗伯特·库普曼特别指出，服务贸易的成本相当于货物贸易的两倍，《2019年世界贸易报告（中文版）》显示，从2000年到2017年服务贸易成本降低了大概9%。此外，发展中国家和地区的能力建设对服务贸易也很重要。世贸组织希望通过谈判减少各国贸易政策、贸易监管方面的成本。世贸组织预计在全球贸易当中，服务贸易的占比将会越来越高，2040年将会提高到50%。

四、我国服务业的发展概况

（一）我国服务业的发展过程

自从我国加入WTO之后，面对着更为激烈的竞争和挑战，服务业也面临着生存和发展的迫切问题。我国服务业的发展大致经历了三个阶段。

1. 服务业发展起步阶段

从中华人民共和国成立初期到改革开放前，我国的经济发展主要是以恢复、调整和粗放发展为主，通过发展农业、奠定工业基础和加大工业投入的方式来增加经济总量。在这期间，由于受到思想上认识的不足，以及传统计划经济体制及相应产业政策的局限，服务业一直没有得到重视，发展极为缓慢，因此，服务业在GDP和就业中所占的比重很小。到1978年，服务业占GDP的比重只有约28.4%，就业比重只有约12.2%，远低于同期发达国家的比重。

2. 传统服务业快速发展阶段

从改革开放到加入WTO的20年间，随着认识水平的提高、市场竞争机制的导入和改革开放的深化，服务业在这一阶段获得快速发展。1985年，国务院批准在全国进行服务业统计，并要求各地重视发展服务业。服务业在国民经济中的地位逐渐提高，成为我国国民经济的重要组成部分。到2000年服务业占GDP和就业的比重已分别达到约33.2%和27.5%。同时，服务业的内部结构也发生了很大的变化，许多新兴服务业迅速兴起并获得了较快发展。

3. 服务业快速整体推进阶段

我国加入WTO以后，给国内服务业的发展带来了巨大的机遇和挑战，并促使国内服务业的全面发展和升级。这一阶段的进程刚刚开始，它不仅会推动国内服务业"量"的发展，更会促使服务业"质"的提升，这是服务业经济发展到一定阶段的必然产物，也是各国综合国力中不可或缺的重要组成部分。近年来，我国服务业占比快速增长，2013年首度超过工业，至今服务业已成为我国第一大行业部门和经济增长主动力。毫无疑问，服务业占比的持续上升意味着经济结构转型发生了变化，也反映了经济转型水平。

（二）我国服务业的划分

我国国家统计局在 1985 年《关于建立第三产业统计的报告》中，将第三产业分为四个层次：流通部门、为生产和生活服务的部门、为提高科学文化水平和居民素质服务的部门、为社会公共需要服务的部门，具体如表 1-10 所示。

表 1-10　　　　　　　　　　我国第三产业结构划分

第三产业	流通部门	第一层次	交通运输业、邮电通信业、商业饮食业、物资供销和仓储业等
	服务部门	第二层次　为生产和生活服务的部门	金融保险业、地质普查业、房地产业、公用事业、居民服务业、旅游业、咨询信息服务业、各类技术服务业等
		第三层次　为提高科学文化水平和居民素质服务的部门	教育事业、文化事业、广播电视事业、科技研究事业、卫生事业、体育事业、社会福利事业等
		第四层次　为社会公共需要服务的部门	国家机关、党政机关、社会团体，以及军队和警察等

需要说明的是，第三产业中第四层次提供的行政性服务不同于制造商的产品服务，而且与服务业的服务也有本质的不同，这种不同主要体现在营利性上，显然，政府部门的服务没有营利性。因此，我们研究的服务业不包括政府部门。

✏ **数据链接**

疫情下的服务业转型

2020 年，突如其来的新冠疫情对服务业造成较大冲击，也验证了"互联网+服务业"的巨大潜力。网上外卖、线上教育、在线诊疗、远程办公、跑腿闪送等个人和企业数字化服务竞相出现，既解了中小企业的"疫情之困"，也为服务业的数字化发展提供了助力。

中国互联网络信息中心发布的第 46 次《中国互联网络发展状况统计报告》显示，截至 2020 年 6 月，我国网民规模达 9.40 亿，其中手机网民规模达 9.32 亿，网民使用手机上网比例达 99.14%。数据显示，2024 年 1 月至 8 月，我国规模以上互联网和相关服务企业完成互联网业务收入 11710 亿元，同比增长 4.4%。在线教育、网络销售等疫情期间快速发展的领域，随着用户习惯养成，已逐步形成常态。

（三）我国服务业的发展现状

经济的持续健康发展是服务业快速发展的底气所在。我们有超大规模的市场优势和内需潜力，有世界上最大规模的中等收入群体，同时拥有世界上规模最大、门类最全、配套最完备的制造业体系，以及世界上最多的市场经济主体，这些都为服务业的发展提供了深厚的土壤。随着制造业专业化程度的提高和社会分工的日益深化，对生产性服务业的需求不断衍生。随着人民收入水平的提高，生活性服务业的发展规模、种类和服务能力不断提升。

我国服务业规模日益壮大，综合实力不断增强，服务业效益大幅提升，新业态层出不穷，服务业逐步成长为国民经济第一大产业，成为中国经济稳定增长的重要基础。

1. 服务业规模日益壮大，成为中国经济的第一大产业

1952—2018 年，我国第三产业（服务业）增加值从 195 亿元扩大到 469575 亿元，按不变价计算，年均增速达 8.4%，比国内生产总值（GDP）年均增速高出 0.3 个百分点。

据初步核算，2019 年，服务业增加值 534233 亿元，比上年增长 6.9%，分别高出国内生产总值和第二产业增加值增速 0.8 个百分点和 1.2 个百分点。服务业增加值占国内生产总值比重为 53.9%，比上年提高 0.6 个百分点，比第二产业高 14.9 个百分点。服务业对国民经济增长的贡献率为 59.4%，比第二产业高 22.6 个百分点，拉动国内生产总值增长 3.6 个百分点，比第二产业高 1.4 个百分点，服务业在国民经济中的"稳定器"作用进一步增强。

（1）改革开放前，服务业在波动中发展成长。从新中国成立到改革开放前，我国社会主义经济建设的首要任务是发展工业，特别是重工业，服务业处于辅助和从属地位。这一时期，我国经济发展总体呈上升趋势，但增长不稳定，服务业与经济运行趋势基本一致，在波动中发展成长。1952—1978 年，我国服务业增加值从 195 亿元增长到 905 亿元，年均增长 5.4%，比 GDP 年均增速低 0.8 个百分点，比第二产业低 5.6 个百分点。服务业增加值在三次产业中的比重偏低，1978 年年末，我国服务业增加值占国内生产总值比重只有 24.6%，排在三次产业最末位，比第一产业、第二产业分别低 3.1 个百分点和 23.1 个百分点。

（2）改革开放以来，服务业进入快速发展期。党的十一届三中全会后，改革开放拉开序幕，服务业作为国民经济的重要组成部分以及与人民生活密切相关的行业，日益受到社会各界的重视。这一时期，服务业各领域改革稳步推进，行业准入门槛不断降低，服务业发展速度较快，在三次产业中的比重不断提升。1978—2012 年，我国服务业增加值从 905 亿元增长到 244852 亿元，年均增长 10.8%，是 1952—1978 年年均增速的 2 倍，比 GDP 年均增速高 0.9 个百分点，比第二产业低 0.5 个百分点。1985 年服务业增加值占 GDP 的比重超过第一产业，2012 年超过第二产业，上升至 45.5%。

（3）党的十八大以来，服务业发展进入新阶段。党的十八大以来，党中央、国务院高度重视服务业发展，推出了一系列改革举措来培育和促进服务业新经济、新动能的发展壮大，平台经济、共享经济、数字经济蓬勃发展，服务业发展进入新阶段。2012—2018 年，我国服务业增加值从 244852 亿元增长到 469575 亿元，年均增长 7.9%，高出 GDP 年均增速 0.9 个百分点，高出第二产业 1.3 个百分点。服务业在国内生产总值中的比重进一步上升，6 年提高了 6.7 个百分点，2015 年超过 50%，2018 年达到 52.2%，占据国民经济半壁江山。

2. 服务业综合实力显著增强，对经济发展影响力日益凸显

我国服务业实力日益增强，对国民经济各领域的影响力越来越大，在经济增长、就业、外贸、外资等方面发挥着"稳定器"作用。

（1）服务业对经济增长的贡献率稳步提升。改革开放前，我国服务业基础薄弱，对经济增长的贡献率较低。1978 年年底，服务业对当年 GDP 贡献率仅为 28.4%，低于第二产业 33.4 个百分点。改革开放后，随着工业化、城镇化的快速推进，企业、居民、政府等各部门对服务业需求日益旺盛，服务业对经济增长的贡献率不断提升。1978—2018 年，服务业对 GDP 的贡献率提升了 31.3 个百分点。党的十八大以来，服务业对 GDP 贡献率呈现加速上升趋势，6 年提高 14.7 个百分点，接近改革开放 40 年增幅的一半，2018 年达到 59.7%，高出第二产业 23.6 个百分点。

（2）服务业吸纳就业能力持续增强。改革开放前，工业、农业是我国吸纳就业的主体，1953—1978 年服务业就业人员年均增速虽然达到 3.7%，但比重相对较小，1978 年服务业就业人员占比仅为 12.2%，比第一产业、第二产业分别低 58.3 个百分点和 5.1 个百分点。改革开放后，在城镇化建设的带动下，大量农业转移人口和新增劳动力进入服务业，服务业就业人员连年增长。1979—2018 年，服务业就业人员年均增速 5.1%，高出第二产业 2.3 个百分点。党的十八大以后，服务业继续保持 4.4% 的增长速度，平均每年增加就业人员 1375 万人。2018 年年底，服务业就业人员达到 35938 万人，比重达到 46.3%，成为我国吸纳就业最多的产业。

（3）服务贸易占对外贸易比重不断上升。改革开放前，除了对外援建项目和少数外国友人来华旅游外，对外服务较少。改革开放后，我国积极开展国际间经济、技术、学术、文化等合作交流，服务贸易规模快速提升。1982—2018 年，服务进出口总额从 47 亿美元增长到 7919 亿美元，年均增长 15.3%，比货物进出口总额年均增速高出 1.3 个百分点。2016 年，我国服务进、出口规模在世界排名分别位列第 2 和第 5。2018 年，服务进出口总额占对外贸易总额的比重达到 14.6%，较 1982 年提升了 4.5 个百分点，越来越接近世界 20% 左右的平均水平。近年来，随着我国服务业竞争力的不断提升，服务出口额呈现加速增长态势。

（4）服务业吸引外资能力大幅增强。改革开放后，外商直接投资规模日益扩大。

1983—2018 年，外商直接投资额从 9.2 亿美元增长到 1383 亿美元，年均增长 15.4%。从投资方向看，2001 年以前，外商主要投资于制造业，我国加入世贸组织后，服务业对外资进一步放开，投资于服务业的外资比例大幅上升。2005 年外商直接投资额中，服务业仅占 24.7%，2011 年这一比例已经超过 50%，2018 年达到 68.1%，服务业已经成为外商投资的首选领域。

3. 服务业转型升级有序推进，发展质量效益稳步提升

新中国成立以来，服务业实现了由门类简单、地区差异低、单一公有制向门类齐全、区域协调、多种所有制共同发展的转变。服务业产业结构、行业结构日趋协调优化，发展质量效益稳步提升。

（1）传统服务业加速升级。新中国成立之初，我国服务业部门构成简单，内容及形式比较单一。1952 年服务业各部门中，批发和零售业，交通运输、仓储和邮政业，住宿和餐饮业增加值占服务业增加值比重分别为 35.9%、14.9% 和 7.5%，总和约 60%，构成服务业主体。经过 70 多年的建设，服务业门类更加齐全，各部门发展更趋均衡。批发和零售业，交通运输、仓储和邮政业，住宿和餐饮业这些传统服务业比重不断下降，2018 年分别为 17.9%、8.6% 和 3.4%，总和跌为约 30%，较新中国成立初期比重下降近一半。金融业、房地产业等现代服务业对经济支撑作用逐渐增强，2018 年占服务业增加值比重分别达到 14.7%、12.7%，较 1952 年上升了 8.7 个百分点和 5.6 个百分点。信息传输、软件和信息技术服务业，租赁和商务服务业等新兴服务业更是经历了从无到有的快速发展，影响力越来越大，2018 年增加值占服务业比重分别达到 6.9% 和 5.2%，按不变价计算，近 3 年年均增速更是高达 23.4% 和 9.9%，成为助推服务业持续增长的新动能。在互联网的推动下，批发和零售业、住宿和餐饮业等传统服务业加速转型升级，纷纷依托新技术发展电子商务、网络订餐、网上零售等新业务新商业模式。2015—2018 年，我国电子商务交易额、网上零售额年均增速分别为 17.8%、28.8%。2018 年，实物商品网上零售额占社会消费品零售总额的比重达到 18.4%。

从增加值看，2019 年，信息传输、软件和信息技术服务业，租赁和商务服务业两大门类增加值合计比上年增长 14.2%，增速高于第三产业增加值 7.3 个百分点，拉动第三产业增长 1.8 个百分点。从服务业生产指数看，信息传输、软件和信息技术服务业，租赁和商务服务业生产指数增速分别快于全国服务业生产指数 13.5 个百分点和 2.3 个百分点，这两大门类对服务业生产指数贡献率达 34.4%，拉动指数增长 2.4 个百分点。

（2）服务业区域结构不断优化。改革开放前，我国地区间服务业发展水平差异不大，主要为满足工农业生产和人民基本生活提供服务。改革开放后，各地区工业化、现代化建设进程以及经济发展水平不同，服务业呈现出不同的地域特点和阶段性特征。2018 年，全国 31 个省（自治区、直辖市）中服务业增加值占地区生产总值比重超过 50% 的地区共有 15 个。其中，北京、上海服务业增加值占比分别达到 81.0% 和 69.9%，接近发达国家水平。随着服务业的不断壮大，地域集聚和行业集聚趋势初步显现。从区域上看，服务业主要集中在东部沿海地区，2018年，广东、江苏、山东、浙江、北京、上海服务业增加值绝对额位列全国前6，占全国服务业增加值的比重达到45.6%；从行业上看，信息传输、软件和信息技术服务业，租赁和商务服务业集聚度相对较高，规模以上服务业企业中，两个门类营业收入排名前3位的省份营收之和已经超过全国总量的50%。

（3）服务业所有制结构日益多元。改革开放前，服务业一直以国有经济和集体经济为主。党的十一届三中全会后，以公有制为主体，多种所有制经济共同发展的格局逐步形成，个体经济、私营经济、外资经济在服务业中快速成长。党的十八大以来，我国进一步放宽金融业等行业市场准入和限制，加强知识产权保护，创造更有吸引力的投资环境，服务业市场化水平不断提升。2018年年底，全国规模以上服务业企业中，私人控股企业数量占比超过65%，营业收入和从业人员占比分别接近35%和45%；港澳台和外商控股企业数量占比虽不足5%，但营业收入占比已超过13%。

（4）服务业发展效率稳步提升。党的十八大以后，一系列助推服务业发展的改革措施深入推进。商事制度改革降低了私人办企业难度，财税体制改革减少了服务业企业税收负担，"大众创业、万众创新"战略掀起了全社会创业创新热潮，"放管服"改革优化了营商环境。工商和税务部门数据显示，2018年，服务业日均新登记注册企业接近1.5万家，全年服务业新登记注册企业占工商新登记注册企业的比重接近80%；服务业税收收入同比增长10.5%，高于第二产业3.1个百分点，占税收收入总量的56.8%。服务业发展环境的不断改善，增强了服务业企业发展活力和竞争力，服务业生产效率稳步提升。2018年，我国服务业全员劳动生产率较新中国成立初期和改革开放初期分别提高了10.7倍和7.1倍。

4. 服务业新动能加快孕育，新产业新业态亮点纷呈

新中国成立以来，服务业积极适应时代变化，新产业新业态层出不穷。

（1）生产性服务业步入快速成长期，支撑制造业迈向价值链中高端。党的十八大以来，制造业企业为提升核心竞争力，分离和外包非核心业务，对生产性服务业的需求日趋迫切。而新一轮税改及时打通了第二、第三产业间税收抵扣链条，有力促进了制造业、服务业的分工细化和融合发展，生产性服务业得以快速成长。2016—2018年，规模以上生产性服务业企业营业收入年均增长13.3%，高于规模以上服务业企业年均增速0.5个百分点。其中，与制造业生产密切相关的服务行业发展势头较猛。2018年，规模以上工程设计服务、质检技术服务、知识产权服务、人力资源服务、法律服务和广告服务企业营业收入较上年分别增长18.0%、10.3%、25.1%、20.1%、17.5%和17.5%。生产性服务业的发展壮大，为制造业迈向价值链中高端提供了更多的专业服务，有力促进了我国产业由生产制造型向生产服务型加速转变。

（2）互联网行业跃入高速增长期，深刻改变社会生产生活方式。20世纪90年代我国正式接入国际互联网后，互联网企业如雨后春笋般在中国大地上生根发芽、快速成长。2008 年后，随着智能手机以及 3G、4G 通信网络的推广普及，互联网迅速渗透到普通大众的日常生活中，互联网上网人数大幅攀升。2018 年年底，我国互联网上网人数达 8.3 亿人，移动电话普及率达 112 部/百人，分别是 2008 年的 2.8 倍和 2.3 倍。党的十八大以来，大数据、云计算、人工智能等现代信息技术不断发展成熟，互联网与国民经济各行业融合发展态势加速成形，传统产业数字化、智能化水平不断提高，共享经济、数字经济深刻改变了社会生产生活方式，加速重构经济发展模式。2012—2018 年，信息传输、软件和信息技术服务业增加值从 11929 亿元增长到 32431 亿元。2014—2018 年，规模以上互联网和相关服务、软件和信息技术服务业企业营业收入年均增速分别达到 32.8% 和 21.2%，远超规模以上服务业 11.1% 的年均增速。

📝 **相关案例**

海底捞餐饮股份有限公司在服务差异化战略指导下，始终秉承"服务至上、顾客至上"的理念，以创新为核心，改变传统的标准化、单一化的服务，提倡个性化的特色服务，将用心服务作为基本经营理念，致力于为顾客提供"贴心、温心、舒心"的服务。在管理上，倡导双手改变命运的价值观，为员工创建公平公正的工作环境，实施人性化和亲情化的管理模式，提升员工价值。海底捞餐厅在服务差异化战略的指导下以创新为核心，提倡个性化的特色服务，取得了不菲的业绩，引发了企业界向海底捞"学管理""学营销""学服务"的热潮。

观察海底捞的服务创新理念，可以发现正是因为其对员工无微不至的关怀和激励，带动了员工对服务的热情，促使员工发自内心地、快乐地制造独特的用户体验，从而赢取顾客的忠诚。

（3）"幸福产业"迈入蓬勃发展期，助推公共服务量质齐升。新中国成立以来，教育、卫生、文化、体育、社会服务等公共服务基础设施大幅改善。

随着人民对美好生活的需求日益品质化、个性化、高端化，旅游、文化、体育、健康、养老及教育培训等"幸福产业"蓬勃发展。2018 年，全国共有各级各类学校约51.9 万所，其中普通高校约 2663 所，是 1949 年的 13 倍；各类医疗卫生机构约 99.7 万个、床位约 840 万张，分别是 1949 年的 272 倍和 98.9 倍；公共图书馆约 3176 个、文化馆（站）约 44464 个，分别是 1949 年的 57.7 倍和 49.7 倍；社会服务床位约 782 万张，是 1978 年的 48 倍。2017 年全国体育场地已超过 195 万个，人均体育场地面积达1.66 平方米。改革开放以来，我国公共服务体系建设不断完善。2008 年全面实现城乡义务教育免除学杂费；"十二五"时期初步形成覆盖城乡的公共文化服务网络；2018年年底，基本养老保险参保人数达 9.4 亿人，基本医疗保险覆盖人数达 13.4 亿人，建成世界上最庞大的社会保障体系。2017 年，旅游及相关产业、文化及相关产业、体育产业增加值分别达到 37210 亿元、34722 亿元、7811 亿元，比上年增长 12.8%（未扣除价格因素，后同）、12.8%、20.6%，占当年 GDP 比重分别达到 4.53%、4.23%、0.95%。2016—2018 年，规模以上服务业企业中，健康服务业、养老服务业企业营业收入年均增速分别达到 13.3% 和 28.1%，我国公共服务规模、质量和水平不断提升。

"品质化旅游"带动旅游产业高质量发展。据中国旅游研究院估计，2019 年国内旅游人数将达 60.15 亿人次，入境旅游人数将达 1.44 亿人次，出境旅游人数将达 1.68 亿人次，旅游总收入将达 6.6 万亿元。2019 年 1—11 月，规模以上休闲观光活动营业收入同比增长 16.0%。"文化旅游""冰雪旅游"成为旅游新亮点，2019 年故宫博物院接待观众数量首次突破 1900 万人次，40 岁以下观众占 56.16%。2019 年的冰雪季，我国冰雪旅游人数达到 2.24 亿人次，冰雪旅游收入约为 3860 亿元，分别比 2017 年和 2018 年的冰雪季增长 13.7% 和 17.1%。

"数字化文体"赋能文体产业活跃发展。2019 年 1—11 月，规模以上娱乐业和文化艺术业营业收入同比分别增长 8.7% 和 8.0%。数字化技术打造文体产品新业态，网络动漫、短视频、电子竞技等发展活跃。国产动画电影《哪吒之魔童降世》斩获约 50 亿元票房。数字故宫、数字敦煌赢得盛誉，故宫成为抖音 2019 年度被赞次数最多的博物馆，中国国家博物馆、秦始皇兵马俑博物馆分列第二名和第三名。腾讯企鹅智库报告显示，"数字化+体育"的代表产物电子竞技 2019 年迎来"爆发元年"，我国电竞用户预计突破 3.5 亿人，产业生态规模将达 138 亿元。

"智慧化养老"助力养老产业创新发展。2019 年 1—11 月，规模以上居民服务、修理和其他服务业以及卫生和社会工作营业收入较快增长，同比分别增长 9.8% 和 9.7%，其中，家庭服务、医院营业收入同比分别增长 17.5% 和 10.5%。利用互联网、云计算、大数据、可穿戴设备等信息技术手段，智慧健康养老产业持续快速增长，据工业和信息化部测算，智慧健康养老产业近三年复合增长率超过 18%，2019 年产业总规模超过 3 万亿元，预计 2020 年将突破 4 万亿元。

（4）新业态新模式成为重要引擎。2019 年 1—11 月，规模以上互联网和相关服务、软件和信息技术服务业营业收入同比分别增长 25.7% 和 16.6%，增速分别快于规模以上服务业 16.3 个百分点和 7.2 个百分点。2019 年是 5G 商用元年，全国开通 5G 基站 12.6 万个。全年超额完成网络提速降费年度任务，"携号转网"全国实行，信息消费实现高速增长。2019 年 1—11 月全国移动互联网接入流量达到 1107.0 亿 GB，同比增长 77.4%。2019 年消费领域繁荣发展，亮点频出。全年实物商品网上零售额比上年增长 19.5%，高于社会消费品零售总额 11.5 个百分点，占社会消费品零售总额的比重为 20.7%，比上年提高 2.3 个百分点。2019 年，直播电商、社交电商、生鲜电商等新业态快速壮大，天猫"双十一"期间，超过 10 万商家开通直播，超过 50% 的商家通过直播获得新增长。

✎ **数据链接**

"十三五"期间，服务业占我国 GDP 的比重不断提高，2015 年超过 50%，2019 年达到 53.9%，在继续稳稳占据国民经济一半的同时，服务业的形态和内涵在互联网的助推下也发生了巨大变化。

从绝对数量来看，1978 年我国服务业的产值只有 860 亿元，远低于同期其他产业的产值。2020 年 1 月 17 日，国家统计局公布 2019 年中国经济运行数据。初步核算，2019 全年国内生产总值约 990865 亿元，按可比价格计算，比上年增长 6.1%，符合 6%~6.5% 的预期目标，分季度看，一季度同比增长 6.4%，二季度同比增长 6.2%，三季度同比增长 6.0%，四季度同比增长 6.0%，第一产业增加值约 70467 亿元，比上年增长 3.1%；第二产业增加值约 386165 亿元，比上年增长 5.7%；第三产业增加值约 534233 亿元，比上年增长 6.9%。值得注意的是，服务业的发展十分亮眼，占比进一步攀升。2019 年全年全国服务业生产指数比上年增长 6.9%，第三产业增加值占国内生产总值的比重为 53.9%，比上年提高 0.6 个百分点。信息传输、软件和信息技术服务业，租赁和商务服务业，金融业，交通运输、仓储和邮政业增加值分别增长 18.7%、8.7%、7.2% 和 7.1%。

（四）我国服务业存在的问题及其对策

1. 我国服务业存在的问题

当然，我国服务业发展也面临若干突出问题。比如，生产性服务业水平总体不高，尚未形成对产业结构优化升级的有力支撑；部分生活性服务业有效供给缺乏，难以满足人民群众日益增长的服务需求；服务贸易长期逆差，服务贸易国际竞争力较弱；服务业人才缺乏，服务水平有待进一步提升；等等。

（1）服务业开放程度不均。在世界范围内，服务业的发展经历了从无到有，从小到大的历程，在服务业发展的过程中，一直存在着两个主体，一是地方政府主体，二是企业主体，这两个主体互相作用。但市场化程度的不足，使企业主体很难发挥应有的作用，难以成为服务业的主导力量。这使中国服务业的发展在很大程度上受制于政府职能转变的程度。

垄断性质的服务业，需要国家区别自然垄断和非自然垄断行业，然后分别给予不同的政策。而属公共服务领域的服务业的发展，则有待中国的事业单位改革。

政府垄断经营严重，市场准入限制就多。金融、电信、民航、铁路等属垄断或保护性质的领域，至今仍保持着十分严格的市场准入限制。而属公共服务领域的服务业发展，远不只是服务业本身的问题。

据有关统计，我国全部企业法人单位中，私营企业在数量上已占半壁江山。但是，金融保险业中公有制依然居于绝对的主导地位。就整体来说，中国的服务业投资基本上还是以国有投资为主。服务业固定资产投资中，国有经济投资仍占 60% 左右，大大高于工业的同一比重。

（2）工业持续放缓且转型升级缓慢，生产性服务业有效需求不足。2012 年以来国际金融危机的深层次影响不断显现，美国经济复苏乏力、欧洲主权债务危机发酵、新兴经济体增速普遍放缓等，导致中国外需持续疲软且波动风险加大。中国经济趋势性下滑也不断增强，工业生产持续放缓且转型升级缓慢，抑制了工业领域的生产性服务需求。企业经营困难现象依然存在，特别是服务于基础能源、原材料等大宗商品储运的物流企业效益下滑幅度较大。通过对东北地区老工业基地的调研发现，工业结构转型升级对生产性服务业的现实需求明显不足，较低的社会化、市场化程度也严重制约了现代物流、品牌推广、融资服务、市场营销等生产性服务业的发展。

（3）服务内涵界定不够清晰。研究发现，目前我国对现代服务业的界定主要来自科技部《"十三五"现代服务业科技创新专项规划》：现代服务业是指在工业化比较发达的阶段产生的、主要依托信息技术和现代管理理念发展起来的、信息和知识相对密集的服务业。该定义主要问题有三：第一，虽然把现代服务业与工业化进程相关联，但未能明确表述"现代"所代表的时间节点；第二，对现代服务业的界定聚焦在信息技术的支撑作用，未能充分体现前沿技术在服务业领域创造出的新产业、新业态、新模式；第三，限定语居多，如较发达、相对密集等，需要个人理解和判断，势必造成界定精准度降低的问题。

（4）服务行业分类不够规范。研究发现，我国尚未对现代服务业所涉行业进行明确规范，只有《北京市现代服务业统计分类（2020）》以及《现代服务业分类与代码》（T/CGCC16—2018）。此两种分类均以《国民经济行业分类》（GB/T 4754—2017）为基础进行分摘，并逐一与现代服务业对号进行取舍而成。这将导致两方面问题：一方面，行业选择不够准确，所涉行业中包含房地产等传统服务业；另一方面，此两种分类体现的是"现在服务业"而非"现代服务业"，未能体现新兴服务业态以及科技赋能传统服务业的升级部分。

（5）服务发展方向不够明确。由于地方政府不确定部分企业所属行业是否属于现代服务业范畴，导致其无法享受相关优惠政策。同时，服务业特别是现代服务业的发展离不开人才支撑，各地纷纷出台政策吸引现代服务业人才，但由于现代服务业所涉行业不明确，导致地方制定的招引人才政策出现模糊化、碎片化问题，不利于重点人才聚集。

（6）行业垄断抑制服务健康发展。中国服务业发展不足，与一些不当的行政垄断与管制行为长期存在不无关系。以医疗卫生领域为例，之所以"看病难、看病贵"的问题难以解决、医患纠纷事件时有发生，与行业开放度低、竞争不充分紧密相关。由于医疗行业多种要素价格受到行政管制，医疗价格、医生人力资本回报偏低，不仅扭曲了市场秩序，形成药品回扣、医疗"红包"等现象，还造成服务需求外流，阻碍了市场和企业的健康发展。此类现象在金融、物流、电信、教育、健康、文化等领域也同样存在。因此，生产性服务业发展要靠进一步深化改革实现。

2. 加快发展我国服务业的对策

（1）加强服务业的国际合作。近年来中国服务业呈现高速发展，中国的服务业总体开发程度较低，并其各个细分行业的开发程度不均匀，市场自由化的程度较低是造成中国服务业竞争力较弱的重要原因之一。因此提高服务业的开放程度是当务之急，放宽管制，简化程序化的手续，鼓励相关支持产业的发展，一方面有利于中国服务业企业迈出国门，走进国际市场，积极参与国际分工，提高中国企业在全球市场上的知名度，另一方面有利于国外企业进入中国市场。中国企业要快速进入国际市场，就必须学习先进的管理和生产经验，快速适应国际市场的水平，同时促使中国服务业细分行业生产技术和生产效率的提高。外国企业进入国内市场，由于技术溢出效应的存在，也会提高中国企业的发展水平，国外企业和国内企业形成的竞争和示范效应，使原有的垄断被打破，各国企业在竞争中不断学习、不断创新。

我国服务贸易逆差呈连年扩大之势，但在 2020 年中国抗击疫情过程中，我国数字技术发挥了重要作用，展现出巨大的实力与活力。建议加大现代服务业中数字技术领域的扶持力度，培育我国服务出口新优势。

中国必须稳步推进金融、教育、互联网等领域的开放程度，并且应为企业提供更多优惠政策，鼓励与其他国家的合作，增加其他国家出口中国的增加值，如中国的自由贸易区的服务贸易门槛低，优惠覆盖面广，积极开展与其他企业的国际合作，有利于中国服务业的增长，并且促进了服务业国际竞争力的提高。因此中国应完善对外开放政策，鼓励服务业"走出去"，通过技术溢出效应，学习先进的经验，并加强国际交流和合作，提升全球价值链分工地位。

（2）运用人才培养完成服务结构优化。人力资本的积累对中国服务业全球价值链的提升有促进作用。无论是企业的发展、行业的进步还是国家的富强，都离不开高素质人力资本的投入，而服务业比商品更需要高素质、专业化的人才。在行业的发展中，技术水平代表着一个行业的发展水平，而高素质、专业化的人才是科学技术水平提高的关键，因此在一个行业的发展中，离不开人力资本的投入。在企业管理中，高素质的管理人才和技术人才是企业发展的核心动力，而中国服务业企业的发展急需具有跨国管理、对国际环境能够准确分析、对国外文化足够了解的全方位人才，并且也需要一批能对外商直接投资带来的核心技术进行消化吸收的高素质人才。高素质人才的培养需要国家、企业、学校等多方面的鼓励和帮助。

首先，需要得到政府的大力支持，增加与大型企业的联系和合作，提供相应的专项资金，设立培训机构。

其次，通过企业与学校的密切合作，为培育国际经济管理人才，包括国内政治、国际政治、国家政策、法律、市场、风险、文化等方面人才的培养，建立实训基地，丰富实践的机会，提高就业人才的专业化能力。在企业发展的需求基础上构建商业运营模拟和知识能力竞赛，在强调真实性和充满挑战性的比赛中挑选具有发展潜力的人才进一步培养。

再次，完成人才的最优配置，重点强化国际经济管理人才的规划工作。企业要根据自身产业的长期发展对于岗位与职能方面的需求，提前建立起高素质的人才资源库，重点培养其政策法律、采购、市场运营、语言文化等方面的知识。

最后，建立具有市场竞争力的薪酬福利及绩效制度。用远高于市场平均的薪酬标准和福利待遇及长期有效的激励措施来吸引外来的高素质人才，同时稳定好已培养出来的具有一定的知识储备及管理经验的优秀员工，对于有潜力的员工有频率地提供出国交流学习的机会，提升其语言、技术和业务能力。培育技术性人才，增强自主创新能力，提高中国具有高附加值知识密集性产业的比重，实现服务业内部结构的升级，同时强化服务业优势的培育，实现服务业内部纵向和横向的交叉升级，来提升服务业国际竞争力。

（3）推进产业化。加快适宜产业化经营的社会事业的改革步伐，推进应该由企业经营的服务领域从政府办向企业办的转变。把发展服务业与政府职能转变及事业单位改制结合起来，以政企分开、政事分开、事业企业分开、营利性机构与非营利性机构分开为原则，培育符合市场经济体制和国际竞争需要的微观主体。

合理划分服务业中的竞争性和公益性行业，实行不同的运行模式和经营管理方式。政府的主要职责是提供社会公共服务，扶持公益性行业发展，把竞争性行业逐步推向市场。以公益性为主兼有经营性的行为，应合理区分营利性业务和非营利性业务，推动营利性业务走产业化道路。合理确定教育、文化、卫生、邮政等行业的经营范围，适当引进市场机制，积极探索产业化发展道路。鼓励社会办教育、办医院、办研究机构，培育以民间投资为主的经营主体。国家要制定配套政策，为其发展排除制度性障碍。加快企事业和有关后勤服务改革步伐，打破封闭式自我服务体系，实现市场化和社会化服务。

（4）扩大国际投资，提高服务价值。服务业的 FDI 会在总体上促进服务出口贸易的增加，因此从各个行业的角度来看，应积极针对性对行业进行 FDI 的投入，促进服务贸易发展的平衡性。为高技术、高知识含量的服务业 FDI 搭建更高水平的产业集聚和城市集聚平台，积极引导外资流向技术密集型、增值高、发展前景广阔的计算机、金融、互联网软件、电子商务等新领域，培养中国具有比较优势的现代服务业，同时改善传统服务业价值增值较小、发展前景窄的现状。

扩大服务业的开放可以促进 FDI 的流入，有利于提升中国服务贸易国际竞争力。但是在加大服务业开放吸引外资流入的同时，要处理好服务业吸引外资流入的适度关系，既要合理利用 FDI 促进中国服务业的发展，又要对中国新兴的服务业有选择性地保护，保持本国服务业的独立性。合理利用外商投资可以调整中国服务业产业结构，使中国从价值链低端向价值链高端转移，摆脱传统的发展模式，提高中国服务业的国际竞争力，使服务业向全球价值链高端迈进。

（5）提高服务业的劳动生产率。服务业占比并不是越高越好，占比上升也可能是产业分工、成本上升、制造业不发达造成的，因此服务业占比上升只是一个结果，而不应该是一个目标，一切要以经济发展的内在规律为主。

中国结构调整所带来的结构性减速已成为事实，要实现比较快的 GDP 增长，必须推动制造业的转型升级、提高制造业的效率、提高全要素生产率增长，切不可以牺牲制造业作为代价，重点在于提高服务业的劳动生产率。

（6）着眼于重点领域的突破。建议加大现代服务业顶层设计力度，明确国家在新时期重点支持和鼓励发展的现代服务业内容、范畴及方向。

中国下一步应重点发展知识密集型高端服务业，主要集中在金融、信息服务、商务服务、教育和医疗等五个行业。知识密集型服务业是服务业中创新活动活跃、劳动生产率较高的部门，也是我国经济的短板所在，但存在缺乏有效管制、开放不足、创新能力不强等问题。因此要着重推动服务业供给侧改革，大力发展高端服务业，实现生产性服务业与制造业融合，这也是我国避免跨越中等收入陷阱的必然选择。通过不断优化社会产业结构、债务结构、居民收入结构，集中精力促进我国经济提质增效，实现高质量发展。

数据链接

在国内形势平稳向好，国际形势仍存在较大不确定性的背景下，我国服务贸易发展呈趋稳态势。

商务部公布的前三季度服务贸易数据显示，2020 年 1—9 月，我国服务进出口总额 33900 亿元，同比下降 15.7%。其中，出口额 13995 亿元，下降 1.5%；进口额 19905 亿元，下降 23.5%。

商务部服贸司负责人表示，当前，我国服务贸易稳定发展仍面临不少挑战。下一步，商务部将抢抓数字经济机遇，稳妥应对各项挑战，推动服务贸易高质量发展，助力形成以国内大循环为主体、国内国际双循环相互促进的新发展格局。

在总体趋稳的同时，2020 年前三季度，我国服务贸易发展也呈现出一些亮点，主要表现为：服务出口表现明显好于进口，贸易逆差减少，知识密集型服务贸易占比提高。

具体而言，2020 年 9 月当月我国服务出口额 1625 亿元，同比增长 4.1%，单月增速由负转正。其中，保险服务出口额 39 亿元，增长 83.1%；建筑服务出口额 195 亿元，增长 56.0%；维护和维修服务出口额 45 亿元，增长 27.0%；运输出口额 336 亿元，增长 21.8%。

服务贸易逆差大幅减少。前三季度，我国服务出口降幅趋稳，出口降幅小于进口

22 个百分点，带动服务贸易逆差下降 50.0% 至 5910 亿元，同比减少 5901 亿元。1—9 月，我国知识密集型服务进出口总额 14931 亿元，同比增长 9.0%，占服务进出口总额的比重达到 44.0%，提升 10 个百分点。

对此，中国服务外包研究中心副研究员表示，受新冠疫情等因素叠加影响，全球服务贸易特别是旅行、运输、与货物相关的服务等传统服务贸易发展受阻。在此背景下，前三季度我国服务贸易总额虽有所下降，但呈现趋稳态势，特别是在服务出口方面，9 月当月我国服务出口实现由负转正，向好趋势已经显现。可以说，在多重不利因素的影响下，前三季度我国服务贸易的表现好于预期，成绩来之不易。

第四节　现代服务业的发展趋势

一、现代服务业概况

现代服务业是相对于"传统服务业"而言的，它伴随着信息技术的应用和信息产业的发展而出现，是信息技术与服务产业结合的产物。它不仅包括直接因信息产业和信息化的发展而产生的新兴服务业形态，如计算机和软件服务、信息咨询服务等；同时包括通过应用信息技术，从传统服务业改造和衍生而来的服务业形态，如金融、物流服务等。

现代服务业是在工业化比较发达的阶段产生的，工业的发展是现代服务业的基础和条件。现代服务业主要是依托信息技术和现代经营理念发展起来的，它是知识和技术相对密集的服务业。现代服务业是主要依靠信息科技、人才等与知识相关的要素投入的产业，发展现代服务业有利于促进增长方式由粗放型增长向集约型增长转变，由主要依靠消耗资源向更多地依靠智力支持和科技进步转变。

（一）现代服务业的含义

现代服务业是相对于传统服务业而言的，主要是指那些依托电子信息等高新技术和现代管理理念、经营方式和组织形式发展起来的，主要为生产者提供服务的部门。主要有信息、物流、金融、会计、咨询、法律服务等行业。

丹尼尔·贝尔在《后工业社会的来临》一书中详细分析了后工业社会的特征，并突出强调了后工业社会中的现代服务业与传统服务业的区别。他认为，在后工业社会中，服务业以技术性、知识性的服务和公共服务为主。《美国的知识生产与分配》一书中，明确给出了现代服务业的一般范畴和简单分类模型，他认为，现代服务业主要包括教育、科学研究、通信媒介和信息服务四个行业，突出强调了现代服务业的知识性和信息服务性。

在我国，现代服务业的说法最早出现在 1997 年党的十五大报告中，在之后召开的中央经济工作会议上又提出，"既要改造和提高传统服务业，又要发展旅游、信息、会计、咨询、法律服务等新兴服务业"。2002年，党的十六大把"加快发展现代服务业，提高第三产业在国民经济中的比重"作为国民经济发展的战略任务之一。目前，现代服务业已经成为中国经济发展的支撑性产业。

（二）现代服务业行业分类

现代服务业一般具有五大基本特征，即知识性、新兴性、高附加值性、高素质性和高科技性。但具体到某一实际的服务行业，它可能同时具有五大特性，也可能只具有其中一两个特性，比如旅游业的整体行业只有知识性和高附加值性。只有诸如航天中心游和未来的太空游之类的科技旅游，才能同时具备现代服务业的五大基本特征。

一般而言，界定现代服务业的基本标准有两个：一是同时具备五大特征，二是只需要具备某一特征的宽泛标准。比如旅游业，总量定性判定具有知识性和高附加值性，按宽泛标准属于现代服务业的范畴，但按严格标准则不属于现代服务业的范畴；又如，房地产业在我国是改革开放之后才兴起的，相对于传统的建筑业而言，具有新兴性和高附加值性，但缺乏知识性和高素质性，按宽泛标准，可以将其归类于现代服务业之中，但按严格标准又不属于现代服务业的范畴。

按照目前普遍的划分方法，现代服务业总体包括三部分：（1）由传统服务业通过技术改造升级和经营模式的再造而形成的现代服务业，如现代物流、咨询、现代金融等；（2）随着信息网络技术的高速发展而产生的新兴服务业，如移动通信、数字媒体、网络传播、电子商务、信息服务等；（3）伴随国际产业转移和分工细化的过程，从第一、第二产业分化裂变产生的新的服务业态，如现代工业设计、网络营销等。

我国以三次产业分类标准为蓝本，在适当地参考和借鉴了发达国家和地区现代服务业发展的实际情况的基础上，将现代服务业行业分为三个层次：核心层、辅助层和配套层，现代服务业行业分类如表1-11所示。

二、现代服务业的发展趋势

（一）全球化

现代服务业的全球化发展主要体现在贸易规模的不断扩大、全球消费增长以及跨国投资增长。

长期以来，发达国家在国际服务贸易中始终占有绝对重要的地位。现代服务业在发达国家经济发展中的地位，充分显示了现代服务在未来世界市场上持续扩张的态势，高科技的发展与应用为现代服务业国际分工提供了物质条件。这客观上要求打破国家壁垒，实行自由化发展。

第二次世界大战以后，随着各国经济发展和人民生活水平提高，促进了全球范围内的消费。当消费者在他国居住、旅游、留学或从事商务活动时，一般会在所在国产生

表 1-11 现代服务业行业分类

层次	类别名称	内容
核心层	金融服务业	银行 证券 保险 其他金融活动
	科学研究和技术服务业	研究与试验发展 专业技术服务 科技交流和推广服务
	租赁和商务服务业	租赁 商务服务
辅助层	物流业	交通运输 仓储 邮政
	信息服务业	电信和其他信息传输服务 计算机服务软件
	房地产业	房地产
配套层	教育培训业	教育
	医疗保健业	卫生 社会保障 社会福利
	文化、体育和娱乐业	新闻出版 广播、电视、电影和音像 文化艺术 体育 娱乐

大量的服务消费行为，其在服务消费后进行外汇支出，实质上就构成了间接的服务出口。以国际旅游为例，国际旅游者到别国旅游，在领略异国风情的同时，必然在旅行、观光、住宿、饮食、娱乐、购物等方面存在一定的支出，形成对旅游目的国服务的购买。

服务企业在本国或派遣人员到异地为其他国家的客户提供服务就构成了服务的直接出口。这种服务直接出口多集中在生产性服务业上，发达国家因经济发达、科技领先、管理水平高，在管理咨询、法律诉讼、工程设计、研发（R&D）等服务领域具有明显的比较优势，其服务业直接出口在全球占据主导地位。

（二）虚拟化和网络化

以计算机技术为核心的信息技术推动了以信息为基础的各类服务贸易的发展，并且在信息流动的基础上促进了其他服务贸易和货物贸易的发展。现代信息技术在一定程度上改变了服务的固有属性，如面对面服务、个别性服务、即时性服务等，使数字化的服务产品也可存储、可远距离传送，从而具有可交易性，所以现代信息技术的广泛运用及网络化，使现代服务业也具有"制造化"的新趋向。现代服务业已成为由不同经济活动组成的多样化群组，并越来越呈现出"虚拟化服务"的特征。

现代服务业更强调功能的虚拟化和网络化，各种活动过程都可以不必在某一特定区域进行，而是通过数字化网络完成。例如银联，银联的成立为金融业构建了一个信息、资源共享的经济实体。是在合并全国银行卡信息、交换总中心和 18 个城市银行卡中心的基础上，由五大银行等银行卡发卡机构共同发起设立的，通过计算机网络互联技术，将若干金融资源集结而成。

（三）动态化

在时间上，现代服务业是从过去演变的，也是现代兴起的。如第三方物流和电子商务是新兴的，也是从传统商业和运输业中衍生的。现代服务业的本质是利用现代信息技术进行更为精细的专业化分工，把传统的由企业内部组织进行的服务活动外置出来，提高服务效率、降低交易成本。如果没有现代信息技术的支撑就没有其独特的资源整合与交易成本上的优势，也不可能分化成为新兴的蓬勃发展的产业。现代服务业的形成和发展很大程度上依赖于企业或社会组织部分运营及管理职能的"外包"。而企业或社会组织之所以能将这些职能"外包"，前提是利用现代服务业来完成这些职能，在效益和成本上能优于企业或组织自身来完成。由于社会专业化分工的深化以及市场需求扩大等多方面因素，服务业逐渐与制造业实现垂直分离，进而实现外部化、社会化、专业化发展。现代服务业依赖人力资源的知识水平和创新能力在服务过程中实现增值，是一种以运用智力资源为主的服务业，并对其他行业具有高度渗透性。

（四）创新化

现代服务业的发展将推动社会变革和体制创新。产学研的互动融合是推动生产力发展最为活跃、创新能力最为强劲的动力源泉。现代服务业的发展往往成为城市经济市场化程度的重要指标。现代服务业的很多部门都是从政府和企业垄断部门分离出来的，它的发展从技术上来说有利于专业化和低成本的弹性生产。从制度看，它和区域市场体制完善之间能够相互促进，越多产业活动得以从政府和企业的控制下分离，对政府和企业的垄断行为的制约就越大，市场化程度就越高，体制变革的力量就越强大和稳定。

（五）标准化

标准化是服务业发展的必然趋势。现代电信和传递技术使得银行、保险、医疗、咨询和教育可以采用远距离信息传递的方式实现。传统生产方式和贸易制度必须以新的标准和方式体现在世界的组织框架中。《关税与贸易总协定》不仅是发达国家竞争世界服务市场的产物，也是现代服务业进入新的历史时期的标志。

三、现代服务业的发展热点

近年来，虽然全球服务业低速增长，但基于新兴信息技术的业态创新与商业模式创新十分活跃，成为拉动服务业增长的新引擎。全球服务业发展的突出特征就是服务业态创新、商业模式创新不断涌现。在大数据、云计算、物联网、移动互联网、ICT（Information Communication Technology，即信息、通信和技术）平台等新的信息技术支持引领下，各类互联网新业态蓬勃发展，并在生产性服务业与生活性服务业方面都产生了巨大影响。

（一）物联网发展推动全球服务业持续创新

物联网是一种新兴的信息技术。2005 年 11 月，国际电信联盟（ITU）正式提出"物联网"（The Internet of Things）概念。2009 年 1 月，IBM 公司提出了"智慧地球"的新概念，随着这一概念不断深入，物联网在全球的应用规模不断扩大，尤其是在工业、物流、能源、环境治理、城市建设等方面得到了广泛应用。例如，美国沃尔玛和德国连锁零售商 METRO 集团将物联网技术应用于实现全球范围内的物流控制，极大地提升了物流业的服务效率。同时，物联网作为一种新兴服务业，其市场规模也不断扩大。国际数据公司（IDC）在《2014—2020 年全球和区域物联网发展报告》中指出，到 2020 年物联网市场规模将达 7.1 万亿美元，全球物联网市场规模未来六年将增长 5 万亿美元。预计在物联网市场中，相关服务的规模将超过 1 万亿美元。

（二）众包模式成为服务外包业增长的新引擎

众包（Crowdsouring）作为服务外包业的一种新兴组织模式，呈现高速增长态势，并在越来越多的领域广泛应用。近年来，众包在科学研究、产品研发、创新设计、文化创意等领域不断扩展，并对全球研发格局、研发组织模式等形成了一定影响。据估算，众包市场在 2013—2014 年获得了年均 30% 以上的增长率。而印度的超级用户每年在众包网站上获得的收入超过一亿美元。随着移动互联网的不断普及，各类众包 APP（智能手机第三方应用程序）不断上线，众包将快速发展并成为服务外包的一种主流模式。依托移动互联网的各类应用开发也将持续增长。

（三）互联网智能制造成为制造服务化的新趋势

制造服务化的核心，是依托智能技术与互联网技术实现智能制造。世界主要国家都纷纷提出了相应战略，如德国"工业 4.0"、美国"工业互联网"和"中国制造

2025"等重大国家战略，都是力求在智能制造方面引领世界水平，实现制造业转型升级。目前，智能制造在企业层面已得到大量应用，如博世的"慧连制造"解决方案（Intelligent Connected Manufacturing Solutions）、西门子数字工厂解决方案（Digital Factory Solution）、美国 GE 的工业互联网和炫工厂、日本三菱电机的 e-F@ctory 方案等，中国也已经产生了海尔 4.0 互联网工厂等智能制造。这些都体现了制造业通过引入智能技术与互联网，实现制造服务化的新方向，可以称之为制造服务化 2.0 版。

（四）共享经济成为服务发展的新模式

2013 年之后，服务业的另一个新特色就是共享经济的兴起，并将成为未来服务经济的新增长点。共享经济由虚拟资源领域切入实体资源领域，具有平台化、网络化、社会化及充分利用闲置资源的特点，对于人类社会实现资源节约、绿色可持续发展都有重大影响，同时对于改变传统消费模式和生产模式，创造绿色低碳、共创分享、网络智能、文明现代的生活方式和生产方式，也将产生深刻影响。

（五）大数据、电子商务等新兴业态保持强劲增长态势

大数据是近年来新兴信息产业的一个新热点。大数据不仅改变了商业运营模式，而且随着数据价值不断被挖掘出来，也成了一个独立的产业。在传统商业模式下，数据是作为核心业务的辅助成分来使用，而且是针对具体目标而收集的。例如，零售商为了记账而将销售量数据记录下来，制造厂商为了质量控制而将原材料记录下来，广告条上的鼠标点击次数被记录下来是为了计算广告收入。这些业务是某个特定行业为了自身业务发展而进行的一项辅助活动。

电子商务市场也获得了快速增长。2014 年 B2C（商家对顾客）电子商务全球销售额达到 14710 亿美元，增长近 20%。按区域划分，北美（包括美国和加拿大）仍然在2014 年 B2C 电子商务销售额最高，占全球的 1/3 左右。

✎ **相关案例**

上海推动服务贸易改革向纵深发展

以"开路先锋"的姿态再创浦东开发开放新奇迹，上海将在中国（上海）自由贸易试验区临港新片区发挥先行先试的优势，推进上海服务贸易要素有序流动，更好地承接中国国际进口博览会溢出效应，上海将在金融、保险、航运、会展等服务贸易优势领域推动一批开放举措落地。

《上海市全面深化服务贸易创新发展试点实施方案》（以下简称《实施方案》）已于 2020 年实施。市商务委负责人透露，上海将通过 3 年试点，推动服务贸易高水平开放，推进产业贸易深度融合，鼓励市场主体自主创新，完善区域布局，培育发展新动能，加快提升"上海服务"品牌国际竞争力，促进上海加快成为国内大循环中心节点和国内国际双循环战略链接。

1. 立足临港新片区，率先开展便利化试点

这份《实施方案》给"而立浦东"再出发提供了创新发展的政策支持。市商务委相关负责人介绍，临港新片区作为特殊经济功能区，未来将发挥先行先试的优势，率先开展资金、人才和数据跨境流动便利化试点，推进上海服务贸易要素有序流动。

在推进资金流动便利化方面，上海已明确一系列创新发展试点：在临港新片区探索建立本外币一体化账户体系，支持符合条件的跨国企业集团建立本外币合一资金池，在境内外成员之间集中开展本外币资金余缺调剂和归集业务；加速推进经常项目贸易外汇收支便利化试点业务；扩展自由贸易账户功能，探索外汇管理转型升级，提升新片区资金使用、汇兑效率，探索优化和改进跨境资金池管理；支持企业开展跨境融资，允许自贸区内符合条件的中小微高新技术企业在等值500万美元额度内自主借用外债。

在推进人员流动便利化方面，将加快在临港新片区建设世界顶尖科学家社区，对外籍高层次人才实施更加便利的出入境和停居留政策措施，最大限度释放口岸电子签证政策红利。

2. 承接进博会溢出效应，向国际优质服务敞开大门

在特殊时期，中国接连举办了服贸会、进博会等多场盛会。无论是进博会还是服贸会，都向全世界发出了中国开放最强音：下一步，中国将秉持开放、合作、团结、共赢的信念，坚定不移全面扩大开放。结合上海"五个中心"建设，此次的《实施方案》在多个板块深化服务业对外开放先行先试。

比如，金融服务开放方面，《实施方案》提出，上海允许将合格境内机构投资者主体资格范围扩大至境内外机构在上海设立的投资管理机构，包括证券公司、基金公司；进一步扩大合格境内机构投资者境外投资范围，允许合格境内机构投资者开展包括境外直接投资、证券投资和衍生品投资在内的各类境外投资业务。有分析人士认为，上海将通过法治方式提高金融开放度。

3. 落实长三角一体化战略，推动服贸发展模式创新

落实区域发展国家战略，推动服务贸易发展模式创新。市商务委相关负责人介绍，《实施方案》中还有重要的一块，是围绕长三角一体化战略提升服务贸易水平。

根据《实施方案》，上海将探索建立沪苏浙皖服务贸易联盟，推进长三角服务行业标准与管理规则对接，合力推动长三角服务品牌"走出去"；培育长三角科创圈，持续推进上海闵行国家科技成果转移转化示范区建设，探索建立长三角技术市场一体化协同平台。

在数字化服务方面，上海将推动长三角国家数字服务出口基地联动发展，建立数字服务出口合作机制；创建长三角大数据技术国家工程实验室，推进大数据中心项目建设，探索建立长三角数据流动机制。

【课后思考题】

一、简答题

1. 简述服务的特征。

2. 简述服务经济的作用。

3. 简述服务系统的构成。

二、论述题

1. 论述影响服务经济的因素。

2. 论述我国服务业存在的问题以及相应对策。

3. 论述现代服务业的发展趋势。

三、案例分析题

在全球经济总量中，服务业所占比重超过 60%，服务贸易已占世界贸易总额的 1/4，服务消费占所有消费额的 1/2 左右。在此背景下，国内主要中心城市也纷纷采取有效措施，推动服务业加快发展，力图抢占新一轮城际竞争的"制高点"。比如上海就率先规划、启动和完成了一批现代服务业集聚区建设，而广东则提出率先实现经济发展向现代服务业为主导的服务型经济的转变。请结合本章有关知识，说明我国国内主要城市为什么重视现代服务业的发展？

第二章 服务战略

[本章学习目的]

掌握：成本领先战略的实现方式；差别化战略的实现方式；集中化战略的实现方式。

熟悉：服务战略的概念；服务战略概念的基本要素；服务战略的整合要素。

了解：服务竞争产生的原因；服务的竞争性特点；三种战略之间的关系。

导入案例

2020 年 11 月 16 日，京东集团发布了 2020 年第三季度财报。财报数据显示，截至 2020 年 9 月 30 日，京东集团实现净收入 1742 亿元人民币（约 257 亿美元），同比增长 29.2%，超出市场预期；其中净服务收入达到 228 亿元人民币（约 34 亿美元），占整体净收入的比例首次超过 13%。近年来，随着消费升级的不断加速，消费者已经由过去单纯关注商品、价格，逐步升级为与购买行为密切相关的品质服务，在不同渠道同款产品绝对同质化的环境下，服务优势已经成为影响用户决策的重要因素。在此背景下，京东手机前瞻性地洞察用户需求，为消费者提供 30 天无忧退、以旧换新、1 小时达等品质服务，并通过对服务无止境的创新与升级，获得更多消费者的信赖。截至 2020 年 9 月 30 日，京东年度活跃用户数达到 4.416 亿人。

2020 年"双十一"期间，为给消费者提供贴心、安心、放心的极致购物体验，京东手机全面升级服务，推出 30 天无忧退、现货预售、1.2 倍价保、一站式以旧换新、白条免息、合约立减、99 元安卓原厂换电池以及原厂维修等在内的 43 项服务。其中，现货预售让消费者无须经过漫长的等待，下单即可发货，1.2 倍价保让消费者不用再担心手机刚买就降价的问题，全方位满足消费者多元化的购机需求。除了给用户带来高质量的购物体验外，多达 43 项的服务也刺激了消费者的购机需求，从而为品牌带来销售增量，可谓是一举数得，多方共赢。

相关数据显示，京东"双十一"期间，苹果手机原厂类 AppleCare+服务与创新类保值换新服务，累计成交额同比增长超 16 倍；使用一站式以旧换新服务购机的用户同比增加 4 倍以上；使用 1 小时达服务购机的新用户同比增长约 4 倍。京东手机凭借在"服务战略"上的深耕，更是开创了电商行业发展的新局面，引领了手机市场发展的新潮流和新的消费趋势。

一直以来，京东手机始终站在消费者角度，敏锐捕捉消费者的需求变化，在整合产业链的过程中精准布局服务内容，自年初全面确立要深化服务战略以来，不断升级服务内容，为手机市场发展提供了新的发展基调，也为市场开启了新的发展思路，成为带动行业发展进而促进数字经济和实体经济融合的"助推器"。未来京东手机将不断升级、持续深化服务，为消费者提供更优质的购物体验。

第一节　服务战略的概念及要素

一、服务战略的概念

蒸汽机的出现对工业革命起到了关键作用，使农业经济转变为工业经济，而信息技术的发展使工业经济转变为服务经济。服务战略从宏观的角度将企业与环境联系在一起。

服务战略是为达成服务企业与服务环境二者间动态平衡关系的一种长远规划。服务环境的不断变化，使服务战略的时间跨度逐渐缩短。同时，随着服务环境的变化，服务战略也随之变化。例如，随着国内航空业管制的放松，一些航空公司采取常客计划，促进顾客忠诚消费；一些航空公司开发短途的支线航运服务，实施航线网络空白点业务计划；还有不少航空公司降价促销来争夺乘客。一些服务企业在竞争过程中赢得了顾客，也赢得了利润。但是，也有一些服务企业遭受失败。不同的竞争结果，根本原因在于服务企业是否在特定的竞争环境中实施了特定、有效的竞争战略，而后者又取决于服务企业是否具有正确的服务战略理念和框架。

二、服务战略的基本要素

服务战略的基本要素也是服务战略的核心组成部分，由目标市场细分、服务概念、运营战略和服务传递系统四部分组成。每两个要素之间都会提出一个问题来进行两要素间的支持和衔接。如问题"服务传递系统支持运营战略吗"。服务战略的基本要素如图 2-1 所示。

（一）目标市场细分

目标市场细分对于服务企业具有十分重要的意义，这是因为服务本身具有不可分性和异质性，服务的提供往往是与具体的顾客紧密联系在一起的。目标市场细分的主要变量有人文统计变量和心理变量。人文统计变量中常用的有年龄、收入、受教育程度、家庭规模、地理位置等。心理变量是指消费者的思维方式和行为方式，采用心理变量时，服务企业尤其要重视顾客的感知风险分析。对顾客来说，购买服务比购买有

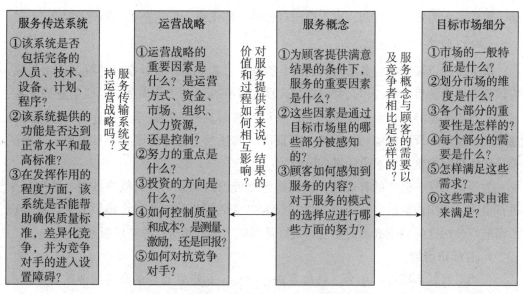

图 2-1　服务战略的基本要素

形产品具有更高的不确定性，顾客的感知风险更高。一般来说，顾客的感知风险有六种特定类型，包括财务风险、绩效风险、物质风险、社会风险、心理风险以及时间风险。

在目标市场细分的基础上，企业可以根据市场规模大小、市场需求被满足的程度以及企业的服务能力选择服务的目标市场。目标市场选择的总体原则，可以从外部市场与企业内部两方面考虑，一方面，目标市场应具有良好的现实盈利性和未来盈利性，这种盈利性必须建立在顾客终身价值分析的基础上；另一方面，企业应具有相对的竞争优势，能为该目标市场顾客提供所需的服务。因此，随着市场需求和企业能力的变化，企业有可能在目标市场的选择上发生变化，即目标市场的移动性。

（二）服务概念

服务概念是指企业为顾客提供的核心服务及其服务方式。一旦顾客需求确定下来，企业就必须清晰界定自己的服务概念，并将服务概念中的关键元素传递给顾客，便于顾客评估企业所提供的服务，从而降低顾客的感知风险。由于顾客感知是一种主观的判断，不同顾客之间的感知可能差异很大。因此，为了不至于使顾客期望与实际感知之间出现过大的差距，从而影响到顾客对服务质量和服务结果的最终评价，企业要努力做到对外传播的服务概念与顾客感知一致。

（三）运营战略

所谓运营战略是指实现服务概念的途径，具体体现在运营、财务、人力资源、控制等具体决策方面。由于企业的资源与能力是有限的，不可能在每个方面都优于竞争对手，因此，服务企业应当将有限的资源和能力集中到某一方面，如运营、财务、营销、组织、人力资源、控制，重点突出自己的局部优势，形成企业的差异化特色。

（四）服务传递系统

服务传递直接影响服务质量，尤其是服务的过程质量。设计良好的服务传递系统，应该具有明晰的目标和流程，并将服务人员配置到合适的工作岗位上，而企业的设备、设施、布局等也能适合服务工作流程，从而有效满足顾客的需求。设计良好的服务传递系统，能够降低顾客的感知风险，保证服务的质量，进而在顾客心目中形成企业的差异化优势，构筑竞争对手的进入障碍。

为了说明这一框架的有效性，我们将介绍美国西南航空公司战略性服务的例子来进行说明，美国西南航空公司成立之初仅为得克萨斯州的三个城市提供服务。像美国西南航空公司这样刚刚起步的企业，最好从目标市场开始进行战略性服务规划。

1. 目标市场细分

公司对目标市场进行细分，将旅客进行分类，如带着行李的洲际商业旅客、开汽车的旅客及对得克萨斯州的主要航空公司的劣质服务不满的旅客。

2. 服务概念

公司严格要求工作人员到岗时间，并尽量规避旅途中的经常性出入。

3. 运营战略

购买飞行器是最显著的投资。尽管美国西南航空公司试图成为低成本产出者，但更希望旅客们享受轻松的飞行经历，并希望工作人员把西南航空公司看成一个愉快的工作场所。

4. 服务传递系统

机舱乘务员掌握了在飞机上创造愉快气氛的人际关系技巧，有助于把美国西南航空公司与其他主要航空公司区别开来。未指定座位方便了快速通道转向，同时简化了售票。按时到岗和避免行李丢失等很容易实现，因为短途点对点飞行中旅客大多只携带随身行李。

三、服务战略的整合要素

连接服务战略基本要素的三个环节即服务战略的整合要素。这三个环节分别是定位、价值和成本的杠杆作用、运营战略与服务传递系统的整合。服务战略的整合要素如图 2-2 所示。

（一）定位

定位是指服务企业期望在顾客心目中形成的形象和地位，如高品牌价值、多功能的服务等。它是连接目标市场细分与服务概念的整合环节。通常情况，企业定位的根据是顾客、公司和竞争者（3C）构成的战略三角。首先，服务企业要切实了解顾客的需求，而顾客经常是根据对不同服务的感知差异来进行选择的；其次，服务企业应该

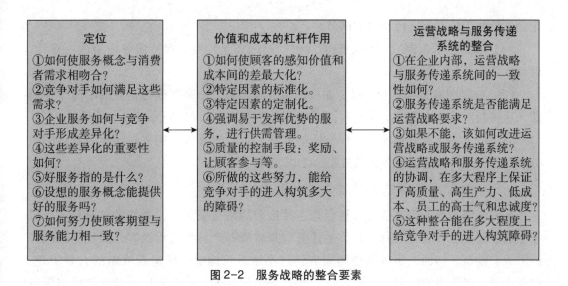

图 2-2　服务战略的整合要素

分析和了解自身与竞争者的不同优势和劣势，这样才能找到自己的特殊定位。

或许企业形成竞争优势的关键并不在于核心服务，因为核心服务可能是行业中所有企业都能提供的。相反，非核心服务却可能成为顾客选择的决定性因素。例如，在航空业中，安全到达目的地是核心服务，如果竞争企业没有发生过安全事故的话，那么安全问题就可能不再是影响顾客选择的决定性因素；相反，订票的便利性、航班服务人员的态度、航班食物和饮料等差异，却可能成为顾客选择的决定性因素。因此，服务企业必须明确哪些是顾客选择的决定性因素，哪些是顾客选择的非决定性因素。企业在服务产品定位上，要在保证核心服务基础上，突出自己的非核心服务，来赢得顾客。这样，在目标市场细分基础上，才可能对服务企业进行合理定位，进而根据服务定位形成自己清晰的服务概念。

（二）价值和成本的杠杆作用

价值和成本的杠杆作用是指以最少的服务成本获得最大的服务效果，实现顾客感知价值与服务成本间的差额最大化，使企业在满足顾客需求与期望的基础上，达到利润的最大化。这是连接服务概念与运营战略的整合环节。

下面介绍一下服务企业实施价值和成本杠杆作用的方法。

（1）综合运用标准化和顾客定制，也就是在标准化的服务类型中，为不同的顾客推荐不同的服务。这样既可以通过标准化服务降低成本，又可以通过差异化服务满足顾客的差异需求。

（2）发展辅助性服务。在企业的服务中，有些辅助性服务能为企业带来更多利润。如在汽车修理服务中，洗车服务有可能成为企业的重要利润来源。

（3）有效调节企业供给和市场需求。通过对服务供需关系的管理，使企业产能水平达到最佳，以发挥最好的服务效果，这要求企业在服务需求的高峰期和低峰期，对企业供给和市场需求进行有效的调节。

（4）加强质量控制。若企业能够通过严格的质量控制，保持服务质量的一致性，就可以创造良好的服务形象。

（5）鼓励顾客参与服务过程，如自助服务等形式，使顾客成为企业的临时生产资源，这将相对减少企业的员工投入，同时能方便顾客，从而达到降低成本的目的。

通过以上实施价值和成本杠杆作用的方法，企业能够将服务概念转化为具体的服务产品，并设计相应的服务运营战略，予以实施。

（三）运营战略与服务传递系统的整合

运营战略与服务传递系统的整合是连接运营战略与服务传递系统的整合环节。服务企业在制定运营战略之后，其关键任务就是将服务产品传递给顾客，满足终端顾客的需求与期望。然而，服务企业的服务传递系统是否能够保障运营战略的有效实现，则取决于二者之间的协调一致性。这一整合环节的目的，就在于检查运营战略与服务传递系统之间的一致性问题。即使企业制定了优秀的运营战略，但若企业缺乏行之有效的服务传递系统，那么企业的运营战略也将无法落实。为此，企业在必要时应对运营战略或服务传递系统做出相应的调整，以保证企业的运营战略能得到有效实施，进而确保良好的服务质量和服务生产率。

第二节　服务竞争战略特点

一、服务竞争产生的原因

（1）进入门槛相对较低。在通常情况下，服务领域不是一个资本密集的领域。同时，服务创新较容易被模仿。

（2）谈判和议价的能力较低。许多服务企业因为规模小，因而在与强大的购买者或供应商的议价过程中处于不利的地位。

（3）产品的替代性。许多产品创新能够成为服务的替代品，例如家庭中的血压计就可以替代部分医院的血压检查。

（4）顾客忠诚度。企业提供个性化的服务就可以形成自己的忠诚顾客群体，这对新进入的服务企业而言是一个障碍。例如，一家医疗用品供应公司将自己的计算机订购设备安装在有关医院里，医院可以通过该计算机直接向公司发出订单，如此一来就把许多竞争者有效地阻挡在市场之外了。

（5）不易形成经济规模。服务的分布范围很广，分散在不同的地方，为某一特定的地理区域提供服务，除通过共同采购和广告外很难形成规模经济。

（6）较高的交通费用。由于服务具有生产和消费同时性的特点，顾客必须到服务地点，或者服务人员到顾客处。无论哪种形式，交通费用都较高，限制了市场范围的扩大。

（7）不规则的销售波动。服务需求在不同的时间段、不同的季节各有不同，而且一般情况下是随机的，较无规律性。

（8）存在的障碍。许多利润很低的服务企业仍在运作。例如一家私人企业的人员都是其家族成员，尽管利润低，但仍在市场中运营，对一些追求高利润的投资者而言，会发现将这些企业排挤出市场是很困难的。

（9）政府管制。政府管制普遍存在，形成了重要的进入障碍，而且这样的管制也会抑制创新。例如，在美国联合包裹运送服务公司（UPS）运作前，只有得到美国联邦航空管理局的批准才能在美国的城市提供运输服务。UPS只好选用了一种载重量较低的直升机作为运输工具，从而被归为"空中出租"企业，才避开了这样的管制。

二、服务的竞争性特点

顾客选择哪家企业提供的服务，主要取决于该服务的竞争性特点和顾客自身的需求。下面介绍了服务的竞争性特点。

（1）可得性。即得到这种服务的可能性。例如银行采用自动提款机以及运用网络交易服务后，顾客可以在传统的银行营业时间之外得到银行服务。

（2）便捷性。服务的地点决定了顾客到场接受服务的方便程度，像快餐店、加油站、便利店等都需要在繁华地段和公路附近选择服务地点。

（3）个性化。个性化的服务往往是服务竞争性的重要条件，也是吸引顾客的主要因素。服务提供者应该致力于服务个性化，努力提高个性化的程度。

（4）价格。服务的成本难以客观地进行比较和计算。某些服务领域的成本可能可以确定，但在类似法律这样的行业内，价格和成本往往与品质有着密切的关系。

（5）品质。服务品质是顾客预期与其感受到的服务之间差异的函数，不像产品的品质，服务品质受到服务过程和服务结果的双重影响。

（6）声誉。声誉可以通过人与人的交流快速传递。也可以减少选择一个服务提供商的不确定性。由于服务生产与消费的同时性，如果得到的服务很差，那么这次服务既不能调换，也不能退回，就会对企业造成声誉的损失。因此，企业的声誉是决定消费者是否购买某项服务的重要考虑因素之一。

（7）安全性。在许多服务中，安全性经常是顾客考虑的重要内容。例如旅行和医疗，在这样的服务中，客户将自己的生命安全交给其他人，因此安全性格外重要。

（8）速度。服务等待时间也决定着服务的竞争性。在急救这样的紧急服务中，反应时间是绩效的主要标准。有时减少等待时间也是一种个性化服务。例如，许多服务中，贵宾可以享受不用排队的条件，大大缩短等候时间。

上面所列的八个特点可以分为三类。

（1）赢得顾客的条件。如价格、便捷性和声誉是赢得顾客的条件。

（2）进入服务市场的资格条件。一项服务能够被接受的前提是其必须达到一些必备的条件，这些条件称为资格条件。例如对航空公司而言，安全性显然是资格条件，一家航空公司必须有完好的飞机和合格的飞行员，这也是最基本的条件。在一些成熟的市场上，现有的竞争者可能已经制定了一些基本的资格条件，例如在餐饮业，清洁卫生就是一个资格条件。

（3）失去顾客的条件。如果提供的服务达不到或不能超过规定的条件，可能让顾客不满意，因而失去顾客，这样的条件称为失去顾客的条件。可靠性、个性化和速度不理想都是失去顾客的条件。汽车修理厂不能修复汽车的机械故障，以及包裹不能及时送达，都会导致失去顾客。

顾客选择的时间不同、需要不同，因素的重要性不同。例如，中午吃速食，方便性最重要，但晚间宴客，餐厅的声誉可能更重要。

第三节　服务的一般性竞争战略

哈佛大学提出的竞争战略的基本类型有三种：成本领先战略、差别化战略和集中战略。这三种战略，可以利用取得战略优势的方式（低成本、独特性）和目标市场的范围两个变量来界定。

（1）成本领先战略。成本领先战略要求企业具有有效规模的设备、严格的成本管理和费用控制以及不断的技术创新。

（2）差别化战略。差别化战略的实质是创造一种能被感觉到的独特服务。

（3）集中战略。集中战略的基本思想是通过深入了解顾客的具体需求，来服务于特定的目标市场。

服务领域的服务的多样性，造成概括一般性竞争战略的困难。在具体实施这些战略时，应根据实际情况进行调整。

一、成本领先战略的实现方式

成本领先战略是指服务企业努力使自身的成本结构在整个行业中占据领先地位，通过降低服务总成本，使其以低于竞争对手的服务价格吸引更多的顾客，实现企业盈利。成本领先战略主要体现在两方面：一方面是低成本的服务，可以有效降低顾客的服务支出，这是创造较高服务传递价值（顾客价值）的基础；另一方面是大规模可以带来规模经济，这将有效降低服务总成本。因此，要实施成本领先战略，服务企业就要成为行业内真正的成本领先者，与其他竞争对手相比应具备明显的成本优势。

成本领先战略也许是三种通用战略中最清楚明了的。企业经营范围广泛，为多个产业部门服务，甚至可能经营属于其他有关产业的生意。企业的经营面往往对其成本优势举足轻重。成本优势的来源因产业结构不同而异。可以包括追求规模经济、专利技术、原材料的优惠待遇和其他因素。例如，在电视机方面，取得成本上的领先地位需要有足够规模的生产设施、低成本的设计、自动化组装和有利于分摊研制费用的全球性销售规模。在安全保卫服务业，成本优势要求极低的管理费用、源源不断的廉价劳动力和因人员流动性大而产生的高效率培训。

下面介绍成本领先战略的实现方式。

1. 寻求低成本顾客

某些顾客的服务成本相对较低，那么，他们就可以成为服务企业的主要目标顾客。这群顾客对于服务的要求低于平均水平，为他们提供服务的费用也较低。例如仓储式零售商店山姆会员店等，其目标顾客是那些愿意批量购买、追求实惠和不追求高水平服务的人。一般来说，服务企业可以从四个方面来识别和寻找低成本顾客。

（1）顾客的风险程度。如医疗保险企业在选择目标顾客时，经常会把年轻人作为他们的首要考虑对象，这主要是因为与老年人相比，年轻人身体健康，相对来说发病、死亡的概率更低。在年轻人当中，那些不常出差旅行的群体，出现意外事故的概率也较低等。因此，这些顾客的低风险降低了服务企业的服务成本。

（2）顾客在服务中的参与程度。如果顾客参与服务程度较高，就可以减少服务人员的投入，顾客作为企业的一种暂时性资源，弥补了服务企业的成本开支。如可以鼓励自助型的顾客，让他们自己动手，不但可以降低服务成本，同时顾客也可从中获得价格优惠。这种类似的自助型服务现已在许多服务行业中盛行。

（3）顾客服务的预订程度。如果顾客经常使用企业的服务预订系统，那么就等于顾客将自己的服务需求交由服务企业管理，这将有利于服务企业对总体服务的供需平衡进行有效管理，通过疏导顾客服务需求的时间安排，尽量避免某一时段服务过分拥挤的现象，这样既可以避免在服务高峰期发生部分顾客因拥挤和排队而流失的后果，也可以避免服务企业为了应付某一需求高峰期可能增加服务人员和设施投入而增加的企业成本。

（4）顾客服务需求的特性。若顾客的服务需求都是大众化的，企业就可以为他们提供标准化的定制服务，这样就可以有效降低企业的服务成本。如一些大型超市，沃尔玛、家乐福、麦德龙等国际零售企业，其服务定位就是那些愿意批量购买、追求实惠、不需要特别服务的顾客，这类顾客的服务成本较低，这也是沃尔玛、家乐福、麦德龙等国际零售企业得以实现低成本服务战略的重要依据。

2. 顾客服务的标准化

通常，为特定顾客提供的定制服务是通过差别化来实现的，需要较高的成本。反之，向大众提供无差别的标准化服务可以大大降低成本。在发达国家，有不少提供标准化服务的公司。许多专业性法律服务、家庭健康保健等常规服务可以实现标准化，来达到低成本的目的。重要的是，只有常规服务的标准化，才能实现成本的降低。

随着技术的进步，不少服务企业都尝试应用服务的工业化和标准化技术。如以麦当劳、肯德基为代表的快餐业，通过标准化生产制作过程，为所有顾客提供几乎相同的食品与服务。同时，由于服务的标准化，服务企业可以在多场所提供几乎相同的食品和服务，实现了服务企业的低成本扩张。例如，以麦当劳、肯德基为代表的快餐业在全球市场中通过特许、加盟等多场所服务战略使其业务得到了迅速扩张。

3. 减少服务中人员互动的因素

由于在提供服务的过程中人员的参与也会增加成本，因此，在为顾客带来便利的基础上，尽量减少服务传递系统中人的因素。例如，使用自动柜员机，使顾客与服务人员减少接触，这样既便利了顾客，又降低了银行业务的交易成本。这种策略与服务标准化策略一样，服务企业需要注意目标顾客的具体需求。一般来说，这类服务形式适用于低接触性的服务需求，而对高接触需求的顾客是不合适的。同时，企业还需要考虑由于新技术的应用，顾客是否对这些新技术存在使用上的障碍，企业需要尽量降低顾客使用的技术门槛，便于顾客的使用，否则只能事与愿违，加大顾客与企业之间的距离，造成疏远顾客的后果，进而可能降低顾客继续使用该企业服务的意愿。

4. 降低网络费用

如果服务企业需要用网络将服务提供者与顾客连接起来，企业将面临高额的开业成本。服务企业在运营之初，需要建立一个连接服务提供者和顾客的网络，建立和维护这一网络需要高额成本。联合包裹服务公司采用一种独特的方法来降低网络成本，它的网络不是在任何两个城市之间建立联系，而是设立一个中心城市，采用先进的分拣技术在多个城市与中心城市之间建立联系。这样，如果新引入一个城市，只需要增加一条从该城市到中心城市的线路，而不是在每两个城市之间增加一条线路。

5. 非现场服务作业

在许多情况下，只有顾客到达现场后才能提供服务，例如理发和客运。对于非现场服务作业，服务交易和服务作业可以部分分离。如彩色胶卷冲洗店，可以在许多不同的地点设置收取点，然后集中到某个地方冲洗，再分散到各点移交到顾客手中。由于可以享有规模经济和低成本的设施场地，同时又避免了顾客的直接参与，可以有效地降低成本。

企业在估价和按照成本地位采取行动时会犯的一些常见的错误，具体如下。

（1）集中于生产活动的成本，别无他顾。提起"成本"，大多数管理人员都会自然而然地想到生产。然而，总成本中即使不是绝大部分，也是相当大一部分产生于市场营销、推销、服务、技术开发和基础设施等活动，而它们在成本分析中却很少受到重视。审查一下整个价值链，常常会得出能大幅度降低成本的相对简单的步骤。例如，近年来计算机和计算机辅助设计的进步对科研工作的成本有着令人瞩目的影响。

（2）忽视采购。许多企业在降低劳动力成本上斤斤计较，对外购投入却几乎全然不顾。它们往往把采购看成一种次要的辅助职能，在管理方面几乎不予重视。采购部门的分析也往往过于集中在关键原材料的买价上。企业常常让那些对降低成本既无专门知识又无积极性的人去采购许多东西，外购投入和其他价值活动的成本之间的联系又不为人们所认识。对于许多企业来说采购方法稍加改变便会产生成本上的重大效益。

（3）忽视间接的或规模小的活动。降低成本的规划通常集中在规模大的成本活动和（或）直接的活动上，如元器件制作和装配等，占总成本活动较小的部分难以得到足够的审查。间接活动如维修和常规性费用常常不被人们重视。

（4）对成本驱动因素的错误认识。企业常常错误地判断它们的成本驱动因素。例如，全国市场占有率最大的企业往往也是成本最低的企业，企业可能会错误地以为是全国市场占有率推动了成本。然而，成本领先地位实际上可能来自企业所经营地区的较大的地区市场占有率。企业不能理解其成本优势来源则可能试图以提高全国市场占有率来降低成本。其结果是，它可能因削弱了地区上的集中点而破坏自己的成本地位。企业也可能将其防御战略集中在全国性的竞争厂商上，而忽视了由强大的地区竞争厂商所造成的更大的威胁。

（5）无法利用联系。企业很少能认识到影响成本的各种联系，尤其是和供应厂商的联系以及各种活动之间的联系，如质量保证、检查和服务等。利用联系的能力是许多日本企业成功的基础。松下电器公司和佳能公司认识和利用了联系，即使它们的政策与传统的生产和采购方法相矛盾，也取得了较好的成效。无法认识联系也会导致犯以下错误，如要求每个部门都以同样的比例降低成本，而不顾有些部门提高成本可能会降低总成本的客观事实。

（6）成本降低中的相互矛盾。企业常常企图以相互矛盾的种种方式来降低成本。它们试图增加市场占有率，从规模经济中获益，而又通过型号多样化来抵消规模经济。它们将工厂设在靠近客户的地方以节省运输费用，但在新产品开发中又强调减轻重量。成本驱动因素有时是背道而驰的，企业必须认真对待它们之间的权衡取舍问题。

（7）无意之中的交叉补贴。当企业不能认识到成本表现各有不同的部分市场的存在时，就常常不知不觉地卷入交叉补贴之中。传统的会计制度很少计量上述产品、客户、销售渠道或地理区域之间的成本差异。因此企业可能对一大类产品中的某些产品或对某些客户定价过高，而对其他的产品或客户却给予了价格补贴。例如，白葡萄酒由于变陈的要求低，因此所需要的酒桶比红葡萄酒便宜。如果酿酒厂商根据平均成本对红、白葡萄酒制定同等的价格，那么成本低的白葡萄酒的价格就补贴了红葡萄酒的价格了。无意之中的交叉补贴又常常使那些懂得利用成本来削价抢生意以改善自身市场地位的竞争厂商有机可乘。

（8）增值的考虑。为降低成本所做的努力常常是在现有的价值链争取增值改善，而不是寻求重新配置价值链的途径。增值改善可能会达到收益递减点，而重新配置价值链却能通往一个全新的成本阶段。

（9）损害别具一格的形象。企业在降低成本中万一抹杀了它对客户的别具一格的特征，就可能损害其与众不同的形象。虽然这样做可能在战略上是合乎需要的，但这应该是一个有意识选择的结果。此外，成本领先的企业如果在任何不花大钱就能创造别具一格的形象的活动方面下功夫，也会提高效益。

二、差别化战略的实现方式

（一）差别化战略

所谓差别化战略是指根据顾客的独特需求，企业设计个性化的服务，以赢得顾客的消费偏好，提高服务传递价值和顾客感知价值，从而实现企业盈利。随着社会的进步和经济的发展，一方面，由于技术的成熟和管理的完善，以及这些技术与管理在不同企业之间的迅速扩散，致使企业降低成本的空间日渐缩小；另一方面，随着消费者收入水平的提高，对服务质量的要求也日益提高，非价格竞争的因素在争夺顾客中所起的作用越来越大。因此，差别化战略应用日益广泛。

差别化战略的实质是创造一种能被感觉到的独特服务，使顾客感到接受的服务是独一无二的。对于服务业来说，实现差别化有许多形式，如肯德基上校的头像，Sprint公司的光纤网络、服务特性，美国运通的全程旅行服务等形式。差别化战略并没有忽视成本，但其最主要的目的是培养顾客忠诚。通过差别化改进服务的目的，常常是在目标顾客愿意支付的费用水平下实现的。

（二）实施差别化战略要考虑的因素

差别化战略的目标是发现顾客的独特需求，并以最大限度给予满足。差别化战略的实施需要考虑的因素如下。

1. 认识独特性的来源

独特性的来源极其广泛。企业在某种价值活动中的经营差别取决于一系列基本驱动因素的影响。企业只有辨认这些具体的驱动因素，才能从中找到创造经营差别化的新形式。

2. 识别顾客的购买标准

服务的差别化即个性化，最终取决于顾客的感知和认可程度。差别化不是简单的标新立异，而是建立在顾客需要的基础之上的，它只能是符合顾客购买标准的标新立异。因此，实施差别化战略，非常重要的一点就是识别顾客的购买标准。顾客的购买标准可分为使用标准和信号标准，前者是指企业在满足顾客需求过程中创造价值的具体尺度，后者是指顾客借以判断产品是否符合其使用标准的一组信号。服务企业应该充分理解和深入分析这两方面的标准，并以此作为企业生产、提供和传播的准则。

3. 获取满足顾客需要的独特性

企业所提供的服务只有符合顾客需要的独特性，才具有买方价值与市场价值，才能转化为企业的生产力，最终为企业赢得利润。因此，服务企业必须在符合顾客购买标准的前提下，才能获取满足顾客需求的独特性，这正是服务企业进行有效服务生产和提供价值的基础。

4. 使顾客感知并认同企业所提供服务的独特性价值

本质上讲，服务通常是无形的，顾客评价服务的难度比评价有形产品的难度更大，相比而言，顾客将面临更大的购买风险。为此，顾客希望服务企业能提供一些简单明了的信息帮助其作出购买决策。服务企业在保证服务独特性满足顾客使用标准的同时，要注重信号标准的建立与宣传，使顾客更容易感知服务的独特性价值。

（三）实现差别化的方式

实现差别化的方式通常有以下几种。

1. 无形服务有形化

由于服务的无形性特点，顾客购买后没有留下可追溯的实体。可以通过一些有形物品来使顾客能回忆过去的服务体验。如超市提供的印有超市名字的塑料袋；保险公司将公司的标识写在被保险的设备上，提醒服务组织按期检修，这些都是使无形服务有形化的例子。

2. 标准产品定制化

标准产品定制化可以使企业以很少的费用赢得顾客的满意。能记住客人名字的饭店经营者，可以给顾客留下很好的印象并带来回头客。例如美国汉堡王快餐店提供现场制作的汉堡，顾客可以按照自己的喜好决定汉堡包中的馅料，汉堡王从而将自己的服务与麦当劳的快餐服务区别开来。

3. 降低风险的感知

缺乏服务购买信息，也就是信息的不对称，使许多顾客产生风险感知。由于对服务缺乏了解或自信，比如对于医疗服务，顾客会寻求那些愿意花时间解释其所做工作具体细节和提供服务担保的医院。当信赖关系建立起来后，顾客常常会觉得多花点钱也值得。

4. 重视员工培训和激励

重视员工培训和激励，实现员工管理的差别化。员工培训和激励所带来的服务质量的提高，是竞争对手难以模仿的竞争优势。处于行业领先地位的服务组织，都有其高质量的培训项目，在同行中常常也很有名。企业还需要在员工薪酬制度、升迁制度和奖励制度上充分注意。卓越的服务组织知道，没有满意的员工就没有满意的顾客。

5. 质量稳定

在劳动力密集型行业，多场所经营的企业要做到质量稳定确非易事。许多企业采取多种措施来达到这一目标：人员培训、明确的程序、先进的技术、限制服务范围、直接指导、同事间的约束等。

小 贴 士

中国保险业竞争日益激烈。客户是保险企业的重要资产，保险企业的竞争主要是对客户资源的竞争，只有为客户提供优质的服务，保险公司才能生存、发展、壮大。

保险业实施客户服务差异化战略，就是细分客户，根据不同的客户群，提供有针对性的服务，满足不同客户的感受，特别是针对有价值的客户，满足或超越他们对服务的期望，吸引并保留这些有价值的客户，培养他们的忠诚度，从而实现保险公司与客户双赢的局面。

保险企业要实施差别化战略，一般要遵循以下三个步骤。

第一步：实施以客户为中心的战略。保险企业的差别化战略实施要获得成功，必须实施以客户为中心的战略。只有通过以客户为中心的战略才能找到可以同客户双赢的机会。为客户的利益做得越多，客户也就会做更多为我们带来收益的事。

第二步：建立客户数据库，实施客户关系管理系统（CRM）。差别化战略必须建立在翔实的客户数据库上。客户数据库为差别化战略提供了集成统一的客户信息视图，CRM 是客户数据仓库的一种重要的应用方式。保险业 CRM 的内容主要包括客户基本情况、客户主要负责人及联系人情况、逐年承保理赔情况、企业车辆及驾驶员情况、企业风险状况（主要针对企财险）、防灾情况、联系记录等。

第三步：依托准确而丰富的客户资料，提供个性化服务。对于一个拥有庞大客户群的企业，建立客户数据库是为了支持业务发展和客户服务。依托客户数据库，能回答谁是客户，谁是带来最大利益的客户，正在赢得或失去的是哪些客户群体，这种客户的变动对企业的盈利有什么影响，客户的构成如何，怎样才能更加优化，核心客户在哪里等问题。从而针对不同的客户群体制定相应的服务策略，提供差别化、个性化服务。

三、集中战略的实现方式

集中战略是指服务企业把产业中的一个或一组细分市场作为企业的服务目标，依托企业资源与局部竞争领域的良好适应性创造企业的局部竞争优势。实施集中战略的企业，既可以在目标竞争领域中寻求成本优势，也可以在目标竞争领域中寻求差别化优势。因此，集中战略又可以分为成本集中战略和差别集中战略两大类。

市场集中建立在这样一种假设之上：服务于一个较窄的目标市场的服务组织，比致力于服务较宽市场的服务组织更有效。在较窄的目标市场上，服务组织通过更好地满足顾客需求和更低的价格，可以达到差别化的目的。因为类似于大多数产品，一项服务只对某些人有价值，而不可能对所有人都有价值。所以，服务组织有必要仔细地选择和确认那些自己愿意提供服务，且有能力提供服务的顾客。

集中战略的基本思想是，通过深入了解顾客的具体需求，更好地为某特定目标市场服务。细分市场，可以针对一个特定的购买群体、特定的地理区域提供特定的服务。实施集中战略的前提是，与那些目标市场广泛的公司相比，服务组织可以更有效地服务于范围狭窄的目标市场。结果是，服务组织通过更好地满足顾客需求或降低成本，在狭小的目标市场内实现了差别化。

 相关案例

向联合利华学习集中战略

集中战略在联合利华得到了充分体现。一是企业集中化，1999 年，把 14 个独立的合资企业合并为 4 个由联合利华控股的公司，使经营成本下降了约 20%，外籍管理人员减少了 3/4；二是产品集中化，果断退出非主营业务，专攻家庭及个人护理用品，食品及饮料和冰激凌等优势系列，取得了巨大成功；三是品牌集中化，虽然联合利华拥有 2000 多个品牌，但在中国进行推广的品牌不到 20 个，而且都是一线品牌；四是厂址集中化，通过调整、合并，减少了 3 个生产地址，节约了约 30% 的运输费用。

这次将食品零售营销网络转包，可以说是营销环节集中化。实现营销环节集中化，把自己不擅长的零售营销转包出去，从而专心制订战略计划、管理主要客户及分销商，有利于迅速提高市场占有率和知名度，实现在华投资的战略目标。向第三方转包零售营销网络是集中战略的又一重大创新。

我国的企业不但要与著名的跨国公司竞争，更要自觉地向他们学习。联合利华的集中战略就很值得我国的企业学习。集中化是经营智慧的突出体现。企业无论规模大小和实力强弱，能力、财力和精力都是有限的，在经济全球化和竞争激烈化的形势下，为了向客户提供值加比（即价值与价格之比）较高的产品或服务，必须在各方面善于集中，善于争取和发展相对优势，在任何时候都不要拉长战线、分散资源，不要搞无原则的多元化，更不要盲目进入不擅长的领域。

一般实施集中战略的步骤如下。

（1）将市场按区域进行细分，以便设计核心服务。

（2）按照顾客对服务的重视程度，将顾客分类。

（3）通过施加影响，使顾客的期望略低于服务感知。

集中战略往往在下列情况下能够取得较好的效果。

（1）定位于多细分市场的竞争厂商很难满足目标小市场的专业或特殊需求，或者为满足这个市场的专业化需求所付出的代价往往极其昂贵。

（2）没有其他竞争厂商在相同的目标细分市场上进行专业化经营。

（3）一家公司没有足够的资源和能力进入整个市场中更多的细分市场，整个行业中有很多的小市场和细分市场，从而使一个集中型的厂商能够选择与自己的能力相符的、有吸引力的目标小市场。

采用集中战略也有一定的风险，具体如下。

（1）竞争对手可能会寻找与自身匹配的有效途径来服务于目标小市场。

（2）购买者细分市场之间的差异减弱会降低进入目标小市场的壁垒，会为竞争对手争取客户打开一扇方便之门。

（3）集中化厂商所聚焦的细分市场非常具有吸引力，以至于各竞争厂商蜂拥而入，瓜分细分市场的利润。

小贴士

集中战略在医疗服务市场中的运用

在医院外部逐步完善的市场经济条件下，院长和医院管理者与企业经营者一样面对市场竞争。由于医疗服务市场具有特殊性，医院虽然不能完全套用一般市场经济条件下企业竞争的规律，但可以借鉴并运用企业的基本竞争战略来参与医疗市场的竞争。就医院的特点而言，医疗活动就是服务，因此，试将集中战略引申到医院的服务领域，探讨集中战略在医疗服务市场中的运用。

集中战略又称重点集中战略、聚焦战略、焦点战略、专注化战略，与成本领先战略、差别化战略同为波特提出的三大基本竞争战略，在企业管理中得到了广泛的应用。医院服务集中战略是指在医疗行业范围内，医院决策者在提供医院特殊产品——医院服务过程中的一种决策定位，将竞争服务的目标主要集中于特定的医疗消费层面、特定的区域人群或特定的专科病种、诊治项目等。在医院服务中采用集中化的手段，进行战略性研究，从而在最有效服务的医疗目标市场或医疗市场细分中获得更大的社会效益和经济效益，在更好地为病人提供适宜、优质的服务的同时，促进医院自身发展，取得市场竞争优势。

四、不同战略形式

在实际运用中，许多企业不只采用一种战略，而是将多种战略相结合，运用到具体的情况中，不同战略形式如图 2-3 所示。

1. 低成本服务战略

在低成本服务战略方面，服务企业可以采取多种战略形式来实施，具体包括寻找低成本顾客、顾客服务标准化、减少服务传递过程中的人员接触、降低网络的垄断性等。

2. 高差别化服务战略

在高差别化服务战略方面，服务企业也可以采取多种形式来实施，具体包括在无形服务中引入有形特征、在标准服务中实施顾客定制化、注重培养员工价值创造能力、控制服务质量、影响顾客的期望质量等。

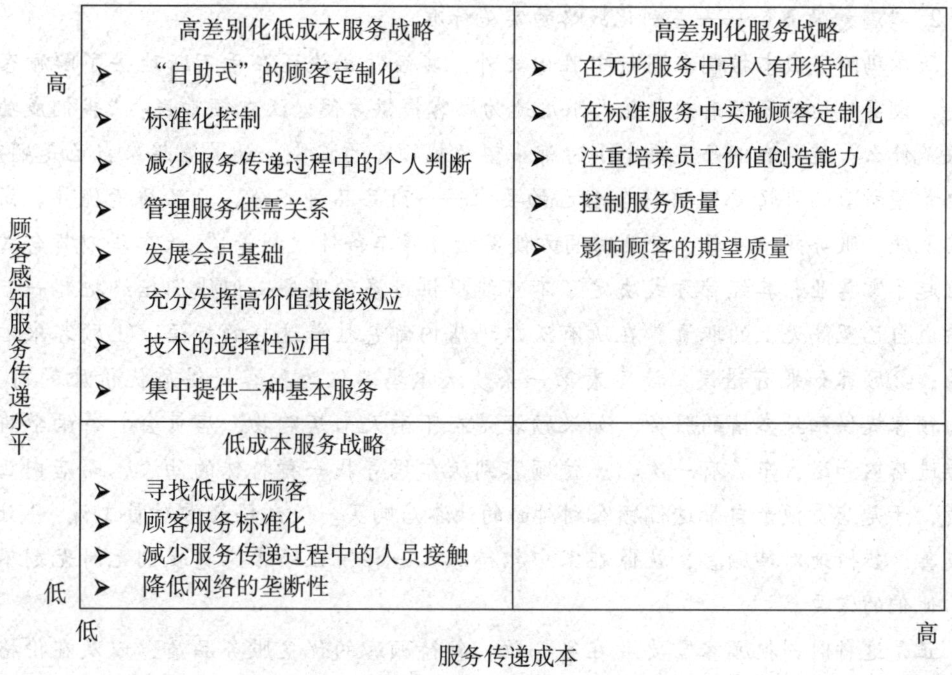
高差别化低成本服务战略
➤ “自助式”的顾客定制化
➤ 标准化控制
➤ 减少服务传递过程中的个人判断
➤ 管理服务供需关系
➤ 发展会员基础
➤ 充分发挥高价值技能效应
➤ 技术的选择性应用
➤ 集中提供一种基本服务
高差别化服务战略
➤ 在无形服务中引入有形特征
➤ 在标准服务中实施顾客定制化
➤ 注重培养员工价值创造能力
➤ 控制服务质量
➤ 影响顾客的期望质量
低成本服务战略
➤ 寻找低成本顾客
➤ 顾客服务标准化
➤ 减少服务传递过程中的人员接触
➤ 降低网络的垄断性
顾客感知服务传递水平
高
低
低
高
服务传递成本

图 2-3　不同战略形式

3. 高差别化低成本服务战略

在综合应用不同战略组合方面，服务企业可以将服务高差别化战略和服务低成本战略结合起来，并采取多种战略形式予以实现，具体包括“自助式”的顾客定制化、标准化控制、减少服务传递过程中的个人判断、管理服务供需关系、发展会员基础、充分发挥高价值技能效应、技术的选择性应用、集中提供一种基本服务等。

相关案例

沃尔玛经营战略——低成本与优服务

1962 年，山姆·沃尔顿在他的第一家商店挂上沃尔玛招牌后，在招牌的左边写上了“天天平价”，右边写上了“满意服务”。38 年来，这两句话几乎就是沃尔玛全部的经营哲学，从一家门店发展到上万家门店，这一原则从未改变过。

1.“天天平价”——成本领先战略的经营典范

沃尔玛的“天天平价”，指的是不仅一种或若干种商品低价销售，而是所有商品都是以最低价销售；不仅是在一时或一段时间低价销售，而是常年都以最低价格销售；不仅是在一地或一些地区低价销售，而是所有地区都以最低价格销售。正是力求使沃尔玛商品比其他商店商品更便宜这一指导思想使沃尔玛成为本行业中的成本控制专家，它最终将成本降至行业最低，真正做到了天天平价。

2. "满意服务"——差别化战略的实施标准

沃尔玛除了成本控制在同行中胜出之外，其经营秘诀还在于不断地去了解顾客的需要，设身处地为顾客着想，最大限度地为顾客提供方便。沃尔顿常说："我们成功的秘诀是什么？就是我们每天每个小时都希望超越顾客的需要。如果你想象自己是顾客，你会希望所有的事情都能够符合自己的要求——商品品种齐全、商品质量优异、商品价格低廉、服务热情友善、营业时间方便灵活、停车条件便利等。"沃尔玛以货仓式经营崛起于零售业，其经营方式决定了不可能提供过多的服务，但他们始终把超一流服务看成自己至高无上的职责。在所有沃尔玛店内都悬挂着这样的标语：①顾客永远是对的；②顾客如果有错误，请参看第一条。沃尔玛不仅为顾客提供质优价廉的商品，还为顾客提供细致盛情的服务。如果顾客是在下雨天来店购物，店员会打着雨伞将他们接进店内和送上车。有一次，一位顾客到沃尔玛寻找一种特殊的油漆，而店内正好缺货，于是店员便亲自带这位顾客到对面的油漆店购买。沃尔玛经常对员工说："让我们友善、热情地对待顾客，就像在家中招待客人一样，让顾客感觉我们无时无刻不在关心他们的需要。"

正是这种时刻把顾客需要放在第一位，善待顾客的优良服务品质，以及在价格上为顾客创造价值的经营战略。使沃尔玛赢得了顾客的信任，从而带来了巨大回报。沃尔玛的经营战略沿用至今，并一直在为沃尔玛的繁荣发挥着不可估量的作用。

【课后思考题】

一、简答题

1. 服务战略概念的基本要素由哪几部分组成？分别是什么？

2. 服务竞争战略特点有哪些？并举例说明。

3. 实施差别化战略要考虑哪些因素？

二、论述题

1. 论述成本领先战略的实现方式。

2. 论述集中战略的基本思想及实现步骤。

3. 通过例子，谈一谈你对成本领先战略的理解。

三、案例分析题

肯德基是众所周知的西式快餐品牌，在国内的地位与麦当劳不相上下。要知道，站在全球的角度来看，麦当劳是要比肯德基知名，且做得更好的。为什么中国市场肯德基更胜一筹？这就要从肯德基的产品来说。

肯德基经常推出新品，根据不同的季节、节日会推出相关的新品。比如青团、塔可、嫩牛五方、豆浆、油条等，我们发现在肯德基的产品当中，很多是"中式快餐"，就像是一家国产餐厅。肯德基的本土化速度很快，食品深入人心。

1. **肯德基产品的本土化**

在过去，吃一顿肯德基可能是父母对于孩子的一种奖励，但现在，肯德基已经成为国内青少年经常出入的场所，因为肯德基通过市场调研及认真分析后，推出了一系列迎合国内年轻消费者口味的新产品，并在原有的产品基础上不断改良和研发一些独具地域特色的产品，比如肯德基推出的缤纷全家桶、锦绣汉堡、安心油条等，让一些中华传统美食走进"洋快餐"餐厅，成功地利用了消费者求新的消费心理，吸引了一大批消费者前去购买尝鲜。

肯德基的这些产品本土化策略都是为了更好地融入国内市场，既迎合了国内消费者的传统饮食习惯，又为国内消费者提供了满意舒心的服务。肯德基还邀请了国内多位知名的食品营养专家，成立了肯德基健康食品协会，致力于研究国内消费者的饮食习惯，开发更多符合国内消费者口味的产品。

2. 肯德基服务的本土化

服务作为产品与客户之间的桥梁，其作用是十分重要的，所以肯德基对客户的服务质量非常看重。作为一名消费者，当你迈进肯德基餐厅，会有热情洋溢的服务员与你打招呼，引导您点餐，指引您就座，为您提供全方位的就餐服务。同时为了给携带小朋友的家庭提供更加人性化的用餐体验，每个肯德基餐厅基本上都会配备儿童座椅和儿童游泳区，加强肯德基在儿童心目中的形象及地位，也是为了吸引家长的光顾。

优质的服务来源于员工的高素质水平，肯德基在人事管理方面要求非常严格，针对在职员工经常开展一系列培训，努力提高员工的素质水平。使员工在服务意识以及服务水平上得到不断的提升，也正因如此，才能为消费者提供更加优质舒心的服务，才使肯德基在国内市场更受消费者欢迎。

3. 肯德基广告的本土化

对中国传统文化的深度把控是肯德基广告本土化的一大特点，在世界范围内，广告中经常运用到的地域文化特色其实就是企业本土化的一种策略。一般跨国公司在国外寻求的是市场，传播的是信息，销售的是产品，不过目标消费群体确是处在与本国文化大相径庭的另一个国家的文化氛围中，所以大多跨国企业会采用本地化的广告营销策略。

之所以称为传统文化是经历了中国几千年的发展变迁、融合了各个时期的政治、经济等文化特点，是传承下来的历久弥新的文化精粹。既有物化形式留存于今，也有深度的思想哲学传承于世。这种传统文化随着经年累月的发展，已深深烙印在国人的心目中，融入了社会、经济、生活当中。

肯德基广告本土化具体表现在广告中不断植入更多的中国元素，如场景、代言人、语言等方面。尤其是代言人方面，肯德基倾向于选择国内大众人物作为代言人，而在场景方面，我们可以看到更多具有中国特色的生活场景，比如过年期间一家人团聚的场景、亲朋好友一起玩乐的场景等。

在语言及形象等方面肯德基也都进行了很好的融汇应用，比如一些方言、具有中国特色的龙袍、灯笼、春联等，都是为了更好地迎合国内消费者的习惯。

4. 肯德基场景的本土化

家庭在国内消费者的心目中有着极高的地位，所以肯德基在环境营造方面也进行了一系列的设计，为家庭单位提供舒适的用餐体验，比如在餐厅内开辟了儿童用餐专区，节庆节日还准备各种小礼品、玩具，该区域也可以为儿童举办生日宴会，同时为了迎合年轻人的品位，店内环境一般设计比较简约。肯德基希望通过场景方面的打造，营造一种家人聚餐的欢乐氛围，以此影响所有年龄段的消费者。

2000 年，为了摆脱不健康的负面形象，肯德基邀请中国 40 多位食品营养专家，成立了食品健康委员会。又过了四年，《中国肯德基食品健康政策白皮书》面世。在分析了快餐导致的肥胖等健康问题后，肯德基明确了未来的方向——开发适合中国人口味、品种多样的新产品。

首先得补短：炸鸡太油腻，烹饪方法换成烤，奥尔良烤翅由此诞生；原来的菜单蔬菜供应不足，那就在鸡肉里加入胡萝卜、青豆和玉米，推出了适合孩子的田园脆鸡堡和玉米沙拉。

补短之后，肯德基借鉴中式饮食，从中餐里取长：走北京烤鸭走过的路，在饼皮里裹上黄瓜条、京葱和甜面酱，唯一的不同之处是把卷内主角换成炸鸡；按照中国人的三餐习惯，肯德基早上又开始售卖油条、茶叶蛋、粥等早点；中午供应不同菜色的米饭和芙蓉鲜蔬汤，深夜还有串串、卤味作为夜宵。在《中国经营者》的一期访谈里，原百胜中国 CEO 谈及肯德基"立足中国，融入生活"的本土化策略："我一直努力针对中国人的需求来打造新的快餐模式。让快餐保有中国人喜爱的优点，比如方便、标准化。但（肯德基）想在菜品上给予更多的选择，可以吃西式的，也可以吃中式的，这样营养就均衡了。"

在其他国家，肯德基新研发的当地产品占比 20%，传统长线产品占比 80%，而在中国，新品比例超过了 40%，这意味着全球没有比中国产品线更丰富的肯德基了。这也解释了为什么肯德基在其他各国市场逊色于麦当劳，却在体量庞大的中国市场打出了漂亮的翻身仗，百胜全球餐饮集团总裁说："中国市场是（肯德基）全球第一个打败麦当劳的市场。肯德基在中国的成功证明了本土化策略的正确。"

通过阅读上述材料，回答以下问题。

1. 肯德基在中国能够超过麦当劳成功占领市场的原因是什么？

2. 你能说出的服务战略类型有哪些？它们的特点分别是什么？

第三章　服务市场选择

[本章学习目的]

掌握：市场细分的步骤；目标市场策略；服务市场定位的方法。

熟悉：服务市场的特征；服务市场的发展趋势；市场细分的内涵；目标市场的选择；服务市场定位的步骤。

了解：服务市场的概念；市场细分的方法；影响目标市场策略选择的因素；服务市场定位的概念。

✎ 导入案例

胶囊酒店

胶囊酒店由与大橱柜尺寸相仿的小房间组成，有些房间的成本仅为每晚20美元，这些酒店的主要好处是方便实惠。20世纪80年代，胶囊酒店兴起于国土面积狭小的日本。现在，许多国家都推出了胶囊连锁酒店，如纽约的庞德酒店、伦敦的约特酒店、阿姆斯特丹的西铁城M酒店。

与日本早期的胶囊酒店不同，这些新的连锁酒店都改进了服务产品。例如，约特酒店提供不同种类的称为"小木屋"的房间，"小木屋"的理念来自日本的胶囊酒店和英国航空公司的高级客舱。例如，豪华房间内，通过按钮可以将双人床转换为沙发，有可以容纳手提行李的桌子、豪华浴室和可以伸展的书桌。酒店还提供免费上网、平板电视、优质咖啡与24小时客房服务。伦敦希思罗机场的豪华房间的价格为前4小时55英镑，此后每小时8英镑，标准间的费用每天只需89英镑，这是伦敦酒店常见的房间价格。

约特酒店和丘比克酒店都有积极的发展计划，他们也希望未来胶囊酒店可以成为旅行者的主流选择。

第一节　服务市场概况

一、服务市场的概念

服务市场又称劳务市场，它既包括满足生活服务需要的市场，也包括满足生产服务需要的市场。它提供的是一种特殊的产品，虽然这种服务产品与实物产品在很多营销原理方面是相同的，但是服务产品有它的特殊性。这种完全无形或基本无形的产品可直接从服务的提供者转换给服务的购买者，它不需要被运输或贮藏，因此具有极大的易消失性。它是国民经济的重要组成部分，对促进国家经济发展起着巨大的作用。

现代服务市场所涉及的服务业的范围如表 3-1 所示。

表 3-1　　　　　　　　　　　现代服务市场所涉及的服务业的范围

范围	内容
第一产业的现代服务业	农、林、牧、渔业中提供的技术支持和服务的部分
第二产业的现代服务业	工业企业提供的无形产品（技术、服务等）为主的部分
现代物流业	运输、港口、仓储、配送、货运代理、速递等多个行业
信息服务业	电信和其他信息传输服务业、计算机服务业和软件业
金融保险业	银行、证券、保险、信托及其他金融活动等行业
房地产业	房地产开发经营业、物业管理业、房地产中介服务业、其他房地产活动、居民自有住房服务业
租赁和商务服务业	租赁业和律师、公证、咨询与调查、广告、知识产权、职业中介、旅行社、会展等商务服务业
科学研究、技术服务业	研究和试验发展、专业技术服务业、技术交流和推广服务业
教育业	学校、培训机构等
文化、体育和娱乐业	略

在第一章，我们已讲过服务产业与第三产业是基本吻合的，但服务市场的范围与第三产业的范围并不完全吻合。如国家机关、军队、警察被划归第三产业，但这些内容并不构成服务市场的范畴，也就是说，这些特殊的第三产业不构成服务市场交换的对象。

二、服务市场的特征

服务本身具有的特征使服务市场具有以下几点特征。

1. 供需直销

服务的不可分离性决定了服务产品的生产和消费的同时进行，这就决定了服务市场中产品的销售不能通过中间商，而必须由生产者和消费者直接会面，即采用直销的方式。正是由于消费者参与了服务产品的销售，服务效果不仅与服务生产者有关，而且在一定程度上也与接受服务的消费者有关。

2. 供需弹性大

在供应方面，一体现在服务设施、设备的设计能力与实际能力是两个不同量，通常是实际能力大于设计能力，如营业时间的延长等；二体现在服务者的接待能力具有一定的弹性。在需求方面，一体现在自我服务与社会服务经常处于相互转换状态；二体现在一般商品和服务商品在某种程度上可相互替代；三体现在顾客的需求在不同的时间有较大的差别，如公共交通在上下班的高峰期比较拥挤等。所以服务的需求通常是一条波动的曲线。

3. 供需分散

从供应方面来看，由于服务的生产和消费必须同时进行，服务企业面对的是具有不同需求的分散的消费者，必须提供各种各样分散的服务，也就是说服务产品的生产和供给方式也具有分散性。从需求方面来看，供需直销的特征使服务的需求方不仅包括广大个人消费者，还包括各类组织消费者，这些消费者的需求各不相同，从而决定了服务需求的分散性。

4. 需求的多样与多变

首先，服务市场上的消费者多种多样，既有数以万计的个人消费者，又有规模、性质不同的社会组织，个人消费者的性别、年龄、文化程度及消费水平、消费习惯等特征决定了其需求的多样性；社会组织的性质、规模等因素也决定了其需求各不相同。其次，随着社会经济的发展，人们的收入水平提高，越来越多的人购买服务，人们对服务的需求也会相应地发生变化，表现出多变的特征。

5. 销售渠道单一

服务产品的无形性使服务企业在销售时不可能像工业品那样陈列、展销，以便消费者挑选。消费者在购买服务之前，一般不能进行检查、比较和评价，只能凭借经验、品牌和宣传信息来选购。而服务企业要想吸引消费者，只能靠富有想象力和创造力的方法和行之有效的广告宣传，以及靠良好的信誉和较好的企业形象来销售服务产品，招徕顾客。

✎ 相关案例

李宁体育用品有限公司成立于1990年，经过数十年的探索，已逐步成为代表中国的、国际领先的运动品牌公司之一。李宁公司采取多品牌业务发展策略，除自有核心李宁品牌，还拥有乐途品牌、艾高品牌、心动品牌。此外，李宁公司控股上海红双喜、全资收购凯胜体育。李宁体育用品有限公司把产品的研发看作一个不断创造纪录、刷新纪录的赛程。经过多年探索，李宁产品已由单一的运动服装，发展出运动鞋、运动配件等多系列并驾齐驱。不久的将来，李宁品牌将致力于跻身世界一流品牌，为全世界的运动员和体育爱好者提供专业的体育产品。正因为有这样的热忱，李宁体育用品有限公司拥有中国巨大的体育用品分销网络。同时，李宁体育用品有限公司的国际网络也在不断拓展，目前已进入多个国家和地区。

三、服务市场的发展趋势

尽管服务市场是伴随着商品市场出现的，但服务市场的发展是在第二次世界大战之后的几十年里，尤其是 20 世纪 80 年代之后。纵观服务市场的发展变化过程，显示出如下的趋势。

1. 服务市场规模扩大、服务营销发展速度快

20 世纪末期，我国积极开展国际间经济、技术、学术、文化等交流合作，服务贸易规模快速提升。1982—2018 年，服务进出口总额从 47 亿美元增长到 7919 亿美元，年均增长 15.3%，比货物进出口总额年均增速高出 1.3 个百分点。2018 年，服务进出口总额占对外贸易总额的比重达到 14.6%，较 1982 年提升了 4.5 个百分点，越来越接近世界 20%左右的平均水平。与此同时，服务业吸引外资能力大幅增强，1983—2018 年，外商直接投资额从 9.2 亿美元增长到 1383 亿美元，年均增长 15.4%。伴随服务型经济的不断发展，全球经济竞争的重点正从货物贸易转向服务贸易。2020 年以来，鉴于外贸市场受到新冠疫情冲击，国际市场需求严重萎缩，展览、认证、物流等各类外贸服务市场主体的经营活动有所放缓。

2. 服务范围呈多元化、扩大化趋势

第二次世界大战以前，服务贸易主要在海洋运输、运输保险、国际银行结算、国际电信等领域，主要是作为国际商品贸易的附属物而出现的。第二次世界大战之后，许多独立于商品贸易的服务行业得到迅速发展，如电信、金融、运输、旅游、知识产权服务等，此外，卫星通信、航天技术、国际互联网等新兴服务业崛起，占据相当的市场份额。

3. 国际服务市场中依然存在差异

国际服务市场受世界整体经济的影响，呈现极端的不平衡。发达国家服务贸易的发展遥遥领先，而发展中国家服务贸易实力弱小。服务贸易主要在欧美发达国家中进行，发展中国家只能在国际缝隙中求生存、求发展。由此可见，国际服务市场中依然存在着区域间的差异，发达国家的领先地位与发展中国家的滞后状态形成反差。

以中国为例，随着我国服务业的逐步开放，服务贸易得到快速发展。服务贸易总量迅速增长。服务贸易总额由 1982 年的 43 亿美元增加到 2007 年的 2560 亿美元，25年间增长约 60 倍，年均增长率为 18.64%。其中，服务贸易进、出口额分别从 1982 年的 18.24 亿美元、24.76 亿美元发展到 2007 年的 1290 亿美元、1270 亿美元，年均增长率较高。进入 21 世纪，服务贸易又出现高速增长，这期间出口年均增速达 22%，进口年均增速达 21%。

但是中国服务贸易起步晚、起点低，还存在一些不足。主要表现为服务贸易滞后于货物贸易的发展；服务贸易出口在贸易出口总额中的比重偏低；以传统服务贸易为主体，现代服务贸易的比重低于世界平均水平。

数据链接

在 2008 年，中国服务业的产值超过了 12 万亿元，中国服务业的增加值保持在每年 10%左右。但是和发达国家服务业的发展水平相比，国内的服务业还相对比较落后，一方面体现在绝对的规模上，另一方面体现在服务业的增加值占 GDP 的比重上。国内的服务业最近几年来占 GDP 的比重一直维持在 40%左右，发达国家服务业占 GDP 的比重是在 70%以上，即使是世界平均水平也在 60%。也就是说，国内的服务业和世界发达国家相比还有非常大的发展空间。所以 2007 年《国务院关于加快发展服务业的若干意见》提出，希望服务业的增加值能够占到国内生产总值的 50%以上，并大力发展现代服务业，尤其是金融、信息服务、房地产等。

第二节　服务市场细分

服务业竞争日益激烈，企业要想在服务市场中赢得一席之地，就必须在服务市场中努力寻找自己的目标消费群，确定营销组合策略。目标市场营销已成为国内外企业普遍采用的战略。目标市场营销是指企业识别各不同的购买者群体，选择其中一个或几个作为目标市场，运用适当的市场营销组合，集中力量为目标市场服务，满足目标市场的需要。

目标市场营销主要经过三个步骤：市场细分、目标市场选择和市场定位。市场细分是后两者的前提和基础，它的有效与否，直接影响目标市场的选择和市场定位的准确程度。

一、市场细分的内涵

(一) 市场细分的概念

市场细分就是将一个大市场分成若干个小市场，而每个小市场中的用户有类似的消费需求、购买心态、消费模式、购买方式。这样就能有针对性地去选择目标客户群，去了解竞争对手的状况，并指定相应的市场营销战略，以达成企业的经营目标。例如，把旅游市场细分为度假旅游市场、商务旅游市场及文化旅游市场。

市场表现为消费需求的总和，它包含着千差万别的需求形态。任何一个公司，无论其规模如何，它所能满足的也只是市场总体中十分有限的部分，而不可能全面满足，不可能为所有消费者都提供有效的服务。因此，公司在进入市场之前，必须先细分市场，然后寻找自己的目标市场，并确定自己在市场中的竞争地位。

市场细分中选择合适的需求和与其相应的服务属性十分重要。消费者通常通过识别哪些企业能主动感知不同服务产品之间的差异进行选择。例如，许多乘客乘坐飞机时都把安全作为首要考虑的因素。他们可能会避免乘坐不知名航空公司的班机，或避开那些安全声誉不好的航空公司。但是，在排除这些顾虑之后，在主要航线上旅行的乘客仍然可能在几家被认为是同样安全的航空公司中进行选择。这时安全通常不是顾客选择的决定属性。决定属性即那些真正决定顾客在几种竞争性产品中作出选择的因素。这些因素通常并不是顾客认为最重要的属性，但它们能让顾客看到竞争性产品选择之间的重要差异。例如，起飞和降落的时间是否方便，是否有里程积分和给予忠实顾客的相关优惠，飞机上饮食服务的质量如何。

每一类消费者群体就是一个细分市场。换句话说，市场细分的过程，就是辨别不同消费者之间需求差异的过程，是按照求大同存小异的方法，将需求大致相同、购买行为和习惯类似的消费者归为一类，然后把一个市场划分为若干子市场的过程。

随着服务市场上新的竞争对手的不断加入和服务产品项目的增多，企业之间的竞争日益加剧，市场细分有助于企业投资能够给其带来经济效益的领域，从而避免盲目投资造成的资源浪费。同时，市场细分有助于企业通过产品的差异化建立起竞争优势。企业通过市场调查和市场细分将会发现尚未被满足的顾客群体，如果企业能够根据这一顾客群体的需求特征设计出独具特色的服务产品，大概率会获得巨大成功。

（二）市场细分的条件

一般来说有效的市场细分必须满足以下条件。

1. 可衡量性

可衡量性是指用来划分细分市场大小和购买力的特性程度，应该是能够加以测定的。一方面，顾客对产品的需求具有不同的偏好，对所提供的产品、价格、广告宣传等具有不同的反应，才值得对市场进行细分。反之，如果顾客对产品的需求差异不大，就不必费力去进行市场细分。例如，如果一架飞机上的所有旅客都有相同的服务需求，那就不必将座位划分成头等舱、商务舱和经济舱。另一方面，顾客的特征信息应易于获取和衡量，否则也难以细分。在实践中，有许多顾客的特征是不易衡量的，一般来说，人口、地理、社会文化因素等是比较容易衡量的。

2. 可接近性

可接近性是指有效地到达细分市场并为之服务的程度。选定的细分市场必须与企业自身状况相匹配，企业有优势占领这一市场，即企业容易进入细分市场。细分市场必须是企业有可能进入并占有一定份额的，否则没有现实意义。例如，细分市场已有很多竞争者，自己无力与之抗衡，无机可乘；虽有未被满足的客户需求，有营销机会，但缺乏原材料或技术，货源无着，难以生产经营，这种细分市场也是没有现实意义的。

3. 可营利性

可营利性是指细分市场的规模大到足够赢利的程度。对于产品或服务规划来说，一个细分市场应该是值得为其设计一个产品或服务方案的尽可能大的同质群体，过小规模的细分市场是不值得进入并为之付出努力的。例如，专为身高不到 1.2 米的成年人提供服务，由于满足该条件的群体偏少，该市场的规模太小，对服务提供商来说是不合算的。

4. 行动的可能性

行动的可能性就是为吸引和服务细分市场而系统地提出有效计划的可行程度。如果一家规模、资源都极其有限的企业，却将整个市场划分为多个细分市场，该企业就没有能力针对多个细分市场分别制订相应的营销计划。例如，一家小型航空公司把市场划分为 7 个细分市场，但由于其职工人数有限，以致不能为每个细分市场推出一套独立的营销计划。

5. 差异性

细分市场在观念上能被区别，并且对不同的营销组合因素和方案有不同的反应。如已婚与未婚女性对毛呢大衣销售的反应基本相同，该细分就不该继续下去。又如大米、食盐就不必按民族细分，而肉食品、糕点等就有必要进行细分。

✏ 相关案例

定位使这家日托中心在竞争中脱颖而出

罗杰·布朗和琳达·梅森相识于商学院，他们之前都曾从事管理咨询。从商学院毕业后，他们在柬埔寨进行难民儿童的救助行动，之后在东非开展"救救孩子们"的救济行动。他们回到美国后，看到市场对幼儿保育中心的巨大需要：家长需要能为幼儿提供照顾、教育，让孩子健康快乐地成长的日托中心，能让他们安心工作。

他们的行业分析显示出一些不利因素：缺乏行业进入门槛，利润持续偏低，劳动密集度高，缺乏专利技术，规模经济效应不明显，品牌效应微弱，严格的制度监管造成了一定局限。因此，布朗和梅森创办了 Bright Horizons（明亮的地平线）公司（以下简称 BH），帮助他们将上述行业劣势扭转为优势。BH 摒弃了传统的直接面向家长的服务营销方式（一次面向一个顾客销售），而通过在工作场所提供日托服务，帮助员工解决照顾幼儿的后顾之忧，从而与这些员工的企业建立战略联盟。这种商业模式具有许多优势。

（1）有利于建立强大的低成本营销渠道。

（2）有助于 BH 赢得商业伙伴/顾客。商业伙伴/顾客可以提供资金和配套设施来建立日托中心，并且他们本身有意愿帮助 BH 实现商业目标，提供高质量的日托服务。

（3）为家长带来便利。家长自然而然地受到 BH 的吸引（不把孩子送往同 BH 竞争的托儿所），因为这个日托中心离上班地点最近，免除了接送孩子的奔波之苦，同时也让他们十分放心。

为了实施其以质量取胜的差异化策略，BH 高薪聘请优秀的师资队伍。BH 意识到传统的幼教方式要么缺乏课程指导，要么实施一套死板的教学课程，因此制定了一套灵活的教学法，命名为"世界展现在孩子们的指尖"。这种教学方式既给出了教学大纲，又给教师充分的自由来规划日常教学活动。BH 获得了美国国家幼儿教育协会的认证，并在这方面作了大力的宣传。BH 对质量的重视表明，它完全有能力达到甚至超越地方或国家级别的最高认证标准。这样，严格的制度监管反而为公司的发展创造了机会，而不是造成阻碍，从而为公司带来了竞争优势。

公司在其客户群体（包括许多高科技公司）的专业支持下，研发了多种创新技术，例如，将孩子们的上课录像通过网络集体传送到家长们的台式电脑上，电子扫描或拍摄孩子们的手工制作，电子张贴日托中心的菜单、日程表和学生评估表，学生能力在线测试，等等。这些高科技手段有效地帮助 BH 实现了差异化，并使其保持行业领先的地位。

BH 把劳动力视为竞争优势，并且十分注重招募和保留最优秀的员工。公司已经连续多次被《财富》杂志评为"100 家最受员工欢迎的公司之一"。截至 2019 年，BH 在全球已经有约 31400 名员工，为美国、加拿大和欧洲 700 多位世界顶级雇主（包括企业、医院、大学和政府机构）提供幼儿保育服务。BH 商业伙伴愿意选择 BH 建立战略联盟，因为他们知道自己可以充分信任 BH 的员工。

二、服务市场细分的步骤

服务市场细分是一项复杂的分析与决策过程，需要严密科学的方法，虽然具体的过程不尽相同，但基本上包括以下几个步骤，如图 3-1 所示。

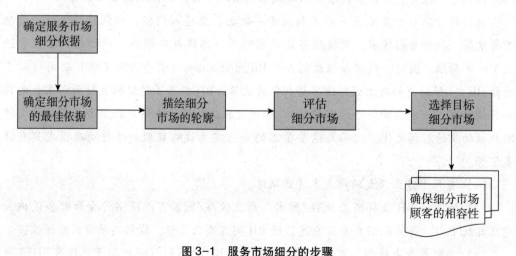

图 3-1　服务市场细分的步骤

（一）确定服务市场细分依据

服务的消费市场由购买者组成，而服务购买者之间总有或多或少的差别，他们会有不同的欲望、不同的资源、不同的地理位置、不同的购买态度及购买习惯等，因此每个购买者实际上都形成一个单独的市场。所以，理论上讲，服务提供者应为每一个购买者设计一个单独的营销方案。但是，绝大多数销售者面对的是数量众多的较小购买者，不值得进行彻底的市场细分。取而代之的，是寻找具有不同服务需要和购买行为的较宽泛的购买者。比如，一家英语培训学校可以先以年龄变量作为依据进行市场细分，并对不同的细分市场设计、提供不同服务：学前及 6 岁以下的少儿英语、小学英语、初高中英语，以及针对成人的英语培训。对成人市场可以再以英语基础为依据进一步细分，从而分为成人初级英语、中级英语和高级英语。

服务市场细分的变量很多，而且不同类型的市场，细分变量也有所不同。下面就市场细分的依据加以论述。

1. 服务消费者市场细分的依据

服务消费者市场细分的依据是客观存在的需求的差异性。但差异性很大，究竟按哪些因素细分，没有一个绝对或固定不变的模式。各服务行业、各服务企业可根据不同的变量，用许多不同的方法进行细分。例如，可以根据服务消费者特征细分市场，也可以通过顾客对服务产品的反应细分市场等。无论用哪一种依据进行市场细分，关键是能获得最佳的营销机会。

可以将影响服务消费者市场需求的因素，即服务消费者市场细分的依据，概括为四大类：地理因素、人文因素、心理因素和行为因素，如图 3-2 所示。

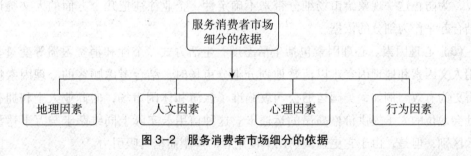

图 3-2　服务消费者市场细分的依据

（1）地理因素。地理因素是通过消费者工作和居住的地理位置进行市场细分的，如国家、地区、省、市、区等。由于地理环境、自然气候、文化传统、风俗习惯和经济发展水平等因素的影响，同一地区人们的消费需求具有一定的相似性，而不同地区的人们又形成不同的消费习惯与偏好。因此，地理因素得以成为服务消费者市场细分的依据。比如，在我国南方沿海一些省份，某些海产品被视为上等佳肴，而内地的许多消费者则觉得味道平常。又如，由于居住环境的差异，城市居民与农村居民在室内装饰用品的需求上大相径庭。

（2）人文因素。人文因素通过人文统计实现，人文统计是将服务市场按人文统计学的变量，如年龄、家庭人数、家庭生命周期、性别、收入、职业、教育、宗教、国籍、民族和社会阶层为基础划分成的不同群体。人文统计是区分消费者群体最常用的方法。因为消费者的欲望、偏好和使用率等经常与人文统计变量有密切联系。如美国运通公司，针对显要人物旅行和娱乐需要，推出了一种高价的信用卡。虽然这种信用卡的实际意义与维萨卡、万事达卡相同，但运通公司以"高收入""不同凡响的显赫声望"等作为市场细分的依据，成功地吸引了高消费的上流社会人士。同时，人文统计变量比大部分其他类型的变量更容易衡量。例如，男女性别不同，再加上文化背景、教育程度等的不同，服务消费的特点就大为不同。有些服务是男女通用的，如沐浴、理发等，但也有些服务是有性别区分的，或大多数情况下有性别区分，如美容服务等。所以，就有人创立女子专用或男子专用的服务品牌。此外，像老年医院、养老院、汽车租赁公司等，也都是按各种人文统计变量制定目标市场的实例。一般情况下，按以下分类标准进行分类。

①按性别细分，在服装、美容、化妆品等行业或企业中使用较广泛。

②按收入细分，在旅游、汽车等服务业中是一个长期使用的细分标准。

③按年龄与生命周期阶段细分，在婚庆服务企业、理财服务业中常用。

但是，有时候并不一定能精确地判断出某服务产品的消费倾向与人文因素是否有关，如一般认为经理人由于有较高的收入，会购买凯迪拉克汽车，而体力劳动者则倾向于购买雪佛莱汽车，但事实上许多经理人也喜欢购买雪佛莱汽车，有些工人也购买凯迪拉克汽车，这种细分因素在实际市场中的错位，同样在服务市场中也经常出现。所以，为防止这一现象给市场细分带来不确定性，企业往往把几个方面的人文统计变量结合起来作为细分的依据。

（3）心理因素。心理因素包括生活态度、生活方式、个性和消费习惯等变量。当运用人文因素和地理因素难以清楚地划分细分市场时，结合考虑顾客的心理因素将会变得更为有效。例如，美国运通公司就瞄准了旅游和休闲市场，向商业人士和拥有较高社会地位的人士提供价格高昂的运通卡。这种信用卡实际上同维萨卡与万事达没有什么区别，但是，由于它更强调信用卡使用者的声望而倍具吸引力。

（4）行为因素。行为因素主要包括七个变量：顾客利益、用途、促销反应、服务反应、待购阶段、态度和购买时机。

①按顾客利益细分。顾客之所以购买某项服务是因为他们能够从中获得某种利益。因此，可以根据顾客在购买过程中对不同利益的追求进行市场细分。这种方法侧重于消费者的反应。例如，顾客希望从不同的饭店那里得到不同的东西，有些人希望获得美味、有特色的菜肴、高雅的环境以及周到的服务，有些人希望获得可口实惠的菜肴和舒适的就餐环境，还有些人只希望能填饱肚子即可。那么，饭店就可以根据自身的资源状况，提供独具特色的服务。由于服务产品的特点，按顾客利益细分的方法几乎适用于所有的服务企业。

②按用途细分。按用途细分就是根据顾客对产品的使用方式及使用程度进行细分，

如经常使用者、一般使用者、偶尔使用者和不使用者。服务企业往往关注那些经常使用者，许多饭店愿意为那些经常光顾的顾客提供快速服务，价格也较为低廉。有些服务企业，如银行则对各种使用者均比较关注，一方面，他们希望了解那些经常使用者的特点、行为和身份等，以不断吸引其购买服务；另一方面，他们又会采取一些措施刺激那些偶尔使用者，促使其向经常使用者转变。

③按促销反应细分。根据顾客对促销活动的反应进行市场细分。因为不同的顾客对于诸如广告、销售推广、室内演示和展览等促销活动的反应各不相同。比如，邮寄订单目录的使用者可能喜欢使用信用卡，并对其他邮寄品也有较高的反馈。因此，服务企业可以采用直接邮购的方式与这类顾客沟通，并建立起较好的顾客关系。一旦顾客对某个服务企业表示忠诚，则他们即使偶尔不满意企业的服务，通常也不会轻易改变这种忠诚。研究表明，在银行业，尽管忠诚的顾客对企业服务感到不满意，但仍有75%的顾客会依然忠诚于该企业。

④按服务反应细分。这是依据顾客对企业提供的服务的反应进行细分。了解顾客对企业服务产品中不同要素的看法及反应有助于企业设计合理的服务产品组合。利用服务要素进行市场细分时通常要考虑三个问题：第一，是否存在拥有同种服务要求的顾客群体？第二，企业能否使自己的产品差异化？第三，是否所有的产品都需要同一水平的服务？彼德·吉尔默对设备供应行业进行研究，了解不同细分市场对电话订货效率、订货的便利程度、技术人员的能力、送货时间、送货可靠性、售后服务以及资料的提供等九种顾客服务的反应。结果表明，不仅顾客与销售商对这些服务重要性的看法有所侧重，而且顾客之间对这些服务重要性的看法也有很大区别。因此，通过测定顾客对不同服务重要性的反应，销售商能够有针对性地为不同的细分市场提供最佳服务，满足购买者的愿望和要求。

⑤按待购阶段细分。在不同时候，人们对于购买服务的知晓程度各不相同。有些人还不知道该种服务，有些人知之甚详，有些人已有较大兴趣，有些人已产生购买欲望，有些人即将购买。企业对处于不同购买准备阶段的顾客群，要有不同的营销策略，并且要随着准备阶段的进展而随时修改营销方案。

⑥按态度细分。消费者对产品的态度可分为五种：热爱、肯定、无差别、否定和敌视。针对不同的态度，可采取不同的营销对策，如对抱有否定和敌视态度者，不必浪费太多的时间来扭转其态度；对态度无差别者则应尽力争取，设法提高他们对产品的兴趣。

⑦按购买时机细分，根据购买者产生需要、购买或使用服务的时机，可将他们区分开来。某些服务项目专门适用于某个时机，营销者可以把特定时机的市场需求作为服务目标。

2. 组织机构市场细分的依据

组织机构市场细分的依据与消费者市场大致相同的部分不再赘述，另外还要考虑一些其他变量。在大多数情况下，组织机构市场不是以单一的变量进行细分，而是把一系列变量结合起来进行细分。

（1）按最终使用机构的性质细分。组织机构市场常按最终使用机构的性质将市场细分为若干个小市场。由于不同使用者的性质不同，对服务的需要侧重也不同，因此要制定不同的营销策略。例如，物流服务商针对生产型企业和经营型企业的物流服务项目完全不同。

（2）按客户规模细分。客户购买规模的大小，即购买服务的机构大小，也被许多企业作为市场细分的重要变量。例如，办公大厦的保洁服务，因大厦的规模不同、大厦内涉及的办公机构数量、性质不同，故对保洁服务的要求比较复杂。另外，大、中、小客户对企业的重要性不同，所以在接待上也要有所区别，大客户通常由主要的负责人接待洽谈，一般中小客户则由推销员接待。

（3）按购买量细分。即按机构购买服务的量进行市场细分。有些机构在一定的时间内购买服务的量很大，但购买的频率不高。而另一些机构在一定时间内的购买量并不大，但购买频率却很高。所以，不同机构对服务的要求有很大的差别。

（二）确定细分市场的最佳依据

企业在确定细分市场时有很多选择，这就需要确定细分市场的最佳依据，以建立起差异化竞争优势。首先需要把各种潜在的、有用的标准都列出来。比如，一家电信服务公司在选择客户时可以考虑以下标准：地理位置、行业类型、客户大小，以及客户对服务的需求等。列出这些标准之后，要对其重要性做出评估，选择那些被认为重要的标准。再对那些重要的标准做进一步的详细划分。诸如年龄、性别和地理位置等标准的划分比较常见，而对于心理因素则要做较为深入的市场调查，以了解客户的特征和需求类型。

（三）描述细分市场的轮廓

一旦确定细分市场的最佳依据，就应对其轮廓进行描述。这一阶段最重要的是清楚地区别每一轮廓是否不同，如何不同。如果市场轮廓之间互相没有区别，则对该市场的细分没有任何意义。表3-2为中国移动细分市场轮廓。我们可以清楚地看到三种不同的细分市场。中国移动据此可以准确地描述各个细分市场的不同轮廓。针对不同的社会经济因素、心理因素、消费者反应因素，中国移动可以设计出不同的服务框架。如果中国移动发现三个细分市场所追求的利益完全相同，则没有必要再进行细分。

（四）评估细分市场

评估各细分市场，最终确定可进入的细分市场，并制定相应的营销策略。企业要想选择一个细分市场作为自己的进入目标，必须考虑很多因素，但是，最为关键的因素有五个：细分市场的规模和发展潜力、细分市场的盈利能力、细分市场的结构吸引力、企业的目标和资源及服务营销的社会责任。

表 3-2 中国移动细分市场轮廓

特征		细分市场		
		1	2	3
社会经济因素	职业	大学生	白领、商务人士	普通客户
	收入	低	高	中
心理因素	意识	讲究品牌、时尚	有时讲究品牌、时尚	很少讲究品牌、时尚
消费者反应因素	顾客利益	追求套餐服务	注重商务功能	通话需求
	促销反应	反应率高	反应率中等	反应率低

1. 细分市场的规模和发展潜力

具有适度规模和合适预期增长率的潜在细分市场有利于服务企业的进入。当然，这里的规模和预期增长率是相对的量，对于规模不同的企业，其对细分市场的要求也不同。对实力雄厚的大企业来说，它是指规模大、增长速度快的细分市场；对中小企业而言，由于资源和实力的有限，则是指不被大企业看好的、规模较小、增长速度比较平缓的市场。但无论是实力雄厚的大企业还是实力相对落后的中小企业，都必须考虑目前的规模和预期增长率，选择这两项指标与自身条件相适应的细分市场作为目标市场。

2. 细分市场的盈利能力

细分市场不但要具备理想的规模和预期增长率，还要具备一定的盈利能力。对于不同的服务企业其目标利润率也是不同的，即使是同一服务企业，在不同的时期目标利润率也有差异。但从长期发展来看，任何服务企业都必须保证一定的盈利水平，否则该企业就无法维持生存与发展，也就失去了进入该细分市场的意义。

3. 细分市场的结构吸引力

理想的盈利能力会使细分市场变得更具吸引力，但即使具有相同市场盈利能力的细分市场，由于其市场结构的差异，对企业的吸引力也是不同的。研究一个细分市场的结构，通常从以下四个方面入手。

（1）细分市场内部竞争状况。如果某个细分市场已经具有为数众多、实力强大的竞争对手，那么这个细分市场就失去了吸引力。如果企业面临着该细分市场正处于稳定或萎缩状态、生产能力大幅扩大、固定成本过高、市场退出壁垒过高或竞争者投资很大等状况时，要坚守该市场，通常要付出高昂的代价。

此外，若某个细分市场的盈利能力过高，则可能吸引新的竞争者加入，他们会增加新的生产能力，投入大量的资源，并争夺市场份额，那么这个细分市场就可能失去了吸引力。反之，如果新的竞争服务面临森严的进入壁垒，并且有可能遭受市场内原有服务企业的强烈报复，则他们就很难进入。

（2）替代服务。如果某个细分市场已经出现了替代服务或者具有潜在替代服务，该细分市场就失去了吸引力。替代服务会限制细分市场内价格和利润的增长，因此服务营销者必须密切关注替代服务的发展状况。

（3）顾客的议价能力。如果某个细分市场中顾客的议价能力很强或正在增强，那么该细分市场的吸引力就较小。拥有强大议价能力的顾客会设法压低价格，对服务提出更高要求，这就会使服务提供者的利益受到损害。

（4）供应商的议价能力。不仅顾客的议价能力会影响细分市场的吸引力，供应商的议价能力也会影响细分市场的吸引力。如果服务企业的原材料或设备供应商有较强的议价能力，则可能导致价格的上升或供应产品或服务的质量的降低，使企业蒙受损失。这样的细分市场也是缺乏吸引力的。对于服务企业来说，最佳的防卫方法是与供应商建立良好的合作关系或开拓多种供应渠道。

4. 企业的目标和资源

即使某一细分市场具有适度规模和合适的预期增长率，也具有较好的盈利能力和结构吸引力，但若不符合企业的长远发展目标，则企业也不能只顾眼前利益而损害长远的战略利益，这样的细分市场也只能放弃。另外，即使某一细分市场符合企业的目标，企业也必须考虑到其是否具备进入该市场，并在竞争中取得优势的资源和技术条件。如果企业没有超过竞争者的技术和资源，甚至缺乏赢得市场竞争的必备力量，那么也不应该进入该细分市场。因此，服务营销者需将本企业的目标与资源与其所在细分市场的情况结合起来考虑。

5. 服务营销的社会责任

服务营销的社会责任这一因素越来越受关注。这表现在企业选择目标市场时应当尽量避免将脆弱的或处于不利地位的顾客当成目标市场，或向消费者提供有争议的或具有潜在危险性的商品。如近年来备受家长谴责的网吧即为这方面的典型例子。

（五）选择目标细分市场

对细分市场进行评估之后，服务企业就可以选择一个或几个细分市场作为目标细分市场。选择目标细分市场的过程包括：分析市场并确定细分层次、分析竞争对手、分析内部条件、竞争对手的反应以及细分市场行动策略，如表3-3所示。

（六）确保细分市场的相容性

服务常常是在顾客在场的情况下进行的，因此，与制造业相比，服务营销者更要保证顾客之间的相容性。例如，饭店在暑期的时候，选择了两类目标市场，可被其折扣吸引来的家庭顾客以及放假的大学生，这两类顾客是不相容的。家庭顾客希望在一种悠闲清静的环境下就餐，而大学生更愿意创造一种热闹活跃的环境。饭店要对这两类顾客进行分别管理，尽可能避免他们之间的接触，以免发生冲突而带来不快，甚至影响饭店的生意。因此，确保细分市场顾客的相容性是非常重要的。

表 3-3　　　　　　　　　　　　选择目标细分市场的过程

过程	详情
分析市场并确定细分层次	需求倾向 需求规模 需求的地理位置 潜在购买者的爱好 细分市场的规模
分析竞争对手	直接与间接竞争对手 我方的优劣势 是否存在被忽略的需求 如何使自己与众不同
分析内部条件	人力与财力资源 基础设施 企业的价值与文化 法律制度的约束
竞争对手的反应	同一细分市场上的竞争对手可能如何反应 其他企业是否正在做与此类似的分析
细分市场行动策略	跟随领头企业 进行价格战 提供更多的奖励和折扣 对目标市场开发出一个或几个营销组合

✎ **知识拓展**

　　市场细分化的概念在 1956 年被美国市场学家温德尔·史密斯提出来。当总体市场过于大时，企业不便于为之服务，这时总体市场按照消费者需求与欲望划分为若干个拥有共同特征的子市场的过程就称为市场细分。而美国另一名著名的市场营销学家菲利浦·科特勒对市场细分理论作出了更深层次的分析和解释，他创造性地提出了比较完善的市场细分、目标市场选择和定位理论。以该理论为依据，市场细分的对象不是针对商品，而是针对消费者进行划分，按照消费者的购买能力、消费需求以及消费动机将大消费市场分割成不同的消费群体。不同子市场的消费者群体对同一种商品的需求相差很大，但相同子市场的消费群体的需求差不多一致。随着社会经济和科技的快速发展，市场细分理论已得到进一步完善，不仅对市场营销起到了有效的指导，而且衍生出了超市场细分理论，该理论被称为市场营销理论的圣经。

第三节　服务目标市场的选择

一、目标市场的选择

（一）目标市场的含义

所谓目标市场，就是企业在市场细分的基础上，从满足显在的或潜在的目标顾客的需求出发，依据企业自身经营条件而为自己选定的特定市场。也就是说，目标市场即企业产品和劳务的消费对象。

📝 **数据链接**

现阶段我国城乡居民对照相机的需求，可分为高档、中档和普通三种不同的消费者群。调查表明，33%的消费者需要物美价廉的普通相机，52%的消费者需要使用质量可靠、价格适中的中档相机，16%的消费者需要美观、轻巧、耐用、高档的全自动或多镜头相机。国内各照相机生产厂家，大都以中档、普通相机为生产营销的目标，因而市场出现供过于求，而各大中型商场的高档相机，多为高价进口货。如果某一照相机厂家选定16%的消费者目标，优先推出质优、价格合理的新型高级相机，就会受到这部分消费者的欢迎，从而迅速提高市场占有率。

在市场营销活动中，任何企业都应选择和确定自己的目标市场。就企业来说，并非所有的市场机会都具有同等的吸引力，也就是说并不是每一个细分市场都是企业所愿意进入和能够进入的。同时，一个企业总是无法提供市场内所有顾客所需要的产品与服务。在营销决策之前，企业必须确定具体的服务对象，即选定目标市场。

企业选择目标市场是否适当，直接关系到企业的营销成败以及市场占有率。因此，选择目标市场时，必须认真评价细分市场的营销价值，分析研究是否值得去开拓，能否实现以最少的人财物消耗，取得最大的销售效果。一般来说，一个细分市场要能成为企业的目标市场，必须具备以下四个条件。

1. 市场存在尚未满足的需求

也就是说市场上存在着"潜在需求"，即由于某些原因，顾客在短期内不打算消费。例如，对于目前市场上价格相对较高、人们认为多消费就有些奢侈的服务，顾客即使存在需要，也可能不去消费，或者很少消费；有些顾客因为某种后顾之忧，把一部分钱储蓄起来，不用于目前的生活消费，会形成潜在需求；一些顾客虽然有一定的经济收入来源，可是由于目前手持货币数量的限制，不能消费某种他所需要的服务，也形成了潜在需求。潜在需求实质上就是尚未满足的顾客需求，代表着在提高人们生活水平方面还有不足之处，也是企业可开拓的市场中的"新大陆"。

2. 市场拥有一定的购买力

即有足够的销售量及营业额。倘若一个市场缺乏与消费产品相适应的购买力，则不可能构成现实市场。因此，选择目标市场必须对目标市场的人口、购买力、购买欲望进行分析和评价。

3. 企业有能力经营市场

企业的能力主要指企业的人力、物力、财力及经营管理水平状况。如企业在这些方面有足够的实力，则大概率可以进入目标市场。

4. 竞争者未完全控制市场

企业在选择目标市场时除了分析以上因素外，还必须了解竞争对手是否已完全控制了市场。若市场竞争还不激烈，竞争对手未完全控制市场，企业就有可能乘势开拓市场，并占有一定的市场份额，在市场竞争中取胜。

（二）目标市场的模式

1. 密集单一化

企业选择一个细分市场进行集中营销，如图 3-3（a）所示。企业通过密集营销，更加了解该细分市场的需要，并树立了特别的声誉，因此，便可在该细分市场建立巩固的市场地位。另外，企业通过提供和促销的专业划分工，也获得了许多经济效益。然而，密集单一比一般情况风险更大。个别细分市场可能出现不景气的情况。例如，一时红火的麻辣小龙虾突然不受欢迎了，或者某个竞争者决定进入同一个细分市场。由于这些原因，许多企业宁愿在若干个细分市场分散营销。

2. 产品专门化

产品专门化即企业集中生产一种服务产品，满足于各个细分市场，如图 3-3（b）所示。企业可以通过这一选择在某一服务产品方面获得很高的声誉，并且利于企业降低成本。但如果出现了替代服务，就对企业构成了威胁。

3. 市场专门化

市场专门化是指专门为满足某个顾客群体的各种需要而提供各种服务，如图 3-3（c）所示。顾客可以在不同产品之间挑选自己满意的产品。企业因专门为这个顾客群体服务而获得良好的声誉，并成为这个顾客群体所需各种服务产品的代理商。但如果顾客群体一方突然经费预算削减，他们就会减少从这个市场专门化企业购买产品或服务的次数，这就会产生危机。

4. 有选择的专门化

企业进入几个互不相关的细分市场，其中每个细分市场在客观上都有吸引力，并且符合企业的目标和资源条件，而且都有可能盈利，如图 3-3（d）所示。采用此法选择若干个细分市场，其中每个细分市场在客观上都有吸引力，并且符合公司的目标和资源。但在各细分市场之间很少有或者根本没有任何联系，然而每个细分市场都有可能盈利。这种多个细分市场目标优于单个细分市场目标，因为这样可以分散风险，即使某个细分市场失去吸引力，公司仍可继续在其他细分市场获得利润。

5. 完全市场覆盖

完全市场覆盖指服务企业想用各种服务满足各种顾客群体的需求。一般只有大企业才能采用完全覆盖市场战略，如国际商用机器公司等，如图 3-3（e）所示。

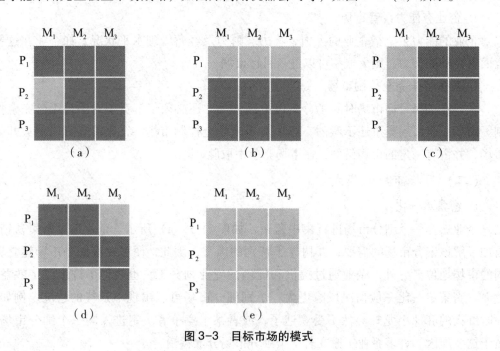

图 3-3　目标市场的模式

二、服务市场细分的方法

企业在运用细分标准进行市场细分时要注意以下问题。

（1）市场细分的标准是动态的。市场细分的各项标准不是一成不变的，而是随着社会生产力及市场状况的变化而不断变化。如年龄、收入、购买动机、城镇规模等都是可变的。

（2）不同的企业在市场细分时应采用不同标准。各企业的生产技术条件、资源、财力和营销的产品不同，因此所采用的细分标准也应有区别。

（3）企业在进行市场细分时，可采用一项标准，即单一变量因素细分，也可采用两个或两个以上变量因素组合或系列变量因素进行市场细分。

市场细分的方法有以下几种。

（一）单一变量因素法

就是根据影响消费者需求的某一个重要因素进行市场细分。如按文化程度细分服务市场，可分为高中以下、高中、大学、硕士研究生、硕士研究生以上五个档次。运用这种方法，可以把一个整体市场细分为几个平行的子市场，细分后的子市场数就等于这个标准的档次数，如表3-4所示。

表3-4　　　　　　　　　　按文化程度细分服务市场

细分市场	细分市场1	细分市场2	细分市场3	细分市场4	细分市场5
文化程度	高中以下	高中	大学	硕士研究生	硕士研究生以上

（二）双因素组合法

按照两个因素细分市场的方法称为双因素组合法。使用这种方法细分后的子市场数目是两个细分标准档次数的乘积，即2×5＝10。如按文化程度和性别细分服务市场，如表3-5所示。

表3-5　　　　　　　　　　按文化程度和性别细分服务市场

性别	文化程度				
	高中以下	高中	大学	硕士研究生	硕士研究生以上
男	A_1	A_2	A_3	A_4	A_5
女	B_1	B_2	B_3	B_4	B_5

按文化程度和性别两个因素交叉细分市场就可以得到10个细分市场。

（三）三维细分法

这种方法所用的细分因素是三个，每个因素又可以再分为若干个档次。这种方法细分后的子市场数等于各个因素档次数的乘积。如按文化程度、性别和收入来细分某一服务市场，收入这一因素可分为1000元以下、1000～2000元、2001～3000元、3000元以上四个档次，则该细分市场数为5×2×4＝40。

（四）最小距离细分法

这种方法细分市场的基本思路是：把顾客之间的需求差异用定量化的距离表示，进而选择其最短的距离进行细分。这种方法适用于多个细分标准，当采用两个细分标准时，各顾客之间的需求差异程度（距离）计算公式为：

$$D_{ij} = (X_i - X_j)^2 + (Y_i - Y_j)^2$$

式中：X_i，X_j——顾客i与j在第X个细分标准上的评分；

Y_i，Y_j——顾客i与j在第Y个细分标准上的评分；

D_{ij}——顾客i与j之间的距离（顾客i与j之间的需求差异）。

例如，某服务人员拟从文化程度与收入水平两个方面对六个潜在顾客进行细分。

细分的步骤如下。

第一步，将顾客细分标准的实际值转化为评分值。对各档次的文化程度与收入水平规定标准分值，如以小学文化程度定为1分，则初中文化程度定为2分，以此类推；

收入水平的评分与此同理。换算结果如表3-6所示。

表3-6 某服务企业顾客文化程度、收入水平

顾客	文化程度（X）		收入水平（Y）	
	实际值	评分	实际值	评分
C_1	初中	2	800	8
C_2	大学	4	1500	15
C_3	高中	3	1200	12
C_4	大学	4	2500	25
C_5	小学	1	600	6
C_6	高中	3	1500	15

第二步，计算顾客之间的距离。如 C_3 与 C_4 之间的距离为：

$$D_{34} = (X_3 - X_4)^2 + (Y_3 - Y_4)^2 = (3-4)^2 + (12-25)^2 = 170$$

同理，按以上方法可求得其他顾客之间的距离，组成如下矩阵：

$$
\begin{pmatrix}
 & C_1 & C_2 & C_3 & C_4 & C_5 & C_6 \\
C_1 & 0 & 53 & 17 & 293 & 5 & 50 \\
C_2 & 53 & 0 & 10 & 100 & 90 & 1 \\
C_3 & 17 & 10 & 0 & 170 & 40 & 9 \\
C_4 & 293 & 100 & 170 & 0 & 370 & 101 \\
C_5 & 5 & 90 & 40 & 370 & 0 & 85 \\
C_6 & 50 & 1 & 9 & 101 & 85 & 0
\end{pmatrix}
$$

第三步，将顾客细分为不同的群组。由上述矩阵可知，C_2、C_6 两顾客之间的距离最小，其需求差异也最小。所以，这两位顾客可聚为一类，形成一个新的细分市场，用 C_7 来表示。

如果经过上述计算还未达到细分要求，则可再由第二步开始，求出新顾客 C_7 与原顾客 C_1、C_3、C_4、C_5 之间的距离，然后再按最小距离原则进行第二次聚类，如此重复，直到达到细分要求。

三、目标市场策略选择

大体上，服务企业可以通过三种途径选择目标市场，即无差异营销、差异性营销和集中性营销。不过，在垄断市场中占主导地位的无差异营销在新的市场条件下渐渐失去优势，而差异性营销尤其是集中性营销则占了上风。营销实践已经证明，服务企业必须在市场细分的基础上，选择一个或几个适合自己产品的细分市场，然后制定具

有针对性的营销组合战略，才能取得良好的经济效益。

（一）无差异营销

无差异营销是企业把整个市场看成一个整体、一个大的目标市场，这个目标市场不再细分，只推出一种产品，运用一种市场营销组合，满足尽可能多的顾客需要所采取的营销策略，如图 3-4（a）所示。

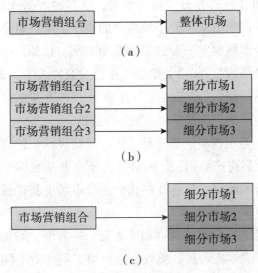

图 3-4　目标市场选择策略

无差异营销的核心是针对市场需求中的共同点开展市场营销，舍去其中的差异点。这种目标市场策略的最大优点是有利于降低营销成本，节省费用，主要体现在生产单一产品，可以减少生产与储运成本；无差异的广告宣传和其他促销活动可以节省促销费用；不搞市场细分，可以减少企业在市场调研、产品开发、制定各种营销组合方案等方面的营销投入。这种战略对于需求广泛、市场同质性高且能大量生产、大量销售的产品比较合适。

一般只有实力强大的大企业才能采用这种策略，例如某服装厂为不同年龄层次的顾客提供同一档次的服装、可口可乐公司在饮料市场开发单一的产品，满足各种消费者需求。对于大多数企业来讲，无差异市场营销并不一定适用。首先，消费者的需求总是千差万别并不断变化，消费者不可能长期接受同一种服务。其次，当众多企业均采用这一策略时，会造成市场竞争异常激烈，同时在一些小的细分市场上消费者需求得不到满足，这对企业和消费者都是不利的。再次，当其他企业针对不同细分市场提供更有特色的产品和服务时，采用无差异营销的企业可能会发现自己的市场正受到竞争企业的攻击。由于这些原因，世界上一些曾经长期实行无差异营销的大企业最后也被迫改弦更张，转而实行差异性营销。

（二）差异性营销

差异性营销是将整体市场划分为若干细分市场，针对每一细分市场制定一套独立的营销方案，满足各类细分市场上消费者需求所采取的营销策略，如图3-4（b）所示。比如，服装生产企业针对不同性别、不同收入水平的消费者推出不同品牌、不同价格的产品，并采用不同的广告主题来宣传这些产品，就是采用的差异性营销。

差异性营销是以细分后的各分市场为前提，以多种产品或服务，通过多种渠道，利用多种促销形式，去占领由众多分市场组成的整体市场。将整体市场划分为若干细分市场，针对每一细分市场制定一套独立的营销方案。比如，中国移动针对不同职业推出不同品牌、不同价格的业务，"全球通"主要为商务人士、成功人士服务，"神州行"主要针对普通工薪阶层，"动感地带"主要为15～25岁的学生使用，并采用不同的广告主题来宣传这些产品，就是采用的差异性营销。

差异性营销的优点是小批量、多品种、生产机动灵活、针对性强，使消费者需求更好地得到满足，由此促进产品销售。另外，由于企业是在多个细分市场上经营，一定程度上可以减少经营风险。一旦企业在几个细分市场上获得成功，有助于提高企业的形象及提高市场占有率。

差异性营销的不足之处主要体现在两个方面。一方面，增加了营销成本，由于产品品种多，管理和存货成本将增加，此外由于公司必须针对不同的细分市场发展独立的营销计划，会增加企业在市场调研、促销和渠道管理等方面的营销成本。另一方面，可能使企业的资源配置不能有效集中，顾此失彼，甚至在企业内部出现彼此争夺资源的现象，使拳头产品难以形成优势。

（三）集中性营销

集中性营销是指企业在细分后的不同的细分市场中，选择一个细分市场（或更小的市场部分）为目标市场，集中满足该细分市场消费者需求所采取的营销策略，如图3-4（c）所示。

实行差异性营销和无差异营销，企业均是以整体市场作为营销目标，试图满足所有消费者在某一方面的需要。而集中性营销是把力量集中在某一个或少数几个细分市场上，实行专业化生产和销售。实行这一营销方式，企业不是追求在一个大市场角逐，而是力求在一个或几个子市场占有较大份额。

集中性营销特别适合资源力量有限的中小企业，其能够在较小的市场上切实满足一部分消费者的特殊需求，有利于在市场上追求局部优势，可以集中资源优势在大企业尚未顾及或尚未建立绝对优势的某个或某几个细分市场进行竞争，占取一定的市场份额。

集中性营销的不足主要体现在两个方面：①市场区域相对较小，企业发展受到限制；②潜伏着较大的经营风险，一旦目标市场发生变化，如消费者兴趣发生转移，或强大竞争对手的进入，或新的更有吸引力的替代品的出现，都可能使企业因没有回旋余地而陷入困境。

四、影响目标市场策略选择的因素

影响目标市场策略选择的因素有很多，概括来讲主要有五个，如图3-5所示。

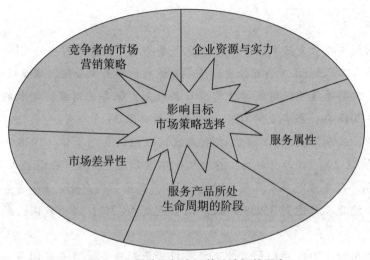

图 3-5　影响目标市场策略选择的因素

（1）企业资源与实力。当企业生产、技术、营销、财务等方面实力很强时，可以考虑采用差异性或无差异营销策略；资源有限，实力不强时，适宜采用集中性营销策略。

（2）服务属性。指在消费者眼里，不同企业服务的相似程度。相似程度高，则同质性高，反之，则同质性低。对于某些服务企业，尽管会有些品质差别，但消费者可能并不十分看重，此时，竞争将主要集中在价格上。这样的产品适合采用无差异营销策略。对于那些存在较大差别，服务选择性强，同质性较低的企业，更适合于采用差异性或集中性营销策略。

（3）市场差异性。指各细分市场顾客需求、消费行为等方面的相似程度。市场同质性高，意味着各细分市场相似程度高，不同顾客对同一营销方案的反应大致相同，此时，企业可考虑采取无差异营销策略。反之，则适宜采用差异性或集中性营销策略。

（4）服务产品所处生命周期的阶段。服务产品处于投入期，同类竞争服务不多，竞争不激烈，企业可采取无差异营销策略。当服务产品进入成长期或成熟期，同类服务产品增多，竞争日益激烈，为确立竞争优势，企业可考虑采用差异性营销策略。当服务产品步入衰退期，为保持市场地位，应延长服务产品生命周期，全力应对竞争者，可考虑采用集中性营销策略。

（5）竞争者的市场营销策略。企业选择目标市场策略时，一定要充分考虑竞争者尤其是主要竞争对手的营销策略。如果竞争对手采用差异性营销策略，企业应采用差异性或集中性营销策略与之抗衡；若竞争者采用无差异营销策略，则企业可采用无差异或差异性营销策略与之对抗。此外，竞争者的数目也会在一定程度上影响目标市场策略的选择。当市场上同类服务产品的竞争者较少，竞争不激烈时，可采用无差异性营销策略。当竞争者多，竞争激烈时，可采用差异性或集中性营销策略。

📝 数据链接

服务业对经济增长贡献率稳步提升。1978 年年底，服务业对当年 GDP 贡献率仅为 28.4%，低于第二产业 33.4 个百分点。改革开放后，随着工业化、城镇化的快速推进，企业、居民、政府等各部门对服务业需求日益旺盛，服务业对经济增长的贡献率不断提升。1978—2018 年，服务业对 GDP 的贡献率提升了 31.3 个百分点，达到了 59.7%。

从就业看，改革开放前，工业、农业是我国吸纳就业的主体，1978 年服务业就业人员占比仅为 12.2%。改革开放后，在城镇化建设带动下，服务业就业人员连年增长。1979—2018 年，服务业就业人员年均增速 5.1%，高出第二产业 2.3 个百分点。2018 年年底，服务业就业人员达到 35938 万人，比重达到 46.3%，成为我国吸纳就业最多的产业。

从投资方向看，2001 年以前，外商主要投资于制造业；随着我国服务业对外资的限制进一步放开，投资于服务业的外资比例大幅上升。2005 年外商直接投资额中，服务业仅占 24.7%，2011 年这一比例已经超过 50%，2018 年达到 68.1%，服务业已经成为外商投资的首选领域。服务业在国民经济中的比重进一步提高，市场主体活力不断增强，新动能持续壮大，幸福产业蓬勃发展，服务业发展潜力不断释放。

第四节　服务市场定位

一、服务市场定位的内涵

（一）服务市场定位的概念

市场细分战略常常会造成这样的情况：有两家或者更多的企业做出了同样的市场细分，并选择了同样的细分市场作为目标市场。那么，一个成功的服务企业要使潜在顾客感到其与众不同，就需要进行市场定位。

服务市场定位是指企业根据市场竞争状况和自身的资源条件，建立和发展差异化竞争优势，以使自己的服务产品在消费者心目中形成区别并优越于竞争产品的独特形象。服务市场定位为服务差异化提供了机会，每家服务企业及其产品在顾客的心目中都占有一定的位置，形成特定的形象，并进而影响顾客的购买决定。定位可以不经计划而自发地随时间形成，也可以经规划纳入营销战略体系，针对目标市场进行。后者的目的在于在顾客心目中创造有别于竞争者的差异化优势。

服务市场定位要做出两种主要决定：一是选择目标市场，二是创造与众不同的竞争优势。由于市场定位是按照潜在顾客的感受，而并非按照企业自身的想法，所以市场营销者就要用各种不同的战略影响潜在顾客的感受，并让消费者明白企业想要传递的信息。由于服务的生产系统越来越相似，各个企业都很普遍地使用新信息技术，所以服务企业想要做到与众不同，就越来越需要依靠企业的工作人员，依靠企业的形象。

（二）服务市场定位的意义

市场定位对于服务企业有着巨大的意义，主要体现在以下几个方面。

（1）服务市场定位能够降低需求对价格的弹性。服务定位越好，顾客转换服务企业的可能性就越小。服务企业若能有效定位，改变业务量与收益之比，也就提高了其业务收入。

（2）服务市场定位之后，一般需要一段时期才能成功，这不仅可以给顾客提供更高的价值，还能够抵御竞争者的模仿抄袭。如果竞争对手能够成功地模仿，顾客就无法区分摆在他面前的各种服务的差异性。而且对手模仿越快，创造这一定位特色的企业获得利益为期就越短。为了减慢对手的模仿速度，服务企业要求助于"剥离机制"的服务定位。"剥离机制"服务定位的根源在于不同的企业之间在对问题的了解程度、职业能力水平和采取的技术手段（方式）等方面存在着差异，而这些差异既能降低企业被模仿的速度，又能提高竞争者模仿的成本。

（3）市场定位是多层次水平上的定位，其可以涉及内部组织，一条服务线，或者一项服务。企业提供多种服务或者多条服务线的时候，中间往往有一种"牵引效应"。如果在一条服务线上取得成功，也会便利其他服务的销售。例如，美国运通就是首先在信用卡上成功，然后再发展提供各类其他服务的分支机构。

二、服务市场定位的步骤

服务市场定位可分为五个步骤：①确定定位层次；②判别关键因素；③在定位图上对关键因素定位；④评估定位选择；⑤定位实施。服务市场定位的步骤如图3-6所示。

1. 确定定位层次

企业进行市场定位之前，首先要确定需要在哪几个层次定位，是初次定位，还是重新定位。通常服务企业市场定位可以分为四个层次：服务行业定位、服务组织定位、服务产品定位和个别产品定位。

（1）服务行业定位。即把整个行业当作一个整体进行定位。在考虑组织定位以及产品定位之前，服务企业首先要对自己所在的行业在整个服务产业中的位置有所了解。

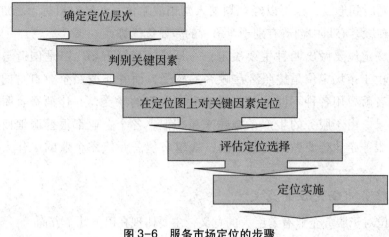

图 3-6　服务市场定位的步骤

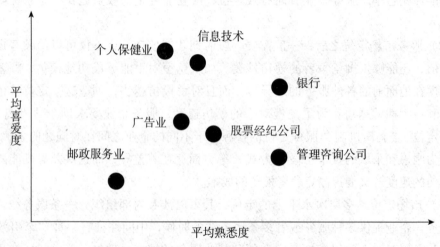

图 3-7　部分服务行业在整个服务产业中的位置

图 3-7 显示了部分服务行业在整个服务产业中的位置。

（2）服务组织定位。即把组织作为一个整体进行定位。服务组织定位与服务产品定位是相辅相成的，服务企业必须先定位他们的产品，然后方能在公众中树立起良好的企业形象。组织定位处于定位层次最高层，对产品定位起到强化的作用，一旦组织定位成功，使企业获得良好的社会声誉，则企业的产品定位就会相应得到巩固，并为企业带来长期效益。

（3）服务产品定位。即把组织提供的一系列相关产品和服务作为一个整体进行定位。服务产品可分为五个阶值层次：核心价值、基础产品、期望价值、附加值和潜在价值。服务产品定位是服务市场定位的第一步，为了取得有利的市场定位，企业必须围绕服务产品的五个层次做文章，使自己的服务产品与市场上其他同类产品有所差异。

（4）个别产品定位。即定位某一特定产品或服务。

需要说明的是，企业并不需要在上述所有层次进行定位。但对于一些规模大、开展多种业务的服务机构而言，服务组织定位、服务产品定位和个别产品定位是必要的。

2. 判别关键因素

一旦确定了定位层次，接下来就要对所选细分市场进行分析，找出哪些因素对细分市场来说是至关重要的，尤其是要考虑购买决策的方式。首先，不同的人、不同的目的，采用的决策标准自然不同，例如，个人和企业选用保险时的标准就不尽相同。其次，服务消费时间不同也会影响服务的选择，例如，自己吃饭或请客人吃饭会选不同的地点。最后，决策单元也是关键因素，例如病人和医生选择医院时，考虑的角度也不一样。

顾客对某种服务产品的选择，通常是由于他们感觉该服务与其他服务之间存在差异。即使是一些看起来不重要的因素，也会影响顾客的购买选择。比如，顾客选择航空公司时会把安全放在首要的位置，可许多航空公司都有类似的安全标准，这一点上看不出有什么差异。这时顾客就会以其他因素，如舒适的空间、方便的起飞时间、食品与饮料的标准等，来决定购买哪家航空公司的服务。这就要求服务企业对顾客进行更加细微的分析，以自己特定的服务显示出与对手之间的差异。

3. 在定位图上对关键因素定位

判别关键因素之后，营销人员便可以分析这些因素，进行市场定位。经常采用的方法是用两个最主要的特征因素作为两轴，绘制定位图，将企业目前的状况、竞争对手的状况以及市场需求位置等在市场定位图上绘制出来，进而确定企业的目标位置。

定位图是一种直观、简洁的定位分析工具，一般利用平面二维坐标图的服务识别、服务认知等状况作直观比较。其中，坐标轴代表消费者评价服务的特征因子，图上各点则对应市场上的主要服务人员或服务企业，它们在图中的位置代表消费者对其在各关键特征因子上的表现的评估。

进行市场定位时，要注意市场需求的定位研究，尤其是核心需求。有些服务需求的定位比较明确和具体，例如个人职业需求，职业定位如图3-8所示。根据调查，个人职业需求取决于职业的社会地位和收入，人们总希望有较高的社会地位和收入，公司招募人才应掌握这两点关键因素。

4. 评价定位选择

通过分析，一般有三种市场定位选择。

（1）加强当前定位。这种策略不易受到竞争者的攻击，可信度比较强。例如，阿维斯公司明确提出"我们是老二，但我们会迎头赶上"的市场定位，这种定位也成为企业的一项宝贵资产。

（2）寻找尚未被服务的市场进驻。这种定位是找到市场上存在的尚未被竞争者占领的空隙，企业迅速提供服务。例如，大银行整体上实力较强，但在快速服务上有劣势或被人认为不足，地方性银行要定位于这一市场。

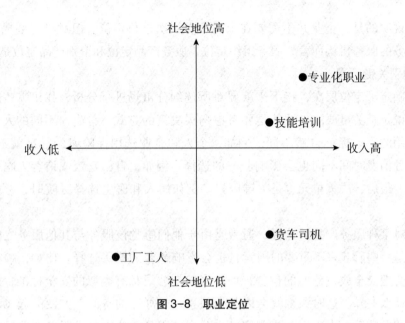

图 3-8　职业定位

（3）定位必须独特。企业必须找到自己能够长期拥有的市场定位。

5. 定位实施

定位实施即制定营销组合的过程。对于服务企业而言，营销组合因素比制造业的营销组合因素多。组合因素内容的变化为市场定位提供了许多机会。

✎ **相关案例**

一项调查表明，"在中国，90%以上的消费者有手洗衣物的习惯，洗衣液市场亟须一款可以满足手洗需要的产品"。近年来，洗衣液市场方兴未艾，市场细分化趋势明显。不同功效的洗衣液层出不穷。与此相比，手洗专用洗衣液市场却稍显空白，谁能抢滩市场空白，往往就能取得巨大的成功。2012年，蓝月亮面向市场全面推出手洗专用洗衣液和干衣预涂法，实现产品和方法的双重革新，抢滩手洗专用洗衣液市场。

这是一种简单易懂的全新洗衣方法：跟普通洗衣服不一样，在衣服被泡湿之前，取出蓝月亮手洗专用洗衣液原液涂抹在污渍处，只需要静置5分钟，便可正常洗涤。

蓝月亮全面推广的手洗专用洗衣液特别注重方便使用且不伤手这两点。其中，其方便的泵头设计、温和的性质、好闻的味道为最多人称道。作为洗衣液行业的老大，蓝月亮确实"霸气外露"，领跑整个行业而又让行业内外人士心悦诚服。蓝月亮的持续创新，让自己不仅领先于行业，成为中国企业由"中国制造"到"中国创造"转型的先锋，也更让国人看到了中国科技创新型市场的曙光，我们有理由相信"中国创造"的时代已然拉开序幕。

三、服务市场定位的方法

服务市场定位的方法有很多，本书主要介绍三种。

（一）根据差异化战略定位

就是企业在生产经营过程中，将充分发挥和运用其产品或服务独特的某一部分直至全部不同于其他企业的产品或服务的优势，作为指导企业持续稳定发展的方向，从而形成竞争优势的战略。通过差异机制可以制定有效的定位战略。

1. 针对竞争者的差异化战略

针对竞争者的差异化战略，主要是利用服务企业的优势和竞争对手的弱点来实现自己的定位。这种战略主要以下列五种状态为基础。

（1）信息的不对称。在这种状况下，企业可以采取一些技术来超过对手，因为竞争对手对想要模仿的创新企业的战略还缺乏必要的了解。但是需要注意的是，在服务中，信息的不对称只能维持在比较短暂的时间内，不可能太长久。

（2）竞争对手反应不敏捷。并非所有服务企业都能迅速捕捉市场的新现象，评价自己的能力，作出迅速的反应。要加强服务定位，服务企业可以遵循两种战略：①使自己具有对手难以模仿的战略，比如一家饭店可以有接待过美国总统的经历，一个工商管理学校可以在自己的机构中加进学术界公认的权威，一个足球队可以与一个当红球星签约，一家旅行社可以请一位非常有名的国家特级导游；②采用游击队战术，"打一枪换一个地方"，使对手不能组织固定的防御，对于经常变换促进活动的时间和投资水平的服务企业，竞争对手很难作出迅速反应。

（3）规模经济的优势。如果竞争是以非常专业化的技术和人力资源为基础，需求已经得到市场上各家服务企业的满足，这就使得新竞争对手进入市场存在障碍。小型服务企业很难进入大型服务企业已经获得明显规模效益的市场。例如一个城市的中高档客源被几家大型饭店所控制，而且他们的服务各有特色，市场基本饱和，其他饭店再想进入已经很难。同样，如果一家快递公司要在快递市场竞争，就要做出巨大投资，使自己在短时间内得到很大的业务量，形成规模经济效益。

（4）经验曲线的优势。消费者在多次购买中会获取经验，同样服务生产者反复生产也在积累经验。如果这些经验是难以获取的，竞争对手就很难在短时间内模仿该项服务。对有关问题的了解越是深刻广泛，就越能让顾客对服务产生与众不同的感受。具有这种能力的服务企业是无法轻易被他人模仿的。

服务企业可以建立以经验曲线为基础的两种差异化机制：①投资建立代销系统，以代销人对有关问题的了解（广告、数据库、组织机构）和对微妙变量的控制能力为基础，形成自己的特色优势；②通过与供应者、咨询公司和其他机构的接触获取信息与经验，得到建立在他人经验基础上的知识。

（5）分销渠道众多。对于服务企业来说，分销的种类和区域的决定是至关重要的。

如果一家服务企业在分销渠道上得到不同于对手的地位，自然就减少了竞争者采用同样的渠道的可能性。

2. 针对顾客感受的差异化战略

针对顾客感受的差异化战略是在各种可供选择的服务产品面前，树立本企业（或服务）的消费者对其他企业（或服务）感受到的经济和心理障碍。服务企业要努力降低顾客离开自己寻找其他服务的倾向。

（1）消费者的成本转变。消费者从原来的服务企业转向新服务企业要付出一定的成本。这些成本包括以下内容。

①专门化的重复性的服务，如饭店长期包房合同，旅游全部行程包价，铁路月票、年票的订购，大学教育，工厂设备的长期维修合同等，顾客要转向新企业势必付出一定的成本。

②使用特殊专门工具的服务，如特许专营，专营者需要为此做一次大规模的设施购置投资，自然就坚持较长期专营不变。

③消费者对某企业服务专门技术的嗜好，如消费者投入人力、财力，发展与销售者的长期关系。

④心理类型的成本。如果要改变家庭医生、税收顾问和健身教练等，大家都会有一定的心理抵触，感到不适应。

为了提高这些成本骤变的效果，服务企业可以采取两种战略。①发展与消费者之间的关系，建立一种对忠诚的顾客的奖励机制，造成离弃的高代价。例如商场的购物积分制度，航空公司按照乘客飞行公里的奖励制度，书店的图书俱乐部，剧院的订购全套演出季节票的优惠等。②提供交叉服务，扩大加强买卖双边的关系。

（2）评估成本。很多服务都是在消费之后才能评估的。服务消费成本越高，服务购买倾向越小。服务企业应试图降低自己顾客感受到的成本水平，提高他们感受到的竞争对手的服务成本水平。

对此，服务企业经常采用以下两种战略。①提供担保，告诉消费者没有服务质量低于承诺的风险，没有预先对服务进行评估的必要。例如汽车出租的价格中，既没有使用的公里限制，也没有日行公里少的减价机制。②将服务与可触知的产品结合在一起，选择值得信任的人物宣传服务的质量，建立良好的形象。

3. 广告宣传

在市场上率先提供一种新型服务的服务企业要做广告宣传，最大限度地吸引公众的注意力和兴趣。

服务企业要坚持这种差异化机制，所采用的战略有：抓住营销组合中每个成分的革新机遇，反复用说服力强的广告宣传来支持自己新推出的服务。

（二）根据服务的分类进行定位

这种定位方式主要通过以下几个方面体现。

1. 服务活动的性质

这种分类方法为企业找到了各种服务应该提供的性能。例如，假设顾客一定要在服务的生产现场，那么就有两种选择：消费者到生产服务的地方去，或者服务生产者到消费者身边去。属于前者的情况就要求服务企业精心搞好销售点的环境、设计、设施、人员等深刻作用于消费者的服务感受的因素。此外，服务企业还要设法便利消费者的接近，如服务设施地点的影响和营业时间的便利性。销售点的布局是否合理对服务企业有着至关重要的作用。

2. 与顾客的关系

这种分类对于服务定位的作用是显而易见的。如果存在着正式的关系，对顾客的了解就比对手多了一分竞争优势。银行可以对在本行开户的顾客建立详细档案资料，航空公司根据累计飞行里程提供优惠待遇，百货商店通过购物累计金额提供贵宾卡等。数据库中顾客的姓名、地址、购买态度等记录都便于抓住目标市场，制定更好的营销组合战略。

3. 服务供求的性质

服务生产与消费的同时性，决定了服务产品不可能库存待销，服务管理者无法为未来的销售进行生产与储存。而需求的浮动却是服务业面临的实际问题，需求和供给失衡的程度在服务业间存在着巨大差异。利用服务在这方面的差异也可以形成有效定位的战略。

为确定每种情况下最恰当的战略，服务管理者需要考虑以下问题。

①需求波动的性质如何？它是否有可预测的周期性？一些变化取决于外部的人员因素，但是存在可以预料到的波动因素，如使用快餐的时间。

②是什么原因导致需求的波动？如果这些原因属于顾客的习惯和偏好，市场营销是否可以改变这些因素？对于取决于购买者态度的因素，是可以采取一定的营销措施来加以解决的。

③改变服务能力或供给水平存在哪些机会？在高峰时段能否雇用临时工？生产服务的企业有时是可以调整自己的产量来适应需求的，如计时工作等。

4. 顾客与服务之间交互的性质

从这个分类角度上看，服务战略是多种多样的。多网点提供服务可以提高竞争能力，但在保证服务的质量和一致性方面则可能会产生问题。随着电讯技术的发展，远距离交易变得越来越普遍，因为它给顾客带来了高效率和方便的服务传递。例如，个人电脑的使用使得企业可以将他们的服务定制化，同时也降低了顾客与服务人员面对面交流的频率。

5. 定制与判断

针对客户使用服务时需求得到满足的可能性。例如，以往的公共交通工具只有公交车，而现如今，除了公交车，你还可以选择出租车、地铁、轻轨，有些城市甚至还开辟了磁悬浮列车。在餐饮业，汉堡王的广告语是"用你自己的方式享用"，具有某种程度的定制。在一个特定行业中，不同的企业可能占据不同的分区，如餐饮店中的快餐和风味餐馆是处于对立地位的。更多的定制及允许服务人员行使判断的战略选择对改进服务传递系统有重要意义。

（三）根据目标市场定位

企业在选定了意欲占领的目标市场之后，就需要采取针对竞争对手的定位战略。

1. 以顾客和服务为焦点

以能够满足有限的目标顾客需要的一种服务为焦点进行定位。所谓"有限的"是指目标市场所含的潜在购买者人数有限。企业可以通过有限的顾客实现可观的营业额，肯德基就是典型的例子，它开设的网点很多，其焦点既是服务（快速的服务，有限的食谱），也是目标顾客（时间匆忙的人，寻求低价位的人和带孩子的家庭）。而且开设的网点都是在人群相对集中的地方。值得注意的是，肯德基的顾客群也在不断扩大。

2. 以服务为焦点

企业将资源集中到目标确定的服务范围内，目标是生产优于竞争企业的服务，在服务的供应上专门化，同时实现可观的营业额。如联合包裹服务公司，这家为全球提供小件包裹和文件的快递服务的企业，针对的细分市场是很大的。

3. 以一类目标市场为焦点

企业集中瞄准一类目标市场，为其扩大自己的业务范围，不是提供一种服务，而是提供一个服务体系。这种战略成功的前提条件是：企业能够支撑较高的成本，投放素质好、有动机的人员与顾客直接接触；具有数据库，能不断更新有关顾客的资料。

4. 以所有人为焦点

这种战略与目标市场战略正好相反。以所有人为焦点的企业很难在那些目标细分市场或单一服务战略的企业面前建立自己的竞争优势。它们容易在各地受到竞争对手的攻击。如果业务量大，在经验曲线方面也是优势，是难以被他人模仿的。

如果企业选择了一种有限的目标市场，发展到一定阶段，也要在原有市场上提供一些新的服务，或者进入新的区域的市场。

除了以上四种定位方法，还可以针对竞争、服务质量的量度进行服务市场定位，本书不做一一介绍。

【课后思考题】

一、简答题

1. 服务市场具有哪些特征？

2. 什么是服务市场细分？结合图形分析服务市场细分的步骤。

3. 分析目标市场的模式。

4. 服务企业可以通过哪些途径选择目标市场？分析每个目标市场的优缺点。

5. 归纳服务市场定位的方法有哪些？

二、论述题

1. 通过本章的学习，讨论进行市场细分对企业有何作用？

2. 结合本章所学，按照市场细分的步骤自行制定一个市场细分的全过程。

三、案例分析题

宝洁公司始创于 1837 年，是世界上最大的日用消费品公司之一。宝洁公司旗下品牌服务于全球大约 50 亿人。公司拥有众多深受信赖的优质、领先品牌，包括碧浪、护舒宝、潘婷、飘柔、海飞丝、佳洁士、舒肤佳、SK-II、欧乐 B、吉列、博朗等。宝洁公司在全球大约 70 个国家和地区开展业务。1988 年，宝洁进入中国，落户在广州，在北京设有研发中心，并在天津、上海、成都等地设有多家分公司及工厂。宝洁公司是中国最大的日用消费品公司。飘柔、舒肤佳、玉兰油、帮宝适、汰渍及吉列等品牌在各自的产品领域内都处于领先的市场地位。中国宝洁是宝洁全球业务增长速度最快的区域市场之一。

该公司推行多品牌的差异化市场细分策略，建立了相当高的品牌忠诚度，在洗发水市场中占据绝对优势地位。宝洁旗下的洗发水主要有海飞丝、飘柔、潘婷、沙宣、伊卡璐等，每个品牌都有自己的特色，都有自己的发展空间，市场就不会重叠。海飞丝宣扬的是"去头屑"，"头屑去无踪，秀发更出众"，飘柔突出"飘逸柔顺"，潘婷则强调"营养头发，更健康更亮泽"，沙宣是专业美发，伊卡璐是染发，于是宝洁构筑了一条完整的美发护发染发的产品线，可以说任何人都可以在宝洁旗下的洗发水品牌里，找到一款适合自己的产品。

首先，宝洁把自己定位于洗发水的高级市场，生产高档产品。主要的竞争对手就是联合利华。其次，宝洁选择了根据不同的消费者需求划分出不同的市场，并在每个市场占有举足轻重的地位，于是定位于一个多功能品牌。

（1）飘柔的再分子市场。飘柔的个性在于使头发光滑柔顺，有去头屑、营养护发、洗护二合一等好几种产品，如图 3-9 所示。

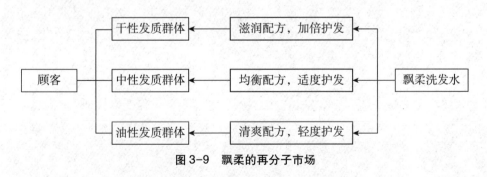

图 3-9　飘柔的再分子市场

（2）海飞丝的个性在于去头屑。海飞丝有怡神舒爽型（天然薄荷）、滋养护理型（草本精华）、丝质柔滑型（二合一）、洁净呵护型等系列。

（3）潘婷的个性在于对头发的营养保健。潘婷凭借其高质量的产品，准确的市场定位，一直被消费者视为突破性的头发修复及深层护养专家。潘婷推出全新深层护养系列，包括丝质顺滑、弹性丰盈、特效修复及清爽洁净去屑四大系列护发、美发产品。

潘婷的产品中均含有丰富的营养素，可以深入呵护头发，改善发质。作为头发的养护专家，潘婷为消费者带来的是解决所有头发烦恼的全新方案，让每一个人都拥有健康亮泽的头发。

（4）润妍的个性在于黑发。目标消费群的定位是年轻的职业女性。品牌传播概念是专为女性设计、表现东方女性的自然之美。

润妍洗护发系列包括洗发露和润发露，洗护分开，秀发得到真正滋润。润妍倍黑中草药洗润发系列产品是宝洁公司在全球的第一个针对东方人发质发色设计的中草药配方洗润发产品，是宝洁旗下唯一针对中国市场原创的洗发水品牌，也是宝洁利用中国本土植物资源唯一的系列产品。然而，这个曾几何时被认为是宝洁全新的增长点的品牌已经停产了。

（5）沙宣的个性在于垂直定型（专业）。沙宣是宝洁为专业市场设计的洗发水品牌。沙宣根据国际专业发廊需求，针对东方人的发质精心研制，给人以专业形象，应属于洗发护发类产品中较为高档的产品。沙宣洗发露含独特的天然蛋白质与保湿因子混合体，能在头发表面形成保护膜，有效减少日常吹风烫染及周围环境带来的损伤。沙宣去屑洗发露，能在去屑的同时有效滋润头发。沙宣保湿润发露，含防护因子和锁水精华素，堪称护发中的上品。

（6）伊卡璐的个性在于天然、洗护分离、草本健康和彩妆染发。拥有 15 个不同种类、26 个不同规格的产品。从洗发露、护发素、去头屑洗发露、二合一洗发露到定型产品。拥有最全面的美发产品系列，吻合全球性"回归自然崇尚环保"的生活潮流。

阅读上述材料，回答以下问题。

1. 宝洁公司是如何进行洗发水市场细分的？

2. 宝洁公司的洗发水品牌之间是否存在着抢占市场的问题？请阐述自己的观点。

第四章　服务营销组合

[本章学习目的]

掌握：服务组合；7P 营销理论；服务产品、价格、渠道、促销的设计。

熟悉：服务产品品牌；服务产品的定价方法；影响服务渠道的因素；服务促销与产品促销的联系；服务人员与顾客对企业的作用；服务有形展示的作用。

了解：服务产品概述；服务新产品开发；服务定价概述；服务渠道概述；内部营销概述；服务有形展示概述；服务过程概述。

✏ **导入案例**

胖东来的服务营销组合策略

服务营销是设计与策略的过程，是探索如何创造并改善服务以确保顾客的需求被满足，并提供让顾客笑容满面的绝佳体验的过程。胖东来是一家在传统零售业中凭借服务优势推动营业额连年增长的企业，它采取的服务营销策略包括不满意就退货、尽可能多的免费服务、高效的服务团队及日趋完美的购物环境等。通过 7P 服务营销理论（产品、渠道、价格、促销、人员、有形展示和服务过程），胖东来以其卓越的服务营销组合策略在零售行业独树一帜，通过细节和服务创新提升顾客体验和忠诚度，成功树立良好的品牌形象，并推动客流量的增长和知名度的提升。

（1）细致入微的服务细节。在销售活虾等水产品时，胖东来的服务员会先去掉袋子中的多余水分再进行称重，确保顾客支付的是实际商品的重量。而销售蔬菜时，会先去掉烂叶子、掐头去尾，并挤掉多余水分，帮助顾客算好一笔账。

（2）多样化的免费服务。胖东来提供宠物寄存处，并设有遮阳棚、保温帘子和饮水设备等设施，考虑到了携带宠物购物的顾客的需求。胖东来还提供免费存车、免费打气、免费提供修车工具、免费充电宝、免费雨伞、免费打包、免费熨烫衣物等多项服务。

（3）顾客关系管理。胖东来通过建立会员制度，收集顾客数据并分析购买行为，为顾客提供个性化的服务和促销活动。坚持"不满意就退货"的服务营销理念，无论消费者对购买的商品有任何不满意，都可以在售出三天内无理由退货。

（4）体验式消费。胖东来提供试吃服务，让顾客在购买前能够亲身体验产品的口感和品质；设置不同的购物车以满足不同人群的需求，如婴儿车、配有坐凳和放大镜的老年购物车等。

只有真心对待顾客，才能赢得顾客的真心信任。

第一节　服务营销组合概述

一、营销的基本组合因素

营销组合是市场营销理论的基本原理，主要包括 4P：产品（Product）、渠道（Place）、价格（Price）和促销（Promotion）。对于服务企业来说，可以理解为创造和传递服务、了解成本和制定合适的价格、通过附加服务增添核心产品的价值以及服务沟通和促销。与任何企业一样，这四个因素的组合也是服务营销的工具，也被服务企业作为核心的决策因素。四个因素组合的意义在于它们之间的关联性，并在一定程度上相互依赖。每个组合概念都包含了各种变量，可以将这些变量看作子系统，这些子系统之间是相互关联和广泛依存的。营销组合理念也说明，在一个既定的时间和一个既定的细分市场中，存在一个四种因素的最佳组合。表 4-1 所示为服务营销组合。

表 4-1　　　　　　　　　　　　　服务营销组合

产品	渠道	价格	促销
实体产品特性 质量水平 附属产品 包装 产品线 品牌	渠道类型 商品陈列 中间商 店面位置 运输 仓储 管理渠道	灵活性 价格水平 期限 区域对待 折扣 折让	促销组合 销售人员 数量 培训 激励 广告 目标 媒介类型 广告类型 宣传 促销活动 公共关系

从表 4-1 中可以看出，4P 中的每一个因素都是关键的决策内容。所以，对产品、渠道、价格和促销四个因素认真、科学的管理是企业营销成功的非常重要的基础。但是，在应用于服务营销时，需要针对服务业的实际情况对 4P 组合进行相应的调整。如传统营销中有关广告、推销和公共关系的决策，在服务业中同样非常重要。但由于服

务产品的生产和消费是同时进行的，所以所有的服务提供人员都参与了服务的"真实瞬间"的促销，更广范围的电视广告较难表现其服务的质量特性。顾客经常把价格作为衡量质量的重要标准，在服务进行中又很难计算服务产品的单位成本，这就使服务产品的定价比其他行业的产品更复杂。

二、扩展的 7P 营销理论

服务的特性给服务企业的营销带来了一系列问题，这要求采用不同于商品营销的一套营销工具。在这些工具中，有些是由传统的营销手段发展而来的，有些则是服务业中独有的。4P 营销组合是传统的营销理论，自从麦卡锡教授归纳这个理论以来，4P营销组合为企业赢取利润、提高市场占有率做出了极大的贡献。但是，20 世纪 80 年代初，营销学家布姆斯和毕特纳发现 4P 并不完全适用于服务营销组合，经过长期的研究将服务营销组合修改并扩充成 7P，即产品（Product）、价格（Price）、渠道（Place）、促销（Promotion）、人员（Participants）、有形展示（Physical）和服务过程（Process），由于服务产品的生产和消费几乎是同时的，所以在很多服务企业中，顾客经常出现在生产的现场，与企业生产员工直接接触，而且在很多场合，顾客的参与也成了生产过程的一部分。再则，由于服务的无形性，顾客不得不依据一些有形的元素来为他们选择服务提供帮助。这就使服务人员懂得利用一些附加的变量或因素来与顾客交流并使之满意。如在饭店服务中，饭店的环境设计、员工的外表和态度等会影响到顾客的感觉和体验，所以饭店的员工非常努力地用自己得体的仪表和和蔼的态度接近顾客，以此来加强顾客对饭店的整体感觉。《服务营销》一书中也有同样的论述：在服务中生产和消费同时产生，在服务企业中消费者和公司全体员工是直接相互作用的，事实上相互接触就是服务生产过程的一部分。而且因为服务是无形的，顾客往往会寻找任何有形的线索去帮助他们认识服务经历的性质。企业应增加组合要素，去与消费者沟通并使他们满意。举例来说，在饭店业环境的设计和装饰，同时还有它的员工态度等将影响顾客的用餐体验。

对这些附加的沟通因素重要性的认识使得服务企业认为采用一个扩展的营销组合更有效，以便充分地表达服务营销的特殊性质。扩展的 7P 营销理论如表 4-2 所示。

（一）人员

人员是指参与服务的提供并因此影响购买者感觉的全体人员，即企业员工、顾客以及处于服务环境中的其他顾客。

所有参与服务提供的人都对顾客认识服务本身提供了重要的线索，包括他们的着装、仪表以及态度和行为等因素都会影响顾客对服务的感知，尤其是服务的直接提供者以及所有直接接触顾客的人员。在某些行业中，服务提供者本身就是服务的重要部分，如顾问、咨询师、教练以及其他基于关系的专业服务。服务提供者本身的专业水平越高、声望越高，则服务本身的价值就越高。在另一些服务行业中，如电话安装员、

表 4-2   扩展的 7P 营销理论

产品	渠道	促销	价格	人员	有形展示	服务过程
实体产品特性 质量水平 附属产品 包装 产品线 品牌	渠道类型 商品陈列 中间商 店面位置 运输 仓储 管理渠道	促销组合 销售人员 数量 培训 激励 广告 目标 媒介类型 广告类型 宣传 促销活动 公共关系	灵活性 价格水平 期限 区别对待 折扣 折让	员工 招聘 激励 奖励 团队 顾客 教育	设施设置 招牌 员工服装 报告 名片	活动流程 标准化 定制化 步骤数目 简单程度 复杂程度 顾客参与

航空行李搬运员等，他们虽然也是接触顾客的成员，但他们在服务提供中对顾客的影响相对较小。即便如此，有研究表明，他们也有可能成为对组织很关键的服务接触中的焦点。

除此以外，顾客本身在许多服务的场景中也能影响服务的提供，进而影响服务的质量和他们自己的满意度。当然，这一般都出现在顾客参与性较强的服务项目中。如一家咨询公司对顾客的建议，要通过顾客的行动来完成。那么，顾客是否能按咨询公司提供的信息及时、准确地将建议付诸行动，就成为对这家咨询公司的服务质量或服务结果评价的关键。同样，医院的服务也是如此。病员的治疗结果与病员的配合有很大的关联性，这就使对医生提供的医疗服务质量受病员接受治疗方案的程度的影响，在这样的服务场景中，顾客本身成了影响满意度的重要角色。

顾客不仅影响到他们自己对服务的感觉，同时还相互影响。剧院里的观众、球场的球迷、课堂上的学生等，他们都会相互影响彼此的感受——强化或减弱其他人对服务的体验。

（二）有形展示

有形展示即实体设施，是指服务提供的环境、企业与顾客相互接触的场所，以及任何便于履行服务和沟通的有形要素。

服务的有形展示包括服务的所有有形的表现形式，如小册子、公司的信笺、名片、报表、招牌、设备等。有些情况下，它还包括某些场所的有形元素，如服务窗口等。在有些服务场所，有形展示不一定很重要，如电信服务中，展示不一定很重要，但账单说明等可能会成为顾客判断服务质量的要素。特别是当顾客无法判断服务的实际质量时，他们会寻找相关的信息作为线索。此时，实体设施的展示为企业创造了传递有关组织目标、细分市场类型及服务性质等方面的强有力的信息的机会。

（三）服务过程

服务过程是指服务提供的实际程序、机制和作业流程，即服务的提供和运作系统。顾客体验到的实际的服务步骤，或者服务的运作流程，也是顾客判断服务质量的重要依据。让顾客感受到过程的意义是通过顾客对规范的、标准化的服务操作过程来鉴别服务的质量。如蛋糕店透明的裱花操作房就是让顾客目睹整个操作过程，从而表现蛋糕房的规范和可信赖。某些标准化运作的服务商也通过顾客对过程的体验来加强信誉的宣传，如组织顾客代表参观服务提供场所的内部运作过程，以此来显示经得起考验的质量。

✏️ 扩展资料

美国西南航空公司：将人员、过程和有形设施结合起来

在美国的空中旅行者的印象里，西南航空是一家可靠便捷、充满愉悦、低价位和没有附加服务的航空公司，如果换个角度看，这个牢固的定位则意味着很高的价值，即一个由西南航空公司服务营销组合的所有因素强化了的定位。25 年来，它稳稳地保持着这个形象，而同时每年都盈利，美国的其他任何一家航空公司都没有接近这个纪录。成功来自各种原因，一是航空公司的低成本结构。他们只运营一种飞机（波音737），从而由于飞机本身的燃油效益和维护、运作程序的标准化而降低了成本。另外，航空公司通过不提供食物、不预先指定座位并保持较低的员工流动率，也降低了成本。西南航空公司的原总裁相信：员工第一，而不是顾客第一。他因这一信念而闻名。这家航空公司在享有很高的顾客满意度和顾客忠诚度的同时，已经成为一个低成本服务提供商和一家受欢迎的雇主。西南航空公司在航空业中有最佳的顾客服务记录，并连续几年因行李处理快速妥善、准点操作和最佳的顾客投诉统计而获得桂冠，这是其他任何一家航空公司都望尘莫及的荣誉。

研究西南航空公司的成功经历，可以明显地看出其营销组合中的所有因素都与它非常成功的市场定位紧密结合，营销组合因素有力地加强了公司的形象。

（1）人员。西南航空公司非常有效地利用员工与顾客的沟通稳定其市场定位。员工很团结，尽管为使他们愉悦而进行了培训，让他们确定"愉悦"的含义，并授权他们做可以使航班轻松和舒适的事情。西南航空公司根据人们的态度来招聘员工，技术技能是可以培训的。顾客也被带入愉悦的气氛中，而且许多乘客通过和机组人员或相互之间开玩笑，通过向航空公司发送表达他们满意的大量信件来创造愉悦的环境气氛。

（2）过程。西南航空公司的服务提供过程同样也强化了它的定位。飞机上不指定座位，所以乘客排队依次进入飞机找到座位，它也不向其他航空公司的转乘航班交移行李，航班上不提供食品。总之，西南航空公司的过程是很有效、标准化和低成本的。

（3）有形展示。与西南航空公司相关的一切有形展示都进一步强化了它的市场定位。西南航空的飞机为橘黄色或深棕色，突出了独特性和低成本导向。员工着装随意，在炎热的夏季穿短裤，以增强"乐趣"，并突出了公司对员工履行舒适的承诺。可重复使用的塑料登记卡是说明低成本的有形的证据。航班上不提供餐饮服务，这样通过没有食物这个有形展示的缺位就强化了低价格的形象。由于很多人都拿航班食品开玩笑，所以大多数人并未把缺乏食品当作一个价值减损因素。

应用服务营销组合的一致的市场定位强化了公司在顾客心目中的独特形象，给予西南航空公司一个高价值的定位，从而吸引了一大批忠诚满意的顾客。

三、服务营销组合里的 4P+3R 理论

从 20 世纪 70 年代至 80 年代，在提出服务营销"7P"组合的同时，有人提出另一种组合模式。瑞查德与塞斯对产品的市场份额和利润的关系进行了持续的调查和研究，发现两者间的逻辑关系已大大减小；相反，在对其他变量进行测定时，他们发现有的公司在市场份额扩张的同时，利润反而萎缩，有高忠诚度顾客的公司往往获得了大量利润。瑞查德和塞斯的发现动摇了传统的 4P 组合理论，使人们开始认识到以顾客忠诚度为标志的市场份额的质量比市场份额的规模对利润有更大的影响。这就使公司将营销重点放在如何保留顾客，如何使他们购买相关的产品，如何让他们向亲朋好友推荐公司的产品，所有这一切最终落实到如何提高顾客的满意与忠诚，这就产生了 3R 概念，即 Retention（保留顾客）、Related Sales（相关销售）和 Referrals（顾客推荐）。

根据 4P+3R 的新营销组合理论，以顾客忠诚度为标志的市场份额质量取代了市场份额规模，成为公司的首要目标。"顾客永远是对的"这一哲学理念被"顾客不全是忠诚的"思想所取代。3R 的具体内容如下。

（一）保留顾客

保留顾客是指通过持续地和积极地与顾客建立长期的关系，以维持现有顾客，并取得稳定的收入。这一理念也就是关系营销的实质。随着老顾客对公司与产品的熟悉，对这些顾客所需的营销费用将降低，因而这部分收入的利润率将越来越高。

保留顾客不能被视为理所当然的事情，消费者的购买模式也在随着时间的推移逐渐变化着。然而，服务被证明是与顾客建立长期关系的有效方法。根据瑞查德和塞斯的研究，有些行业的公司顾客的保留率每上升 5 个百分点，公司的利润将上升 75%。企业界的实践也证明了这一发现。例如，美国最大的信用卡发行公司在 1982 年采取了一项提高顾客忠诚度的计划。在这一计划中最有效与简单的方法是给每一个坚持使用这个公司信用卡的用户打一个电话，结果有 1/3 的人立即重新使用该信用卡，并增加了他们的使用金额。此外，该公司还会从不满的顾客那里收集抱怨信息，并以此改进公司的管理与产品，到 1990 年，该公司的顾客流失率已降至行业内最低，是竞争对手

平均水平的一半。结果，从 1982 年到 1990 年，公司利润增长了 16 倍。

　　研究发现，吸引一位新的消费者所花的费用是保留一位老顾客的 5 倍以上，特别是在一些需要顾客参与的行业中，保留老顾客更能节省这种费用，这是因为销售产品给老顾客节省了互相认知的成本。然而，今天仍有许多公司采用传统的营销方法，将重点放在吸引新的消费者上面，而忽视老顾客的利益，这必然导致公司利润的下降与市场份额质量的降低。如果企业能够在顾客购买、使用过程中提供优质的服务，并不断对顾客的意见给予接纳和解决，则企业与顾客之间就会建立起一种信任关系。此后，通过加强与顾客的沟通和提供更优质的服务，顾客就会对企业及其产品形成一定程度的忠诚关系。企业与顾客之间这种持续、活跃的关系会促使顾客情不自禁地重复购买，这种重复购买不但使企业获取了高的市场份额质量，而且会给企业带来丰厚的利润。

　　（二）相关销售

　　通过有效的顾客服务，企业还可以了解到顾客的其他需求。企业可以围绕着核心产品开发出其他产品，以满足顾客的需要，这就是相关销售。在将新的产品销售给老顾客的时候，由于老顾客已对公司建立了信心，因此新产品的介绍与推广费用将大大降低，而且推进时间也大大缩短。同时，老顾客在购买公司的新产品的时候，对价格也是不敏感的，相关销售的优点在于：市场引入费用低、时间短，而且会促使企业的业务范围不断拓展。因此，相关销售的利润率通常较高。

　　在制造业中，许多公司的大部分利润来自顾客服务，而不是其产品的销售。例如在电梯制造业，由于竞争的激烈，美国电梯业中的大部分公司在电梯的销售上只能获得有限的利润，他们大部分的利润来自电梯的安装与维修等服务上。

　　几乎每个城市中都有公园，它们是人们休闲游览的去处。公园如何吸引人们经常游览是个大问题。除了改造和增加景点内容外，运用相关销售的策略也十分有效，如在公园中办展览，举办各类相宜的活动，有适合成人、青少年活动的多种设施，夏天放露天电影，冬天的冰雪活动等。只要开动脑筋勇于创新，年年有新的"主题"，这样的相关销售便可源源不断地吸引游客。

　　（三）顾客推荐

　　随着市场竞争的加剧，广告信息的爆炸，人们对大众传播媒介（如电视）越来越缺乏信任，而在进行购买决策时却越来越看重朋友及亲人的推荐，尤其是已有产品使用经验者的推荐。实施服务营销，提高顾客的满意和忠诚的最大好处之一就是忠诚顾客对其他潜在顾客的推荐。顾客推荐将形成公司有利的效应，最终提高公司的盈利水平。

　　根据美国消费者协会所做的一项调查发现，高度满意与忠诚的顾客将向其他至少 5 人推荐产品，而对产品不满意的顾客将告诉其他 11 人。这项调研数据虽然因行业与公司的不同而有所区别，但大致说明了基本情况。顾客的满意将对公司形成好的效应，顾客的不满意将对公司形成坏的效应，从而影响公司的获利能力。

📝 **扩展资料**

服务营销组合4P到4P+3R的转变

《市场营销管理》一书中讲了百事可乐如何打进印度市场的例子，可以引发我们的一些思考：如何在传统的4P营销组合之外增加必要的要素。

打算进入某一特定的市场（或国家）开展业务与能否合理地进入是两码事。面临封闭市场难以进入的问题时，公司需要运用"大市场营销"的方法，即通过经济、心理、政治和公共关系等方面技巧的协调，赢得多方面的合作，从而进入某一既定市场开展自己的业务。

百事可乐公司挤入印度市场时就遇到这一问题。当可口可乐公司被迫退出印度市场时，百事可乐公司就开始制订计划，意图打进这一巨大的市场。百事可乐计划与印度一家商业集团一起合作，谋求政府的支持，抵制印度饮料公司和反对跨国公司的立法者的抗议。百事可乐公司知道解决问题的关键在于提供一系列印度政府难以拒绝的条件。百事可乐公司提出帮助印度出口部分农产品，其数量足以弥补进口软饮料浓缩液的成本；还许诺集中相当力量在农村销售产品，促进地区经济的发展；还进一步提出向印度转让食品加工、包装和防水技术。显然，百事可乐公司的战略是提供一系列利益组合，从而赢得印度各种利益团体的支持。

可见，百事可乐公司的营销手段已超出正常有效经营的4P范围。进入印度市场时百事可乐公司面对的是6P营销问题，即加上政治和公众舆论。赢得政府和公众的支持从而进入既定市场，这对百事可乐公司来说是巨大的挑战。

这个案例实际上描述了这样一个过程，即公司的服务产品和对顾客服务的服务功能是怎样从传统的4P营销组合中突破出来的。4P说明企业希望在产品、价格、分销场所和促销方面实施某些策略，以达到其获利的目的。

例如，传统市场营销的4P理论基于这样一个假设：企业市场份额越大，则利润越大。由此，企业往往与竞争对手在价格、促销上大做文章，伤透脑筋。但事与愿违，有的企业发现他们在这样做之后并未获得巨额利润的回报，有时因而还陷入困境。对此，学者们对市场份额与利润之间的关系进行了调查研究。通过调查，他们发现利润高、竞争力强的企业并非与高的市场份额相联系，而是和拥有相当数量的忠诚顾客相联系。由此可以说市场份额质量即市场份额带给企业的利益总和（它的衡量标准有顾客满意率、顾客忠诚率、产品的质量、服务水准、信息沟通等这些影响着市场份额质量的高低的因素）比市场份额大小更重要，而关注于顾客服务的服务营销则是获得高市场质量的关键。

再如价格问题。不可否认，以价格竞争为导向的营销策略在迅速拓展企业市场、提高产品知名度方面具有很大的作用。但是，这种频繁的针锋相对的价格"白刃战"，不但有害于参与竞争的每个企业，也有害于整个行业的发展。从长期来看，它也会侵蚀掉企业竞争力和可持续发展的现实基础利润。与此不同，以顾客服务为导向的营销策略是长期性、根本性的策略，是企业获得持久性竞争优势的一个基点。

基于上述种种迹象，人们有理由怀疑4P营销组合已不能完全适合服务营销，这无论是在服务功能的比重已大量增加的制造业企业，还是服务性企业都是这样。因此，有必要提出适合服务业的营销组合，也就是服务营销7要素组合及"4P+3R"。

第二节　服务营销组合内容

一、服务产品

(一) 服务产品概述

1. 服务产品的整体概念

服务产品是服务营销组合要素中的首要要素，此要素是具有以提供某种形式的服务为核心利益的整体产品。服务作为服务业的产品，既包括无形部分，也包括有形部分，一起构成了服务产品的整体概念。服务产品的五个层次如图4-1所示。

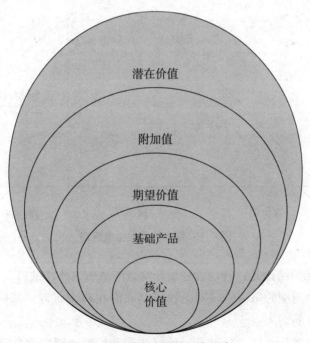

图4-1　服务产品的五个层次

第一层次：核心价值。无差别的顾客真正所购买的服务和利益，即企业对顾客需求的满足。衡量一项服务产品的价值，不是由该产品本身或是由服务提供者决定的，而是由顾客决定的。比如，顾客在酒店客房真正购买的是"休息与睡眠"。

第二层次：基础产品。将抽象的利益转化为服务所需的基础产品。比如，酒店客房需要配备床、桌子、椅子、卫生间等基础性产品。

第三层次：期望价值。顾客的期望是可得的。比如，在一个星级酒店里，顾客期望有柔软的床、干净的床单和毛巾、齐全的洗漱洁具，这些一般都能得到满足。

第四层次：附加值。即增加的服务和利益。比如，酒店大堂配备的自动擦鞋机、火车站设立的手机充电设备等。

第五层次：潜在价值。由所有可能吸引和留住顾客的因素组成的潜在价值，即服务产品的用途转变。比如，酒店不仅是休息的场所，还可以用来会见客户。

2. 服务产品的生命周期

有形产品的生命周期理论同样适用于服务企业的市场营销。服务产品的生命周期是指某一项服务产品从进入市场、稳步增长到逐步被市场所淘汰的过程。服务产品同有形产品一样也具有生命周期，也会经历投入、成长、成熟、衰退的过程，如图4-2所示。

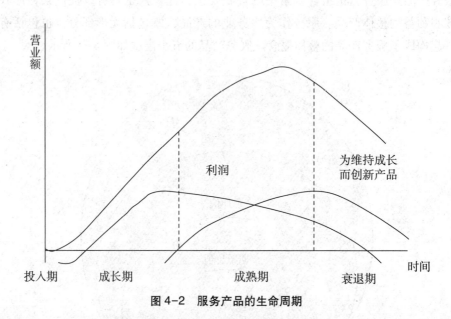

图4-2 服务产品的生命周期

从图4-2得出的结论是：管理者必须开发新产品来弥补"缺口"，并维持营业额和利润的增长；生命周期的每一阶段对营销策略和潜在利润而言，都可以说提供了显著的机会和值得研究的切入点。

当然，同有形产品一样，并不是每种服务产品的生命周期都符合一般的生命周期图，常出现一些变化。就某一具体的服务企业来讲，其生命周期是极其有限的，有的甚至未能经过四个发展阶段就消失了。图4-3为服务产品生命周期的变形。

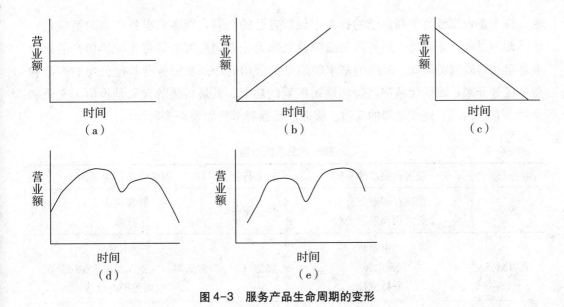

图4-3 服务产品生命周期的变形

图4-3中，（a）表示产品或服务在市场中一开始就处于一定的地位，并能持续维持几乎相同的销售水平；（b）表示产品或服务由于有超越竞争对手的优势，能持续找到新的顾客而使生意兴隆，历久不衰；（c）表示一产品或服务虽以竞争者之中占优势的佼佼者地位开始，但后来被更具优势的对手击败而落后；（d）表示一产品或服务在衰退期出现新生机而进入所谓的"第二周期"，但第二周期的业绩表现显然不如第一周期；（e）表示一产品或服务在进入衰退期时由于某种促销活动或削价政策而展现了新的生机，甚至使销售增长曲线胜于变动之前的状况。

（二）服务产品品牌

✏ **相关案例**

海底捞用服务打造品牌

海底捞最负盛名的其实就是它的服务，通过对顾客无微不至的"超级服务"，海底捞在全国范围内成功塑造了专业贴心的品牌形象。进入海底捞的消费者，常因为热情周到的服务和照顾而受宠若惊，而且通过这些服务，大多数消费者的用餐体验提升很多，对海底捞也产生了深刻的印象和好感。这样优质、深入人心的服务，主要是顾及了消费者在用餐时产生的多种需求，海底捞做到了面面俱到和人性化的照顾，真正让消费者有了宾至如归的体验。实际上，这不仅体现出了海底捞强烈的服务意识，更凸显出了一个专业化、素质高、制度优越的服务团队，正是在这些服务人员的努力下，才得以让海底捞的服务营销大获成功。

1. 服务品牌及其基本要素

传统上，品牌化被视为有形产品的专利，但现如今服务业中奉行品牌策略十分普遍，许多企业都致力于在自己的行业中创建自己的品牌。顾客对服务产品的消费是一个感知的过程。企业建立服务产品品牌就意味着企业向顾客提供更多的价值，借此企业亦可获得较高的利润。品牌的基本职能是把公司的产品和服务同其他公司的产品和服务区分开来。而现代品牌已经超越了区别的功能，其最持久的含义是价值、文化和个性，它们构成了现代品牌的实质。服务产品品牌举例如表4-3所示。

表4-3　　　　　　　　　　　　　　　服务产品品牌举例

服务行业	服务产品品牌举例	服务行业	服务产品品牌举例
客运	德国汉莎航空公司 新大西洋航空公司	快递服务	联邦快运 敦豪
酒店服务	马里奥特 希尔顿 香格里拉	旅游服务	迪士尼 张家界景区；九寨沟旅游风景区 中国青年旅行社
餐饮服务	麦当劳 全聚德	金融服务	花旗银行 渣打银行 中国工商银行

服务产品的品牌包括多种要素，并受到多种因素的影响，服务品牌要素及其影响因素如图4-4所示。服务公司通过多种潜在中介，如设备商标、印刷和电视广告、运货卡车、职员制服等，把它的品牌提供给顾客、潜在顾客和其他资金拥有者。服务产品品牌的核心是公司的名称，其他如陪衬性的语句、标记也起着重要作用。

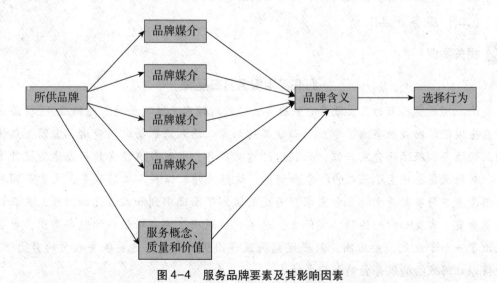

图4-4　服务品牌要素及其影响因素

2. 服务品牌的作用

概括地讲，服务品牌在市场营销中具有以下作用。

（1）品牌是广告促销的武器。广告作为一种有效的促销方式，虽可以创造不同的产品形象，但其产品形象多属一种抽象的、缥缈的观念，很难形成具体的影响力量；而通过品牌可以使这种形象凝结为实实在在的标志，使广告更好地发挥促销作用。

（2）品牌可以树立企业的市场优势。打造自己的企业品牌，树立自己的品牌形象，从而提高企业的市场地位与竞争力，这是许多服务企业所期望的。

（3）品牌有助于建立顾客偏好。品牌化可以使企业能更好地吸引更多的品牌忠实者。

（4）品牌可以推动新服务产品的销售。新产品上市促销是一项极为艰巨复杂的任务，企业在原有品牌的产品线中增加新产品就比较容易，比无品牌产品更易被市场接受。

3. 服务品牌运作管理

（1）品牌的定位。品牌定位应与市场定位相符合，要在市场定位的基础上赋予品牌的核心理念。如香格里拉代表世外桃源，希尔顿对客户说"这里就是你的家"。要注意倾注品牌形象，使品牌人格化，如麦当劳以亲切的麦当劳叔叔为形象代言人。

（2）品牌的传播。要提高品牌的知名度，就要最大限度地调用媒体，通常做法是进行媒体分析，知道哪些媒体可以最有效地吸引目标顾客。忘记自己是在做广告，而是在与顾客沟通。要维持顾客的忠诚，满足消费者需求的不断变化，加强已经存在的消费者与品牌的关系，提高他们的忠诚度。

（3）品牌补救。企业一旦与顾客发生矛盾，应该冷静处理，如果当品牌真正无药可救，或进行补救的成本超过新建品牌的投资，那么应考虑品牌撤退、重建新品牌。

（4）品牌改造。一个品牌经历一定的岁月，就要面临一定的改造，通过市场营销创新、技术创新、服务创新、管理创新等方面来进行，如有些历史悠久的服务企业通常采用赠送顾客附加价值来维持其忠诚度。

（三）服务设计

1. 服务设计的概念

服务设计具有不同的概念，最早提出服务设计的美国银行家协会的肖斯塔克将其称作"服务系统设计"，提出服务设计是由确认服务过程、识别容易失误的环节、建立时间标准和分析成本收益四个基本步骤组成。詹姆斯将服务设计定义为：服务业企业根据顾客的需要所进行的对员工的培训与发展、工作分派与组织，以及设施的规划和配置。著名企业管理学家菲茨西蒙斯则将其定义为"服务提供系统的设计"。除此之外，洛夫洛克、理查德等人也提到过服务设计的概念。他们都强调了服务系统与制造系统在设计上的共同点与区别，服务概念在系统设计中的应用，以及由于服务业固有的特征而形成的顾客在系统设计中的重要地位。

2. 服务设计的过程

（1）企业分析与顾客分析。不同服务类型的企业，其管理思想和设计方法可能会有很大区别。因此，服务设计应首先对企业自身进行分析，确认企业的目标和企业的特点。企业的目标包括总体目标和具体运营目标，企业的特点包括所属服务类型、目标市场和顾客群的特点等。

由于服务具有同步性等特点，顾客在服务运营管理中的地位极其重要，现代服务业竞争更进一步强调了顾客的地位。因此，服务设计的出发点也包含对顾客的分析，其中包括顾客需求分析、心理研究、行为分析等。

（2）完整服务产品设计。在企业分析和顾客分析的基础上，便可进行服务产品设计，即确定提供什么样的服务。完整的服务产品包括四个要素：显性要素、隐性要素、环境要素和产品要素。应先研究显性和隐性要素，因为这两要素是决定顾客对服务评价的深层次关键因素，它们分别代表了满足顾客需要和给予顾客的感受这两个关键问题。

（3）服务提供系统的设计。服务提供系统的设计包括两个主要部分。

①"硬件"设计，包括设施选址与布置、产能规划等。

②"软件"设计，包括组织架构设计、流程设计、工作设计、品质管理系统规划、人员管理规划等。

这个步骤与上一步骤既相对独立，又密切关联。一方面，只有确定所提供的服务之后，才可能进一步研究提供的方法，可见，服务提供系统的设计是在完整服务产品设计的基础之上进行的；另一方面，服务产品与服务提供系统本身就是融合在一起的，两者的设计不可分割，必须从整体来考虑。

二、服务定价

尽管各种有形产品定价的概念和方法均适用于服务产品定价，但是，由于服务产品受其特征的影响，企业与顾客之间的关系通常比较复杂，服务定价战略也有其不同的特点。因此，我们必须研究服务产品定价的特殊性，同时，也要对传统定价方法在服务市场营销中的应用给予一定的重视。

（一）服务定价概述

1. 影响服务产品定价的因素

影响服务产品定价的因素主要有三个，即成本因素、市场需求因素和市场竞争因素。

（1）成本因素。成本是服务产品定价的基础部分，它决定着产品价格的最低界限，如果价格低于成本，企业便无利可图。服务产品的成本是随时间和需求的变化而变化的。从定价的角度看，服务产品的成本可以分为三种，即固定成本、变动成本和准变动成本。

变动成本是指随着服务产出的变化而变化的成本，变动成本在总成本中所占的比重往往很低，甚至接近于零，如航空公司的燃料消耗、酒店客房的备品消耗等。表4-4为服务企业的固定成本与变动成本举例。

表4-4　　　　　　　　　服务企业的固定成本与变动成本举例

服务企业	固定成本	变动成本
酒店	建筑与设施的折旧（自有） 建筑与设施的租金（租用） 固定人员的酬金	食品消耗 水电的消耗 易耗品的维修
特快专递	自有交通工具的折旧 设施的折旧 一般费用（后勤管理）	航空公司的费用 燃料、集装箱等成本
保险公司	管理成本	赔偿费用

准变动成本是指介于固定成本和变动成本之间的那部分成本，其多少取决于服务的类型、顾客的数量和服务活动对额外设施的需求程度，如清洁服务地点的费用、职员加班费等。对于不同的服务产品，差异性较大，因此其变动所牵涉的范围也比较大。在产出水平一定的情况下，服务产品的总成本等于固定成本、变动成本和准变动成本之和。

（2）市场需求因素。服务业公司在制定价格策略目标，并考虑需求因素的影响时，通常使用价格需求弹性法来分析。价格需求弹性是指因价格变动而相应引起的需求变动比率，它反映了需求变动对价格变动的敏感程度。价格需求弹性通常用需求弹性系数（E_d）来表示，该系数是需求量（Q）变动的百分比同其价格（P）变动的百分比之间的比值，公式为：

$$需求弹性系数=需求量变动的百分比/价格变动的百分比$$

即　　　　　　　　　　　$$E_d=（\Delta Q/Q）/（\Delta P/P）$$

一般情况下，价格与需求呈反比例关系，如图4-5所示，因此，价格的需求弹性一般为负值。为便于分析，通常取 E_d 的绝对值。当 $|E_d|<1$ 时，表示缺乏弹性，即价格变化不会引起很明显的需求变化；当 $|E_d|>1$ 时，表示富有弹性，即价格的轻微变动就会引起需求的明显波动。

价格需求弹性对企业收益有着重要影响。在现实生活中，不同服务产品的需求是不尽相同的，如果对服务产品的需求是有弹性的，那么其定价水平就特别重要。例如，在某些市场上，需求受到价格变动的影响很大，如市区公共交通服务、旅游娱乐等，而有些市场受价格波动的影响较小，如医疗、中小学教育等。

（3）市场竞争因素。市场竞争状况直接影响着服务企业定价策略。市场竞争所包含的内容很广，如在交通运输行业，企业之间的竞争在不同运输工具之间、对顾客时

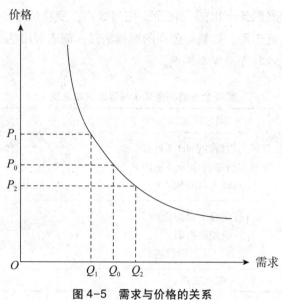

图 4-5　需求与价格的关系

间和金钱的利用方式之间都存在着竞争。此外，在某些市场背景下，传统和惯例也可能影响到定价，如广告代理的佣金制度。对于服务企业来说，在市场上除了从竞争对手那里获得价格信息外，还要了解它们的成本状况，向竞争对手学习，借鉴竞争者确定其成本、价格和利润率的方法，这将非常有助于企业自己制定适宜的价格策略。

2. 定价目标的确定

在考虑采用定价方法之前，企业应该确定一个和企业总目标、市场营销目标一致的定价目标，作为定价的依据。总的来看，定价目标主要分为两类：利润导向目标和数量导向目标。

（1）利润导向目标。利润最大化，保证一定时期内取得最大利润的定价，追求利润最大化是每个企业的最终目标。当然，利润最大化目标并不等于最高价格，产品价格过高，迟早会引起各方的反抗行为。

①投资回报。是指为了实现所期望的投资回报而定的价格。定价基于成本，并加入了预期收益。这样企业要预先估算服务产品的价格，每年的销售量，销售多长时间才能达到预期利润，预期收益率一般都高于银行利率。但是企业追求一定的投资回报率应考虑其他方面的因素，如竞争对手的价格、顾客的需求等。

②适当的利润。有的企业为保全自己、减少风险，或因其自身力量不足，而将适当利润作为其定价目标。

（2）数量导向目标。

①销售最大化。为占据市场份额而定价，包括增加服务产品的销量来争取最大的销售收入，保持或扩大市场占有率来保证企业的生存和决定企业的兴衰。

②争取顾客数量。企业可以通过定价告诉顾客其服务产品的信誉及企业形象的独

特性，起到实施差别化战略的效果，从而吸引更多的顾客。

（二）服务产品的定价方法

可供服务业选择且实用的定价方法并不多，主要有三类基本方法：成本导向定价法、竞争导向定价法、需求导向定价法。

1. 成本导向定价法

成本导向定价法是指企业依据其提供服务的成本来决定服务的价格，基本公式为：

$$P = TC + NP（其中 TC = FC + VC）$$

式中：P——价格；

TC——总成本；

NP——利润；

FC——固定成本；

VC——变动成本。

假设一家酒店拥有 300 个房间，该酒店每年的固定折旧费为 500 万元，所有固定员工的年工资为 200 万元，销售固定费用和其他固定成本费用 150 万元；每间客房出租一天的变动费用为 40 元，出租率为 50%。那么，根据公式，$FC = 500+200+150 = 850$（万元），全年 $VC = 40×300×365×50\% = 219$（万元），$TC = 850+219 = 1069$（万元）。

此方法具有两个优点：一是在考虑生产者合理利润的前提下，当顾客需求量大时，能使服务企业维持在一个适当的盈利水平，并降低顾客的购买费用；二是比需求导向定价法更简单明了。一般来说，建筑、装潢、工程和广告等行业采用这种定价方法。

2. 竞争导向定价法

竞争导向定价法是根据竞争者各方面之间的实力对比和竞争者的价格，以竞争环境中的生存和发展为目标的定价方法。这种方法一般适用于航空、汽车出租、干洗、银行等行业。

其具体的方法如下。

（1）通行价格定价法。即以服务的市场通行价格作为本企业的价格。这种方法平均价格易被人们接受，避免与竞争者激烈竞争，并能为企业带来合理的盈利。

（2）主动竞争定价法。即为了维持或增加市场占有率而采取的进取性定价。

但是竞争导向定价法也会存在一些问题，主要体现以下方面。

（1）小企业经营成本高，竞争导向定价法往往难以有足够维持生存的利润。

（2）服务的多样化和不一致加大了定价的困难。

（3）不能反映顾客得到的价值。

3. 需求导向定价法

需求导向定价法是以市场需求强度及消费者感受为主要依据的定价方法。这种方法弥补了成本导向定价法、竞争导向定价法的不足，包括感受价值定价法、反向定价法和需求差异定价法。

（1）感受价值定价法。感受价值定价法是指企业根据消费者对产品的感受价值来制定价格的一种方法。这里的感受价值有四种定义：①价值就是低价；②价值就是在服务中得到的一切；③价值是物有所值；④价值是与付出相匹配的收获。

（2）反向定价法。反向定价法是指企业依据顾客能够接受的最终销售价格，计算自己的经营成本和利润后，逆向推算出产品的批发价和零售价。

（3）需求差异定价法。需求差异定价法是指企业根据市场需求的时间差、数量差、地区差、消费水平及心理差异等来制定产品价格。如在市场需求大的时期定价高，反之则低。

（三）服务产品的定价策略

一般有形产品营销中的定价策略也可用到服务产品上。下面介绍服务业中经常使用的定价策略。

1. 折让定价法

折让定价法就是降低产品价格，给购买者一定的价格折扣或馈赠部分产品，以争取顾客，扩大销售。在大多数服务市场上都可以采用折让定价，服务业营销通过折让可达到两个目的。

（1）折让是对服务承揽支付的报酬，以此来促进服务的生产和消费（金融市场付给中间者的酬金）的产生。例如，付给保险经纪人的佣金或对单位委托顾问服务的支付。

（2）折让是一种促销手段，可以鼓励提早付款、大量购买或高峰期以外的消费。例如，广告代理商对立即付款所提供的现金折扣、餐饮业为促进消费而提供的现金折扣或代金券，干洗服务店提供短期降价。大部分的服务企业都能提供"特别优待价"和上述各类型的支付方式。虽然这种做法在一定程度上会侵蚀服务生产者的利润，但各种"折扣"仍一直被视为技术性的定价结构调整的方法，已越来越被认为有其策略上的重要性。

2. 差别定价法（弹性定价）

差别定价法是依据顾客支付意愿而制定不同价格的定价方法，在商品经济条件下，确定产品价格是实现市场交换的必要条件。任何企业都面临着为产品或服务确定市场交换价格的决策问题。企业确立了市场营销目标之后，在对产品需求、成本、竞争者的价格进行分析的基础之上，选择合适的定价方法，从而决定产品的价格。由于市场上存在着不同的顾客群体、不同的消费需求和偏好，所以，企业可以根据这种需求差异，建立一种多价位结构，实施差别定价策略。

主要适用于以下情况。

（1）建立基本需求，尤其是对高峰期的服务最为适用。

（2）降低服务易消失性的不利因素来缓和需求的波动。

差别定价的形式包括如下内容。

（1）价格/时间的差异，如电话服务在假期使用的价格。

（2）顾客支付能力的差异，如管理顾问咨询、专业服务业、银行贷放利率。

（3）服务产品的品种差异，如使用不同种类电话的月租费。

（4）地理位置的差异，如旅馆房间的定价以及演唱会座位的定价。

使用差别定价有可能产生以下问题。

（1）顾客可能为等到差别价格的实施而延缓购买。

（2）顾客可能认为采用差别定价的服务有"折扣价格"之嫌，认为是一种例行现象。

鉴于以上原因，有些服务业公司拒绝采用差别定价而采用单一价格制度，不论时间、地点或支付能力，对所有的顾客都制定相同的价格。

3. 个别定价法

个别定价法是指所制定的价格标准是买方决策单位能力范围内所能遇到的价位，是基于买方决策单位对服务或公司感到满意为前提。采取个别定价法必须清楚地了解卖方的决策者有权决定的价格底限是多少。

4. 偏向定价法

偏向定价法是指对一部分服务制定低价，以吸引顾客。当一种服务原本就有偏低的基本价格或服务的局部形成低价结构现象时，就会产生偏向定价现象。比如，餐厅为了增加顾客而提供价廉物美的实惠餐，如商业午餐、套餐或 3 元吃饱 10 元吃好等，但大多数用餐的顾客最后还是会点其他比较高价的菜；汽车修理厂对一般性服务可能收费偏低，借以招来更多的高价修理工作。

5. 保证定价法

保证定价法是指保证必有某种结果产生后再付款的定价方法。如职业介绍所，必须等当事人获得了适当的工作职位后，才能收取费用；有些职业培训机构，也是在学员培训完毕找到了适当工作之后，才收取相应的培训费用。在服务业中保证定价法适用于下列三种情况。

（1）保证中的各种特定允诺可以得到肯定。

（2）当高质量服务无法在削价的竞争环境中获取应有的竞争力时。

（3）顾客所追求的是明确的保证结果，如婚姻介绍所、有保障的投资报酬率等服务。

6. 高价维持定价法

这是当消费者注重质量，把价格视为质量的体现时使用的一种定价策略。在某些情况下，某些服务企业往往有意抬高服务的价格，造成高质量、高价位姿态。已经培养出一种特殊的细分市场，或已建立起特殊的高知名度服务业公司，可以尝试以价格作为质量指标的定价方法。

7. 牺牲定价法

这种定价方法是指第一次订货或第一个合同的要价很低，希望借此能获得更多的生意，而后来生意的价格却比较高。适用此种方法的有以下两类市场：①顾客不满意目前的服务供应商；②买主不精通所提供的服务。

这种定价策略最大的弊端是一开始的低价位可能成为上限价位。一旦此上限价位成立，顾客便会拒绝再加价。这种定价方法通常用在营销顾问业、管理教育训练服务业中。

8. 阶段定价法

这种定价方法与牺牲定价法类似，即一开始报价很低，但各种额外事项则要价较高。如某管理咨询顾问的报价只是其执行服务花费的时间上的费而已，未包括执行服务时有关的伙食费、交通费等。

9. 系列价格定价法

价格本身维持不变，但服务质量、数量、水平则充分反映成本的变动。这种定价方式往往被视为一种并不适于处理成本变动的定价方式。特别适于固定收费的系列标准服务，即服务质量和水平的差异必须容易为顾客所了解。如美容院可设置面部护理疗程卡，原价 88 元/次的暗疮护理，设置为疗程则为 800 元/10 次，从服务数量上有所变化。

三、服务渠道

从市场营销的角度看，分销渠道是指商品通过交换从生产者手中转移到消费者手中所经过的路线。分销渠道涉及的是商品实体和商品所有权从生产向消费转移的整个过程。在这个过程里，起点为生产者出售商品，终点为消费者或用户购买商品，位于起点和终点之间的为中间环节。中间环节包括参与从起点到终点之间商品流通活动的个人和机构。服务渠道是指促使服务产品顺利到达顾客手中，被使用或消费的一整套相互依存、相互协调的有机性系统组织。

（一）服务渠道的分类

在现实服务经济活动中，服务渠道按照其到顾客手中是否经过中间商，可分为直销渠道和经由中介机构的分销渠道两种方式。服务渠道的分类如图 4-6 所示。

1. 直销渠道

直销是服务企业最常见的一种销售方式，直销是指服务企业在销售自己的服务产品时不经过中间环节而直接与顾客见面。如理发店提供的理发服务，汽车修配厂提供的修理服务。

有些直销项目经营的目的往往是为了获得某些特殊的营销优势，是由不得企业选择而决定的，具体表现如下。

（1）直销对服务的供应与表现可以保持较好的控制，若经由中介机构处理往往会

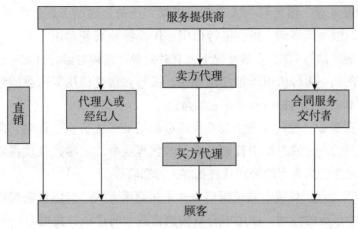

图4-6　服务渠道的分类

失去控制。

（2）实现真正个性化的服务方式，能在其他标准化、一致化以外的市场产生有特色服务产品的差异化。

（3）可以在和顾客接触时直接了解关于目前需要及竞争对手产品内容的意见等信息。

如果因为服务和服务提供商之间的不可分割性而选择了直销，那么服务提供商可能会面临以下问题。

（1）在对某一特定专业个人需求（如某一著名的眼科医生）较强的情况下，企业业务的扩大便会遇到重重困难。

（2）采取直销有时意味着局限于某个地区性的市场，尤其是在人的因素占很大比重的服务产品中更是如此。

2. 经由中介机构的分销渠道

有些服务产品的销售需要通过中介机构，中介机构的结构各不相同，有的比较复杂。服务业市场的中介机构形态很多，常见的有下列五种。

（1）代理。一般在观光、旅馆、运输、保险、信用和工商业服务市场出现。

（2）代销。专门提供或执行一项服务，然后以特许权的方式销售该服务。

（3）经纪。在某些市场，服务按传统惯例需经中介机构提供才可以，如股票市场和广告市场。

（4）批发商。在服务市场从事批发活动的中间商。

（5）零售商。包括便利店、干洗店等。

中介机构的形式还有很多，在进行某些服务交易时，可能会涉及好几家服务业企业。此外，在许多服务业市场，中介机构可能同时代表买方和卖方，如拍卖。

以下是适用于各种服务业的中介机构的可能组合形态。

（1）金融服务业。银行对个人及公司提供广泛的金融服务，这些服务主要包括：存贷款服务、金融顾问咨询、提供银行信用、代收各种服务费用、不动产规划及提供其他一些"金融产品"。在大多数情况下，有时消费者直接与银行打交道，但有时需通过中介机构。例如，银行信用卡被广泛使用，银行在接受信用卡付款的销售商与处理信用单的信用卡公司之间扮演清算中心的角色。

（2）保险服务业。保险业务主要靠保险公司的业务人员直销保险，但在有些保险业务中，所涉及的企业或组织中普遍存在保险代理业务。如学校代理保险公司办理学生医疗保险、航空公司为保险公司代理旅客人身保险等。

（3）旅馆饭店业。传统上旅馆饭店主要采用直销方式，但随着旅馆饭店业竞争的加剧和电子信息产业的应用，使用中介机构销售服务的途径日益增多。图4-7表明旅馆饭店业的中介机构。

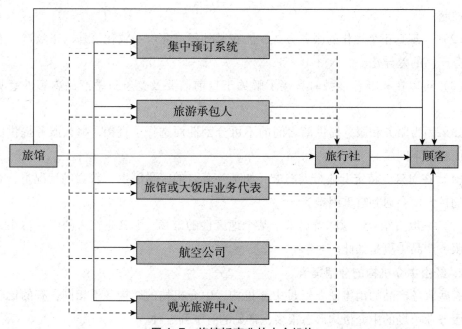

图4-7 旅馆饭店业的中介机构

注：虚线代表可选择的渠道。

（二）影响服务渠道的因素

服务企业经营管理者与营销人员在选择分销渠道时，应考虑以下因素。

1. 服务企业自身的条件与经营战略意图

（1）服务企业自身的经营规模。服务企业经营的总体规模决定了其服务产品的市场供应量，而其市场供应量的大小又制约企业分销渠道的选择。若服务企业经营的规模较大，服务产品市场供应量大，其分销渠道应该比经营规模小的企业要宽而长。

（2）服务企业的经济实力。服务企业实力较为雄厚的可在较少依赖中间商的同时重视自身分销渠道的建设，建立自己的电子营销网络，增大在营销上的投入。实力薄弱的服务企业则较多依赖中间商。

（3）企业的经营战略意图。选择服务企业分销渠道必须服从企业的整体营销战略，要考虑企业应进入哪些服务细分市场、实现何种营销目标、需要中间商发挥哪些作用、企业是否有必要对销售渠道和目标市场加以控制。如果服务企业希望对期望顾客和中间商的质量加以选择，则必须加强直销或者选择较短的销售渠道，以加强对顾客和中间商环节的控制。如某饭店为了维持其豪华饭店的高档形象，必须尽可能减少旅游团和普通会议类的顾客，而将其营销的重点放在对各大商社和企业的直接销售上。

（4）服务企业员工的素质。在确定企业分销渠道时，员工的素质也是一个影响因素。如果企业有足够的训练有素的营销人员，可以直接与顾客交往，推销服务产品；缺少这样的营销人员，则可委托其他中间商代理销售。

2. 市场特性

服务企业分销渠道的设计受市场容量的大小、购买频率的高低、市场的地理分布以及市场对不同营销方式的反应等特性的影响。当企业顾客众多时，服务企业为了方便顾客预订与购买，倾向于使用较多的中间商；如果顾客经常小批量订购，则可采用较长而宽的分销渠道，如在饭店业旅客零星预订常常可依赖旅行社代理；如果服务企业的顾客较为集中在某一地区，企业则可在该地区设置自己的办事处或分支机构进行直销。此外，顾客对不同营销方式的反应也会影响服务企业分销渠道的设计。如随着电子商务的发展，上网一族以及商务顾客可利用计算机网络来预订服务产品，必然使服务企业在设计自己的分销渠道时，考虑利用电子商务这一现代信息技术手段。

3. 服务产品的特性

服务企业提供的服务产品不同，所采用的分销渠道也就不同。航空公司往往要选择大量的中介协助其机票的销售；休闲度假饭店往往需要旅行社代销，而以商务为特色的商务饭店适宜采用短渠道或直接销售；餐饮娱乐健身业一般情况下多采用直接销售。

4. 中间商因素

中间商因素是企业选择分销渠道应考虑的客观因素之一，企业应考虑各种中间商的优势劣势、具备条件的中间商的数目与状况、中间商的努力程度、中间商的分布与销售网络情况等来确定企业的分销渠道。

（三）服务渠道的设计

服务企业分销渠道的设计必须在考虑上述因素的基础上进行，在具体设计时包括确定渠道模式、确定中间商的数目、明确渠道成员的权利和义务及评估渠道设计方案四个方面的内容。

1. 确定渠道模式

确定渠道模式就是要决定渠道的长度。服务企业分销渠道的设计首先要确定采取什么类型的分销渠道，是自己直销还是通过中间商分销。如果决定利用中间商分销，还要进一步决定选用什么类型、何种规模的中间商。

2. 确定中间商的数目

确定中间商的数目，就是要决定渠道的宽度。在服务企业决定采用中间商的情况下，企业还必须考虑在每一个分销环节中应选择多少个中间商，这就要求服务企业根据自己提供的服务产品、市场容量和需求面的宽窄来决定。可考虑采用以下策略。

（1）广泛分销渠道。即通过尽可能多的中间商进行分销，使渠道加宽，以便顾客购买。采用这一分销策略往往是某一服务领域竞争激烈，服务产品供过于求，或者在服务产品的需求面宽、需求量大的情况下使用。其缺点是对中间商不便于控制。

（2）独家分销渠道。即在各个销售区域只选择一家或少数几家中间商进行分销，要求中间商只经销本服务企业的服务或产品。采用这种做法的目的是提高产品和服务的市场形象，提高售价，促使中间商努力销售，并加强对中间商定价、促销、信贷和各种服务的控制。市场形象好、实力强、经营高档服务产品的服务企业可采取这种分销策略。

（3）选择性分销渠道。这是介于上述两种形式之间的分销形式，也就是有条件地精选几家较好的中间商进行分销。采用这种方式的目的是加强与中间商的联系，提高渠道成员的销售效率，使本企业服务产品得到足够的销售面。这种方式与广泛分销渠道相比，可降低成本，加强对渠道的控制。

3. 明确渠道成员的权利和义务

服务企业在确定了渠道的类型后，还必须明确规定渠道成员的权利和义务，确定合作条件。涉及的内容包括：企业的定价方针、支付条件和企业的保证、中间商的地区权力、双方提供的服务和责任、渠道成员的奖励措施等。

4. 评估渠道设计方案

要确定最佳分销渠道，必须对可供选择的渠道方案进行评估，根据评估结果选择有利于实现企业长远目标的渠道方案。分销渠道的评估可从经济效益、控制能力和适应能力三个方面来进行。

四、服务促销

服务促销是指企业通过各种营销手段，向消费者传递服务产品的有关信息，以实现服务产品生产市场与目标市场的有效沟通，从而影响消费者购买行为和消费方式的活动。服务促销的实质是服务营销者与服务产品潜在购买者之间的信息沟通过程。要理解这一概念，应明确以下几个方面。

（1）服务促销的根本目的是传递信息。企业应加强与顾客的联系，通过促销树立企业形象，将服务产品信息传递给顾客，同时又可了解顾客对服务产品的反馈意见，从而不断改进服务，提高服务质量。

（2）服务促销的目的是激发顾客的购买欲望。服务企业通过促销传递信息，将新的服务引入市场，刺激顾客的购买欲望，促使顾客的购买欲望转化为实际购买力。

（3）促销的手段是告知、帮助与说服。企业将服务产品的各种效用告知顾客，帮助顾客有选择地消费，说服顾客购买本企业的产品。

（4）促销的方式有人员推销和非人员推销。非人员推销又分为广告、销售促进、公共关系和宣传，如图 4-8 所示。

图 4-8　促销的方式

（一）服务促销的目标

在服务消费过程中，顾客要经过几个阶段才能产生购买行为。有多种理论描述这个行为，如 AIDA 模式、创新采用模式、信息沟通模式等，所有模式都假设购买者经过三个阶段：认知阶段、情感阶段、行为阶段。其中最常用的是 AIDA 模式，如图 4-9 所示。

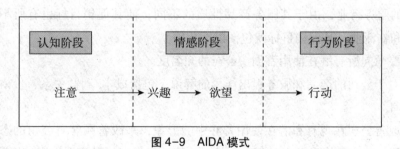

图 4-9　AIDA 模式

使用 AIDA 模式时假设消费者购买决策过程中遵循以下几个步骤。

（1）注意（Attention）：营销者必须首先引起目标市场消费者对某种服务的注意。

（2）兴趣（Interest）：要创造出消费者对这一服务的兴趣的点。

（3）欲望（Desire）：营销人员要通过解释服务的差异化来创造消费者对某一品牌的偏好，激发消费者购买欲望。

（4）行为（Action）：让目标市场中某些已被说服的顾客做出最终购买的行动。

总之，任何促销努力的目的都在于通过传送、说服和提醒等方法，来促进服务产品的销售。关于服务促销目标的具体描述如表 4-5 所示。

表 4-5　　　　　　　　　　　　　　服务促销目标

服务促销目标	具体描述
顾客目标	增进对新服务和现有服务的认知 鼓励试用服务 鼓励非用户： 参加服务展示 试用现有服务 说服现有顾客： 继续购买服务而不中止使用或转向竞争者 增加顾客购买频率 改变顾客需求服务的时间 沟通服务的区别利益 加强服务广告的效果，吸引群众注意 获得关于服务质量如何、何时及在何处被购买和使用的市场调研信息 鼓励顾客改变与服务传递系统的互动方式
中间商目标	说服中间商递送新的服务 说服现有中间商努力销售更多服务 防止中间商在销售场所与顾客谈判价格
竞争目标	对一个或多个竞争者发起短期的攻势或进行防御

不同的服务行业，由于其服务产品性质的不同，使其促销目标也有所不同。例如在运输业和物流业，其促销目标就包括以下几项。

（1）要面向所有潜在使用者创造公司的知名度。

（2）对于公司的产品和服务提出详尽的解说，包括成本/利益关系、价格以及其他有关的咨询。

（3）改善公司在现有和潜在使用者心中的形象，来改善顾客对公司的态度。最主要的目标是：在公司将来开发新服务产品时，能让新的目标顾客群更容易接受。

（4）消除已存在的错误观念。

（5）告知现有及潜在的顾客，有关本公司服务的特殊项目或附加服务及其调整。

（6）告知市场有关各种新的服务渠道。

但是，任何一种特殊服务的特定目标，在不同的产品/市场状况中均要有所变动。因此，所使用的促销组合的构成要素也应有所不同。

（二）服务促销与有形产品促销的联系和区别

1. 服务促销与有形产品促销的联系

有形产品和服务产品的促销有许多相似点，表现在以下几个方面。

（1）促销在整体营销中的角色。

（2）建立各种有效促销的方式。

（3）促销执行管理的问题。

（4）为了促销目的而使用各种各样的方法和媒体。

（5）可利用的协助促销的组织团体。

2. 服务促销与有形产品促销的区别

服务促销和有形产品促销由于受其本身特征的影响，以及服务行业特征的影响，存在一些区别。

（1）消费者态度。消费者态度是决定顾客购买与否的关键。由于服务的无形性，促使消费者在购买时，往往对服务与服务表现者或出售者的主观印象具有依赖性，而在购买有形产品时就不会对主观印象太有依赖性。

对于服务销售者和服务业来说，有两方面与制造业不同：①服务产品往往被视为比有形产品更具个性化；②消费者往往对于服务的购买不是很满意。

（2）采购的需要和动机。在采购的需要和动机上，制造业和服务业大致相同。通过购买有形产品或无形产品，同类型的需要都可以获得满足。不过，"个人关注的需求"产品或服务都是很重要的，凡是能满足这种"个人关注的需求"的服务销售者，必能使其服务产品与竞争者的服务产品产生差异，从而占有竞争优势。

（3）购买过程。在购买过程中，制造业和服务业的区别较为明显。有些服务的采购因为买主不易评估服务的质量和价值，因而被视为有较大的风险。此外，消费者在购买决策过程中易受朋友的影响，对于服务营销而言亦有较大的意义，尤其是在服务的供应者和其顾客之间，有必要发展形成一种专业关系，以及在促销努力方面建立一种"口传沟通"的方式。

对于组织顾客来说，在其资本设备采购过程和服务采购过程之间存在着显著的差别。一项调查研究发现，组织对服务的采购通常与下列事项有关。

①涉及的组织层级比资本设备采购过程少。

②涉及的同一层级的部门数更少。

③涉及的组织人数较少。

④涉及的意见沟通更多。

这些调查结果显示，对于服务采购而言，一方面，在广泛的社会关联上，影响一家公司的可能性不如资本设备采购那么复杂；另一方面，较低的多样化程度可能会大大减少影响采购的选择机会。

3. 服务行业特征造成的区别

由服务行业特征造成的产品和服务的促销之间的区别如下。

（1）营销导向的不足。有些服务业是产品导向的，这类服务业的经理人未受过训练也欠缺技术，当然不懂促销在整体营销中应扮演的角色。企业只把自己当作服务的生产者，而不是提供顾客需要的公司，不清楚营销措施对业务有极大的帮助。

（2）专业和道德限制。传统和习俗可能会阻碍某些类型促销的运用，会遇到专业上和道德上的限制，以致被认为"不适当"或"品位太差"。

（3）服务业务规模小。许多服务业公司在规模上很小，它们不认为自己有足够实力在营销或在特别的促销方面花钱。

（4）竞争的性质和市场条件。许多服务业公司现有范围内的业务已经耗尽了生产能力，因此并不需要扩展其服务范围。这些公司普遍缺乏远见，并不认为在目前状况下，通过促销努力可以维持稳固的市场地位。

（5）对于可用促销方式所知有限。服务业企业对于可利用的广泛多样的促销方式所知有限，可能只会想到大量广告和人员的推销方式，而根本不会想到其他各种各样适当、有效而且花费可能较少的促销方式。

（6）服务本身的性质。服务本身的性质可能会限制大规模使用某些促销工具。也就是说，服务的种类、特定服务业的传统，在某些服务种类中，对某些促销方法的限制使得许多促销方法不能自由发挥。

小 贴 士

有形展示

有形展示也称为"有形物证"。服务的全部有形表现形式都属于有形展示。有形展示包括周围风景、停车场、建筑风格、标志、内外部设计、内部装潢，以及账单、办公用品等其他有形物。

（三）服务促销策略

服务促销策略包括人员推销、广告、销售促进、公共关系以及各类宣传。任何一种促销工具都有其可取之处，因此，营销人员应针对不同促销工具的优势和特点进行有效的沟通和选择。

1. 人员推销策略

人员推销是指企业通过推销人员向顾客面对面（或电话营销中声音对声音）进行推销，说服顾客购买的一种促销方式。推销服务与推销产品具有很大差异，在某些服务业市场，服务业者可能必须雇用专门技术人员，而非专业推销人员来推销其服务。由于服务具有特殊的性质，对推销员的资格也有不同的要求。

1）人员推销的优点

提供了个人接触机会。人员推销提供了销售、服务、监督的个人接触机会，可以提供多种变化，保证顾客满意度维持在较高水平。服务中个人接触的功能如表 4-6 所示。

表 4-6　　　　　　　　　　　服务中个人接触的功能

功能	任务	举例
销售	说服潜在顾客购买服务 增加现有顾客的服务使用次数	保险代理、房地产销售人员、股票经纪人
服务	告诉、帮助和劝告顾客	航空公司飞行服务员、保险索赔调解员、票务代理人、银行大厅经理
监督	了解顾客的需求和关心的事，并向管理层汇报	客户服务代表、维修人员

加强了顾客关系。可以增强服务提供者、销售人员、顾客三方良好的关系。

有利于交叉销售。销售人员可以向顾客介绍多种服务，如银行前台职员可以为账户持有者办理许多其他服务，包括抵押、保险、股票经纪服务等。

2）人员推销的指导原则

据调查，服务采购所获得的满足，往往低于产品采购所获得的满足。而且，购买某些服务往往有较大的风险。因此，在服务营销的背景下，人员推销应遵循以下指导原则。

（1）发展与顾客的个人关系。服务业公司员工与顾客之间要保持良好的个人接触，使双方相互满足。服务业公司以广告方式表达对个人利益的重视，必须靠市场上真实的个性化关系协助实现。

（2）采取专业化。在大多数的服务交易中，顾客总相信销售者有提供预期服务结果的能力，其过程若能以专业方法来处理则更有效。销售服务即表示销售者在顾客眼中的行为举止必须是一个地道的专家，他们完全能胜任服务工作，对该服务的知识很充分。因此，服务提供者的外表、举止行为和态度都必须符合顾客心目中一名专业人员应有的标准。

（3）利用间接销售。可以利用的间接销售形式有三种：①推广和销售相关产品和服务；②影响顾客的选择过程；③自我推销。

（4）建立并维持有利的形象。营销活动，如广告、公共关系等试图达到的是要发展出一种希望被人看得到的个人或公司的形象，而且，要与顾客心目中所具有的形象一致。现有顾客和潜在顾客对某个公司及其员工的印象，在很大程度上影响着他们作出惠顾的决策。人员销售对服务业公司的整体形象有很大影响，顾客往往从公司推销员的素质判断这个服务业公司的优劣。因此，推销人员的礼仪、效率、关心度和销售技巧都会影响既有的公司形象，而形象建立的其他方式，包括广告和公关，也都同样具有推波助澜的作用。

（5）销售多项服务而非单项服务。在推销核心服务时，服务公司可从包围在核心服务的一系列辅助性服务中获得利益。同时，这也省去了顾客采购时的许多麻烦。

（6）采购简易化。顾客不经常购买服务产品，如房子，或者顾客处在某种重大情感压力之下，如殡仪服务，都可能会对服务产品的概念不了解。在这类情形下，专业服务销售人员应使顾客的采购简易化。也就是说，以专业方式做好一切，告诉顾客服务进行的过程，对顾客尽量少提要求。

3）人员推销的原则

服务业的人员推销应遵循六项原则：积累服务采购机会、便利质量评估、将服务实体化、强调公司形象、利用公司外的参考群体、了解对外接触员工的重要性。

2. 服务广告策略

广告是指广告主要以付费的方式，借助于一定的广告媒体将企业产品和服务的信息传递给消费者的一种宣传方式。广告促销能够达到使顾客了解服务、增加服务知识、劝说顾客购买、区分与其他企业提供的服务等功能。

1）服务广告的指导原则

基于服务业的特征，服务业在利用广告时，应遵循几个指导原则。

（1）使用简明的信息。不同的服务具有不同的广告要求，服务业广告的最大难题是要用简单的文字和图形传达所提供服务的领域、深度、质量和水准。因此广告代理商面临一系列的问题：如何创造出简明精练的言辞，贴切地把握服务内涵的丰富性和多样性，使用不同的方法和手段来传送广告信息，发挥良好的广告效果。

（2）强调服务利益。符合营销观念，满足顾客需要。有影响力的广告，应该强调服务的利益而不是强调一些技术性细节，广告中所使用的利益诉求必须建立在充分了解顾客的基础上，才能确保广告的最大影响效果。

（3）提出合理允诺。只宣传企业能提供或顾客能得到的允诺，提出的允诺应当务实，不应提出让顾客产生过度期望而公司又无力达到的允诺。对不能完成或维持的服务标准所做的允诺，往往对员工造成压力。最好的做法是，只保护最起码的服务标准，如果能做得比标准更好，顾客通常会更高兴。

（4）对员工做广告。在人员密集型服务业以及必须由员工与顾客互动才能满足顾客的服务业，雇用的员工很重要。因此，服务企业的员工也是服务广告的重要部分。服务广告者所要关心的不仅是如何激励顾客购买，更是如何激励自己的员工去表现。

（5）争取并维持与顾客的合作。在服务广告中，营销者面临两项挑战：①如何争取并维持顾客对该服务的购买；②如何在服务生产过程中获取并保持顾客的配合。因此，构思周到的广告总能在服务生产过程中争取和维持顾客的配合与合作。

（6）建立口传沟通。口传沟通对于服务业公司及服务产品的购买选择有着较大影响，服务广告必须努力建立起这一沟通形态，其可使用的具体方法有四种。

①说服满意的顾客向身边人推荐此公司。

②制作一些资料供顾客转送给非顾客群体。

③针对意见领袖进行直接广告宣传活动。

④激励潜在顾客去找现有顾客交谈。

（7）提供有形线索。服务广告者应该尽可能使用有形线索作为提示，这种较为具体的沟通表达可以变为无形的影响。知名的人物和物体，如建筑、飞机经常可作为服务提供者本身无法提供的有形的展示。

（8）保持广告的连续性。服务公司可以通过在广告中持续连贯地使用象征、主题、造型或形象，以克服服务业的非实体性和服务产品的差异化这两大不利之处。如英国航空公司成功的"Fly the flay"（高举旗帜）标语广告，就是受益于连续性的使用，使有些品牌和象征变得非常眼熟，消费者甚至可以从其象征符号的辨认中得知是什么公司。

（9）解除购后的疑虑。产品和服务的消费者通常都会对购买行动的合理性产生事后的疑虑，因此，在购买过程中必须对买主有一定的保证，并将其使用后的利益转告给其他人。在消费者与服务业公司人员接触时，得到体贴的、将心比心的和彬彬有礼的服务。

2）服务广告的媒体手段

服务广告媒体的种类很多，进入服务业，我们经常能看到、听到不同的广告媒体，广告媒体的种类如图4-10所示。

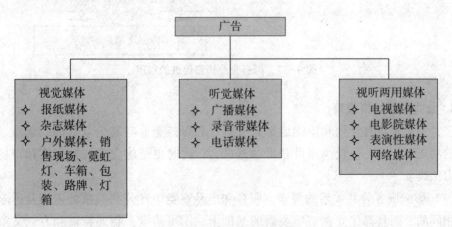

图4-10 广告媒体的种类

3. 销售促进策略

销售促进是服务企业利用物质和精神刺激的方法，促进交易双方的有关人员达成最大交易额的一系列促销活动。

1）服务业使用销售促进的原因

（1）需求问题。需求被动且存在废置产能。

（2）顾客问题。使用该项服务的人不够多；购买服务的量不够大；购买/使用之前的选择需要协助；在付款方面有问题。

（3）服务产品问题。新服务产品正在推出；没有人知道或谈到该服务产品；没有人在使用该服务产品。

（4）中间机构问题。经销商对公司销售的服务未予足够的重视；经销商对公司销售的服务未予足够的支持。

（5）竞争问题。竞争激烈；新产品开发方面也相互竞争。

2）服务企业销售促进的程序

对于服务企业销售促进的程序，不做详细文字介绍，如图4-11所示。

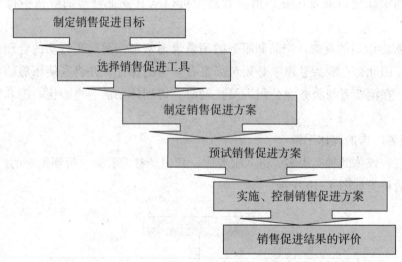

图4-11 服务企业销售促进的程序

4. 公共关系促销策略

公共关系是指有计划和持续地努力去建立和保持企业与其公众之间的善意。公共关系的功能在于它花费较少即可获得展露机会，同时更是建立市场知名度和市场偏好的有力工具。

（1）影响服务公共关系的要素。服务和产品在竞争性公共关系的内容及诉求方面都是相同的，而且都建立在三项要素的基础上：①可信度：新闻特稿和专题文章往往比直接花钱买的报道具有更高的可信度；②解除防备：公关是以新闻方式表达，而不是以直接销售或广告方式，因而更容易被潜在顾客或使用者所接受；③戏剧化：公关工作可以使一家服务业公司的一种服务产品戏剧化。

（2）服务公共关系的决策。公共关系工作的三个重点决策是：①建立各种目标；②选择公关的信息与工具；③评估效果。

这三个重点决策对所有的服务业公司都是必要的。此外，除了上述常用的促销策略，口头宣传和直销也是很重要的促销手段。

五、内部营销

（一）内部营销概述

对于大多数服务来说，服务人员的作用举足轻重。为了使全体服务人员能更好工作，为了使服务组织能快速赢得顾客支持，内部营销便成为服务组织生存发展的战略性选择。

服务业的营销实际上由三部分组成：外部营销、内部营销和互动营销。其中，外部营销包括企业服务提供的服务准备、服务促销、服务定价、服务渠道等内容；互动营销主要强调员工向顾客提供服务的技能。

内部营销是指组织把员工看作其内部顾客，设法对员工的需求予以满足，并向员工促销组织政策与组织本身，使其能以营销意识参与服务。内部营销的主要目的在于鼓励高效的市场营销行为，建立这样一个营销组织，通过恰当的营销，使内部员工了解、支持外部营销活动，使其员工能够而且愿意为公司创造"真正的顾客"。

作为一种管理过程，内部营销能以两种方式将公司的各种功能结合起来：内部营销能保证公司所有级别的员工理解并体验公司的业务及各种活动；内部营销能保证所有员工准备并得到足够的激励，以服务导向的方式进行工作。

1. 内部营销的内容

内部营销的内容包括两方面：态度管理和沟通管理。

（1）态度管理。态度管理是指在管理过程中，针对员工的态度和员工顾客意识、服务自觉性及相应激励等进行有效管理。态度管理是通过一系列的方法和手段，通过改变员工的态度来影响和改变他们对待工作的行为，从而达到提高组织的凝聚力、提高工作绩效的目的。作家亚当·罗本森说：态度是一个人的信仰、想象、期望和价值的总和，它决定了事物在个人眼中的意义，也决定了人们处理事情的方式。

（2）沟通管理。沟通管理是指服务企业的各层次员工需要充分的信息来完成与他们岗位相符的工作，为内部和外部的顾客服务。所需要的信息包括：产品与服务的性质、向顾客做出的承诺、岗位规章制度，或是由广告和销售人员做出的保证。此外，各层次员工也要适时地进行沟通，明确他们的需求，提出提高工作绩效的意见以及开拓市场的建议。

2. 内部营销的策略

内部营销的策略应为一个自上而下的结构。

1）管理人员的责任

在内部营销中，管理人员起着主导作用，应承担以下责任。

（1）与下属员工沟通，了解工作情况；

（2）给下属员工真诚的指导而非施加压力；

（3）尽可能在能力范围内为员工提供更多的培训；

（4）通过一系列有效方式为员工减轻负担；

（5）不浪费员工的时间。

2）管理人员与员工的关系

管理人员与员工接触时，应做到以下内容。

（1）关心员工、帮助员工；

（2）让员工了解企业内部发生的事情；

（3）尊重员工；

（4）给予员工做出决定的权利并予以支持。

美国马里奥特饭店在其下多家餐馆里规定，任何雇员只要认为需要就可以用不超过餐厅规定限额的额外支出安抚不满的顾客，如为顾客免费送上饮料，甚至可以代付账单。

小贴士

从某种程度上讲，服务的形式可以分为"硬服务"与"软服务"两种。一个企业要为客户提供优质的服务，就需要拥有一些较为优越的物质设施，购置一些技术先进的"硬件"，当然这往往需要投入大量的资金。如果你的财力不如别人雄厚，就只能望洋兴叹，就不可能拥有比别人更多、更好的服务设施。对于企业经营者来说，这的确是一个"硬碰硬"的问题。但是，你的"硬件"不如别人，并不意味着你为客人提供的服务比别人差，因为除了"硬服务"之外，还有"软服务"。而"软服务"做得怎么样，一般并不直接取决于你有多大财力。"软服务"显然要受经营人员的工作积极性和他们的情绪状态的影响。虽然"硬服务"的服务设施也有出毛病的时候，但是比较起来，人的工作积极性、人的情绪状态更容易发生波动，所以必须抓"软服务"。

（二）服务人员、员工、顾客对服务企业的作用

1. 服务人员对服务企业的作用

在提供服务的过程中，服务人员是个重要的因素，其对服务企业具有以下几点作用。

（1）顾客接触到的服务人员具有代表服务的作用。由于服务缺乏有形实体来供顾客去触摸或观摩，故顾客往往将服务组织的工作人员等同于服务本身。

（2）服务人员是服务质量保证的关键。对于各种劳动密集型服务，诸如医疗、理发、航运、教育、汽车维修、商品零售等，服务人员是这些服务质量保证的关键因素。

（3）服务人员同时也是促销人员。服务公司必须促使每一位员工成为服务产品的推销员。如果有一位服务人员态度冷淡或粗鲁，他们就破坏了为吸引顾客而作的所有

营销工作；如果他们态度友善而温和，则可提高顾客的满意度和忠诚度。

（4）服务人员影响着服务品质。在很多情况下，能否按照规定提供服务完全掌握在服务人员手中。尽管服务组织的持久成功依赖诸多要素的贡献，但服务员工素质的影响却最为突出。因此，服务组织面临的一大挑战，是发现"提升人员杠杆因素"的方法与途径。

2. 员工、顾客对服务企业的作用

员工和顾客对服务企业都至关重要，那么两者如何对服务企业产生作用呢？服务利润链如图 4-12 所示。

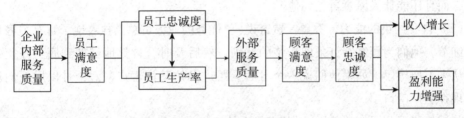

图 4-12 服务利润链

服务利润链的联结环节如下。

（1）收入及盈利能力主要由顾客忠诚度来激发和推动。

（2）顾客的忠诚度是顾客满意度的直接结果。

（3）顾客满意与否在很大程度上受到提供给顾客的外部服务质量的影响。

（4）外部服务质量是由满意、忠诚和富有活力的员工所创造的。

（5）员工满意度则来源于能使员工有效服务于顾客的企业内部服务质量的支撑。

从图 4-12 可以得出以下结论。

一是企业内部服务质量是基础。可以通过工作场所设计、工作设计、员工挑选和发展、员工报酬和识别以及员工的服务工具而得到。最主要的是来自员工对自己工作的评价，企业内部对人力资源的管理影响着员工的满意程度，从而最终导致企业外部服务质量的实现。

二是顾客的忠诚度对于服务企业的销售和利润增长起到举足轻重的作用。据调查，有些公司发现其最忠诚的顾客（所有顾客中的前 20%）不仅创造了公司全部利润，而且还弥补了忠诚度较差的顾客给企业带来的损失。由此可见，服务企业制胜的关键在于充分培育内部员工和努力服务于顾客。

（三）服务人员的条件与类型

1. 销售人员的条件

销售人员应努力锻炼和实践，逐步达到合格销售人员所要求的任职条件。而要成为最佳销售人员，则应具备四种重要能力。

（1）贵在坚持与自信。麦基说："高手都清楚，要想把成功率提高三倍，失败率也

得提高三倍。善于成交的业务员就像是优秀运动员。不怕失败，不成交誓不罢休。"

乔恩·贾奇说："善于成交的人有高度的自信，相信自己在做该做的事。一个人要是对他的产品没信心，那他很可能做不了多长时间的销售。对真正了解产品的精明的业务员来说，成交并不难。因为你是在让聪明人，也就是你的客户，买你确信对他们的企业有益的东西。"

（2）内在激励。一些优秀的销售人员有"猎人"般的动力，他们极富竞争性、目标专注、有反叛精神、善于赢得新客户；他们不去想这个职业的艰难，而是始终专心致志，不惜一切去达成交易。他们常常天不怕地不怕，能跟首席行政总监一类人物打交道，而且还能让人愿意再见到他。

（3）自我约束的能力。乔恩·贾奇说："优秀的业务员总是执着地了解有关客户的一切细节，他们为顾客制订条理清楚的计划，然后及时、自觉地贯彻到底。好业务员做事从来不拖尾巴。如果他们说六个月后会跟进拜访某位客户，六个月以后他们肯定会出现在客户门口。"

某销售培训公司的总裁说："其实优秀的销售员起早贪黑，为一项提议能熬到夜里两点。别人都下班了他还在不停地打电话，这么干才会有好运气。你可以叫他们工作狂，但对他们而言，这才是工作。"

（4）建立关系的能力。销售人员要培养良好的个人关系，对别人需要什么有非凡的直觉，好的销售人员说话、做事从来都是设身处地、耐心、关心人、负责、善于倾听。除了个人关系之外，优秀的业务员还能设身处地地为顾客着想，从而抓住生意机会。

2. 服务人员的类型

服务人员在服务过程中有两个目标：一是尽力说服顾客购买产品；二是尽力迎合顾客的心理，与顾客建立良好的人际关系。每个销售人员对这两个目标的侧重点是不同的，将其表现在方格表上，即构成了销售方格，如图4-13所示。

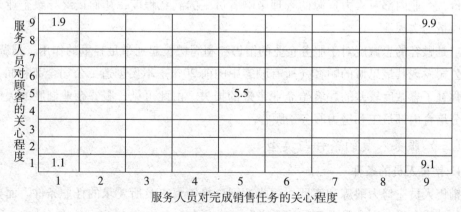

图4-13 销售方格

在这个销售方格中，横坐标表示服务人员对完成销售任务的关心程度，纵坐标表示服务人员对顾客的关心程度。数值越大，表示关心程度越大。由此，布莱克和蒙顿把服务人员的心理态度分为五种基本类型。

（1）事不关己型。即图中的1.1，该类型服务人员既不关心顾客，也不关心自己的销售任务。主要是由本身没有进取心或所在的企业没有严格的管理制度造成的。

（2）极力推销型。即图中的9.1，该类型服务人员只知道关心推销的效果，而不顾顾客的实际需要和购买心理。这类服务人员尽管一时可以把产品推销出去，给企业带来短暂的利益，但由于给顾客造成了很大的心理压力，甚至引起了顾客的反感，最终损害了企业的形象和利益。

（3）推销技巧型。即图中的5.5，该类型服务人员既关心顾客的心理，也关心自身的销售工作。但他们往往只注意顾客的购买心理，而不注意顾客真正的需求，他们常常费尽心机去说服某些顾客购买他们实际不需要的商品，因此，从长远角度来看，他们损害了企业的利益。

（4）顾客导向型。即图中的1.9，该类型服务人员只关心顾客的需求，而不关心自身的销售任务。他们处处迁就顾客，而置企业的销售工作于不顾，因此，该类型服务人员只能称为人际关系专家，而非一个成功的推销者。

（5）解决问题型。即图中的9.9，该类服务人员既关心顾客的需求，又关心自身的销售任务。这类服务人员能最大限度满足顾客的各种需求，同时又取得顾客的最佳满意度，被视为最佳的服务人员。

六、服务有形展示

（一）服务有形展示概述

1. 有形展示的概念

服务行业有形展示的范围比较广泛，如服务设施、服务设备、服务人员、市场信息资料、价目表、顾客等都是有形的，这些有形物体都可为无形的服务提供有形展示。一切可传达服务特色及优点的有形组成部分都可被称为"有形展示"。因此，在服务市场营销管理的范畴内，一切可传达服务特色及优点的有形组成部分都被称为有形展示。对于有形展示，如果善于管理和利用，有助于建立服务产品和服务企业的形象，支持有关营销策略的推行，并且可帮助顾客感觉产品的特点，提高享用服务时所获得的满足感；反之，若不善于管理和运用这些有形展示，则它们可能会传达错误的信息给顾客，影响顾客对产品的期望和判断，进而破坏服务产品甚至企业的形象。

2. 有形展示的类型

对有形展示可以从不同的角度作不同的分类，有形展示的类型如表4-7所示。

表4-7   有形展示的类型

划分依据	分类		举例
能否被顾客拥有	边缘展示		宾馆客房里的旅游指南、住宿须知、服务指南以及笔、纸等；电影院的入场券
	核心展示		酒店的星级、银行的形象、出租车的品牌等
构成要素	环境	周围因素 设计因素 社会因素	餐厅的干净、明亮 服务场所的设计、企业形象标识等 自助餐馆、自选商场的顾客
	信息沟通	服务有形化 信息有形化	麦当劳把汉堡和法国炸制品放进一种被特别设计的盒子里，盒面有游戏、迷宫等图案，也有麦当劳创始者自己的画像 顾客在选择医生、律师、汽车机械师，或者大学教授的选修课之前，总要先询问他人的看法
	价格		过低的价格会贬低企业提供给顾客的服务价值，而过高的价格会使顾客感觉企业有"宰客"的嫌疑

（1）根据有形展示能否被顾客拥有可分为：边缘展示和核心展示。

边缘展示是指顾客在购买过程中能够实际拥有的展示，它是企业核心服务强有力的补充。这类展示很少或根本没有什么价值，比如在宾馆的客房里通常有很多包括旅游指南、住宿须知、服务指南以及笔、纸之类的边缘展示；电影院的入场券也只是一种使观众接受服务的凭证。

核心展示是指顾客在购买和享用服务的过程中不能拥有的展示。在大多数情况下，只有核心展示符合顾客需求时，顾客才会做出购买决定，因此核心展示比边缘展示更为重要。比如，酒店的星级、银行的形象、出租车的品牌等，都是顾客在购买这些服务时首先要考虑的。

由此可见，边缘展示与核心展示加上其他现成服务形象的要素，如提供服务的人，都会影响顾客对服务的看法与观点。当一位顾客在使用或购买某种服务之前判断它的优劣，其主要的依据就是环绕着服务的一些实际性线索，即实际的呈现所表达出的东西。

（2）从有形展示的构成要素进行划分，主要表现为：环境、信息沟通和价格。

①环境。朱利·贝克将环境分成三部分：周围因素、设计因素和社会因素。

周围因素通常被认为是构成服务产品内涵的必要组成部分。它们的存在不会使顾客感到意外和惊喜，相反，如果失去了它们或者达不到顾客的期望，顾客就会对其失去信心，而转向其他企业。例如，消费者并不会因为餐厅的干净、明亮而惊喜，但如果餐厅很脏乱，那必然会使消费者失去用餐的兴趣，而选择另一家就餐。

设计因素是刺激消费者视觉的环境因素，可分为两类：美学因素（如建筑风格、色彩）和功能因素（如陈设、舒适度）。设计性因素既包括应用于外向服务的设备，又包括应用于内向服务的设备。这类要素被用于改善服务产品的包装，使产品的功能更为明显和突出，以建立有形的、赏心悦目的产品形象。服务场所的设计、企业形象标识等便属于此类因素。设计性因素是主动刺激，它比周围因素更易引起顾客的注意。因此，设计性因素有助于培养顾客积极的感觉。

社会因素主要是指服务场所中的人，包括员工和顾客，他们的言行举止会影响顾客对服务的判断。例如，一场话剧或是一台现场直播，出现的纰漏会展现在台下观众眼中。这就要求我们的服务人员必须完全而优质地掌握服务过程的每一个细节，因为这种演出每一次都只有一次机会，表现得不好，在观众眼中就会对你的服务大打折扣，以后要想挽回也很难。顾客对某一服务的满意程度，不仅受到服务企业和服务人员的影响，而且受其他顾客的影响。这正是自助餐馆、自选商场能吸引一大批顾客的一个重要原因。

②信息沟通。沟通的信息来自服务企业本身以及其他引人注意的地方，他们通过多种媒体信息来传播展示服务，展示的结果可能使服务在顾客心中更好或更坏。服务公司总是通过强调现有的服务展示或创造新的展示来有效地进行信息沟通管理，从而使服务和信息更具有形性。

服务有形化。在信息交流过程中强调与服务相联系的有形物，从而把与服务相联系的有形物推至信息沟通策略的前沿，使得服务更加有形而不那么抽象。例如麦当劳的盒子设计就把目标顾客的娱乐和饮食联系起来，令目标顾客高兴。正是运用了创造有形物这一技巧，促使麦当劳公司儿童"快乐餐"计划的成功。

信息有形化。信息有形化的一种方法是鼓励对公司有利的口头传播。比如经常选错服务提供者的顾客，他会特别容易接受其他顾客提供的可靠的口头信息，并据此做出购买决定。

③价格。在服务企业，由于服务的无形性，价格所发挥的作用有时会大于在产品中的作用。价格能培养顾客对产品的信任，同样也能降低这种信任。制定正确的价格不仅仅在于赚取利润，也能传递适当的信息。

总之，价格是一种不同于物质环境和说服性信息交流的展示方式，然而，必须通过多种媒介将价格信息从服务环境传进、传出。

（二）服务有形展示的作用

在服务营销中，有形展示可发挥以下具体作用。

1. 通过感官刺激，使顾客形成初步印象

服务企业应当充分利用各种有形展示来刺激顾客的感官，使顾客形成良好的初步印象。对于经验丰富的顾客来说，其受有形展示的影响较少，而对于缺乏经验的顾客或从未接受过本企业服务的顾客来说，却往往会根据各种有形展示，对本企业产生初步印象，并根据各种有形展示，判断本企业的服务质量。例如，婚纱影楼都会让模特穿上本公司的婚纱走台，以达到引起顾客好奇心和拍摄欲的效果。

2. 使顾客对企业产生信任感

要促使顾客购买，服务企业必须首先为顾客提供各种有形展示，使顾客更多了解本企业的服务情况，增强顾客的信任感，向顾客展示服务工作情况，提供服务工作的透明度，使无形的服务有形化。现在，不少服务企业将一部分后台操作工作改变为前台工作。例如，旅游宾馆的厨师经常在餐厅做烹饪表演，根据顾客的特殊要求，为顾客烹调食品。

3. 提高顾客感觉中的服务质量

在服务过程中，顾客不仅会根据服务人员的行为评估服务质量，而且会根据各种有形展示评估服务质量。因此，服务企业应根据目标细分市场的需要和整体营销策略的安全，无微不至地做好每一项基本服务工作和有形展示管理工作，为顾客创造良好的消费环境，以便提高顾客感觉中的服务质量。与服务过程有关的每一个有形展示，如服务设施、服务设备、服务人员的仪态仪表，都会影响顾客感觉中的服务质量。

4. 宣传本企业的市场形象

服务企业必须向顾客提供看得见的有形展示，并且生动、具体地宣传自己的市场形象。单纯依靠文字宣传，是无法使顾客相信服务企业的市场形象的。要改变服务企业的市场形象，需要提供各种有形展示，使顾客相信本企业的各种变化。在市场沟通活动中，巧妙地使用各种有形展示，可增强企业优质服务的市场形象。例如，餐厅外观与橱窗应美观大方，门口和橱窗可种植摆放花草树木，保持清洁卫生，特别是树木的叶子上面应该没有尘土，只有这样才能让顾客觉得餐厅内部是清洁卫生的。

5. 为顾客提供美的享受

服务也可通过有形展示，为顾客提供美的享受。采用这类营销策略的服务企业往往强调娱乐性服务，将服务场所作为舞台，将服务过程作为演出过程，给顾客一个新奇、欢乐、兴奋、有趣的服务经历。不少服务企业非常重视建筑物艺术风格和建筑物内部装饰布置，给予顾客某种特殊的美感，吸引顾客来本企业消费。但是，服务企业更应重视服务环境、服务体系、员工的仪表和服务态度，建筑物外表和内部装饰只能向顾客传递初步信息。

（三）服务有形展示管理

服务企业采用有形展示策略是由服务的无形性所决定的，无形性既指服务产品不可触及，即看不见摸不着，也指服务产品无法界定，难以从心理上进行把握。因此，服务企业要想采用有形展示策略，也应从服务有形化，以及使顾客从心理上把握服务这两方面入手。

1. 服务有形化

服务有形化是指企业借助服务过程中的各种有形要素，把看不见摸不着的服务产品尽可能实体化、有形化，让消费者感知到服务产品的存在、优化享用服务产品的过程。例如，饭店用干净的纸袋或塑料薄膜套包装杯子，把餐巾纸折成美观的箭头形状等，这些无声的行为告诉顾客"我们提供的是干净、舒适的服务"。正如"康师傅"的一句广告词所描写的那样，"好吃看得见"。银行信用卡是服务有形化的典型例子。虽然信用卡本身没有什么价值，但它显然代表着银行为顾客所提供的各种服务。

2. 使顾客从心理上把握服务

除了使服务有形化之外，服务企业还应考虑如何使顾客从心理上把握服务。通常需要遵循两个原则。

（1）使用易于为顾客所接受的有形展示。由于服务产品的本质是通过有形展示表现出来的，所以，有形展示越容易理解，则服务就越容易为顾客所接受。运用此方式时要注意：

服务企业要运用的有形展示物必须是顾客认为很重要的，并且也是他们在该服务产品中所追求的一部分。如果所用的各种实物都是顾客不重视的，则所起效果不大，甚至会产生适得其反的效果。

在使用有形物时必须确保这些有形物所暗示的承诺，在服务被使用的时候一定要兑现，也就是说各种产品的质量，必须与承诺中所载明的名实相符。如果在实际操作过程中，以上条件不能做到，那么所创造出来的有形物与服务之间的联结不紧密或者不正确，会导致顾客的不满和企业的损失。

（2）重视发展及维护企业与顾客的关系。建立企业同顾客之间的长久关系是使用有形展示的最终目的。服务企业经常鼓励顾客寻找和认同本企业中的某一个人或某一群人，而不仅限于服务产品本身。因此，服务提供者的作用很重要，他们直接与顾客打交道，不仅其穿着打扮、言行举止影响着顾客对服务质量的认知和评价，他们之间的关系将直接决定顾客同整个企业关系的融洽程度。

除了员工有形展示，其他一些有形展示亦能有助于发展企业同顾客的关系。比如，企业向客户派发与客户有关的具有纪念意义的礼物以增进关系，就是出于此种目的。

七、服务过程

（一）服务过程的概述

1. 服务过程的概念

服务过程是指服务的提供和运作系统。先来看一个顾客到银行办理取款的过程。小吴到银行取款，进入大厅，取号，排队等待。按照提示轮到她前往柜台，柜台服务人员处理取款业务，当确认柜台递出来的金额与存折上少的金额确实一致时，小吴即离开柜台，整个取款过程结束。银行取款流程如图4-14所示。

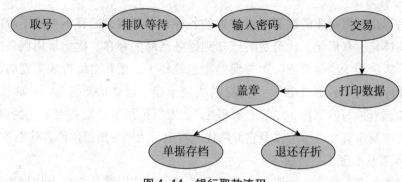

图 4-14　银行取款流程

由此可见，服务过程还应该包括与服务接触相关的后台处理过程和支持系统的运作。也就是说，一个完整的服务过程是前台服务与后台处理相衔接的系统或结构。

2. 服务过程的分类

服务过程的划分有三种依据：差异化程度、服务过程的客体、顾客参与程度。

（1）按差异化程度分类。服务大致可以分为标准服务（低差异性）和定制服务（高差异性）。标准服务是通过范围狭窄的集中的服务获得高销售量，对服务人员的要求不高。由于服务性质的简单重复性，更多地用自动化来代替人力。减少服务人员的判断是实现稳定的服务质量的一种方法，但也可能产生一些负面的后果。对差异化程度小的工作尽量采用标准服务，如储蓄柜台业务、付费业务等。

对定制服务来说，完成工作需要较多的灵活性和判断力。因为此类服务过程无固定模式可循，且未被严格界定，因此需要高水平的技巧和分析技能。另外，在顾客和服务人员之间要适时地进行信息沟通。为了使顾客满意，服务人员应被授予较大的自主决策权。

（2）按服务过程的客体分类。服务过程的客体可以分为物品、信息和人。当涉及物品时，一定要分清楚它是属于顾客的还是属于公司提供的（辅助产品）。若服务的客体是属于顾客的，工作人员一定要注意不要让它有任何损坏。凡是服务系统，一定具有信息系统。例如电话查账、集团公司远程账户资金管理。人员处理服务直接作用于人们的身体和心灵，如体育、美容、音乐、护理等，是服务特征体现最充分的一类服务。

（3）按顾客参与程度分类。顾客参与的程度可分为无参与、间接参与和直接参与。

第一，在服务过程中顾客与员工直接参与。在这种情况下，顾客会对服务环境有彻底的了解。顾客直接参与又可以分为与服务人员无交互作用（自助服务）和与服务人员有交互作用。

第二，顾客在家中或办公室通过电子媒介间接参与。

第三，有的服务可以在完全没有客户参与的条件下完成。

　　银行服务是这三种方式都存在的例子。例如，提出一项汽车贷款申请需要与负责人直接会晤，贷款的支付可以通过电子转账完成，而贷款的财务记账由银行后台人员完成。

（二）服务作业管理系统

　　制造领域里的作业管理被称为生产管理，着重强调的是制造。而在服务业领域，作业管理已成为成本控制、制度改善和顾客服务水平方面的重要投入因素。在这里，"作业"是指运用某种手段将资源投入，经由合并、重塑、转化、分割等方式，引导出有用的产品与服务。作业管理的目的在于探讨和协调各种系统设计、作业规划、执行与控制之间的关系。

1. 服务作业管理的程序

　　作业管理包括规划、组织及控制这些资源的转化过程。服务作业管理的程序如图 4-15 所示。转化过程的目的是取得系统的投入，以及在进行转化过程中所发生的一切成本上或成本外的加入效用或价值。传统的作业管理领域包括：过程规划与控制、作业规划、装备设计、日程、库存规划与控制、质量控制、作业控制和预测与长期规划八个项目，当然，并非所有的服务业公司都必须做到这八个项目。各项工作任务，应仅被视为作业管理者职责范围内的要点。因为作业管理和其他很多的功能层面（如人事和营销）的关联都非常密切，因而很难界定作业管理者在所有情况下的确切职责范围。

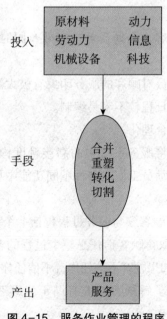

图 4-15　服务作业管理的程序

2. 服务作业系统的分类

服务作业系统可以从很多研究角度来予以分类，其中，较常用的是从过程形态来划分和从接触度的角度来划分。

（1）从过程形态来划分。

线性作业。各项作业或活动按一定顺序进行，服务是依循这个顺序而产出的，称为线性作业。线性作业过程最适合用于较标准化性质的服务业，并且有大量的持续性需求。如自助式餐厅，在自助式餐厅顾客依顺序做阶段式移动，当然，顾客维持不动并接受一系列服务也并非不可。

订单生产。使用活动的不同组合及顺序而制造出各式各样的服务，称为订单生产过程。这类服务可以特别设计定制，以适合个别不同顾客的需要，并提供事先预定的服务。如餐馆及专业服务业，都属于订单生产过程。

间歇性作业。各服务项目独立计算，做一件算一件，或属于非经常性重复的服务，称为间歇性作业。这类项目的工作浩繁，作业管理复杂而艰巨。比如，各种新服务设施的建造、一个广告宣传活动的设计、一个大型计算机系统装置或制作一部大型影片等，都可说是间歇性作业。

（2）从接触度的角度来划分。

从服务递送与顾客接触度的高低可分为高接触度服务业和低接触度服务业。两者在作业上有很大的差异，主要表现在如下方面。

高接触度服务业比较难以控制，因为，顾客往往成为服务过程中的一种投入，甚至会扰乱过程。

在高接触度服务业中，顾客也会妨碍需求时效，同时其服务系统在应付各种需求上，较难均衡其产能。

高接触度服务业的工作人员对顾客的服务印象有极大影响。

高接触度服务业中的生产日程较不容易编制。

高接触度服务业比较难以合理化。

因此，较为有利的方法是将服务系统中的高接触度构成要素和低接触度构成要素分开管理，同时，可因此而激励员工们在各种不同功能中尽量专门化。

3. 服务过程的监控

（1）顾客参与服务过程。顾客参与服务过程包括七个步骤，如图 4-16 所示。

第一步，取得顾客信任。取得顾客信任是整个过程的开始，是基础。只有取得顾客的信任，才能谈及成交与否。如果顾客不信任你，不信任你的服务，那交易就不会成功。

第二步，了解顾客习惯。了解顾客习惯有助于为顾客提供更适合的产品和服务，从而提升顾客体验。

第三步，测试服务程序和设备。通过实际试用对顾客反应进行评估。

第四步，了解顾客行为的决定因素。了解顾客为何会采取某种行为。

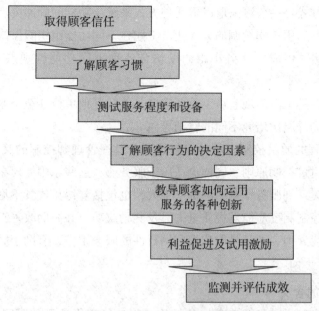

图 4-16　顾客参与服务过程

第五步，教导顾客如何运用服务的各种创新。顾客可能会对创新有所抗拒，尤其是对服务的器械化，因此，需要对他们进行辅导。

第六步，利益促进及试用激励。接受度通常是顾客对各种利益观念的一种函数，如果接受度不明显，则设法促进很重要。

第七步，监测并评估成效。持续不断地进行监测、评估和修正。

（2）服务系统的组织内冲突。从冲突的原因和解决冲突的方式两个方面来讲。

冲突的原因：服务业的有些经营包括许多小单位作业的管理，这些小单位往往分散于不同的地理位置，在这种类型的组织下，中央作业可能仅限于策略性决定事项，而分支单位经理必须管理该处所的整个服务系统，包括营销、作业和人事，当某一作业管理者想要均衡作业和营销上的需求，或者想要均衡作业上和人事上的需求时，总会出现功能间冲突，造成这种功能间冲突的原因主要如下。

①变迁的动机不同。在不同的功能部门，对于系统变迁各有不同的动机。如营销方面，则可能根植于提高市场占有率的可能性；作业方面，可能根植于技术上的开发进展。

②成本收益取向。营销经理追求营业额与收入增加的机会；而作业经理人则往往关心提高效率和降低成本。

③不同的时间取向。营销人员往往采取短期导向，关注短期的情况，而作业人员则着眼于新技术及新作业程序引进的长期导向。

④对既有作业中加入的新服务适度认同。营销观点引进的新服务产品并不一定是相容的，而且不一定与既有的作业系统相适合。

解决冲突的方式：一般可采取以下几种方式来解决功能间的冲突。

①功能间转移。用工作轮调的方式让员工能在不同功能组织间保持流动。

②任务、小组。可成立任务小组，以整合各种不同功能性观点，并解决功能间冲突。

③新任务、新员工。为现有员工重新定向，并从其他单位甚至企业外引进新人。

④在工作现场分层次培养不同的营销导向。

（3）服务过程的质量控制。质量控制是服务过程管理和控制的又一个重点。许多适用于制造业的质量控制原则，同样也适用于服务业，这些原则体现在以下三个方面。

①质量控制关系到服务作业中的每一个人，也包括看得见或看不见的各种任务。

②各种质量控制制度应能发掘质量失灵及奖励成功，并协助改善工作。

③以机器替代人力，尤其是取代那些例行性的服务工作，有助于质量控制。

（三）服务蓝图

1. 服务蓝图的含义

服务蓝图是详细描画了服务系统的结构，服务过程中涉及的不同人员可以理解并客观使用它，而无论他的角色或个人观点如何。服务蓝图直观上同时从几个方面展示服务：描绘服务实施的过程、接待顾客的地点、顾客与雇员的角色以及服务中的可见要素。它提供了一种把服务合理分块的方法，再逐一描述步骤、执行任务的方法和顾客能够感受到的有形展示。20 世纪 80 年代美国学者开始寻求一种服务设计方法，这种方法能使服务企业更好地了解服务过程的性质，且能把这个过程的每个部分按步骤画出流程图来，这就是服务蓝图。

2. 服务蓝图的构成

服务蓝图是一种能准确地描述服务体系的工具，它借助流程图，将服务的有形物质直观地展示出来。使服务过程中所涉及的人都能客观地理解和处理它。更为重要的是在服务蓝图中还能清晰地识别顾客同服务人员的接触点，从而达到控制和改进服务质量的目的，服务蓝图的构成如图 4-17 所示。

在图 4-17 中，整个服务蓝图被三条线分成四个部分，自上而下分别为顾客行为、前台接触员工行为、后台接触员工行为以及支持过程。现做如下解释。

（1）最上面的一部分是顾客行为，这一部分紧紧围绕着顾客在采购、消费和评价服务过程中所采用的方式来展开。

（2）然后是前台接触员工行为，这部分则紧紧围绕前台员工与顾客的相互关系展开。

（3）接下来是后台接触员工行为，这部分围绕支持前台员工的活动展开。

（4）最后一部分是服务的支持过程，这一部分覆盖了在传递服务过程中所发生的支持接触员工的各种内部服务、步骤和各种相互作用。

除了是四个关键行动的水平线，这三条水平线同样还有以下功能：最上面的一条

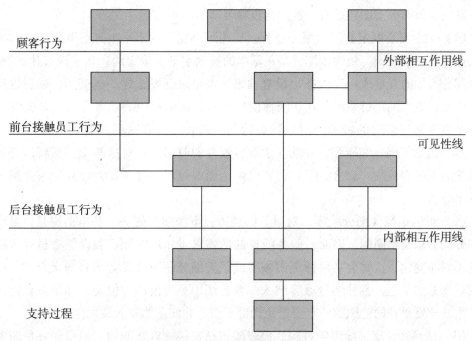

图 4-17　服务蓝图的构成

线是"外部相互作用线"，它代表顾客和服务企业之间的直接相互作用，一旦有垂直线和它相交叉，代表顾客和企业之间的直接接触就发生了；中间的一条水平线是"可见性线"，通过分析发生在"可见性线"以上及以下的服务数量，一眼就可看到为顾客提供服务的情况，并区分哪些活动是前台接触员工行为，哪些活动是后台接触员工行为；第三条线是"内部相互作用线"，它把接触员工的活动同对它的服务支持活动分隔开来，是"内部顾客"和"内部服务人员"之间的相互作用线，如有垂直线和它相交叉，则意味着发生了内部服务。

服务蓝图中经常会用到一些框线，现对这些常用框线及其含义做以下说明。

矩形框，表示过程的一个步骤。

菱形框，表示过程面临一个决策或分支点。通常以问题的形式出现，对问题的回答决定了决策符号的去向。

圆角矩形框，用于识别过程的开始或结束。

文件框，表示与过程有关的书面信息。

圆柱体，表示储存与过程有关的资料和信息。

3. 服务蓝图的基本步骤

服务企业多种多样，同一服务企业也可能提供不同的服务，因此，不存在唯一的服务蓝图。但服务蓝图还是有一些共性步骤可循。

（1）识别需要制定蓝图的服务过程。蓝图可以在不同水平上进行开发，这需要在出发点上就达成共识。快递蓝图，是在基本的概念水平上建立的，几乎没有什么细节，基于细分市场的变量或特殊服务也没有列出。也可以开发这样一些蓝图，描述近期的快递业务、庞大的账目系统、互联网辅助的服务，或储运中心业务。这些蓝图都与概念蓝图具有某些共同的特性，但也各有特色。或者，如果发现"货物分拣"和"装货"部分出现了问题和瓶颈，并耽误了顾客收件的时间，针对这两个步骤可以开发更为详细的子过程蓝图。总之，识别需要绘制蓝图的过程，首先要对建立服务蓝图的意图做出分析。

（2）识别顾客（细分顾客）对服务的经历。市场细分的一个基本前提是，每个细分部分的需求是不同的，因而对服务或产品的需求也相应变化。假设服务过程因细分市场不同而变化，这时为某位特定的顾客或某类细分顾客开发蓝图将非常有用。在抽象或概念的水平上，各种细分顾客纳入一幅蓝图中是可能的。但是，如果需要达到不同水平，开发单独的蓝图就一定要避免含混不清，并使蓝图效能最大化。

（3）从顾客角度描绘服务过程。该步骤包括描绘顾客在购物、消费和评价服务中执行或经历的选择和行为。如果描绘的过程是内部服务，那么顾客就是参与服务的雇员。从顾客的角度识别服务可以避免把注意力集中在对顾客没有影响的过程和步骤上。该步骤要求必须对顾客是谁（有时不是一个小任务）达成共识，有时为确定顾客如何感受服务过程还要进行细致的研究。如果细分市场以不同方式感受服务，就要为每个不同的细分部分绘制单独的蓝图。

有时，从顾客角度看到的服务起始点并不容易被意识到。如对理发服务的研究显示，顾客认为服务的起点是给沙龙打电话预约，但是发型师却基本不把预约当成服务的一个步骤。同样在问诊服务中，病人把开车去诊所、停车、寻找诊疗部门也视为服务经历。在为现有服务开发蓝图时，可以将这一步骤从顾客的视角把服务录制或拍摄下来，这会大有益处。通常情况往往是，经理和不在一线工作的人并不确切了解顾客在经历什么，以及顾客看到的是什么。

（4）描绘前台与后台服务雇员的行为。首先画上互动线和可视线，然后从顾客和服务人员的观点出发绘制过程、辨别出前台服务和后台服务。对于现有服务的描绘，可以向一线服务人员询问其行为，以及哪些行为顾客可以看到，哪些行为在幕后发生。

（5）把顾客行为、服务人员行为与支持功能相连。接下来可以画出内部互动线，随后即可识别出服务人员行为与内部支持职能部门的联系。在这一过程中，内部行为对顾客的直接或间接影响方才显现出来。从内部服务过程与顾客关联的角度出发，它会呈现出更大的重要性。

（6）在每个顾客的行为步骤上加上有形展示。最后在蓝图上添加有形展示，说明顾客看到的东西以及顾客经历中每个步骤所得到的有形物质。包括服务过程的照片、幻灯片或录像在内的形象蓝图在该阶段也非常有用，它能够帮助分析有形物质的影响及其整体战略及服务定位的一致性。

第三节　服务营销组合设计

顾客利益是指顾客期望获得的价值或满足。由顾客利益所决定，顾客购买实质是指顾客购买某一产品或服务所追求的价值或利益。从表面上看，顾客购买的是具有某种形状、外观的产品或者具有某种特征的服务，但实际上顾客购买的是该产品或服务能够给其带来的价值。例如，顾客购买服装，实际上并不是购买服装本身，而是购买服装能给自己带来的遮羞、御寒和美化自我的价值；顾客购买冰箱，实际上购买的是冰箱能给自己带来的制冷、保鲜的价值；顾客到某一风景点旅游，购买的并不是看风景本身，而是放松身心、陶冶情操；乘坐飞机，实际上购买的是快捷和舒适的空间位置的转移。

任何企业包括制造类企业和服务类企业，对于顾客利益或购买实质都必须有清晰的认识，在进行产品或服务设计和开发时严格遵守顾客利益或购买实质，即企业进行服务设计和开发必须考虑：①给顾客提供何种利益；②为哪些顾客提供某种利益；③让顾客花费多少经济成本获得某种利益；④以何种方式承载某种利益；⑤在何种地点、由何种人、以何种方式将利益转移给顾客。

一、服务营销组合的理解工具

对于服务营销组合有不同的理解，并且服务营销学者开发出了不同的理解服务营销组合的工具，有服务之花、服务包、基本服务组合等。

（一）服务之花

服务之花概念和模型是由美国服务营销学者克里斯托弗·洛夫洛克提出来的。洛夫洛克认为，企业提供给顾客的服务犹如一束花朵，分别由核心服务（类似于花蕊）和围绕在核心服务周围的附加服务（犹如花瓣围绕着花蕊），故称为服务之花，如图4-18所示。

洛夫洛克认为，尽管各种服务的核心部分（即花蕊）有很大不同，但附加要素（即花瓣）基本上是相同的。本书在洛夫洛克提炼和归纳的基础上将附加服务分为八类：信息服务、咨询服务、招待服务、保管服务、例外服务、订单处理、补偿服务、账单服务。洛夫洛克认为，一束花朵如果花蕊和花瓣同时存在，形状构造也很好，且相互辉映，整个花朵就会十分美丽，从而富有吸引力；如果花蕊或花瓣有所残缺或凋零，或者相互之间不协调，整个花朵就没有生机，也就缺乏吸引力。同理，一个设计精良和管理出色的服务，其核心要素和附加要素都非常完美，且相互支持，对于顾客才具有吸引力；一个设计不良或运行不善的服务，其核心要素或附加要素存在缺失或

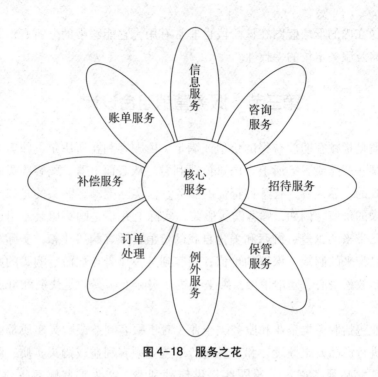

图 4-18　服务之花

者不协调，对顾客就缺乏吸引力。因此，企业在进行服务产品设计和开发时，必须保证核心服务和附加服务同时存在，且两者要相互协调和支持。

调查显示，核心服务对于顾客是否购买某项服务有 30%的影响力，但要占企业 70%的成本；附加服务对于顾客是否购买某项服务有 70%的影响力，但只占企业 30% 的成本。当然，对此结论也有人提出异议。戴维斯认为，如果一家航空公司忘记了给顾客预订舱位，即使航空公司提供的其他服务完美无缺，顾客也不会说这家航空公司所有服务中只是这一点让人感到美中不足，相反，顾客会认为这家航空公司对经营一窍不通。

附加服务具体要素解释如下。

（1）信息服务。信息服务是指企业为方便顾客获取服务而向顾客提供的各种相关信息，包括前往服务地点的路线图、服务时间安排、服务价格、顾客参与说明、警告、提醒、变更通知、预订确认等。企业提供信息的方式包括员工介绍、书面通知、宣传手册、说明书、录像带、触摸屏、网络公告和菜单式录音电话等。如果企业能够通过多种手段向顾客提供全面、清晰和准确的服务信息，就能够极大地方便顾客获取服务信息，从而吸引顾客购买该企业的服务，否则，顾客就会因为不了解企业服务以及获取服务信息难度大、成本高而放弃购买该企业的服务。因此，企业在进行服务设计时，必须考虑向顾客提供哪些信息、通过何种手段向顾客传达信息等。

（2）咨询服务。咨询服务是指企业针对顾客提出的各种问题和建议做出应答、解释，以及互动和交流。在很多情况下，咨询服务是一对一的，也是对信息服务的补充和深化，即如果企业提供的信息服务不完整，一些顾客会进一步咨询和提问。针对咨询服务，企业应当做好三个方面的工作：①创造条件方便顾客咨询并降低顾客的咨询成本，在互联网时代，一定要让顾客能够通过无线网络随时随地咨询和提问；②方便顾客表达个人意见，在接受服务过程中，顾客会期望表达个人对于服务的赞美、建议和意见等，对此，服务企业应当给予顾客提供表达个人意见的方便性；③及时回复顾客咨询和意见表达，包括面对面口头回复、电话回复、邮件回复、信函回复、传真回复等，同时还要对顾客表达感激之情。需要说明的是，顾客咨询问题过多尤其是咨询同类问题过多，表明企业提供的信息服务不完整，这是企业需要改进和增加信息服务的信号。

（3）招待服务。招待服务是指企业对于前往服务地点购买和等待接受服务的顾客给予的问候、接待和照料，包括提供座椅和饮料、提供休息或等候场地、提供便利设施或交通工具等。招待服务尤其是向顾客问候，一定要主动、亲切、友好和愉悦，从而才能让顾客获得心理上的满足。如果顾客进入服务场所后，服务人员视而不见、冷若冰霜或者仅仅是职业式地问候，都会让顾客感觉未受到尊重或者服务质量差，进而放弃或转换购买服务。

（4）保管服务。保管服务是指企业帮助顾客看管和照料随身携带的各种物件，如儿童看护、宠物照料、车辆停泊、贵重物品保管、手提包存放、衣帽间等。顾客到服务场所购买和接受服务，通常会随身携带一些物品，对此，他们期望服务企业给予照料和保管，以便消除接受服务过程中的障碍，对此，服务企业应当给予满足。在提供保管服务方面，企业一定要把安全放在第一位，坚决避免顾客物品丢失和受损，否则，就会极大地增加顾客不满和企业赔付成本。

（5）例外服务。例外服务是指企业针对顾客特殊情况和要求而提供的常规服务之外的附加服务。顾客特殊情况通常包括生理缺陷、个人嗜好、个人禁忌、知识和能力匮乏、个人错误等。对于顾客因为生理缺陷、个人嗜好、个人禁忌等提出的特殊要求，企业应尽力给予满足；对于顾客因为知识和能力匮乏而无法参与和完成服务，企业应尽力给予帮助；对于顾客因为个人错误而无法正常接受服务甚至导致企业利益受损，企业应尽可能给予宽容和原谅。

（6）订单处理。订单处理是指企业接受和处理顾客订单或购买活动的过程，包括接受申请、输入订单、预订和告知顾客等环节。当顾客产生购买欲望后，一般会通过电话或互联网向企业下达购买订单或通知，对此，服务企业必须及时受理，并且要礼貌、体贴和准确，当处理好顾客订单后，要及时告知顾客，并且要让顾客确认获得告知信息。订单处理服务在促成顾客购买方面具有重要作用，如果企业受理顾客预订不及时、不礼貌、不准确等，都有可能导致顾客流失。当前，随着互联网及其相关技术在企业预订系统中的应用，订单处理过程更加简单和快捷。

（7）补偿服务。补偿服务是指企业针对服务失误给顾客造成的损失而给予顾客的补偿行为。企业提供补偿服务，表明企业勇于承担责任和对顾客负责，从而能够赢得顾客信任和建立顾客忠诚。

（8）账单服务。账单服务是指企业为顾客提供支付便利和及时开具账单，这是所有服务的共同要求，除非该项服务是免费的。在此方面，企业应做到以下几点。①为顾客提供消费对账单，让顾客明明白白消费。不提供对账单或对账单错误，都是一次不愉快的消费经历，必然导致顾客不满。②给予顾客提供支付上的方便。当前越来越多的顾客不愿意携带现金，而是希望通过刷卡（包括信用卡、借记卡等）或在网络上支付，对此，企业应当引入这些支付系统。③为顾客开具发票。如果企业不提供发票或者在顾客索要后勉强提供发票或者发票字迹模糊、信息不完整等，都是一次令顾客不满意的服务经历。

以上八类附加服务可以进一步分为两类：便利的附加服务和增加价值的附加服务。前者是指基于顾客方便获得服务而提供的附加服务，包括信息服务、订单处理、账单服务；后者是指为增加顾客价值而提供的附加服务，包括咨询服务、招待服务、保管服务、例外服务、补偿服务。

（二）服务包

服务包概念是美国服务营销学者詹姆斯·菲茨西蒙斯提出来的。他将服务包定义为"在某种环境下提供的一系列产品和服务的组合"。菲茨西蒙斯认为，从顾客心理感受和服务实施角度来看，企业要给消费者提供令人满意的服务，不仅要考虑显性服务和隐性服务，而且要考虑服务实施所依托的载体，即支持性设施和辅助物品。这些要素结合起来就构成一个完整的服务包，即企业为顾客提供服务和满足顾客某一需要的"包裹"。

具体来说，服务包由以下四个要素构成。

（1）支持性设施，即为顾客提供服务的大型基础性设施和物质资源，如高尔夫球场、滑雪场的缆车、民航公司的飞机等。支持性设施一般是一次性投入和多次使用，采用固定资产折旧法处理。

（2）辅助性物品，即为顾客提供服务的辅助性和防范性工具，如高尔夫球场的球棒、滑雪场的滑雪板、民航飞机上的救生衣等。辅助性物品是服务公司提供服务或顾客获得服务的依托和载体。

（3）显性服务，即顾客获得的能够用感觉器官感受或觉察到的一组利益，如打过一场高尔夫球后的身心放松、滑雪后的刺激和快感、乘坐航班从甲地转到乙地等。这是顾客购买服务所获得的核心价值和利益，通常也是顾客购买服务所追求的实质。

（4）隐性服务，即隐藏在核心服务之后的顾客能够模糊或隐约感受到的一组利益，如在高档球场打球显示身份与众不同、参加滑雪比赛显示冒险的个性、乘坐头等舱显示尊贵等。

（三）基本服务组合

基本服务组合概念和模型是芬兰服务营销学者格罗鲁斯提出来的。格罗鲁斯认为，以前的服务营销理论总是试图区分核心服务与外围服务（即附加服务），但从管理角度来看，应当区分的是三个层次的服务而不是两个层次。

格罗鲁斯认为，基本服务组合包括核心服务、便利服务和支持服务三个层次。

（1）核心服务，即企业为顾客提供的基本利益或效用，它体现了企业的基本功能和存在价值。如旅馆提供住宿服务、航空公司提供运输服务等。当然，一个企业可以有多个核心服务，如一家航空公司既可以提供短距离旅游服务，也可提供长距离货物运输服务。

（2）便利服务，即为方便核心服务所使用的服务。企业为让顾客容易获得核心服务，必须有便利服务配合，如饭店接送顾客服务、航空公司订票服务等。如果没有便利服务配合，顾客不能顺畅地获得或享受核心服务，因此就会拒绝购买。

（3）支持服务，即用于增加服务的价值或使本企业的服务同竞争者的服务区分开来的服务。如饭店房间内供顾客洗澡用的肥皂、牙膏，供顾客旅游用的地图和旅游手册等。

格罗鲁斯认为，便利服务与支持服务之间的区别并不总是明确的。在某种情况下，一种服务可能是便利服务，如民航长途飞行中的餐饮服务，但在短途飞行中，它就有可能成为支持服务。但从管理者角度来说，正确区分便利服务和支持服务非常重要，因为便利服务是必不可少的，如果缺少了便利服务，服务组合就无法发挥作用。但支持服务主要是用于竞争的，即使缺少了支持服务，核心服务仍然能够正常发挥作用。

（四）另外一种基本服务组合

依据菲利普·科特勒的整体产品观点及其模型，整体服务或者说服务组合也可以分为三个层次，即核心层、感知层和扩增层，如图4-19所示。

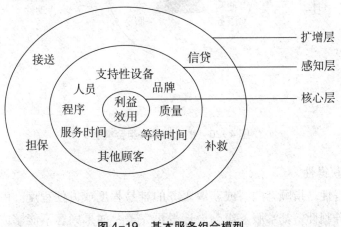

图4-19　基本服务组合模型

（1）核心层，即顾客从服务中能够获得的利益或价值，它是企业的服务项目为市场接受的关键，也是企业在市场上存在的基础，体现了企业最基本的功能。它回答这样一些问题：顾客真正在寻找什么？企业服务实际上能够满足顾客什么需求？

（2）感知层，即顾客在与服务企业接触或购买服务过程中能够凭借感觉器官接触或感受到的有形和无形要素，一般包括以下八个方面：①人员，即履行或提供服务的人员；②品牌，即一项服务或一系列服务的名称及其相关说明；③程序，即提供服务的基本流程和环节；④质量，即服务履行的专业可信度；⑤服务时间，即专业人员履行服务所需要的时间（如一次保健时间的长短）；⑥等待时间，即顾客为获得服务需要等待的时间；⑦支持性设备，即员工为顾客提供服务需要依靠和凭借的工具与设施；⑧其他顾客，即在服务现场同时等待或接受服务的顾客。

（3）扩增层，即企业为了消除顾客购买风险和方便顾客购买服务而提供的支持性服务，包括接送、信贷、担保、补救等。

（五）扩大的服务组合

扩大的服务组合是芬兰学者格罗鲁斯提出来的。格罗鲁斯认为，基本服务组合并不等同于顾客感知的服务组合，因为它涉及的只是顾客感知服务中的结果部分而没有涉及过程部分。实际上，一个完整的服务组合必须站在顾客角度进行设计，同时将"结果质量"和"过程质量"纳入其中，即向顾客提供全面和综合的服务组合。格罗鲁斯认为，扩大的服务组合除了基本服务组合之外，还应该包括服务可获得性、服务组织与顾客互动性以及顾客参与性三个要素，如图4-20所示。

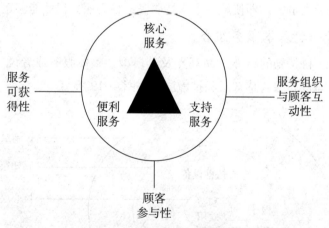

图4-20　扩大的服务组合模型

1. 服务可获得性

服务可获得性是指顾客购买或获取服务的难易程度或方便程度。由于服务生产和消费具有不可分割性，基本服务组合设计得再完美，如果顾客不能够或不容易获得该服务，也不会购买和消费服务，企业的服务就毫无价值。

服务组织尤其是顾客需要亲自到达服务场所才能够购买和接受服务的组织，如银行、邮局、零售店、干洗店、理发店等，都必须十分重视服务可获得性的规划。顾客对于零售商可获得性的要求之高，以致零售业被认为是一个立地行业，即零售商的经营成败在很大程度上取决于其位置的选择。例如，自动提款机的设置地点决定了顾客使用率的高低，在大城市中，安置自动提款机的最佳地点依次是官方建筑物、商业区和写字楼、大学、交通枢纽等。

制造商对于附着在有形产品上的服务，同样也需要规划服务的可获得性。

规划服务的可获得性需要回答这样一些问题：提供服务的位置是否便利顾客到达？服务场所及其周边是否有足够的停车场地？营业时间是否适合顾客？是否有足够的员工为顾客提供服务？能否采取其他措施让顾客更方便地获取服务？如果在开发服务时不能或没有考虑到这些因素，就会给顾客购买服务设置障碍，从而导致顾客转向其他服务组织。

具体来说，规划服务的可获得性应当综合考虑以下因素。

（1）服务地点方便性。服务地点方便性主要取决于服务场所数量及其布局，包括距离顾客远近、路况好坏、有无停车场等。

（2）服务时间安排。服务时间安排的基本原则是与顾客期望保持一致，即以顾客方便为原则。

（3）服务场景设计。自动提款机、铁路和地铁自动售票装置、餐厅柜台的高度等都必须方便顾客，否则，顾客就有可能放弃购买服务。

（4）服务员工数量及其能力。员工数量过少、服务能力不足等，都会导致顾客排队等待，进而导致顾客放弃购买服务。

（5）技术应用及其水平。利用新技术能够有效地为顾客提供服务和方便顾客获得服务，但技术应用必须简单、方便，否则，可能会阻止顾客使用这些技术。

需要说明的是，由于服务行业的差异性，不同服务行业的可获得性要素及其重要程度会存在差别，服务企业在进行服务组合设计时必须充分考虑本行业的特点，以在最大限度上方便顾客获得服务。

2. 服务组织与顾客互动性

由于服务生产与消费不可分割，服务组织与顾客之间必然存在互动关系，并且互动过程顺畅与否、愉悦与否等，直接影响顾客对于服务质量的感知。因此，服务过程的互动性是服务组合不可或缺的一部分。

服务企业规划互动性要回答这样一些问题：服务员工是否有与顾客互动的愿望和热情？服务员工是否掌握与顾客互动的技巧？服务员工能否调动顾客的互动热情？服务员工能否创造顾客之间互动的氛围？

服务组织与顾客的互动性主要包括以下几个方面的内容。

①服务员工与顾客互动。这种互动取决于员工的行为，即员工说什么、做什么以

及如何说、如何做等。

②有形资源和技术资源与顾客互动。如服务生产和传递过程中所需要的自动售货机、计算机、工具和设备等。

③服务系统与顾客互动。如等候系统、座位设置、结算系统、送货系统、维修系统、服务预约系统、顾客抱怨处理系统等。

④在服务场所等待或正在接受服务的顾客之间的互动。

服务企业规划服务互动性要回答这样一些问题：服务员工是否有与顾客互动的愿望和热情？服务员工能否调动顾客的互动热情？服务员工能否创造顾客之间互动的氛围？

进行服务互动性设计应体现以下原则。

（1）主动、热情。服务人员应当主动与顾客互动，包括打招呼、询问（了解顾客需求或顾客对服务的感受）、解释或告知（解释服务过程或告知顾客可能存在的问题）；在互动过程中，服务人员应始终保持热情和友好。

（2）方便、融洽。服务企业人员、设施和服务系统等，都应当方便顾客接触和互动，即在服务场所必须安排相关服务人员指导顾客和接受咨询，相关服务设施和服务系统必须操作方便和安全。

需要说明的是，针对不同类别的服务，顾客与服务组织的互动层面及其互动形式都可能存在着差别，企业在进行服务组合设计时必须充分考虑所在行业及其与顾客接触的特点。

3. 顾客参与性

顾客参与性是指顾客与企业或服务人员共同完成服务过程。由于服务生产与消费不可分割，在服务过程中顾客不是消极被动地接受服务，而是积极主动地参与服务过程，这是企业顺利完成服务和顾客有效享受服务所必需的，也表明顾客对于其所感知的服务具有反作用。如果顾客不愿意或没有能力参与服务过程，服务质量就有可能下降。例如，假如病人不愿意向医生提供病情的真实信息，医生就难以做出正确的诊断，从而导致治疗失败或效率降低。

服务企业在进行顾客参与性设计时应当考虑以下问题。

（1）在服务过程中顾客应当扮演何种角色或在多大程度上参与服务过程。如果要求顾客参与过多或者过少、顾客不愿意参与或者没有机会参与，都会导致顾客退出或不接受服务。例如，一些年长者、文化程度偏低者或身体有缺陷者不愿意接受完全自助服务，很大程度上是因为没有参与热情和能力。相反，针对年轻人和文化程度较高者，就应当为其提供更多的参与机会，否则，他们就会因为没有参与和展示能力的机会而感到服务索然无味，进而放弃购买服务。

（2）顾客需要具备何种知识和能力参与服务过程。从心理学角度来说，人们对于自己不熟悉或不具备驾驭能力的事物往往采取回避态度。所以，当服务过程对于顾客的知识和能力提出要求时，一定要注意控制在顾客力所能及的范围内，一旦这种要求超出了顾客的承受范围，顾客就会对服务望而却步。因此，服务企业在将新技术引进顾客自助服务系统时，一定要考虑顾客是否具备操作和使用新技术或者服务系统的能力。

（3）如何引导和教育顾客参与服务过程。对于复杂的服务，企业或员工要引导顾客参与，提升顾客的参与热情和能力，这包括对于新引进的自助服务设备和系统，要配备相关人员给予操作上的技术指导和协助；对于成熟的自助服务设备和系统，要提供详细的操作方法和程序说明；鼓励顾客之间的相互指导和帮助。

（4）对于有效参与的顾客提供何种奖励和激励。服务企业可以通过激励方式引导顾客积极参与，如通过自助服务系统独立完成服务可以获得价格优惠或获得奖励，如银行通过减免手续费方式引导顾客通过网上银行完成交易和办理其他业务；电信运营商通过积分奖励等方式引导顾客通过互联网办理业务或缴费。

（5）鼓励和安抚没有能力参与或参与失败的顾客。顾客没有能力参与服务或者参与失败，都会产生挫折感，进而会放弃购买服务。对此，服务企业在进行服务设计时，还要考虑如何鼓励和安抚顾客，不能嘲笑顾客的参与能力和鄙视顾客的失败参与；对于因顾客参与不当导致的损失，不要过多指责顾客，更不能要求顾客承担服务失败的损失；对于没有信心参与的顾客，要给予鼓励和示范。

二、基于服务组合的服务设计

设计服务产品一般应遵循以下四个程序。

1. 确定核心服务

服务企业进行服务设计，首先必须明确满足顾客何种需要或者给顾客提供何种价值，这是企业存在的基础。不能够提供符合顾客需要的核心服务或者核心服务缺乏竞争力，企业都难以赢得顾客，从而会失去生存基础。

2. 确定基本服务要素

在确定核心服务的基础上，企业应当进一步明确以何种形式承载和反映核心服务，包括服务品牌、服务标准、服务蓝图、服务人员、服务设施、服务水平和服务内容等。没有这些支撑要素，核心服务就失去了载体，企业就难以有效地将核心服务提交给顾客，顾客也无法有效地获得核心服务。

3. 确定扩大的服务要素

在确定基本服务要素的基础上，企业还需要进一步明确扩大的服务要素，包括服务的可获得性（包括服务地点、服务场所、服务时间、服务能力等）、互动过程（包括员工如何招呼顾客、如何沟通、员工礼节等）和顾客参与方法（包括顾客参与程度、顾客扮演角色、引导顾客等）。如果服务过程内容设计缺失或者服务过程不恰当，顾客为了获取核心服务需要耗费很多时间和精力，或者在接受服务过程中经历了不方便和不愉快，即使核心服务价值很大，顾客所感知的服务质量也不会高。

4. 确定附加服务要素

在确定扩大的服务要素基础上，企业还应当进一步明确提供哪些附加服务要素，包括服务承诺、服务补救、赊销和信贷、额外服务等。提供附加服务能够进一步增加顾客价值和减少顾客风险与损失，从而在更大程度上赢得顾客。

第四节　服务组合

一、服务组合的基本含义

由于顾客服务需求的多样性以及企业发展的内在需要，大多数服务型企业向服务市场提供的服务产品不限于一种。因此，一系列可提供给目标顾客群体的服务集合构成了服务组合。服务组合反映服务型企业向市场提供服务产品的数量和种类，体现服务型企业在服务市场竞争中投入的资源水平。

营销学大师菲利普·科特勒将产品组合视为"一个特定销售者售予购买者的一组产品，包括所有产品线和产品品目"。因此，服务组合是指服务型企业传递给目标顾客群体的，存在差异化服务价值的一系列效用、体验和利益，它反映服务型企业的业务经营范围，由服务产品线和服务项目构成。服务产品线是指服务型企业向市场提供的一组有关联的服务，这些服务出自同一生产过程，或针对同一目标市场，或在同一销售渠道进行市场推广，或属于同一服务档次，它是由一个或若干个服务项目组成。服务项目是衡量服务组合的一个基本单位，是指服务产品线中不同类型的服务。

在竞争激烈的服务市场，服务型企业必须根据服务市场需求、企业目标、资源以及竞争状况，界定企业的市场范围，决定为服务市场提供的服务内容、结构及数量，即服务组合。服务组合主要回答"服务型企业向目标市场提供什么样的服务""提供多少种类的服务"这些重要问题。服务组合本质上是反映服务型企业服务产品线的构成，涉及服务组合的宽度、长度、深度和关联度四个关键变量。

（1）服务组合的宽度，是指服务组合中所涵盖服务产品线的数目。服务产品线的数目越多，意味着服务型企业的服务组合宽度越宽。以某医院所提供的健康医疗服务为例（见表4-8），一条服务产品线就是指医院的一个临床科室，如内科、外科、五官科、妇儿科和中医科等。科室类型及数量反映了该医院所提供医疗服务的类别及范围，即服务组合的宽度。

（2）服务组合的长度，是指服务组合中服务项目的总数，以服务项目总数除以服务产品线，即可对服务产品线的平均长度进行判断。例如，表4-8中某医院健康医疗服务项目的总数为25项，即服务组合总长度为25；服务产品线为5条，每条服务产品线的平均长度为5。

表 4-8　　　　　　　　　　　　某医院健康医疗服务组合的示例

服务组合的宽度									
内科		外科		五官科		妇儿科		中医科	
服务项目	心血管内科 消化内科 免疫内科 血液内科 内分泌科 肾内科 感染内科 神经内科	服务项目	心胸外科 心脏外科 泌尿外科 骨科 神经外科 乳腺疾病科 肝脏外科 烧伤整形	服务项目	耳鼻喉科 口腔科 皮肤科 眼科	服务项目	妇科 产科 儿科	服务项目	中医内科 中医外科

（左侧标题：服务组合的长度）

（3）服务组合的深度，是指服务产品线中每个服务项目所包含的服务种类。例如，泌尿外科的服务项目范围可以有肾脏、输尿管、膀胱、尿道等部位疾病的诊治，那么它的深度为4。因此，医院的每个服务项目都有健康医疗服务组合的深度问题，如不同临床科室诊治方法的种类和数量不同，所以不同临床科室的健康医疗服务组合的深度不同。

（4）服务组合的关联度，是指服务型企业各条服务产品线在核心价值、服务条件、设备基础、服务人员或其他方面相互关联的程度，它反映服务型企业所拥有服务产品线之间的相关水平。例如，医院各科室是同属于医疗服务，还是分属保健、康复和咨询等服务，如果它们的关联程度高，则服务组合的关联度就大，反之则小。

总之，服务型企业服务组合的宽度、长度、深度和关联度取决于服务市场的需求、竞争环境、企业目标及资源状况等综合因素。一般而言，拓展服务组合的宽度有助于发掘和利用更多细分市场，分散市场风险，增强企业收入来源的多元性。增加服务组合的长度，能够增强服务型企业的市场适应性，为各细分市场提供更加多样的服务选择。延伸服务组合的深度，可以增加服务的专业性和针对性，强化服务型企业的专业化特征。强化服务组合的关联度则有利于服务型企业实施集中化营销策略，提升服务人员及设备通用性，降低单位服务成本，从而获得服务的规模效应。

二、服务组合的经营分析

作为参与服务市场竞争的基本工具，服务组合影响服务型企业的市场销售额和经营利润水平。因此，服务型企业需要时刻把握本企业所提供的各种类型服务在市场中的竞争力水平以及为企业的盈利贡献程度。因而，需要服务型企业定期进行服务组合的经营分析，了解企业不同服务项目的市场表现情况。

（一）服务产品线销售额及利润评估

服务产品线销售额及利润评估，主要是对现有服务产品线及同一产品线上不同服务项目所实现的销售额和利润水平进行分析和评价。例如，某星级酒店有客房服务、餐饮服务和会务服务三条服务产品线，酒店需要对这三条服务产品线为企业带来的销售额和利润贡献进行评估，以明确哪些服务产品线是酒店利润贡献的主要来源，酒店应该向哪些领域投入更多的市场资源，以实现更高的投入产出比。

为了对服务型企业所提供的全部服务产品线的经营状况进行深入分析，需要对每条产品线上的服务项目进行进一步评估。以某星级酒店的餐饮服务产品线为例（见图4-21），该餐饮服务产品线拥有五个服务项目，其中中餐服务所贡献的销售额最大，占整个服务产品线的40%，利润额占比为30%；西餐服务销售额贡献率为30%，利润额占比为20%。在餐饮服务产品线中，中餐和西餐服务的销售额占比70%，利润额贡献率为50%。如果这两个服务项目突然遭受竞争打击，或者出现经营意外，如食品安全问题等，整条服务产品线的经营将遭受重击。但是，酒吧服务和咖啡厅的销售额贡献率虽分别只有20%和5%，但利润额贡献率却达到30%和15%，而风味餐饮的销售额和利润额贡献水平均为5%。因此，风味餐饮服务项目若无太大发展前景，可以考虑剔除，并将其资源投入酒吧和咖啡厅服务项目的发展。

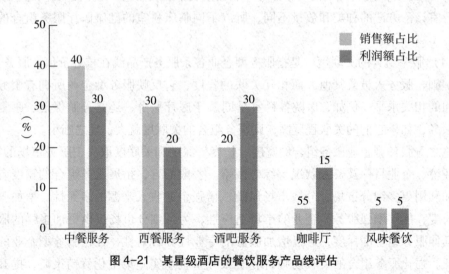

图4-21　某星级酒店的餐饮服务产品线评估

（二）服务项目市场地位评估

服务项目市场地位评估是指将服务产品线中的各服务项目与市场中的同类竞争项目进行比较分析，以判断各服务项目的市场地位状况。如果说服务产品线销售额及利润额评估是一种服务型企业内部经营状况分析的话，那么服务项目的市场定位评估则是企业外部市场状况分析。

例如，某星级酒店的会务服务产品线涵盖贸易展销会、宴会、冷餐会、鸡尾酒会等若干服务项目。具体到宴会服务项目（见图4-22），顾客对宴会服务，如举办寿宴、婚宴等，比较重视的两个属性是价格档次和场地条件。价格档次分为高、中、低三档；

场地条件主要包含场地面积、装修品质、设备质量三个方面。在两个关键属性上，通过将本酒店所提供的宴会服务项目与两个主要竞争对手的服务项目进行比较，能够比较清晰地掌握酒店所提供的宴会服务项目在市场竞争中所处的位置，从而为酒店的服务项目完善以及延伸提供决策依据。

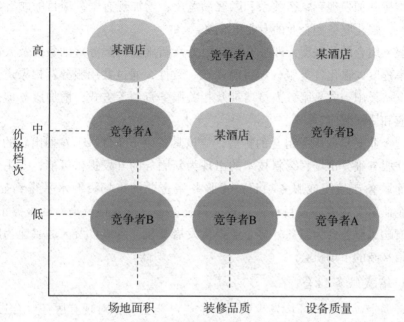

图 4-22 某酒店宴会服务项目的市场地位评估

三、服务组合的优化策略

服务市场竞争及需求状况在不断发生变化，服务型企业的发展目标及市场资源水平也在随着企业成长进行调整。因此，服务组合的持续调整和变化是服务型企业在服务组合策略决策中需要经常面对的问题。服务组合的优化策略就是服务型企业根据服务市场需求、竞争态势和企业目标及资源状况，对服务组合的宽度、长度、深度和关联度等方面进行优化。

（一）扩大服务组合

当服务型企业需要提升成长速度，或者现有服务组合的销售额和盈利水平出现下降的潜在趋势时，就需要考虑对服务组合进行扩展。根据衡量服务组合的关键因素，服务型企业可以从以下四个方面对企业现有服务组合进行拓展和深化。

拓展服务组合的宽度，即增加新的服务产品线。服务型企业在原有服务产品线的基础上，拓展企业经营领域，发掘和利用更多的服务细分市场，实现服务经营的多样化，在分散服务市场风险的同时，增加服务型企业的收入来源。

增加服务组合的长度，即增加新的服务项目。服务型企业在保持现有服务产品线的前提下，丰富各产品线的服务项目，能够使服务型企业增强市场适应性，深耕现有服务细分市场，为各细分市场提供更加多样化的服务项目。

延伸服务组合的深度，即现有服务产品线中的服务项目强化便利性附加服务，增加支持性附加服务。对现有服务项目进行完善和优化，增强服务价值输出和服务竞争力，能够维持并加强现有顾客关系和顾客满意度，增加现有服务项目的顾客针对性和服务有效性，强化服务型企业的专业化形象。

强化服务组合的关联度，即提升现有服务及新服务对服务基础条件及人员等市场资源的共享程度，强化各类服务项目的内在一致性，通过共用服务营销渠道、服务场景及服务支持设施，共享服务人员培训及相关服务资源等方式，增加服务型企业运营的规模效应和协同效应。

服务型企业要实现服务组合的扩展，应该具备以下条件：①发掘出新的、具有吸引力的潜在服务细分市场；②新技术的出现为新服务的开发提供可能；③主要竞争对手推出新的服务产品线或服务项目；④服务型企业的市场资源水平得到显著提升；⑤服务型企业对发展战略及目标进行较大调整；⑥政策变化带来新的服务市场机会，例如，政府购买服务会为服务外包企业提供发展契机，各级自贸区的兴建为跨境电商服务企业带来新的市场机会。

（二）缩减服务组合

当服务型企业内外部环境发生变化，企业可能会考虑对现有服务组合进行精简，退出一些服务细分市场，削减一些服务产品线或服务项目，或者简化一些服务项目的附加服务等，与服务产品组合拓展一样，服务型企业仍然可以从服务产品组合的宽度、长度、深度和关联度四个方面，对服务组合进行缩减，以保证服务型企业聚焦资源，支撑企业生存和发展。

一般而言，服务型企业缩减服务组合的前提条件主要包括：①现有服务细分市场萎缩，服务销售收入不能为服务型企业带来持续盈利并支撑企业生存和发展；②服务型企业市场资源状况发生变化，企业现有资源无法有效支撑原有的服务组合；③服务型企业无法抵御主要竞争对手的市场进攻，在现有某些细分市场无法获取竞争优势，而且发展前景仍比较暗淡；④服务型企业的发展战略出现重大调整，市场资源配置方向发生重要改变；⑤市场管制政策发生重大变化，如行业准入门槛及条件提高，服务型企业当前无法达到政策规范所规定的新市场准入标准。

【课后思考题】

一、简答题

1. 简单概括服务产品的五个层次。
2. 简述服务品牌的作用。
3. 影响服务渠道的因素有哪些？
4. 简述服务产品定价的影响因素。

5. 请写出服务产品的定价策略。

二、论述题

1. 试论述服务设计的过程。

2. 请结合实际论述服务营销中有形展示的作用。

三、案例分析题

亚朵酒店的特色服务开发

亚朵的第一家酒店于 2013 年 8 月开业，坐标西安。到 2016 年 6 月，约 3 年的时间，亚朵完成开业 55 家，签约 155 家，在 2016 年 1 月统计的中国酒店集团规模 50 强中排名第 31 位。亚朵酒店近几年的快速发展和注册用户快速累积，与其体验营销的成功有着密切的关系。

（一）以"阅读"+"摄影"打造特色主题环境

亚朵酒店主要客户群的年龄集中在 35 岁左右，大多为有 5～10 年工作经验的中产阶级，他们为生活和事业忙忙碌碌，奋力打拼，经常出差，生活工作节奏快，压力负担大，向往和追求有品质的生活，也有较强的消费能力。

我国的中产阶级人数在 20 世纪 90 年代很少，随着我国经济飞速发展，中产阶级的队伍也不断壮大，到 2020 年，这一数字约达到 7 亿。中产阶级成为一个庞大的群体。

基于此，亚朵酒店着力打造属于这个群体的第四空间——"在路上"，这也是继星巴克提出的家（第一空间）、办公室（第二空间）、星巴克（第三空间）的再次延伸，将亚朵酒店打造成人们旅途中与其陪伴的伙伴（第四空间）。采用跨界思维，除将顾客的睡觉、洗澡、上网三大核心需求做到极致以外，亚朵酒店还融入了阅读和摄影两大文化主题，精心设计顾客的人文生活体验。每个亚朵酒店都有一个超大的 7×24 小时的阅读会友书吧，名为"竹居"，提供 24 小时借阅服务。在亚朵酒店的大堂中，客人也能随手在一面书墙上或书柜中拿起一本感兴趣的读物，可免押借阅，为了让客人有完整的阅读体验，提供异地还书服务。"书"式体验融入亚朵，让顾客的心多了几分宁静与思考。

摄影是亚朵酒店的另一大文化主题。具有"属地文化"的摄影作品展示在亚朵酒店的每个角落。顾客在每一个城市的亚朵，都能通过摄影作品开启一段不同的历史。入住亚朵酒店，你能免费品尝到送到房间的美食，随食物还会附送一张小卡片，卡片上介绍了美食的制作方法和功效。一杯羹、一张卡片正是亚朵酒店人追求生活品质、认真对待生活、认真体验生活的态度，这也正是吸引顾客，让顾客产生思考的一种生活方式。

因此，亚朵酒店提供的不仅是一个可休憩的场所，更是一个可学习、可社交、可放松心境的有温度、有色彩的空间。与大部分酒店不同的是，亚朵酒店提供给顾客的不仅是外在的产品和服务，更重要的是内在的体验，所以当这样一个目标群体遇上亚朵酒店时，就会产生神奇的情感共鸣和归属感，并成功地引发顾客对生活方式的思考。

（二）独具匠心设计顾客触点

亚朵酒店在售前利用网络让顾客感知到人文生活的主题。走进亚朵酒店，则从灯光、气味、色彩、音乐、文字、摆件等逐步在顾客心目中构建起亚朵酒店的主题氛围，比如炎炎夏日，当你步入亚朵酒店，首先映入眼帘的并不是多么奢华的金碧辉煌，而是简约却又非常艺术的设计和清新舒适的环境。"奉茶"是一个茶馆，亚朵最早的概念雏形就诞生于此。以"奉茶"作为亚朵酒店的服务，希望勉励每个亚朵人不忘初心，也希望顾客能感受到亚朵酒店的拳拳之心。只要你是亚朵酒店的顾客来到酒店，不管你是在登记入住还是在看书，或者是在逛商店，服务员都会奉上一杯茶。冬天是一杯热茶，夏天可能会是酸梅汤或冷饮，这叫百分百奉茶。

在亚朵酒店前台，服务人员走出柜台，首先递上一杯清凉的酸梅汤，一杯饮料还未饮完，入住已办好，房卡已到手，这个过程，顾客是坐着的，有的顾客甚至感觉屁股还没坐热，万事皆办妥。不需要押金，不需要烦琐的手续。在文字体验上，"宿归（客房）、相招（餐厅）、共语（多功能会议室）、汗出（健身房）、出尘（免费洗熨烘干自助洗衣房）、竹居（阅读会友书吧）"等充满文艺清新气息的区域命名仿佛能让人心中的疲劳远去。客房中一把造型独特的茶壶和几个茶杯，让你看一眼都仿佛能感受到心旷神怡的茶清香。酒店的公共区域、客房的墙壁上、床头均可以看到反映属地文化的摄影作品，傍晚的夜宵是免费送到房间的一份附加了制作方法和功效卡片的糖水等。

顾客离店时服务人员会主动送上瓶装水。每一个转身、每一次接触，都让顾客更好地体验着这种他们向往已久的感觉和生活方式。当你走出亚朵酒店，包里可能还装着免押金租借且可异地归还的书籍，回味着与其他顾客和服务人员沟通过程中所深刻体会到的源自社会文化意义的相互影响和对生活方式的思考，体味着想要成为这一群体或文化一部分的欲望。亚朵酒店以服务为舞台，产品为道具，工作人员为演员，精心设计无缝衔接的人文体验。

（三）人员沟通促进顾客关联体验

在酒店住宿业中，人员沟通能够对关联体验起到很大的促进作用。体验沟通的内容不仅包括产品本身和解决方案，更重要的是要了解顾客的心情，交流生活的方式，促进顾客间的沟通。

亚朵酒店的员工对待顾客像对待自己的朋友，他们不会主动跟你推销，却在顾客需要咨询时，提供专业的解决方案。每个亚朵酒店员工有300元的授权，用于及时解决客人的突发状况。

值得一提的是，服务人员、管理人员的挑选首先要符合企业的价值文化，在培训时必须加上"目标群体生活方式"一课，保证能够理解顾客感受，并有沟通的话题。亚朵酒店的创始人兼CEO认为酒店住宿业有几个境界，分别是：最基本的是满意，再往上是惊喜，最终是感动。

　　亚朵酒店致力于创造一个住宿品牌，并形成一种生活方式，能够使旅途客人在紧张疲惫的差旅途中，通过高品质的酒店设施、书籍、音乐、照片及感悟，获得舒适的住宿环境，放松的居停空间，能够在这里休憩、充电、得到心灵上的放松及人生感悟的共鸣。

　　阅读上述材料，回答以下问题。

　　1. 结合亚朵酒店的案例，运用服务包模型阐述酒店服务的基本层次。

　　2. 运用"服务之花"，系统梳理亚朵酒店的便利性和支持性附加服务，思考这些附加服务是如何有效构筑酒店服务特色的。

　　3. 根据亚朵酒店的特色服务，结合一般酒店的服务过程，设计亚朵酒店的服务蓝图。

第五章　服务创新与开发

[本章学习目的]

掌握：服务创新的内涵；服务创新的类型；新服务开发的模式；服务创新的作用。

熟悉：新服务开发步骤。

了解：服务创新的特点；新服务开发的过程。

✏ 导入案例

7-11 便利店

7-11 的连锁店遍布全球。它 24 小时出售日常食品、日用品及饮料。20 世纪 90 年代末，7-11 连锁店注意到了电子商务的蓬勃发展，并且认为这对它会构成潜在威胁。他们决定不和电子商务交手，而是和它联手。

7-11 便利店成了网上购物的存货点。无论你在日本哪个地方进行网上订购，你都可以到 7-11 提货付款。遍布日本的 7-11 因"地利"而赢得了利润。由于省去了运费，网上购物也就便宜了。顾客们在任何时候都可以取回自己订购的商品。

创新是一个国家和民族进步的灵魂，是企业生命力的源泉。服务的能动作用表现为它是创新的推动者、载体和来源。服务工程的重要功能之一是以系统的方法推动服务创新，通过了解服务创新的内外部驱动力，沿着服务创新的一般模式，分阶段实现创新，从而实现服务的不断进步。

本章从服务创新的内涵出发，从创新的对象和性质两个方面阐述了服务创新的类型，并介绍了服务创新的驱动力、创新模式和发展过程，从而促进了对服务创新的深入认识。

第一节　服务创新的内涵

一、服务创新的特点

纵观当代企业，唯有不断创新才能在愈演愈烈的竞争中处于主动地位，立于不败之地。尤其对于制造业，可以说制造业发展至今，服务对于他们来说就是带有氧气的新鲜血液，就是企业的生命。服务创新的关键在于如何将以前没能实现的新颖服务，突破限制提供给客户，将新服务概念应用于工程设计的后期，创建更先进的客户接口、建立更有效的传递系统。服务创新可以是对世人和市场都是全新的，也可以是对现有服务组成进行微小调整而让客户感受到全新的服务形式。

服务创新主要具备以下特征。

（1）服务创新是新思想、新方法、新技术手段的首次应用，并给创新者带来利润，要用最好的结果来衡量服务创新。

（2）服务创新的结果表现为新思想、新方法、新技术转变成新的服务或新的服务方式，在消费者使用和体验服务的过程中提供问题的解决方案。

（3）服务创新受客户影响极大，用户的需求是服务创新的主要驱动力，用户的参与为服务创新指明方向。供应方和用户之间只有进行良好的信息沟通和相互了解，才能不断地挖掘潜在市场，从而保持持续的创新源。

（4）服务创新比较灵活，与有形产品相比更难控制和把握。它不需要遵循统一的模式，其创新形式和信息来源根据行业的不同而不同。这也导致了服务创新的不连续性与反复性。

（5）服务创新以渐进性创新为主，根本性创新较少。服务创新的新颖度范围虽然很广泛，但在实际中它经常是一种渐进性创新，而不是根本性创新。没有专门的 R&D 部门，即使存在创新部门，其职能与制造业中的创新部门也有很大差别，它主要是一种诱发、搜集和整理创新概念的部门。

由服务创新的特征，可以给出服务创新的定义：服务组织在消费者参与下，通过服务概念、服务传递方式、服务流程或服务作业系统等方面的不连续的、反复的创新过程，向目标顾客提供新思想、新方法、新技术手段的首次商业化应用，为企业和消费者创造更大的价值和效用，并增强客户满意度与忠诚度的过程和结果。

二、服务创新的概念

企业要达到持续收益，就要突破红海的残酷竞争，转而实施蓝海战略，即不把精力放在打败竞争对手上，而主要放在全力为买方与企业自身创造价值飞跃上，并由此开创新的"无人竞争"的市场空间，彻底甩开竞争，开创属于自己的一片蓝海。蓝海战略的基本核心思想就是谁能够率先发现新的市场空间，谁能够在产品与消费者之间创造一个彼此都满意的价值链，谁就在市场中占得先机。其中，最重要的就是"新"。服务创新便是这样一种战略，它能在竞争中创造无人竞争的新局面，使企业能提高产品与服务质量，提升客户的价值管理，从而为企业带来更多的利润。具体来说，服务创新具有如下几点作用。

（一）服务创新提高产品与服务质量

服务创新作为创新研究领域的一个分支，在近年来获得了越来越多的关注。其中一个主流观点认为，服务创新主要是指在服务过程中应用新思想和新技术来改善和变革现有的服务流程和服务产品，为顾客创造新的价值，最终形成企业的优势。与生产制造通过降低产品成本取得竞争优势不同，服务创新主要是通过提高服务质量来取得竞争优势。

1992 年，宏碁集团创办人施振荣先生为了"再造宏碁"，在产业实践的基础上提出了微笑曲线理论，为制造型企业的经营发展提供了有效的借鉴与指导。该理论指出，研发设计和售后服务等上下游环节的附加值高、盈利率高，而加工、组装、制造等中间环节则相反，附加值低、利润率薄。

由图 5-1 可知，盈利的两端已经超出了制造业技术创新的范围，更多地体现为服务创新。企业如果要取得附加值的倍增，服务创新起着极其重要的作用。也就是说必须延长价值链，延长产品的生命周期，通过服务环节创造更多价值。因此，服务创新正受到越来越多企业的关注，越来越多的跨国公司已经走上了从提供"产品"到提供"服务"的转型之路。

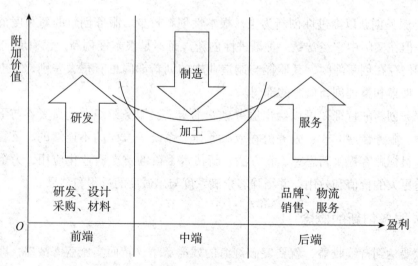

图 5-1　微笑曲线理论

（二）服务创新提升客户价值

服务创新可以提升客户价值，对于服务企业来说，服务创新是企业创新的中心环节，服务创新能为企业带来客户，带来竞争力，带来发展。只有服务创新才能更好地满足客户的需求，稳固企业与客户之间的关系，才能提高客户的价值，实现双赢。

客户价值的核心是感知利得和感知利失之间的权衡。客户价值指的是顾客对以下方面的权衡：从某种产品或某项服务中所能获得的总利益与他们心目中在购买或拥有时所付出的总代价的比较。它包括客户让渡价值、客户顾客价值（产品、服务、人员、形象、价值）和客户顾客成本（货币、时间、体力、精神成本）。大多数公司都会称它们提供了很好的客户体验，但只有少数客户在接受服务后认为自己得到了很好的体验。因此，只有做好服务创新，让客户真正感受到服务的高效性、差异性，才能提高客户的满意度，提高客户价值。

（三）服务创新促进节能减排

虽然"中国制造"取得的成绩举世瞩目，但是一个纯粹的制造业大国使中国的环境和资源受到了很大威胁。在制造业将制造资源转变为产品的制造过程中，以及产品的使用和处理过程中，同时产生废弃物，是造成环境与发展冲突的主要源头。国家明确提出要大力发展第三产业，以专业化分工和提高社会效率为重点，积极发展生产性服务业。企业要借助各种先进技术使产品在设计、制造、使用直到报废及回收处理的整个生命周期中不产生环境污染或环境污染最小化、资源利用率最高、能源消耗最低，从而实现企业经济效益与社会效益的协调优化。

服务创新概念的提出改变了传统的生产和消费模式，使社会朝更加可持续的方向发展，对经济、社会、环境都具有重要的意义。产品服务创新寻找新的方式将服务融入产品中，延伸了产品的价值，有助于企业提升其价值链。比如对于废旧物品回收的创新，既是售后服务的体现，又能创造价值，减少污染。由于服务创新主要根据消费者的需求量身定做，充分考虑了消费者的功能需求，因此它必然有利于提高人类的生活与工作质量。在创新的服务模式下，用非物质的服务取代了传统经济模式下的物质产品，有利于资源节约和环境保护，促进经济社会的健康和谐发展。

📝 相关案例

欧洲有一家已有20多年历史的租车公司（以下简称B公司），其服务内容是向用户提供可租用的汽车，几年前，他们意识到仅向消费者提供汽车是远远不够的，竞争者也能做到，他们必须开发新的服务。于是，提出了一个服务新概念。即对于任何时间发生的运送问题提供立即的、可及的运送解决方法。

这一"服务概念"至今仍是B公司服务开发和市场战略的指南。

第二节　服务创新的类型

对服务创新可以从多种角度进行分类，本书着重介绍两种分类：按创新的对象分类、按创新的性质分类。

服务创新的某些形式与制造业类似，但在内涵上存在一定差异，不同类型创新的性质和驱动力各不相同，在不同服务行业中的表现形式也不同。服务业还包括一些自身独有的创新，如"专门化创新""形式化创新""传递创新"等。

一、按创新的对象分类

按照不同的创新对象，可以将服务创新分为五类：产品创新、过程创新、组织创新、市场创新和技术创新。

（一）产品创新

产品创新主要是通过了解顾客需求和竞争对手的产品情况，提供市场上现有产品不具有的特性和功能来实现差异化，如由保险公司设计、开发的一个全新险种就是产品创新的例子。产品创新的成功与否关键在于现代服务企业将创新的服务产品推向市场的速度，因为服务产品很容易被竞争对手模仿，只有尽可能地占有市场，才能抢先占有更多的优势并在顾客心目中建立起"先入为主"的印象，从而有助于培养顾客忠诚。作为现代服务企业，在进行服务产品创新之前，应创新服务产品理念，最后，还要对创新的服务产品进行市场反馈和修正，在整个服务产品创新的流程中，重视顾客感受并不断调整服务产品，是现代服务企业与制造型企业最大的差异。

例如，随着经济发展水平和个人生活水平的提升，中国人对个性化旅游服务的消费需求快速增长。面对这种情况，旅行社在传统的观光游、假日游等旅游产品的基础上，适时推出了各种极具特色的全新旅游服务产品。例如，根据年轻人爱冒险、寻求非常体验的特点，很多旅行社推出了"漂流游"和"探险游"项目；针对中小学生接受爱国主义教育的需求，推出"红色旅游"产品（如参观伟人故居或军事纪念馆）；根据老年人的旅游需求特点，开发了"夕阳红游"产品等。这些符合时代发展和市场需求的新的旅游产品，获得了良好的市场回报，同时收到了良好的社会效益。

（二）过程创新

过程创新是指服务的每一个环节都需要进行创新，同时，还要注重各环节中的细节创新，只有通过这种全面、系统的创新，才能发挥出过程创新的最大潜力。在市场竞争日益激烈的今天，服务企业只有主动参与市场竞争才能求得生存与发展，过程创新就是一种必不可少的主动应对竞争的理念。只有在这种理念的指导下，整个现代服务企业的创新活动才能真正围绕它来进行。同时，由于顾客是整个服务产品的全程参与者，因此过程创新应把顾客纳入其中，重视顾客在整个创新活动中的感受，坚持以顾客为中心。除了需要有创新意识、创新理念等精神支持外，创新活动还需要有一系列的制度层面上的支撑，即要在现代服务企业中建立创新组织、创新标准和鼓励创新的机制，使创新意识有制度层面的保障。

例如，顾客排队等待是银行网点运营中经常遇到的难题。等待过程是否公平有序、办理业务时私人信息是否暴露给其他客户等是影响银行服务质量的重要内容。以前银行服务窗口前经常人满为患、非常拥堵，一位顾客在办理业务时前后左右都贴着人，填单、签名和输入密码等过程都在众目睽睽之下完成，输入密码时不得不用手捂着键盘。由于银行没有人维持排队秩序，一些储户不得不提醒周围的人排队，但很少有人理会，有时还会发生争执。

目前，许多银行引入了"排号机制度"，收效良好。当储户进入银行时，首先找到手触式排号机，只需轻触屏幕上的业务种类，排号机就会"吐"出一张小单，上面显示排在前面的等待人数和储户的等待号码。储户拿着小单就可以在椅子上歇息，等待呼叫器广播小单号码，通知到几号窗口办理业务。到窗口时，营业员会先收取、验证电脑小单，如果有人不按顺序，营业员会提醒其排队。这样保证每个窗口前只有一名客户，银行还安排专人对不熟悉该业务的储户加以指导。这一举措看似简单，实质上是银行前台服务传递过程的改变，它解决了银行排队拥堵无序、私人信息暴露、排队时间不确定等问题，方便了储户办理业务，提高了前台服务的效率和服务质量。

（三）组织创新

这是指服务组织要素的增减、组织形式和结构的改变、管理方法和手段的引入和更新。

例如，北京的出租车基本属于各出租车公司单独运营，但公司在为出租车提供服务方面没有什么作为，因此实际上每一辆出租车自己就是一个微型服务"企业"。对于选择在固定区域"趴活"的出租车来说，单辆车趴活可能经常遇到两种情况：一种是某几天活很少；另一种是同时接到两个以上的活，若它们在时间上有冲突，就只能选择一个而放弃其他（选择的标准主要是客户预订时间的先后）。北京回龙观社区有10辆出租车自发组织了一种类似"网络型"的组织，没有领导，他们自称"互助服务小组"。当遇到时间上冲突的几个活的时候，该小组成员就会免费将业务介绍给小组内的其他成员，通过这样的方式使每个人的业务都能够更加稳定，形成"共赢"的局面。同时，为了减少相互之间的通话费用，10位司机办了集团电话，这10个人之间互相打电话是免费的。

（四）市场创新

市场创新是企业的生存之本、发展之源。市场创新的内涵主要是指对市场进行新的开发或者原有市场的细分。所谓市场创新，就是企业通过引入并实现各种新市场要素的商品化和市场化，以开辟新市场，促进企业生存和发展的新市场研究、开发、组织与管理的活动。广义的市场创新包括了所有的创新形式，如产品创新、技术创新、过程创新、形式创新等，因为这些创新研究的根本都是为了适应市场的需要。根据市场创新活动的新颖程度，市场创新可以划分为开创型、改进型和模仿型三种基本形式。不同的企业具有不同的创新能力和条件，因此，应该根据自身的具体情况开展不同程度和水平的市场创新，选择不同形式的市场创新及其组合作为自己的市场创新战略。

例如，我国在20世纪90年代中期以前并不存在户外拓展训练等高端的人力资源培训服务，而随着企业管理水平和规范化程度的提高，众多企业在员工培训中产生了对拓展训练的需求。一些从事传统相关服务（如旅游、体育、心理培训等）的企业发现了这一高附加值服务的巨大市场潜力，于 1995 年开发和推出了户外拓展训练服务项目。目前提供拓展训练服务的组织的前身包括以下几类：原来从事登山、攀岩等体育活动的组织；原来从事特色旅游的组织；原来从事个人技能、心理素质等方面培训的组织；原来在国外接触过拓展训练，然后回国创业的个人。

拓展训练是一种经过精心设计的户外培训项目，开发学员个人潜能，提升和强化个人心理素质，增强整体团队凝聚力的综合培训。许多企事业单位纷纷投身拓展训练，试图通过这种方式达到"熔炼团队、突破自我"的目的。拓展训练已成为企业提升员工精神面貌、加强团队凝聚力、传播企业文化的有效武器。这一新的细分市场大大拓展了企业原有市场的范畴，成为企业新的利润来源。

（五）技术创新

技术创新是创新技术在企业中的应用过程，作为现代服务企业，技术创新显得尤为重要。持续不断的技术创新是现代服务企业保持现代化、不被市场淘汰的技术动力，特别是互联网的出现，使世界成为一个"地球村"。技术创新包含几个十分重要的环节，其中一个重要的环节就是创新技术的获取。创新技术的获取主要有三种方式：（1）企业的自主创新，即主要依靠企业自己的力量进行技术研发活动，这种创新在高科技企业中比较常见；（2）企业与其他部门进行合作创新，主要包括与科研机构、高等院校的合作；（3）从外部引进创新技术。这三种方式各有其使用的环境，应根据现代服务企业的具体条件来选择适合自身的方式。目前，十分流行的物联网技术，也将使现代服务业的发展更上一个新台阶，特别是对物流行业，将是一个巨大的创新。

以金融服务为例，近年来，基于信息技术的金融信息化建设极大地促进了金融服务的发展与创新，大幅度改变了金融业的运作模式。

首先，信息技术大大简化了人们对各种金融工具的收益、风险的模拟和计算，银行借此推出了大量具有复杂结构的金融产品，这为投资者的风险管理和整个市场的风险控制提供了便利。例如，跨市场金融产品、金融衍生产品、资产证券化等重大金融产品创新都是信息技术在金融领域直接应用所带来的结果。

其次，信息技术推动了金融市场交易和结算方式的创新。如银行结算、清算系统和支付工具的创新。这促进了网络银行、电子货币、移动支付的发展，使得交易、支付和结算可以不受时间、空间的限制，可以瞬间在全国乃至全球范围内完成资金的交易和转移，金融交易的成本大大降低，效率不断提高。

最后，信息技术推动了金融机构、金融组织的创新，如网络银行没有传统的营业大厅，没有各种票据，只有一个网址。信息技术的发展增强了金融机构的管理能力，使得金融机构不仅可以在业务上向综合经营的方向发展，而且在地域上可以向全球扩张。

二、按创新的性质分类

按照服务创新的不同性质可以将服务创新分为传递创新、重组创新、专门创新和形式创新。

（一）传递创新

这是指服务企业的传递系统或整个服务产业传递媒介的创新，包括企业与顾客交互作用界面的变化。传递创新充分反映出服务创新的顾客参与和交互作用特性。服务传递方式的优劣和效率的高低直接影响服务提供的结果和顾客感知的服务质量。传递创新常常就是服务过程的"前台创新"，而某些技术创新也导致服务传递界面的创新，如 ATM 的采用。交通运输部门经常采用的"户对户"的服务方式就是传递创新的典型例子。

典型的例子就是网络银行，它是借助信息技术和网络技术而兴起的一种新型银行服务，这种服务具有在线即时完成的特点。相对于传统银行的服务传递方式而言，网络银行最大的特点，就是将银行对客户的界面放到网络的计算机终端上，通过互联网向顾客传递服务，把银行与客户对实体分支机构的依赖降至最低。改变银行客户界面与传递过程的网络银行能为顾客和银行带来更多利益。

顾客端获得的利益如下。

（1）交易时间的弹性：简单的银行交易可在任何时间、任何地点通过网络办理，最重要的是顾客不用花费很长时间排队等待。

（2）交易无地域限制：网络银行不受地理的限制，在家里、办公室或旅途中都能进行交易，这样能更方便快捷地管理自己的资产，了解各种信息并享受到银行的各种服务。

（3）理财多元化：顾客可以随时随地查看交易资料和各种理财产品。

（4）交易清楚化：所有交易过程由客户自行查阅和输入，能减少在交易沟通上的认知误差。银行端获得的利益如下。

①大大降低了经营服务成本，创造了巨大的利润空间。

②业务开展不受时间地域限制，可最大限度地扩大业务规模。

③业务运作只需上网点击，大幅节省了银行的人力资源。

④使资金流随物流的速度加快，减少在途资金的损失。

（二）重组创新

重组创新又称为"结构创新"，指服务企业通过将已有服务要素进行系统性重组或重新利用而产生的创新，包括新服务要素的增加，两种或两种以上已有服务要素的组合或重组，已有服务要素的分解。

典型的案例是餐饮业的组合创新，Chamate 一茶一坐新式茶餐厅是正在兴起的、以重组创新在中国大陆发展起来的台资中式餐饮连锁店，目前在北京、上海、杭州、苏州、天津等地都设有分店。Chamate 的核心产品——套餐食品是整合了多种饮食文化元素的创新集合体，具体包含如下创新元素。

1. 台湾茶餐厅元素及其改良

Chamate 借鉴了台湾常见的茶餐厅形式，但内部装潢和定位更加高档，餐厅内部有舒适宽大的座位、相对私密的高速无线上网空间、小巧而精致的器皿、淡雅精致的菜品，顾客不仅能在其中用餐，还可以将其作为休闲、朋友聚会的理想场所，由此形成一种全新的，以"时尚·休闲"概念为主题的现代都会型茶馆。

2. 传统茶文化元素

Chamate 在各类套餐中引入了中国的茶文化，不仅有传统的绿茶、红茶、花茶，还开发出玫瑰茶、乌龙冻饮、洛神冻饮、冰橘茶等适宜冬夏不同季节的特色茶饮。

3. 中式餐饮文化元素

Chamate 引入的中式餐饮元素涵盖了粤、川、鄂、沪等多个菜系，并将其较好地整合在一起。例如，引入了广东一带的各式煲类菜品并形成主打系列，如旺旺海鲜煲、鳕鱼煲、原汁的时蔬煲等。

4. 西式餐饮文化元素

Chamate 对西餐中的沙拉进行了改良，引进了适于中国人口味的铁板蘑菇猪排、牛排等。

5. 日式和韩式的餐饮文化

Chamate 引入了日式的和风套餐，包括日式点心、韩式烧烤等餐饮元素，满足了偏爱日韩饮食口味的人群需求。

综上所述，Chamate 通过对台式茶餐厅的改良，借鉴和重组了中式、西式、韩式、日式等美食的特点，将不同的餐饮元素进行重组与整合，推出了受顾客好评的各类套餐，让人真正品尝到"中西合璧"的美食。

（三）专门创新

这是指针对顾客的特定问题在交互作用过程中提出解决方法的创新，如咨询服务业最主要的创新类型就是"专门创新"。该创新在"顾客——服务提供者"界面产生，由顾客和服务提供者共同完成，因此创新效果不仅依赖于服务企业本身的知识和能力，还取决于客户的专业知识和能力。专门创新是一种"非计划性"的、"进行"中的创新，它不能事先计划和安排。专门创新与积累性的学习过程密切相关，它会产生新的知识并被解码，解码后的知识能够在不同环境中被重复使用。"顾客——服务提供者"界面的存在有助于限制创新的可复制性，能在一定程度上对创新起到保护作用。

例如，九略咨询公司是 21 世纪创立的管理顾问公司，它能针对不同客户在管理实践中遇到的特定问题提供灵活的解决方案。下面以一个房地产开发企业遇到的人才匮乏及其解决方案为例加以说明。

客户背景：A 公司是总部处于内陆三线城市的某全国 500 强能源企业下属的房地产开发企业。

存在的问题：当地房地产市场发展滞后，企业所需要的人才极度缺乏。

特殊性：该企业是国企背景，加之母公司资金支持、地方税收等方面的原因，使得公司总部在三五年内不可能搬迁，因此无法通过将总部搬迁到一线城市来解决人才问题。如果直接从一线城市招人，难度很大。

针对 A 公司存在的特定问题，九略咨询公司提出了如下解决方案：

（1）利用在一线城市的子公司招聘人才；

（2）尽管该企业总部无法搬迁，但在具体运作时，某些对人才要求很高的部门，在一线城市设立相关机构；

（3）不仅硬性要求新招人员必须有一段时间在公司总部工作，还通过高额地方补贴（到总部工作时工资水平增长 50%~100%）激励这些人员将更多的时间用在总部；

（4）通过互联网，构建良好的信息系统、视频会议系统，使异地协作更方便、更高效；

（5）将总部有潜力的人员外派到一线城市工作，通过实践提升他们的意识和能力，并在适当的时候再召回总部工作。

（四）形式创新

以上各类创新中的服务要素都发生了性或量的变化，形式创新则不发生量或性的变化，而是各种服务要素的可视性和标准化程度发生变化的一种创新。其实现方式包括：服务要素变得更加有序、赋予服务要素以具体形式等。形式创新会使服务要素的标准化程度提高，这为重组创新提供了条件。知识密集型服务业中经常会出现这类创新。例如，在管理咨询业中，项目经理将在解决客户特定问题中所积累的经验、思路或程序写成书面文字，通过这种方式形成标准化的工具或方法，从而可以在今后的工作中重复使用，这就是一种形式创新。

✎ 相关案例

贵州是欠发达地区，在 2008 年全国各省 GDP 和人均 GDP 排名中贵州分别排倒数第六和倒数第一，但是贵州 GDP 增长 10.2%，高于全国水平，其中第三产业（服务业）占 41.3%，增长 12.9%，分别比第一产业、第二产业快 6.4 个百分点和 4 个百分点，对全省 GDP 增长的贡献率为 52.4%，比上年提升 2 个百分点。服务业是贵州经济的重要组成部分。

贵州服务企业多数是中小企业，大企业金字塔式的结构的弊端还未能完全显现。这些小企业多是以创业企业家为首的团队方式运行，比较容易根据市场的变化调整企业的服务。

管理阶层的强创新意识，能够使他们针对市场需求做出反应，通过对组织的变革、新市场的开发、运作和传递过程的改进促使创新发生。

第三节　新服务开发的模式

一、新服务开发的驱动模式

全面了解服务创新驱动力的内容和性质，有助于企业管理者把握服务创新的触发机制。服务创新的驱动力包括内部行为主体和外部驱动要素，服务创新驱动力模型如图5-2所示。

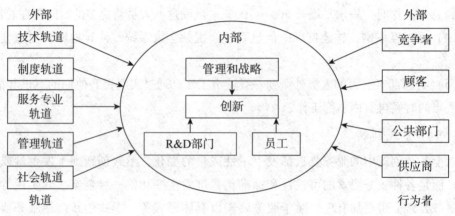

图5-2　服务创新驱动力模型

（一）内部驱动力

1. 战略和管理

战略驱动的创新活动是一种系统性的创新活动，它已成为服务创新的主要驱动力。企业高层和职能部门（如营销部门）的管理活动是另一种关键的内部驱动力，如高层管理活动可以通过对组织的变革、新市场的开发、运作和传递过程的改进而促使创新发生，营销部门会根据市场变化和顾客需求及时通过管理活动作出反应，并激发某种形式的创新。

2. 员工

服务创新过程是员工和顾客间一系列的交互作用过程，员工在其中具有独特的作用。员工能通过直接发现顾客需求产生创新思想，并经常作为"内部创新企业家"推动创新的实施。

3. 创新和 R&D 部门

服务业中的 R&D 部门是一种形式上的、对创新出现担负一定责任的"交流"部门，它负责在企业内部搜集创新概念，因此也可能诱导创新活动，但通常不是主要驱动力。

（二）外部驱动力

1. 轨道

轨道是在社会系统（如一个国家、一个国际性的产业网络、一个地区性的专业网络等）中传播的概念和逻辑，这些概念和逻辑通过很多难以准确识别的行为者进行传播和扩散，并与周围的动态环境相适应。轨道概念的关键是被传播的概念和逻辑，而非行为者。轨道会对企业施加重要作用，使其在轨道约束的范围内进行创新。

服务企业的创新活动主要受五类轨道的制约，分别是：服务专业轨道、管理轨道、技术轨道、制度轨道和社会轨道，其中，最重要的是服务专业轨道。服务专业轨道是指来源于不同服务专业（如律师、医疗、金融、交通）中的一般性知识、基本方法和行为准则。这类轨道由特定服务部门的性质所决定，创新活动的发生和发展都必须以此为基础。管理轨道是指企业组织、运行机制、流程管理的概念和逻辑，如激励机制、服务管理系统等。服务专业轨道和管理轨道在知识密集型服务中会高度重叠。技术轨道指服务生产和传递所遵循的技术使用逻辑，如信息和通信技术、网络技术等。技术轨道经常会引发大量创新，这些创新活动不仅要遵循本身的服务专业轨道，还要在技术轨道的范围内发展。值得注意的是，某些服务部门（如软件、金融服务、技术服务等）对信息和通信技术（ICT）发展的贡献比制造业会更大。制度轨道指服务企业面临的外部制度环境（政治环境、管制规则等）。制度轨道对服务企业创新活动的影响比制造业更大，制度环境的变化会推动或抑制创新活动的发生。社会轨道由一般性的社会规则和惯例构成，如生态和环境意识的加强会对服务创新活动产生重大影响。社会轨道可能与技术轨道相符，也可能不符，甚至相反。例如，原子能技术难以被社会大众认可，因此与社会轨道不符，但它却是形成微电子学技术范式的必要因素。上述各种轨道经常相互交织并共同对服务创新活动产生影响。

例如，交通运输业的发展过程中包含了三类基本的运作过程：以有形物品的变化、移动和维修为主的"物流运作"；以信息的生产、获取和传播为主的"信息运作"；针对顾客的直接接触性服务的"非物质化的专业运作"。在运输业发展初期，物流运作占据了主导，因此运输业的创新按照物流技术的轨道演化发展体现为运载工具及其运行、物流处理技术的发展等。随着运输业的发展，企业需要处理大量有关交通运输的信息，并不断吸收新的运输服务方面的专业知识，同时还要管理好与顾客之间的服务关系以获取高的服务质量。因此，技术轨道、服务专业轨道和管理轨道成为主导。运输企业会遵循某一条轨道开展创新活动，但通常三条轨道之间是相互关联和融合的。

2. 行为者

行为者指人、企业或组织，他们是服务创新的主体，其行为对服务创新活动有重要影响。顾客是最重要的一种行为者，他们经常是创新思想的来源，并参与到服务企业的创新过程中。服务提供者和客户间的界面可以看作一个"实验室"，创新在这里被"合作生产"出来。竞争者对创新活动也相当重要，服务企业可以通过模仿竞争者的创新行为而在自身内部产生创新。由于服务创新通常难以保护，因而竞争者的率先创新会引发跟随者的模仿。供应商特别是知识供应商是创新思想的重要来源和创新活动的推动者，他们可以为服务企业提供大量创新思想，并帮助企业具体实施，这是一种"顾问帮助型"创新模式，是对熊·彼特的两个著名创新模型的重要补充。公共部门可以为服务企业提供创新所需的知识和管理经验，为服务企业培训员工，并针对服务创新展开专门研究，但在大多数情况下，它在服务创新过程中不是直接行为者；公共部门的管制也可能引发创新的出现，如很多金融服务都是因为税收法律的变化而产生的。

典型的案例是新加坡航空公司（新航）最初推出的移动值机服务，它以"SIA Mobile"应用软件为基础，可以方便乘客使用手机办理登机手续，但仅限于在新加坡注册的手机和由新加坡航空公司执飞的航班，而对于非新加坡注册的手机和非新加坡航空公司执飞的航班（但需经过新加坡的中转联程航班）的乘客来说，登机手续仍然是很复杂和烦琐的。

通过倾听客户心声，并深入调研客户需求，新加坡航空公司对原本的"SIA Mobile"应用软件进行了提升，现在世界上任何地方注册的手机都可使用移动值机服务。

对于衔接新航执飞航班的由其他航空公司执飞的中转联程航班，如果该航空公司与新航签署了值机协议，乘客也可以通过手机办理登机手续。通过这项移动值机服务，乘客可以像使用互联网一样，选择新航执飞航班上的座位。据悉，新航推出的全新"SIA Mobile"应用软件还将继续提升，加入机票预订服务等功能，旨在让乘客通过自己的手机灵活地使用新航精选的在线服务。

新航正是从客户视角出发，不断收集顾客的回馈，了解顾客还需要些什么，从而持续推出满足客户需求并得到满意反馈的创新服务。

（三）驱动力的变化

内外部因素的变化和服务创新活动的发展会使内外部驱动力随时间发生改变。在外部驱动力的"轨道"中，"服务专业轨道"和"技术轨道"变得越来越重要。由服务特性引发的创新越来越多，而"技术轨道"包含了多种技术。其中 ICT 为服务业发展提供了巨大机会，其他技术也相当重要，如交通运输业中的运输技术、饮食业的冷藏技术以及清洁业的化学技术和机器人技术等。目前服务企业的创新过程正变得更加系统化和有组织化，"管理轨道"也逐渐成为服务企业的主要轨道之一。在"行为者"中，"顾客"的作用更为突出，"竞争者"的作用正在下降，因为服务企业在创新方面正变得更加主动和具有进攻性。"公共部门"在以下两个方面的转变使其成为更重要的创新驱动力：第一，公共服务的外购使公共部门成为一个重要的服务需求者；第二，管制的放松使很多服务业中出现了新市场。

在内部驱动力中，各行为主体的重要性变化不大。"员工"以及"管理和战略"

作为创新驱动力同等重要，服务创新活动同时受企业战略管理与员工创新精神的推动。目前服务企业更加强调战略引导下的系统性创新活动，因此，"战略和管理"的驱动作用越发明显，R&D部门的作用较弱，这是服务企业与制造企业的显著差异之处。与一般的观点相反，"创新和研发部门"不会因服务企业更有意识和更为系统地开展创新活动而变得更为重要，因为服务创新通常不是在实验室中产生和发展的，而是在生产和营销部门或跨部门团队中发展的，它融于企业的日常生产和运作中。此外，"服务专业轨道"和"技术轨道"会在整个服务企业中得到传播，而不只存在于专门的创新部门当中，也不只通过专门的创新部门进行传播。

（四）服务创新驱动力案例——海底捞

海底捞成立于1994年，当时仅仅是四川简阳市一个卖麻辣烫的小餐馆，而目前已经成为全国知名的火锅连锁店、中国餐饮百强企业、餐饮行业的成功典范。学术界与业界经过研究，都把海底捞成功的关键集中在其"新颖的服务"上，可是海底捞是如何进行服务创新的？又是如何保证现有的服务措施能够准确实施的？探索其背后的原因，能够为中国整体餐饮行业的发展提供一种新的思路。

1. 餐饮业服务创新的驱动力

在零售服务创新驱动力理论上，马丁等将零售服务创新的驱动力分为两类：外部投入和内部投入。外部投入包括顾客参与和信息技术商、咨询和金融机构等行业外机构；内部投入包括中高层管理者、顾客接触人员和非接触人员以及顾客信息使用。同时他们还对顾客信息的使用进行单独的研究。通过对美国122家零售企业管理者进行访谈，马丁等揭示出外部投入中的顾客参与，内部投入中的中高层管理者、顾客接触人员和非接触人员以及顾客信息使用是零售服务创新成功的关键要素，而外部投入中的信息技术商、咨询和金融机构等行业外机构并不对零售服务创新的成功产生显著影响。

根据海底捞的门店管理人员及一线员工访谈，访谈涉及的问题如下：是否有顾客参与服务创新，是否收集了顾客的信息？是否借鉴了竞争者的创新服务？是否有供应商参与了服务创新？中高层管理者是否参与服务创新？顾客接触人员是否参与服务创新？非顾客接触人员是否参与服务创新？通过对访谈结果的整理分析，得出海底捞服务创新的主要驱动力源于以下三个方面：外部顾客、内部中高层管理者和顾客接触人员。

（1）外部顾客。顾客信息是海底捞服务创新驱动力的重要来源。例如，开设在海底捞等待区的"美甲服务"，其产生的驱动力就源于顾客在等待服务时所显示出的需求。海底捞发现年轻女性已经成了海底捞的主力消费群，很多女性会在闲暇的时候去美甲，而在海底捞等候就餐时，女性客人总是喜欢谈论美容的话题，于是海底捞把美甲这一服务引入其等待区。

另外一个例子是海底捞针对儿童的服务，此项服务也是基于海底捞的主要目标顾客——家庭聚餐的需求所开发的。海底捞发现，有很多带着幼儿的顾客，吃饭时还要抱着睡着的孩子，吃饭、聊天都十分不便，于是海底捞就会专门在餐厅的一些特殊位置安置婴儿床。这些位置一般通风比较好，而且环境相对比较安静，当顾客的孩子睡着了，服务人员便会把孩子抱到婴儿床上，盖上被子，还有专人看护，解决了家庭聚餐的后顾之忧。

（2）内部中高层管理者。外部因素有了，但若缺少内部的推力，服务创新也是很难产生的。海底捞对店长及管理人员的考核分了多个项目，其中创新是一项重要的考核内容，各店经理每个月都要向总部提交一个服务创新的评估和报告。报告上将详细列出各店员工最近的一些服务想法和创意，而几位核心高层则会在月底进行讨论，负责对此进行总结和评比。通过这种方式，让内部中高层管理者逐渐主动推动服务创新，使这个系统得以持续发展下去。

（3）顾客接触人员。海底捞特别注意鼓励员工的创新意识，尤其是一线服务人员的服务创新意识。那些被人们广为称道的细节服务其实都是员工提出的建议。例如，就餐中，服务员会为长发的女顾客递上头绳和发卡，戴眼镜的顾客也会得到擦镜布；每隔15分钟，就会有服务员主动更换你面前的热毛巾；如果你带了小孩子，服务员还会提供帮你喂孩子吃饭等服务；在海底捞等待区等待的时候，服务人员还为等位顾客提供免费食品和饮料。此外，还会提醒顾客可以在等待区内打牌、下棋、免费上网，顾客还可享受免费修指甲和免费擦皮鞋的服务。

员工的主动创新是需要得到认可的。在海底捞火锅店，员工的服务创意一旦被采纳，就会以员工的名字来命名。"包丹袋"就是典型的一个例子。这是一个防止顾客手机被溅湿的塑封袋子。由于是一名叫包丹的员工最早提出了这个创意，即用员工的名字命名。当"包丹袋"在其他店也开始使用时，这些店会给这位员工交纳一定的费用。如此一来，对于海底捞的员工来说不但得到了尊重，还给了更多员工以鼓励。

2. 餐饮业服务创新的保障机制

服务创新的保障机制即是促进驱动力要素不断输入信息的机制或力量。约翰逊等在研究新服务开发过程时认为：团队、组织环境及资源是创新的保障机制。赫里斯托夫等认为，战略、文化、激励以及可用资源等都是创新的保障机制。

通过对海底捞的实地调查及采访，结合海底捞企业的相关资料，我们针对下面四个主要问题进行讨论：公司战略是否以优质服务及不断的服务创新为核心？公司文化是否鼓励创新行为？公司团队是否有强烈的创新意识？公司是否有明确的激励创新的物质和非物质制度？通过资料分析，得出了海底捞服务创新实现的保障机制，主要包括：公司战略，即强调顾客服务以及服务创新的重要性；组织环境，主要包括文化和团队，其中文化是指公司鼓励创新并把创新付诸行动的氛围，团队是指公司人员是否有能力和意愿进行有效的创新；管理机制，主要表现为激励机制。

（1）公司战略。海底捞始终奉行"顾客至上""三心服务（贴心、温馨、舒心）"

的服务理念，向顾客提供贴心、周到、优质的服务，消费者对于餐饮的要求不仅仅是在食物上，更看重的是服务，随着需求层次不断提高，要使顾客满意必须不断创新。

（2）组织环境。①公司文化。公司文化就是建立"信任与平等"，奉行"员工是品牌的代言人、尊重员工"的经营理念，海底捞致力于提高员工满意度，采用关怀式管理，树立员工与企业是一体的理念，采取人性化的管理。海底捞的晋升制度是采取内部晋升制，因此，每一位员工都能全心投入，想办法更好地满足顾客需求，为企业的发展献计献策。作为服务行业，只有提高服务者的服务意识，才能真正地提高服务质量。而企业员工都是贴近消费终端的服务人员，他们可以更了解顾客的感受。

②公司团队。海底捞的晋升制度与创新密切相关，任何新来的员工都可以通过以下方式得到晋升：一线员工—优秀员工—领班—大堂经理—店经理—区域经理—大区经理。也就是说一位普通的员工要想晋升到较高的职位，前提是被评为优秀员工，而优秀员工的评判标准之一就是服务创新能力。

海底捞经常通过开展评比和组织优质服务竞赛活动等方式，来促使员工相互学习、相互竞争，争做服务标兵，从而提高员工投身服务创新的积极性。每个月评选一次先进员工，其中被公司采纳的创新意见是主要的评选标准。"评先进"对海底捞的员工来说意义重大，因为海底捞的员工多数来自农村，更渴望能得到他人的认可和尊重。海底捞让员工感觉到公司对他们的认可和尊重，有效地激发了他们的工作热情和积极性。同时，优秀员工还具有榜样效应，可以激发其他员工向榜样学习、向榜样靠拢，争取有朝一日自己也能成为优秀员工。

（3）管理机制。海底捞特别注意鼓励员工的创新意识，专门设立了创新奖，奖励数额从10~1000元不等。海底捞每天有一个小时的午会制度，所有的员工把工作中存在的问题以及自己的解决方法都提出来，如果建议得到了认可并且付诸实施，则会获得创新奖。

海底捞认为要想让员工在工作中充满激情地开展服务，积极投入服务创新，首先要给他们提供良好的生活环境，解决他们的后顾之忧。海底捞在四川简阳建了一所私立寄宿制学校，海底捞员工的孩子可以免费在那里上学，只需要交书本费；海底捞的员工宿舍离工作地点不会超过20分钟，全部为正规住宅小区，且都会配备空调，有专人负责保洁以及洗衣服；公寓甚至配备了上网电脑，满足年轻员工对于上网的需求；如果员工是夫妻，则考虑给单独房间。

餐饮业服务创新过程。

约翰逊等总结出了新服务开发过程的"循环模型"。这一模型表现为创新的过程，包括设计、分析、发展和全面推广四个阶段。这个模型在海底捞火锅具体管理流程中的应用如下。

（1）设计阶段。在海底捞，细节服务都是由员工创意出来的，最初只是员工自发的一个想法，由员工提出新建议，大家讨论后觉得可行就会实施。

（2）分析阶段。海底捞已经形成了一个代表着创新意识的红、黄、蓝榜机制。海底捞每月以店为单位进行创意统计，每个月各个片区的店经理都要向总部提交一个创新的评估和报告，上面将详细列出各店员工最近的一些想法和创意，而几位核心高层则会在月底进行讨论，负责对此进行总结和评比，确定哪些是在本店可行的，哪些可以推广到全国连锁应用的。如果一个店这个月是蓝榜，那代表无创新，黄榜则代表本店应用，红榜则代表全国可以推广。

（3）发展阶段。通过层层培训建立海底捞标准化的服务流程，如海底捞的标志性接待动作被规范成：右手抚心区，腰微弯，面带自然笑容，左手自然前伸作请状。

（4）全面推广阶段。海底捞成立了一个培训学校。在培训学校里，公司请来教授把自己的多年经验变成统一的教材，避免了培训内容不一致的情况，在此基础上对优秀员工进行培训。

这四个阶段呈现"环状"的结构，表明四个阶段有着可重复性，以及对过往线性过程的颠覆。

综上所述，在当今竞争激烈的零售业中，餐饮企业想要通过不断创新的服务赢得市场，必须做到：企业的中高层及一线员工应主动参与并主导服务创新活动，强化对顾客需求信息的收集和挖掘；制定以创新理念为核心的企业战略，拥有鼓励创新和不断学习的企业文化，并且要有具备强烈创新意识和创新能力的团队；按照一定的新服务开发流程，依次进行新服务的设计、分析、发展和最后的推广，从而使新服务得以有效执行。

二、新服务开发的四维度模式

📝 **相关案例**

携程公司的四维度模式服务创新

携程的前身是信息技术企业，生来便具备了互联网技术应用的优良基因。从互联网公司到"全方位旅游服务公司"，从引入资本到纳斯达克上市，携程服务理念逐渐被世人熟知。在20多年的发展历程中，无论是旅游服务理念创新、领域新技术应用，或是人员管理新方法，携程都是互联网旅游企业中的佼佼者。在服务创新工作中，携程有自己独到的做法。

（一）新服务概念

作为"服务2.0"企业之一的携程，坚持以用户为中心，鼓励提出新服务概念为用户解决问题。（1）开创预订服务。对用户进行具体划分，把服务做细。对于商务旅客，会根据旅游特性、各公司出差政策、结算方式等差异，开创定制商旅服务，如"1小时飞人通道"，应急出差的商务旅客能在一小时内完成登机的一系列动作；对于个人用户，根据爱好、需求来定制旅游服务和产品，如为"自由行"会员，提供24小时救援电话。（2）前台现付。通过电话、网络等方式，在携程平台上预订线下酒店。（3）旅游综合服务概念。旅游保障方面，携程为购买"自由行"产品的用户提供可购买高达百万元的保障服务；设立保障基金，为在旅游中遭遇不幸的用户支付赔偿金。便捷旅游方面，为北、上、广会员提供办理护照、签证服务。旅游体验方面，"一站式服务"简化了用户购买多地机票的步骤，提升了平台的易用性。

（二）技术选择

携程深度应用互联网技术、信息技术、大数据挖掘等开发创新服务界面。（1）集中处理呼叫中心。为了方便统筹全网机票业务，如了解机票余票、价格等动态，携程在总部成立了集中处理呼叫中心，这在很大程度上得益于信息技术的使用。（2）自动呼叫分配系统（ACD）。在系统中导入各部门服务时间、服务特点，及时将呼叫诉求转接到客服；优化呼叫配套设备、提升客服人员服务质量，实现自动呼叫分配系统的高效运行。（3）客户关系管理系统（CRM）。根据顾客以往的酒店预订信息，为其推荐相应的旅游服务。每天在规定时间与合作商沟通，确定酒店住房情况，实现酒店住房动态管理。在互联网技术、信息技术等技术支撑下，携程得以实现客服呼叫系统的跨地区管理和前后台服务的有序进行。

（三）新服务传递系统

为了保证顾客获得高质量服务，携程在服务传递系统上对各类旅游服务进行分段处理、尽可能量化每一个服务环节，做法与制造业工艺流程相似。携程应用先进的六西格玛方法对旅游服务传递系统进行全程监督。在服务本身方面，看似简单的工作流程，实际已经将其细分成多段，对每一段做标准化处理，如呼叫的处理方式、顾客预存信息记录、完成服务时间等。在传递服务方面，对服务质量、员工服务经验进行量化处理，并进行标准化工作的严格培训，包括接听问候、接听用时等，对工作完成情况进行计量，以此为依据进行工作考核。如此的新服务传递系统，不仅得到顾客的大加赞赏，也为员工带来了更为客观、公平、公正的绩效考核机制。

（四）新顾客界面

携程主要是通过收购与合作的方式来规范顾客界面。携程加强自身平台服务人员与顾客之间的相互交流与互动，做好虚拟情境下顾客界面的服务创新。（1）收购机票代理公司。要想为顾客提供综合的机票服务，包括送票等，收购机票代理公司无疑是明智之举。（2）与专业公司合作提供服务。携程与一些主要旅游城市的体育俱乐部等合作，为顾客提供多种创新性游玩项目；与旅游专线设计公司合作，为用户提供更多选择。（3）建设平台交流互动区。用户可以在平台的游记专区，通过文字、照片等形式分享旅行，其他用户不仅可以欣赏还可以与作者直接交流讨论；对于与携程有合作的商户，如有名的小吃店，体验过后的用户也可在平台上对美食进行评价。

携程通过多样化的服务创新，在世人面前展现出了强劲的生长潜力，其中的每一项创新，都由新服务概念、新顾客界面、新服务传递系统、技术选择协同作用而得。例如，"一站式服务"是为了满足人们订购异地机票的需求才提出来的新概念。实现这一操作，少不了信息技术、选票平台界面等的支持与配合。

服务创新的四维度模式是一个在微观产品层面对服务创新的关键维度进行识别，并对实现不同维度创新的企业各职能进行发展与整合的概念模型，服务创新的四维度模式如图5-3所示。服务创新与新技术的运用、服务本身的特性、新的销售方式、新的"顾客—生产者"交互作用方式、新的服务生产方法等维度密切相关。大多数创新都不是某一要素单独所导致，而是各种要素综合作用并包含不同程度变化的混合体。

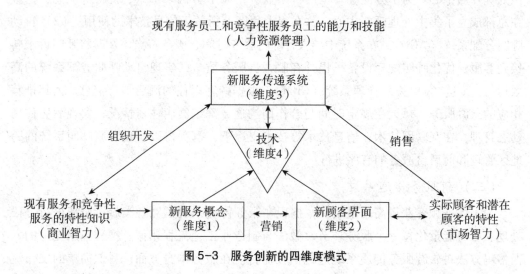

图5-3　服务创新的四维度模式

1. 新服务概念

新服务概念要求企业对自身和竞争者提供的已有服务和新服务都有准确的认识，尤其要准确把握创新的特性。通过对新服务概念的理解，服务企业可以根据市场变化、顾客要求以及竞争者行为开发新的服务改进原有服务，形成企业的"商业智力"。新服务概念维度与其他几个维度密切相关。概念创新可能以新的技术机会为基础，可能来自新的服务生产过程，还可能来自顾客在服务提供中扮演的新角色（如自我服务）。针对客户理财需求的金融产品管理服务、针对客户在线交易需求的电子商务服务、针对老年人特点推出的"夕阳红"旅游产品等都是典型的新服务概念开发的例子。

2. 新顾客界面

该维度指服务提供给顾客的方式以及与顾客间交流合作的方式，它是实现服务"顾客化"的重点。服务提供者在设计顾客界面时应考虑以下问题：如何与顾客进行有效交流？企业的潜在顾客是谁？企业有能力让顾客在创新中扮演"合作生产者"的角色吗？家庭电视购物服务、电子商务网络购物的实施都显著改变了服务提供者和顾客间交互作用的界面形式和关联方式。

顾客界面的创新可能导致整个创新过程的变化和重组。一个典型例子是 ATM 在银行的引入。ATM 的引入不仅使前台银行员工的位置发生转移，而且使他们将更多的时间投入与顾客面对面的、更加专业化的交流与交互作用中去，以向顾客销售某些复杂的金融产品。人们常将 ATM 看作技术创新，但事实上它是一种更重要的银行与顾客间关联与交互作用方式的创新。

3. 新服务传递系统

该维度指生产和传递新服务产品的组织结构、服务人员和传递方式。新服务传递系统维度的创新要求企业通过恰当的内部组织安排和管理，促使员工开发并能以恰当的方式传递新服务产品。该维度的中心是强调现有的组织结构和员工能力必须适应新服务开发和传递方式的需要，如不适应，就要通过新组织结构的设计和员工能力的培训促使创新顺利进行。新服务传递系统维度和客户界面维度间密切关联，两者相互交织并相互支持。一个明显的例子是，在企业中引入电子商务网络交易要求会引发较大的商业过程重组，它不仅改变了实际交易发生与传递的方式，还改变了交易前后的过程，企业的内部组织和员工技能也都会发生相应的改变。

4. 技术

技术在服务创新中扮演了重要角色。大多数服务都可以通过使用某些技术而使运作过程变得更为高效（如银行运用 ICT 技术、超市使用购物车以及仓储系统等）。除了在众多服务部门被广泛采用的 ICT 等通用技术外，还有很多针对特定服务部门的专业技术，如健康服务中的医疗技术、环境服务中的清洁和监测系统技术、公共饮食服务中的食品加工技术、零售服务和运输服务中的冷藏和温度控制技术等，它们都会对特定服务部门的创新产生重要影响。

5. 不同维度间的关联

在实际创新过程中，需要不同的企业职能活动将各种维度联结起来，维度间的"职能关联"是维度发挥作用的根本途径，主要包括市场营销、组织开发和销售等。四维度模式中的单个维度以及维度间的不同关联对每个服务企业的重要性可能不相同。此外，不同类型服务所需的资源输入有所差异，对输入资源的搜索和选择过程、创新过程受决策者影响的程度也有所不同。因此，服务企业在创新时，要根据自身条件和能力以及周围环境的特点选取适当的创新维度，准确把握不同维度间的关联，推动创新过程的顺利实施。

三、新服务开发的参与者模式

新是一个包含大量交互作用的复杂过程，影响因素众多，供应商、企业（制造业和服务业）和顾客（客户企业）都参与进来。根据供应商（设备、资金、人力资源）、服务企业、客户企业以及服务创新产品使用者之间的"关联"类型和在创新中扮演的不同角色，可以划分出七类创新模式，如表 5-1 所示。其中，客户企业和服务创新产品使用者是指把服务产品作为中间投入或最终使用品的服务企业或制造企业。

表 5-1　　　　　　　　　服务创新的参与者模式

创新模式	供应商角色	服务企业角色	客户企业角色	举例
供应商主导型创新	创新来源	创新实施者	创新使用者	ICT 产品、互动 TV 设备、医疗机器人
服务企业主导型创新	服务设备提供者	创新实施者	创新使用者	新的养老金和存储计划、新的旅游产品
客户主导型创新	服务设备提供者	创新实施者	拉动创新/创新使用者	户对户的交通服务
服务企业协助型创新	服务设备提供者	对创新有影响	创新实施者	工程企业协助石油天然气企业设计新钻井平台
服务功能内部型创新	服务设备提供者	服务设备提供者	创新使用者	复印机企业引入新的租赁方案
服务功能外购型创新	服务设备提供者	创新使用者	拉动创新/创新实施者	垃圾清洁服务
基本范式创新	服务设备提供者/强调创新	创新实施者	创新使用者	多功能芯片卡

在这七类模式中，服务企业、供应商以及客户企业分别扮演了不同的角色，客户企业和服务创新产品使用者对创新过程的影响逐渐增强。

第四节　新服务开发的过程

小贴士

与有形产品世界中的"新产品开发"对应，服务业中也存在"新服务开发"，作为服务创新的一种重要表现形式和实现手段，在帮助服务企业获取竞争优势的过程中扮演了重要角色。

一、新服务开发的三个阶段

一般而言，新服务开发过程可以分为三个阶段：概念阶段、发展阶段、保护阶段。在不同阶段，创新活动所遵循的原则、预期达到的目标、具体的实施方法和管理重点都有所不同。

（一）概念阶段

概念阶段指新服务概念形成并转化为可实现的创新项目的阶段，概念阶段示意如

图5-4所示。其中新概念源于市场（顾客）的需求以及员工的创新想法，销售部门在其中扮演了主要角色。

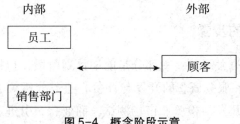

图5-4　概念阶段示意

（二）发展阶段

发展阶段指创新的具体开发和实施阶段，发展阶段示意如图5-5所示。该阶段包含了"员工企业家精神"和"项目团队"两个子阶段。在前者中，非正式化创新活动占据主导地位，员工个人的创新活动和努力很重要；在后者中，项目团队的努力更为重要。

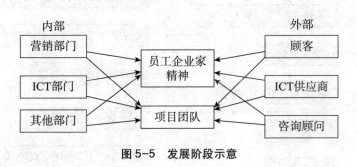

图5-5　发展阶段示意

（三）保护阶段

创新保护包括两个方面：一是运用正式化的手段进行保护，如竞争条款和知识产权等；二是运用非正式化的手段进行保护，包括市场位置、企业形象及商标品牌等，保护阶段示意如图5-6所示。

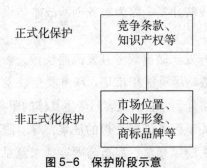

图5-6　保护阶段示意

目前，对服务创新的保护越来越引起服务企业管理层的重视。经常采用的服务创新保护方法包括：①技巧和秘密的保密；②商标品牌注册；③商业过程的保密；④服务的一部分进行专利注册；⑤利用竞争条款。

二、新服务开发的步骤

新服务开发可分为两大部分：一部分是前期计划阶段，包括企业战略开发、新服务战略开发、创意产生、服务概念的开发与评价、业务分析等五个步骤；另一部分是实施阶段，包括服务的开发与检验、市场测试、商业化、引进后评价。新服务开发的具体步骤如图5-7所示。

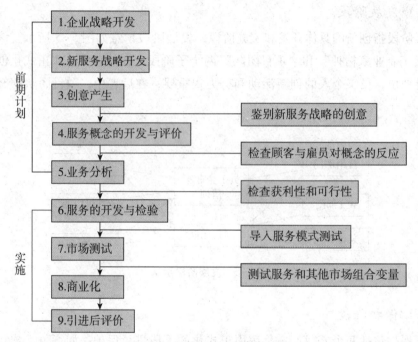

图5-7 新服务开发的具体步骤

第一步：企业战略开发。首先要明确企业的规划战略，只有明确了企业的战略规划，才能开始服务创新的战略开发。因为服务创新战略与设想必须服从于企业的战略规划。

第二步：新服务战略开发。做出服务开发战略决策，需要有明确的服务战略，有详细的服务包计划。服务战略尽可能用市场、服务类型、发展时间跨度、利润标准等因素来表示。通过制订战略计划，企业更容易产生具体的服务创新的思路。

第三步：创意产生。关于服务创新设想的征集，寻求服务创新的意见和建议有许多方法，最常用的方法有头脑风暴法、雇员与顾客征求意见法、首用者调研法和竞争者分析法。

第四步：服务概念的开发与评价。由于服务的无形性及生产和消费同时进行的特性，对服务概念的描述就比较困难，不像有形产品那样可以用说明书及图纸来呈现。因此，对于服务创新，要请多方人员共同概括服务概念，通过反复酝酿达成共识。服务概念形成以后，要编制说明书，阐明服务的具体特性，然后估计出顾客和员工对这一概念的反应。

第五步：业务分析。业务分析是确定服务概念的可行性与潜在利润。要进行的工作包括需求计划、收入计划、成本分析和操作可行性分析。

第六步：服务的开发与检验。由于服务运营的特性，这一阶段实行起来也是比较困难的。该阶段应该将与服务创新有关的人员如顾客、接触顾客的员工等都包括进来。通过细化服务概念，构建实施服务的蓝图。

第七步：市场测试。在服务开发完成后，将其推向市场前，先在一定范围内提供新服务，以取得他们对营销组合的反应，或在一个不尽现实的条件下，向顾客提供设想的服务包，从而检验价格与促销变量的关系，并取得在不同条件下顾客的反应。

第八步：商业化。将服务引进市场开始实施。该阶段有两个目标：一个目标是要获得接触顾客的人员的认可，另一个目标是在服务引进期的全过程对其进行监测。

第九步：引进后评价。根据服务商品化后所收集到的信息及市场的实际反映情况，对服务提供过程以及所有配置进行评价，并根据需要做出必要的改变，以便从顾客的角度出发。优化服务过程，强化服务质量。

【课后思考题】

一、简答题

1. 简述服务创新的作用。

2. 简要概括服务创新的驱动力。

3. 服务创新按开发的性质可以分为哪几种？

4. 简述服务创新四维度模式。

5. 企业常用的服务创新保护方法有哪些？

二、论述题

1. 服务创新的四维度模式是如何支持新服务开发的？并结合实际谈一谈对四个维度之间关系的理解。

2. 论述服务创新的步骤。

三、案例分析题

亚马逊的服务与服务创新

亚马逊于 1995 年正式上线运行。到 2015 年，亚马逊通过其零售业务创造了超过 1000 亿美元的年销售额，并通过其网络服务业务盈利近 100 亿美元。与许多企业家不同，创始人贝佐斯并不满足于通过最初的服务概念获得市场份额，在亚马逊成立 20 多年后，他仍然在继续开发新服务。

这位年轻的 CEO 在亚马逊创建之初，选择首先推销书籍，因为他认为书籍是理想的网络产品。顾客不需要与产品进行太多实际交互，也不需要让销售人员帮着挑选购买书籍。因此，书籍非常适合通过网络进行营销。贝佐斯想首先通过销售书籍，树立品牌形象，并进而销售更多种类的产品。

亚马逊的一个关键成功因素是它通过关注顾客需求来捕捉市场份额并培养品牌忠诚度。贝佐斯认为，过分关注短期收益意味着容易忽视长期的顾客满意度，而失去长期顾客是要付出代价的。

除了书籍，亚马逊网站现在还包括其他商家的产品和服务，如电子产品、音乐、软件、玩具、服装和 B2B 服务。某些商品可从亚马逊的库存中获得，其他产品和服务则由第三方卖家通过其市场渠道提供。事后，这些卖家将部分收入支付给亚马逊。亚马逊还设计开发了各种版本的 Kindle 电子书阅读器，这使得亚马逊同时成为电子书销售的领导者。

1. 亚马逊的指导思想——顾客

亚马逊的指导思想是为顾客提供卓越的服务。为此，贝佐斯和他的团队花了一年的时间创建了一个网站和数据库程序，推动了亚马逊的发展。他们建立了一个不需要高水平计算机知识就可以使用的对顾客友好的网站。贝佐斯意识到，电子商务的崛起将使权力的天平转向顾客。因此，亚马逊通过定制其服务，将其网站的访问者纳入服务以及创建社区精神来建立并优化顾客关系。亚马逊公司认为，对顾客的多方面关注仍然是发展顾客忠诚度的基石。

2. 顾客作为合作生产者和定制者

亚马逊以多种方式将顾客集成到服务交付流程中。顾客可以查看他们购买的商品并回答其他顾客的问题。"愿望单"是亚马逊提供的另一项服务。例如，顾客可以将他想要的书籍输入个人愿望单。想要给该顾客一本书作为礼物的朋友可以从中进行选择。

亚马逊还向顾客提供个性化建议。其中一些建议基于顾客的购买记录，而另一些则基于顾客的搜索记录等其他行为。例如，如果顾客购买一本关于阿米什棉被的书籍，亚马逊的软件将搜索所有购买同一本书的人。使用由亚马逊开发的名为"基于项目的协同过滤"的分析模型，亚马逊能够确定阅读过相关书籍的人所喜爱的其他书籍。然后，顾客根据此信息接收建议的书籍列表。亚马逊能够使用这种技术提供与当地实体书店类似的友好和个性化的阅读建议，但它以更低的成本实现了更高的准确性和便利性。这种分析模型在早期的一个缺陷是它无法区分礼品购买。例如，有人为他的母亲购买一本关于缝纫的书，尽管他本人缺乏个人兴趣，但也会收到关于这个主题的推荐。亚马逊通过在订单页面上添加一个复选框解决了这个问题，顾客可以勾选该框指出该商品是不是礼品。由于该模型的强大功能基于顾客的历史行为，因此会出现另一个问题，即如果某人更改电子邮件地址并使用新的亚马逊账号，则他过去的所有数据都可能丢失。除基本项目的协同过滤外，该公司还使用其他策略来实现其使命。当顾客再一次登录网站时，个性化的网页会以顾客的名字对其进行称呼，并向他提供协作过滤工具提出的最新建议。亚马逊还允许顾客在公司的安全服务器上存储信息。例如，顾客可以授权亚马逊记录他们的信用卡和邮寄地址。这种技术简化了服务，使顾客无须在每次购物时都重新输入各种繁杂的信息。亚马逊不会等待顾客来到其网站提供服务，而是会定期向顾客发送电子邮件，主动向其提供最新的促销信息，鼓励他们访问网站，并提供项目建议清单，以便顾客在下次访问网站时查看。

3. 为顾客提供便利性

亚马逊不仅使用技术来个性化顾客体验，在设计网站时也充分考虑了对顾客的便利性。亚马逊网站的界面易于顾客理解和使用，其特地避免使用需要长时间加载的大型图像，这使得用户在访问时更加快速便捷。强大的搜索引擎是亚马逊的另一个独特功能，通过采用"按我的意思去做"（Do What I Mean，DWIM）搜索功能，亚马逊网站还能够识别顾客经常发生的拼写错误，并向顾客提出修改意见或进行模糊搜索。例如，如果某位顾客将作者姓名错拼，系统会自动进行识别。

4. 其他技术

亚马逊的技术不仅能够帮助访问该网站且与网站互动的忠实顾客，还是一个活跃的虚拟社区。亚马逊公司鼓励顾客在网站上发布任何书籍或产品的评论。顾客可以在网站上撰写与商品有关的内容并为其他顾客提供更详细的参考信息。为了进一步帮助其 Kindle 用户，亚马逊拥有一个顾客论坛网站，顾客可以在该网站上提问、回答问题或参与在线讨论。

亚马逊员工竭尽全力为顾客提供服务，并将顾客视为亚马逊虚拟社区的一部分。一位顾客高兴地说，亚马逊为他找到了他父亲的书，而该书已经绝版了近 20 年。

联盟计划将这个"社区"扩展到亚马逊直接控制的网站之外。亚马逊允许与其合作的网站，使用超链接向访问者推荐书籍、CD、视频和其他亚马逊产品。如果顾客通过这些超链接在亚马逊上购买产品，这些网站将获得一定的分成奖励。

亚马逊声称"成千上万"的网站与企业正在参与该计划，这扩大了亚马逊在网络上的影响力和宣传能力，但这也意味着亚马逊会失去对其品牌和形象的控制权。亚马逊过去曾遇到过一些其他问题。一位记者透露，亚马逊正在向一些书籍的出版商出售广告位。这一事件展现了一个问题：亚马逊的忠诚顾客群或任何其他电子服务是否接受被用于获取经济利益？

5. 不再仅是一个书商

亚马逊网络服务（AWS）是公司产品的关键补充。该计划从一个简单的云存储系统起步，为其他企业提供基于网络的平台，用于所有业务。事实上，亚马逊是大型和小型企业云支持技术的最大单一供应商。该公司的云计算服务早在 2015 年便在全球 12 个国家和地区提供服务。亚马逊称开发商和系统管理员可以收集和跟踪指标，根据收集到的信息作出即时反应，以确保他们的应用程序和业务顺利运行。

6. 它是一只鸟，它是一架飞机，不——它是亚马逊

亚马逊从一开始就是零售业的领导者。从早期开始，它就开创了许多服务，比如无人机，在当时人们可能会对用无人机将书或狗粮送到家门口的想法嗤之以鼻，但亚马逊并不把这种可能性当作笑话。亚马逊现在拥有自己的运输车队、自动化机器人仓库以及第一批运输机，这为其提供了更加强大的货运能力。

7. 亚马逊的未来

亚马逊自2004年以来一直保持着盈利。亚马逊的个性化顾客服务和在线社区战略起到了良好的效果。在亚马逊网站上，其电子书的销售额已超过其实体书籍的销售额，而且亚马逊还成了网络上最大的视频和音乐销售商。早期的怀疑论者认为价格敏感的买家会不断搜索网络上价格最低的商品，并因没有任何定价权或品牌忠诚度而选择其他公司的服务。亚马逊并没有遭遇这种情况，一大原因在于它对业务有着长远的看法，并在创建忠诚的顾客群方面投入了大量资金。

2012年，消息人士表示，亚马逊可能会通过建立与苹果公司类似的实体商店来销售其Kindle电子阅读器，并且还可能推出智能手机。这一预测现已成为现实。亚马逊的第一个实体店已落地其实体店出售书籍和电子设备，除了Kindle外还有Echo，一种家庭伴侣，可以回答主人的问题，或是帮助你在最喜欢的餐厅预订晚餐。

阅读上述材料，回答以下问题。

1. 亚马逊的服务增长来源如何？请从信息技术发展、互联网推动力、人口结构、创新等方面进行说明。

2. 亚马逊在新服务开发的过程中都运用了哪几种模式？请结合案例内容详细说明。

3. 为什么亚马逊进行的服务创新能够在众多竞争者之中脱颖而出？你觉得亚马逊还可以提供什么新服务？请结合本章的内容进行分析。

第六章　服务质量管理

[本章学习目的]

掌握：可感知服务质量；服务质量差距模型分析；服务质量的因素；服务质量改进模式。

熟悉：服务质量的含义和内容；服务质量的测定；服务质量设计的重要性。

了解：服务质量效益；服务质量的范围；服务质量设计的工具；服务质量改进的意义。

✏ 导入案例

轮渡公司提高服务质量的实践

某轮渡公司经营从英国到冰岛和欧洲其他国家的航线，公司使用严密的、军事化风格的组织结构，非常注重轮渡的操作运营，但顾客所体验到的质量却被放在了次要位置。它后来被瑞典斯坦纳轮渡公司收购，斯坦纳是世界上最大的汽车轮渡公司之一。与海联相比，斯坦纳有一整套改善服务质量的部门。

在合并之前，公司对轮渡准时性或可靠运营不重视。轮渡经常晚点，但只在报告中采用标准的致歉辞令，忽视顾客抱怨，顾客服务经理没有改善这种局面的任何举措。被接管之后，情况开始改变。解决了延迟出发和晚点到达的问题。例如在一条航线上，码头经理深入所有操作员工并给予每一个人改善流程中具体环节的"所有权"。他们对每一次航行进行详细的记录，总结延误起航的多种原因，并监督竞争者的表现。这种员工参与管理的方式将不同岗位的员工紧密地联系在一起，并帮助服务员工从经验中学习。在两年内，斯坦纳在这条航线上的轮渡实现了近乎100%的航行正点率。

轮渡上的服务是另一个单独被列出需要提升的领域。之前，顾客服务经理做的是那些方便员工而不是方便顾客的事情，包括将餐间休息定在顾客对服务需求最多的时候。正如一位观察员所说，顾客在轮渡上的第一个小时和最后半个小时完全被忽视了，当设施关闭时，顾客留在船上自寻出路，员工只对那些提出要求和努力吸引他们注意的顾客作出回应。

公司要求每条轮渡上职能领域的员工都改善一个具体的方面，并在小团队中完成这种改善。最初，一些团队比另外的团队更加成功，结果导致服务不一致，顾客从一条船转向另一条船。后来，管理者分享想法、回顾经验，使各条船能够适应。这两年的关键变化奠定了最终的成功，使得在所有轮渡、所有班次达到了一致的服务水平。

到 2015 年，斯坦纳有 35 条船航行在 22 条航线上，每年运输 700 万名乘客和 150 万辆汽车。作为市场领军者，公司强调持续的服务和产品改进。公司要求顾客选择斯坦纳后必须有最好的体验，包括旅行、度假、放松或者运输，斯坦纳的核心使命是不断改善服务，开发和创新产品与服务，为顾客创造价值。

第一节　服务质量概述

一、服务质量的含义和要素

（一）服务质量的含义

服务质量是指服务能够满足规定和潜在需求的特征和特性的总和，是指服务工作能够满足被服务者需求的程度，是企业为使目标顾客满意而提供的最低服务水平，也是企业保持这一预定服务水平的连贯性程度。判断服务质量高低的五大要素分别为可靠性、响应性、保证性、移情性和有形性。

无论是服务业还是有形产品的生产企业，服务质量都是企业在竞争中制胜的法宝。服务质量的内涵与有形产品质量的内涵有区别，消费者对服务质量的评价不仅要考虑服务的结果，还涉及服务的过程。服务质量应被消费者所识别，被消费者认可的服务才是优质的服务。服务质量的要素、形成过程、考核依据、评价标准均有别于有形产品。

预期服务质量即顾客对服务企业所提供服务预期的满意度，感知服务质量则是顾客对服务企业提供的服务水平的实际感知。如果顾客对企业服务水平的感知符合或高于其预期水平，顾客获得较高的满意度，则认为企业具有较高的服务质量；反之，则认为企业的服务质量较低。从这个角度看，服务质量是顾客的预期服务质量同其感知服务质量的比较。服务质量等于体验质量减去预期质量，同时又是交互质量、环境质量和结果质量的总和。

对于此定义，现作如下说明。

（1）服务水平。管理人员首先要识别公司所要追求的服务水平，好的服务质量不一定是最高水平。当一项服务满足其目标顾客的期望时，服务质量就可认为是达到了优良水平。

（2）目标顾客。目标顾客是指那些由于他们的期望或需要而要求得到一定服务水平的人。随着市场的划分越来越细，导致每项服务都要面对不同的需求。企业应当根据每一项产品和服务选择不同的目标顾客。

（3）连贯性。连贯性是服务质量的基本要求之一。它要求服务提供者在任何时候、任何地方都保持同样的优良服务水平。对于一个企业而言，服务的分销网络越分散，中间环节越多，保持服务水平的一致性就越难。服务质量越依赖于员工的行为，服务水平不一致的可能性就越大。

服务的不同特性，使服务质量的概念与有形产品的质量在内涵上有很大的不同。要全面理解服务质量的概念，应从以下几方面入手。

（1）服务质量是顾客感知的对象，因此服务质量比有形产品的质量更难被顾客评价。

（2）服务质量既要有客观方法加以制定和衡量，更要按顾客主观的认识加以衡量和检验。

（3）服务质量发生在服务生产和交易过程中，是在服务企业与顾客交易的真实瞬间实现的。

（4）服务质量的评价不仅要考虑服务的结果，而且涉及服务的过程。

（5）服务质量的提高需要内部形成有效管理和支持系统。

（二）服务质量的要素

服务质量究竟包括哪些要素？或者说，顾客究竟从哪些方面来评价其所体验的某一个企业的服务质量的高低呢？对此学者普遍认为，服务质量不是一维概念，即顾客对于服务质量的评价不是基于某一个要素，而是基于多个要素。但对于顾客究竟从哪几个方面评价服务质量，或者说服务质量究竟包括哪几个要素，理论界又存在着认识上的分歧，但基本观点有三种：两要素论、三要素论和五要素论。这里仅对两要素论进行展开。

1. 两要素论的内容

服务质量两要素论的代表人物是芬兰学者格罗鲁斯。格罗鲁斯认为，服务质量包括两个要素：结果质量和过程质量，如图6-1所示。

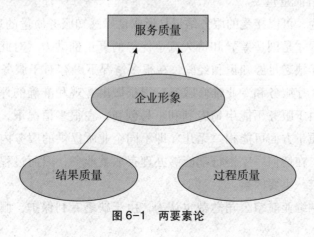

图6-1 两要素论

（1）结果质量。结果质量又称产出质量或服务质量或技术质量，是指企业最终实际提供给顾客的服务内容或服务结果，或者是在服务过程或交易结束之后顾客的"所得"，即顾客得到的实质内容，如旅店客人得到安静的休息、航班乘客从起飞地到达了目的地。由于结果质量牵涉的主要是技术方面的有形内容，因此，对于结果质量可以通过顾客亲身感受和体验加以评价，也可以采用一定的技术标准加以衡量，并且对于结果质量的衡量一般是较为客观的。

（2）过程质量。过程质量又称传递质量或功能质量，是指企业实际为顾客提供服务的过程和提交服务的方式，或者顾客是如何接受或获得服务的。由于服务具有无形性和不可分割性，即服务人员如何与顾客打交道或提供服务，必然会影响顾客对于服务质量的评价。一般来说，服务过程质量不仅与服务时间和地点、服务人员仪表和态度、服务方法和程序等有关，而且与顾客个性、态度、知识储备和行为方式等因素有关，因此，对于过程质量一般没有明确和客观的衡量尺度，只能由顾客通过主观感受来衡量，即过程质量基本上是主观的。

格罗鲁斯认为，在制造类行业，顾客基本上是看不到生产企业的，但在服务行业，顾客往往要亲临服务场所才能够接受服务，因此企业形象（不是品牌形象）对于服务企业来说至关重要，它在很大程度上影响着顾客对于服务质量的感知。基于此，格罗鲁斯将企业形象称作服务质量的"过滤器"，如果企业形象良好，企业即使存在一些服务失误，顾客也会原谅和宽容企业；如果企业形象糟糕，顾客往往会夸大企业服务的失误。

2. 两要素的相对重要性

那么，究竟是结果质量重要还是过程质量重要呢？或者说，顾客在购买和接受服务时究竟更看重结果质量还是更看重过程质量呢？企业为改善和提升服务质量，究竟应当在结果质量方面下功夫还是应当在过程质量方面下功夫呢？对此，理论界和企业界都存在着认识上的分歧。但基本观点有三种：一是认为过程质量重要，二是认为结果质量重要，三是认为两者同等重要。

（1）认为过程质量重要。

格罗鲁斯认为，可以接受的服务结果是形成良好感知服务质量的理所当然的内容，但优异的服务过程才是创造差异和持久竞争优势的真正推动力。对此，格罗鲁斯给出的理由是：①由于缺乏足够知识和经验，在很多情况下顾客对于服务产出质量（尤其是专业服务，如医疗服务和专业维修服务）很难做出客观和准确的评价，即结果质量不易被感知。②由于服务不能申请专利和不易创新，在很多情况下，同一行业的不同企业在服务产出质量方面可能相差无几（即不同企业所提供的服务内容和服务结果具有趋同性，例如，在任何一家银行都能够办理存取款业务，因而过程质量就成了顾客评价服务质量的唯一重要因素。

北欧斯堪的纳维亚航空公司总裁也认为，由于缺乏专利保护，服务产品模仿速度极快，因此，仅凭服务项目的多少，企业很难获得差别化的、持续的竞争优势。相比之下，服务过程具有更加重要的意义。

英国学者约翰斯通和里斯把赫茨伯格的双因素理论引入服务质量研究领域，认为结果质量类似于保健因素，缺少了会引起顾客不满，而改善了也不会对于顾客满意度起到明显的促进作用；过程质量类似激励因素，其改进对于提高顾客满意度效果显著。

中山大学教授汪孝纯认为对于大多数服务性企业来说采用高新技术可以为顾客提供优质服务结果。但是，服务人员的服务意识、服务态度、服务行为和服务方法往往会对顾客实际经历的整体服务质量产生更大影响。提高过程质量，可以为顾客提供更多利益和更大消费价值。因此，管理人员不仅应当研究本企业应向顾客提供什么服务，更应当研究应如何为顾客提供服务。服务过程质量管理应该是这类企业规划的重点。

（2）认为结果质量重要。

卡尔·希维尔认为善待顾客仅仅完成了良好顾客服务的20%。重要的是设计那种能够让你第一次就把工作做好的制度。如果你的产品或服务并非顾客想要的，那么，无论你对顾客多好，也毫无用处。迈克尔·哈默更尖锐地指出"豪华汽车司机脸上的微笑绝对不能代替汽车本身"。詹姆斯·赫斯克特认为过程质量包括直接与顾客接触的人员的态度，这一点很重要，但是，一个汽车经销商的服务经理不管对顾客多么亲切和同情，都不能补偿顾客心中因为没有修好汽车而造成的损失。

（3）认为两者同等重要。

菲利普·科特勒认为，一方面，顾客在同专业服务提供者打交道时，会从服务结果和对服务过程的总体印象两个层面来判断服务质量。倘若结果是成功的但是服务过程不愉快，顾客下次仍然会更换服务商；另一方面，当结果很难判断时，过程就变得非常重要。此时，顾客会通过感知的过程质量来衡量结果质量。詹姆斯·菲茨西蒙斯认为，在通常情况下，服务传送方式与服务最终结果对于顾客而言是同等重要的。

✏️ **相关案例**

顾客是质量控制的巡查员吗

神秘购物是检查一线员工是否展现出所期望的行为，以及是否遵守具体服务流程的好方法，但是这种方法不能与顾客调研方法结合使用。"Up Your Service！"理念的提出者罗恩·考夫曼描述了他的一次服务经历。

从机场出来坐在酒店的汽车上，我们经历了非常棒的乘车旅程。司机非常友好，他递给我们冰镇毛巾和冷饮，让我们选择音乐，与我们谈论天气，确认我们对空调温度满意。他的微笑和好心情感染着我们，我喜欢这样。

在酒店，我填完了入住登记表，服务员还回了信用卡。然后，服务员要求我完成另一个表格（见表6-1）。

表 6-1	司机服务情况调查	
1. 我们的机场代表向您问好了吗？		是/否
2. 您收到冰镇毛巾了吗？		是/否
3. 您收到冷饮了吗？		是/否
4. 您有选择音乐的机会吗？		是/否
5. 司机询问您对空调温度的意见了吗？		是/否
6. 司机是以安全速度行驶吗？		是/否

房间号：　　　　　　　　　　车号：　　　　　　　　　　日期：

　　当我看到表格时，之前所有的好心情一扫而空。司机的热情突然好似游戏。他对我们健康的关心成为对行为清单的遵循。他的好心情只是达标的表演，而与他的客人无关。我感觉自己像酒店的质量巡查员，但是我并不喜欢这样。如果酒店想知道我的想法，可以直接问我：从机场到酒店的旅途中，你感觉最享受的是什么？（我将向他们讲述他们非常棒的司机）。我们该做什么可以让你的旅途更加愉快？（我将推荐他们增加手机使用服务）。

二、感知服务质量

　　1982 年，格罗鲁斯首先提出顾客感知服务质量的定义，这一定义为：用户可感知的质量是一种整体可感知质量，是用户对服务的期望质量与实际感受到的质量的差距。如果实际服务绩效大于顾客的期望，则顾客感知服务质量良好，反之，则顾客感知服务质量较低，这个概念的建立为以后的研究打下了坚实的基础。图 6-2 为感知服务质量模型，根据此模型，实际服务质量包括两个维度，即技术质量与职能质量。顾客对这两方面的评价，综合成了实际服务质量，然后将实际服务质量与期望服务质量进行比较，比较的结果即感知服务质量。

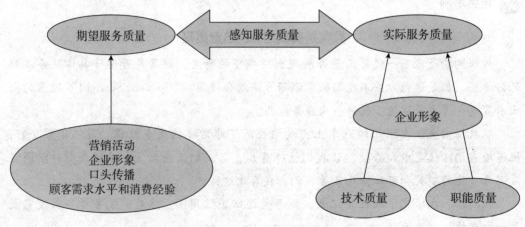

图 6-2　感知服务质量模型

一方面，顾客的期望服务质量包括一系列因素，受对外营销活动、口头传播、企业形象、顾客需求水平和消费经验等综合影响。如果企业在广告中对其服务质量给予了很高的承诺，或者该企业在公众中具有良好的形象，或者顾客在该企业有良好的消费经历，那么顾客在购买或消费前会对企业寄予较高的期望。另一方面，顾客在实际消费中，通过亲身经历形成实际服务质量体验，顾客会将其所体验到的实际服务质量与期望服务质量进行比较，当实际服务质量超出期望服务质量时，即感知服务质量大于零，顾客会惊喜；当实际服务质量与期望服务质量相等时，即感知服务质量等于零，顾客会觉得满意；当实际服务质量低于期望服务质量时，即感知服务质量小于零，顾客会觉得服务不能接受。

📝 **知识拓展**

全面质量管理在教育机构中的应用

高等学校争夺优质生源的竞争愈演愈烈，它们必须在管理中牢固树立以顾客（学生）为中心的理念，以提高学生满意度。那么，高等教育服务质量的内涵是什么？一个包括以下五个变量的全面质量管理模型被提出，这些变量被认为可以达到提升学生满意度的目的。这些变量如下。

高层管理者的重视。学校高层管理者不能把提高学生满意度只停留在口号上，要付诸行动，将追求优异的教育和服务质量付诸实践。

课堂教学。学校需要优质的师资，需要老师将专业知识富有激情地传授给学生。

校园设施。不能只有一流的校园，还要有一流的课外活动，更重要的是，这些活动必须具有持续性。

善待学生。要善待学生，让学生在一个充满友爱的环境中学习、成长。

重视学生意见反馈和改进。来自学生的持续性意见反馈可以不断改进工作。

这些学者对通过 ISO 认证及没有通过 ISO 认证的学校选取了工科背景学生作为研究对象，他们发现，那些通过了认证的学校在实施全面质量管理方面比那些没有通过认证的学校反应更快。他们的研究结果还表明，尽管设计了五个指标，但有两个指标对学生的满意度影响更大。这两个变量是学校高层管理者的重视及校园设施。学校高层管理者应当致力于提升教学服务质量，从而改善学生在校园的体验。

三、服务质量效益

服务质量的提高能够给服务组织带来一定效益。

（一）保留顾客

研究表明，创造一位新顾客要比保留一位老顾客花费的成本更多。例如，如果一位顾客对其所下榻酒店的服务感到很满意，那么想说服他下次入住另一家酒店会很困难。竞争者的降价也不足以将顾客从该酒店拉走，除非该酒店犯了错误，竞争者才有可能说服这位顾客转换酒店。但想吸引一家大客户使用本酒店的服务，营销人员要邮寄宣传材料、打电话、邀请潜在的顾客共同进餐等，会支出一笔巨大的费用。

顾客保持时间越长，获取该顾客的成本在每期分摊的费用则越低。一般来说，获取一个新顾客的费用是相对较高的，尤其当这位顾客是竞争对手的长期客户或高端客户时。而且这种费用属于沉没成本，一经付出，只能在顾客保持期间内摊销，通过顾客的交易来弥补。顾客保持的时间越长，则弥补的机会越多；而顾客流失越早，企业这种沉没成本完全冲销的可能性就越小。

另外，如果顾客对某项服务满意，那么他会推荐给其身边的人。一般来说，一位满意的顾客会向几个人传递他的感受，而一位不满意的顾客也许会向十几个人倾诉。因此，为了树立良好的形象，服务组织必须做得更好。

小贴士

实践证明，即使只有1%的失误率也会导致大量的差错。1%的服务失误率相当于一家大医院每年做错1000例手术，一家年处理量为1000万封邮件的邮政公司每年丢失10万件邮件，一个大机场每天发生4起事故，一家麦当劳分店每天做出12个烧焦的汉堡。一天12个坏汉堡将导致12位顾客的不满，一位不满的顾客会向10个人抱怨，这样一来，就会有120个人知道这里的汉堡做得不好，大量的潜在顾客可能会流失。

（二）保留员工

优良的服务质量不仅会留住顾客，更会留住优秀的员工，能更加容易吸引和招聘新员工，从而降低培训成本。员工都喜欢在高品质服务及运行良好的服务环境中工作。低劣的服务不仅会频繁遭到顾客的投诉，也会使前台服务人员感到不满，甚至会丧失士气、旷工或跳槽。正是领导者质量意识匮乏，造成一些服务组织的服务人员和管理人员辞职。

知识拓展

餐饮连锁企业是劳动密集型企业，既要降低人力成本，又要确保有充足的人员，为了保证保留员工，餐饮连锁企业应该打造完善的企业文化，从而在现代化管理模式的作用下，促进餐饮连锁企业有更好的发展。员工保留指的是企业在管理员工过程中，采取了有效的管理方法，降低员工离职的情况产生，确保保留员工。总之，员工保留是企业发展的必然条件，企业为了在竞争激烈的市场上占有一席之地，必须通过完善管理方法，最大限度保留员工，健全人力资源结构。企业员工离职主要分为非自愿离职和自愿离职，自愿离职主要包含人才流失和退休等，而非自愿离职则包括裁员和辞退。

(三) 避免价格竞争

在市场经济中，企业最主要的压力来源于价格竞争。要避免价格竞争，同时又要在市场中占有一席之地，不具备市场支配地位的普通企业只有三个选择：产品差异化、价格跟随及垄断协议。产品差异化的目的是减少价格竞争，通常基于研发的投入、创新的成果、差异化的服务和品牌等获得市场优势。企业采取产品差异化的策略，并不能使企业从竞争压力中解脱出来。价格跟随是被动之举，无法为企业在市场中赢得先机，并且在特定的情况下价格跟随也会被视为垄断协议。

曾经有位制造商说过这样一句话：如果你的顾客不管远近来购买优质产品，你就可以为这段旅程收费，顾客也愿意接受比同类产品更高的价格。

(四) 降低成本

与服务质量相关的成本包括内部成本、外部成本、预防成本和检查成本，服务质量的提高可以有效地降低成本。

1. 内部成本

内部成本是在交付给顾客前用来改正不符合质量标准的工作所发生的费用。例如，你在饭店点了个木须柿子，而厨师给炒成了木须肉，服务员事先发现了这一错误，于是厨师又给重炒了份木须柿子。这时的内部成本仅仅是一份菜的原料成本。可见，内部成本不会大幅增加也不会减少顾客的满意程度。

2. 外部成本

外部成本是在交付给顾客后用来改正不符合质量标准的工作所发生的费用或者未满足顾客特殊需要而发生的费用。例如，在饭店用餐，发现点的菜里有只苍蝇，因而得到一份免费晚餐作为补偿。当然，在某些服务行业中，非常严重的服务失误往往会导致顾客不再光顾，这样的外部成本是非常昂贵的。例如，某个动物园里发生了老虎咬伤游客的事件，那游客的入园率势必会减少。

3. 预防成本

预防成本是在第一地点防止缺陷的产生、避免失败等活动所发生的费用。例如，招聘、培训员工计划及制订质量计划、质量改进计划等所发生的费用均为预防成本。

4. 检查成本

检查成本是对原材料的检查和在服务过程中检查服务状况是否符合质量标准所发生的费用，如定期检查、过程控制检查、收集质量数据等发生的费用。

📝 数据链接

国家邮政局召开 2020 年第一季度例行新闻发布会，通告 2019 年快递服务满意度调查结果和时限准时率测试结果。数据显示，2019 年快递服务总体满意度得分为 77.3 分，较 2018 年上升 1.4 分。其中，公众满意度提升幅度较大，较 2018 年上升 2.3 分。

全年业务旺季全程时限较长，第二、第三季度时限水平较高且保持稳定。2019 年，在受理、揽收、投递、售后和信息服务环节，快递服务公众满意度均有提升。分区域看，中部地区服务表现最好，满意度得分连续 5 年稳步上升；东部地区服务满意度得分较 2018 年明显上升。国家邮政局市场监管司副司长边作栋指出，此次公众满意度大幅提升，是 2013 年以来进步最大的一次。满意度评价持续向好主要得益于三个方面，一是良好的外部环境支撑，二是全行业的共同努力，三是行业长期发展累积的成果释放，快递业的发展成就被越来越多的人认可。

第二节 服务质量差距

一、服务质量差距模型简介

服务质量差距模型是美国服务营销学者帕拉休拉曼、泽斯曼尔和贝瑞提出来的。该模型描述了服务企业经常面临的五大质量差距及其产生的原因，进而给出了一些缓解和弥合服务质量差距的具体方法，从而能够有效地指导服务企业不断提高服务质量。服务质量差距模型如图 6-3 所示。

虚线之上的部分为顾客差距，即感知服务与期望服务之间的差距。感知服务是指顾客实际体验或感受到的服务，期望服务是指顾客期望或预想得到的服务。如果顾客感知服务达不到期望服务，顾客就会认为服务质量差，进而产生不满和抱怨，并最终放弃购买和消费服务或者转换供应商。虚线之下部分为供应商差距，即供应商在为顾客提供服务的整个过程中面临和存在的各种差距，它是导致顾客差距的根本原因。

差距模型专门用来分析质量问题的根源。这些差距具体体现在服务组织管理人员、服务组织员工和顾客之间对服务质量的期望和心理方面存在的差异，这些差距可以分为五种：顾客的期望服务与管理者理解之间的差距（差距 1）；管理者理解与服务质量标准之间的差距（差距 2）；服务质量标准与实际传递服务之间的差距（差距 3）；实际传递服务与外部营销沟通之间的差距（差距 4）；顾客的期望服务与感知服务之间的差距（差距 5）。这五种差距构成了服务质量差距模型，如图 6-3 所示。在这里，服务质量的不足只有"差距 5"来自顾客，其他差距均来自供应商。

现对此模型作以下说明：

（1）该模型说明了服务质量的形成。模型的上半部分涉及与顾客有关的内容，而下半部分涉及与服务供应商有关的内容。期望服务是顾客的以往经历、个人需求及口碑共同作用的结果。另外，它还受到外部营销沟通的影响。

（2）模型中的感知服务是一系列内部决策和内部活动的结果。在服务交易发生时，管理者对顾客期望的理解，对确定组织所遵循的服务质量标准起到决定性作用。顾客

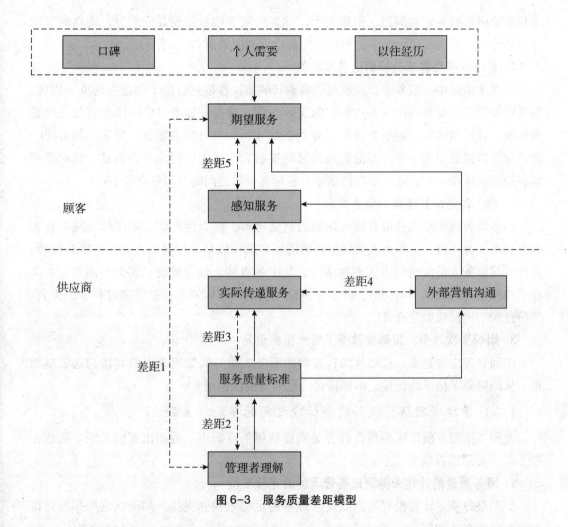

图 6-3 服务质量差距模型

亲身经历的服务交易和生产过程是作为一个与服务生产过程有关的质量因素，生产过程实施的技术措施是一个与服务生产的产出有关的质量因素。

（3）这个基本框架说明了分析和设计服务质量时必须考虑的步骤；然后查出产生质量问题的根源。该模型显示，在服务设计和提供的过程中产生的五种差距，也就是所谓的质量差距，是由质量管理前后不一致所造成的。而最主要的差距是期望服务和感知服务之间的差距（差距5），它是服务过程中其他四种差距共同作用的结果。

二、服务质量差距模型分析

（一）期望服务与管理者理解之间的差距（差距1）

期望服务与管理者理解之间的差距是指顾客对企业服务的实际需求和期望与企业管理层对顾客需求和期望的判断之间的差距。许多管理人员都认为自己很了解顾客需要什么，而实际上反之。例如，现在很多商场总是不定期搞打折、赠券活动，他们以为只要价格低顾客就会满意，但事实上，顾客可能也很看重商品的质量、购物的环境等。导致这一差距的原因是多方面的，主要由下列因素引起。

1. 市场调研和需求分析的信息不准确

在现实生活中，服务业管理者对市场调研的重视程度远远低于制造业的重视程度。服务业管理者主要强调在服务过程中的实际操作。这些管理者只会一味地将自己所设想的服务强加给顾客，而不去理会顾客到底期望得到什么样的服务。然而，服务业管理者与顾客接触更为频繁，若他们从频繁的接触和沟通中获得大量的信息，从而按照顾客的意愿提供服务，这样顾客的期望与管理者理解之间的差距就会缩小。

2. 向上传递给管理者的信息失真

若管理者确实难以获得对顾客期望的直接理解，那么他们就必须依赖直接与顾客打交道的服务人员，由服务人员将所理解的顾客期望以信息传递的方式传达给管理者。管理者与服务人员沟通的方式多种多样，其中最直接、最有效的当属面对面沟通。其在节约沟通时间和成本的同时，便于澄清模糊信息，可以避免信息传递过程中的失真，使信息如实地反映给管理者。

3. 组织层次过多，阻碍或改变了所产生的信息

中间管理层次越多，直接与顾客接触的服务人员与高层管理者的直接沟通就越困难，从而阻碍了信息的传递，出现错误信息的可能性也增大。

（二）管理者理解与服务质量标准之间的差距（差距2）

差距2指服务质量标准与管理者对质量期望的认识不一致而出现的差距。造成差距2的主要原因有以下几个。

1. 服务质量的计划未得到最高管理层的充分支持

如果服务质量计划没有得到高层管理者的足够重视和支持，那么制定的标准可能无法满足顾客的期望。

2. 组织中缺乏明确的目标设置

组织应确立清晰、有条理的目标，包含具体的各项服务质量标准，使服务人员能够理解管理者期望传递的是什么，缩小管理者对顾客期望的理解与服务质量标准之间的差距。

3. 服务与任务标准化的脱节

要将管理者对顾客期望的理解转化成服务质量标准，就要对任务进行标准化，如技术标准化。但是，有些服务人员无法理解他们的工作给顾客带来的作用，或者不知道该如何为顾客提供满意的服务。这时候，即使制定了很详尽的标准，服务人员也会因为不理解服务而不能给顾客提供满意的服务。

4. 顾客期望的不可行性

管理者了解顾客的期望后，要确定这种期望是否可行。如果将顾客期望转化为现实服务的可行性低，那么就越不可能转化为具体的服务质量标准，从而管理者对顾客

期望的理解与服务质量标准间的差距就越大。

（三）服务质量标准与实际传递服务之间的差距（差距3）

差距3是服务供应商实际提供给顾客的服务与供应商设计和开发的服务及其标准之间的差距。现实生活中，一些企业虽然按照顾客的期望和要求进行了服务产品开发、服务标准和流程制定及服务场景设计，但在向顾客提交服务时却没有按照计划和开发的标准进行提交，致使顾客实际获得的服务与企业设计和开发的服务不吻合。造成此差距的原因大致可归为以下几类。

1. 管理者与服务人员缺乏协作性

企业中管理者与服务人员之间相互协作的程度对企业的表现至关重要。如果缺乏协作性，不同部门人员要想获得帮助就十分困难。在这种情况下，管理者应有意识地提高员工的参与程度；同时，员工之间也要培养合作的精神，在企业中营造一种合作的氛围，从而有利于提高服务实际传递的质量，缩小服务质量标准与实际传递服务之间的差距。

2. 管理者的管理与监督不力

管理者的管理不能鼓励或促进质量行为，或者管理控制系统与优质服务等发生冲突，这些都属于与管理和监督有关的问题。在任何组织中，如果选聘、评价和奖励系统的确定与质量标准计划的制订脱离，那么差距3产生的概率就会增加。在很多情况下，错误的行为很难监控，以至于难以被发现，有时甚至可能会受到奖励。对此，我们可以采取以下控制方法：正确选聘、评价和奖励员工，充分关注管理者对待下属的方式，重视管理系统控制及与企业文化和内部营销有关的许多重大问题。

3. 服务人员理解有误

服务人员理解有误体现在服务人员对说明与规定的理解有误或服务人员对顾客的愿望与需求的理解有误。作为服务的直接提供者，服务人员常常会遇到一些尴尬的局面。当质量标准对服务的要求与现有的控制和奖励系统相互冲突，或者一个或多个顾客要求提供的服务与标准不同，同时服务人员认为该要求是合理并可以满足时，服务人员却不能针对性地采取有效的措施，从而贻误了服务人员为顾客提供高质量服务的机会。缩小这一差距可以采取以下方法：改变管理系统，使之与质量标准一致；加强服务人员的培训。

4. 缺乏技术和营运系统的支持

服务质量的高低与服务人员在服务过程中所用的技术与营运系统有关，现代化的技术和营运系统可以促进服务标准化，减少服务中的差错。

此外，还存在以下几类问题及其纠正措施。

（1）把不合适的人选安排到了服务第一线，或者公司不具备能够正确按照操作规程操作的合格的技术人员。对此问题可改进补充新雇员的渠道。

（2）过多的文字工作或管理任务，使说明书中规定的质量标准难以执行。对此可以明确服务人员的分工，对特别重要的任务给予格外注意。

（3）引进的技术、营运和管理系统出了问题，可能不适合服务人员。对此，可加强对员工的培训和内部营销管理；在技术或系统上作出正确的改动来支持质量标准说明书的贯彻执行。

（四）实际传递服务与外部营销沟通之间的差距（差距4）

差距4是指服务供应商实际提供给顾客的服务与供应商对顾客的服务承诺和沟通之间的差距，即企业言行不一，不能说到做到。现实生活中，一些企业为了吸引顾客购买服务，采用各种方式宣传和推广服务。造成此差距的原因主要有以下两类。

1. 缺乏有效的水平沟通

发生在组织某一部门内部或不同部门之间的横向信息流动为水平沟通。企业的广告部门应和直接与顾客接触的服务人员直接沟通，通过广告宣传使顾客产生合理期望的同时，使服务人员也可以全面了解企业的广告计划，为受广告吸引的顾客提供所要求的服务。另外，组织内的其他部门人员（如销售人员与执行人员）之间也应经常进行交流与沟通，以实现各部门提供相似性的服务。

2. 组织在宣传时存在浮夸现象

企业之间竞争激烈，为了吸引并争夺顾客，企业往往在进行广告宣传时存在浮夸的现象，最终使得实际传递服务与宣传的服务之间存在的差距较大。比如，顾客一开始被承诺在三天内会得到上门服务，但直到一星期后，维修人员才来，该顾客以后肯定不会再接受这家公司的服务。

（五）期望服务与感知服务之间的差距（差距5）

差距5意味着顾客所感知的服务质量与预期的服务质量不一致。感知是对服务体验的主观评价，而期望是作为比较绩效的参考点。这个差距的产生会导致以下结果。

（1）从反面验证质量和质量问题；

（2）"口碑"极差；

（3）败坏企业声誉和影响公众形象；

（4）失去生意。

我们已经知道，差距5是服务过程中其他四种差距共同作用的结果，因此，这一差距的大小往往取决于其他四种差距的情况。因此，纠正差距5的关键在于纠正差距1~4。差距1~4若有一个或多个差距存在，就会使顾客感知服务质量缺失。对于差距5，可采用相应的措施进行纠正：①正确理解顾客的期望；②选择正确的服务设计和标准；③服务传递时遵循顾客定义的标准；④使服务绩效和服务水平相匹配；等等。当然，这个差距也可通过识别差距、填补差距而形成正面影响，从而提供更好的服务。

服务质量差距模型的应用意义：该模型可以帮助管理者发现引发质量问题的根源，寻找适当的消除差距的措施；是一种直接有效的工具，它可以发现服务供应商与顾客在服务观念上存在的差异；明确这些差距是制定战略、战术，以及保证期望服务质量和感知服务质量一致的理论基础；用好该模型可以使顾客对服务质量给予积极评价，提高顾客满意度。

✏ 知识拓展

生物识别可以提高生产率和服务质量

服务业激烈的竞争和微薄的利润不允许公司奢侈地增加质量改进的成本。更确切地说，困难就在于不断地寻求同时大幅提高服务质量和效率的方法。过去互联网使许多公司做到了这一点，并重新定义了包括金融服务、图书和音乐零售及旅行社在内的服务业。生物识别可能是下一个促进服务质量和生产效率同时提高的主要技术。

生物识别是基于身体特征或特性鉴定和确认个人身份的技术。身体特征包括指纹、面部识别、手形、虹膜形态图像；特性包括签名、按键模式及声音识别。与你知道的事情（密码或个人信息碎片）或你拥有的东西（磁卡钥匙、灵通卡或代币）相比较而言，生物识别作为一种能够证明"你是谁"的技术，更方便也更安全。它不存在遗忘、丢失、复制或被别人窃取你的生物遗传特征的危险。

生物识别的具体运用包括控制进入服务设施、呼叫中心的声音识别、银行的保险箱自助服务方式、超市的支票购物及学校图书馆借书和基于指纹的账户贷款等。这些生物识别技术的使用将更加受欢迎。

生物识别技术显然具有令人振奋的应用前景。一般来说，这些技术是非常安全的，但如果被错误利用，潜在危害也非常严重。即使生物识别也是可以克隆的。例如，指纹是可以伪造的。重置被泄露的密码是一件令人烦恼的事，但如果你的虹膜和指纹数字信息被盗，你能想象到会有什么后果吗？未来，在应用生物识别技术时，对于那些极高的风险应加强防控。在未来服务创新中，生物识别技术可以为服务组织和顾客提供更高的附加价值。

第三节　服务质量的衡量

一、服务质量的范围

全面观察服务系统识别服务质量的指标是十分必要的。一般应从内容、过程、结构、结果和影响 5 个方面来考察服务质量。

1. 内容

内容是指服务是否遵循了标准程序。例如，银行服务员在办理存取款业务时是否按公认的标准程序进行。对日常服务而言，标准作业流程已经制定，服务人员应遵守这些既定程序。

2. 过程

过程是指服务中的事件顺序是否恰当。服务中的事件包括顾客和服务人员之间的交互和包括服务人员之间的交互和沟通。服务中，要保持活动的逻辑顺序和对服务资源的协调利用。对于急救服务，比如火警，可以通过实战演习来检测团队的工作。通过这些活动来发现行动顺序上存在的问题，并及时纠正。

3. 结构

结构是指有形设施和组织设计是否完备。对服务而言，有形设施只是结构的一部分，组织设计也是其重要的质量因素。通过与设定的质量标准相比较，就可以确定有形设施是否完备。反映组织控制质量效果的一个方法是采用主动的自我评估程序，如评估人员雇佣、晋升资格等是否达到标准。

4. 结果

服务会导致哪些状况改变呢？服务质量的最终测量要反映最终结果。通过跟踪一些指标，如顾客投诉数量，就可以监测服务结果质量的变化。例如，可以采用每千名手术感染率来评定医院。当然，还可以采用一些技巧来测量服务质量，例如，可以通过垃圾车清扫完街道后的照片来评定城市清扫的质量。

5. 影响

服务对顾客的长期影响是什么呢？服务的影响要包括服务的适应性、可获性、易接近性等方面。可以通过民意测验的结果来衡量服务工作的影响。

二、感知服务质量的决定因素

感知服务质量的好坏主要由服务产品的性质来体现。服务产品的无形性、差异性等特点，使得服务产品的感知质量很难用固定标准来测量，不像有形产品的质量那样容易测定。1985 年，英国学者通过对服务行业的考察和比较研究，得出感知服务质量的决定因素有十个，分别为：有形性、可靠性、响应性、能力、可接近性、礼貌、沟通、可信度、安全性、了解顾客。在进一步的研究中，他们把十个因素归纳为五个，即有形性、可靠性、响应性、保证性、移情性。这五个因素是顾客对感知服务质量进行评价时的最基本依据。顾客从这五个方面将预期的服务和接收到的服务相比较，最终形成对感知服务质量的判断。如图 6-4 所示，期望服务受到口碑、个人需要和以往经历的影响。

（一）有形性

有形性是指服务产品的有形部分，在大多数服务组织里，有形因素包括地理环境、设施设备、服务人员的仪表等，顾客往往在真正接受服务之前会通过有形因素对服务质量进行预先评价。服务的有形性从两个方面影响顾客对质量的认识，一方面，它们提供了服务质量本身的有形线索；另一方面，他们又直接影响到顾客对质量的感知。

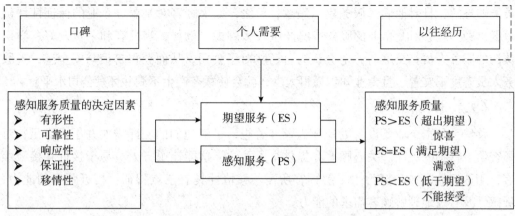

图6-4 感知服务质量的决定因素

例如，顾客到饭店用餐，往往先根据地点、卫生条件、周围环境、服务人员的衣着礼仪、大厅的装饰等情况对饭店服务质量做预先的猜测和评价。

（二）可靠性

可靠性被认为是影响服务质量最基本的因素。可靠性是指企业准确地履行服务承诺的能力，实际上是要求企业在服务过程中避免差错。可靠性是顾客对服务承诺做出的反应，确认服务组织当初的承诺是否会兑现，是顾客对所接受服务的好坏及可靠程度的反应。例如，一个旅馆当初向顾客承诺，除每日的住房外，顾客可免费使用旅馆内任何设施，如果最后这一承诺不能百分之百地兑现，顾客就会认为这个旅馆的可靠性不高。

（三）响应性

响应性是指企业随时准备为顾客提供快捷、有效的服务。这是指服务人员对顾客需求的感受程度、热情态度和反应能力等。让顾客等待，特别是无原因的等待，会对质量感知造成不必要的消极影响。出现服务失败时，迅速解决问题会给质量感知带来积极的影响。对于期望得到超出一般标准的服务的顾客来说，快速响应显得尤为重要。响应性表现为顾客在获得关注、帮助和解决方案等时服务人员所花费的时间，也包括为客户提供所需要的服务的柔和能力。服务人员应乐意并随时提供服务，例如即刻办理邮购，迅速回复客户打来的电话，提供恰当的服务等。

（四）保证性

保证性是指服务人员所具有的友好态度与胜任工作的能力，它能增强顾客对服务企业质量的信任感。保证性包括四个方面的特征：胜任能力、对顾客的友好态度、与顾客的有效沟通和将顾客最关心的事放在心上的态度。

服务保证性描述的是顾客接受服务时对服务人员的信任情况、服务人员的自信以及他们提供服务时的礼貌和能力。如果顾客对保证性评价较高，意味着顾客对服务人员能够理解，且对他们的服务表示满意；反之，如果顾客对某服务企业的保证性评价较低，顾客就会对此企业的服务情况产生较多顾虑。例如，当顾客和一位友好、学识渊博的服务人员打交道时，他会认为自己找对了公司，从而获得自信与安全感；若服务人员态度不友善，且专业知识懂得太少，就会使顾客产生不满并怀疑公司水平。

（五）移情性

移情性是指企业要设身处地地为顾客着想，了解他们的实际需要并予以满足，对顾客给予特别的关注。关心顾客和提供个人关注，这能让服务人员易于接近并接触顾客，用他们的服务和努力来了解顾客所需。移情性具有三点特征：接近顾客的能力、敏感性及有效地理解顾客需求的能力。

例如，为了更大限度地满足顾客的需求并为顾客提供与众不同、个性化的服务，锦江饭店为每一位入住的顾客都建立了追踪数据库，即把消费者的相关资料，诸如年龄、性别、收入、职业、教育程度、爱好、家庭情况等，存储在数据库中，以使前台服务人员随时能从数据库中调出消费者的相关资料。那么，等这位顾客下次再入住时，前台服务人员就可以从已建立的数据库中获得这位顾客的许多生活方面的信息，然后针对这位顾客的生活习惯来调整对其的服务。

以上五点表明，服务组织在检验自身服务质量时需要进行细致的分析，具体体现在以下方面。

（1）反应、服务人员的投入和保证是对顾客和服务人员之间的接触情况的最直接体现。顾客对服务的评价主要依赖于为顾客直接提供服务的人员的态度和服务绩效。当然，有些部分地依赖于服务人员的衣着、精神风貌和个人卫生等。

（2）服务的提供方式与服务效果和性质同样重要。顾客在评价服务质量时，不但会根据服务最终效果进行评价，而且会根据服务流程进行评价。顾客的满意度不但依据服务的效果而定，也依据他们的消费过程而定。

从评价内容的角度出发，客户感知质量和满意程度有 7 项标准。

（1）职业化程度和技能：客户认为服务提供者及其员工、经营系统和有形资源应当具有以专业方式来解决他们问题的知识和技能。

（2）态度与行为：客户认为企业员工（与客户接触的员工）应当关注他们，并且积极主动地解决他们在接受服务过程中所面临的问题。

（3）易获得性与灵活性：服务的地点、时间、服务企业员工和运营系统应当根据客户的要求灵活地加以设计和运营，这样客户可以很容易地接受企业的服务；如果客户有要求，也可以根据客户的要求灵活地对服务做出调整。

（4）可靠性与可信度：如果服务提供者及其员工能够信守诺言而且全心全意地为客户服务，那么客户就会对企业产生信任感，认为企业是非常可靠的。

（5）服务补救能力：如果出现客户意料之外的事情或服务失误，企业应当立即主动地采取措施来控制局面，并找到客户可以接受的新的解决方案。

（6）服务环境组合：服务的有形环境和其他环境应当对服务过程起到有力的支持作用。

（7）声誉与信用：客户对服务提供者应当具有信任感，服务应当是"物有所值"的，客户可以与企业一起分享良好的服务绩效和价值。

✎ 相关案例

英国某快餐连锁店注意到现在城市里的上班族越来越希望能够更快地进食午餐，饭菜新鲜、有益健康、就餐环境舒适、价格合理是他们的要求。于是该快餐连锁店用最好的配料，每天按照高级餐厅的标准做出新鲜的三明治，提供食物的速度比一般快餐店都快，餐饮环境整洁，价格也合理。走进该快餐连锁店，就像走进一家明亮的装饰艺术工作室。靠墙摆放着干净的冷藏货架，里面的三明治达 30 余种，平均价格为 4~6 美元，所有三明治都是在店内用当天早晨送来的新鲜原料做成的。人们也可以选择其他当日制成的新鲜食品，比如沙拉、酸奶、冰激凌、鲜榨果汁和寿司。该快餐连锁店的每家店都有自己的厨房，非时鲜的食品则来自高品质的生产商，即使是在纽约的店内，他们的长面包也来自巴黎，牛角面包来自比利时，奶品来自丹麦。任何食物都不过夜，每天剩下的食物都送给无家可归者。除了提供新鲜、健康的食品外，该快餐连锁店还在服务流程方面进行改进，将原先的排队—点餐付款—等候—按餐就座的购买程序调整为浏览—取餐付款—离开，不为顾客提供就餐服务，顾客从排队到走出餐厅平均只用 90 秒，好像在超级市场一样。

三、服务质量的测定

（一）SERVQUAL 量表

尽管顾客满意度和服务质量的度量都是通过比较感受与期望来实现的，但是在它们操作性的定义中还是可以看到这两个概念之间的微妙差异。满意度是把消费者的感受与消费者通常所期望的进行比较，而服务质量是把感受与消费者从提供高质量服务的公司期望得到的进行比较。给定了这些定义，服务质量看来是按服务提交的更高标准来度量的。

对于服务质量的一种常用的、富有争议的度量方法是 SERVQUAL 量表。根据它的开发者的观点，SERVQUAL 量表是一种揭示公司在服务质量领域中广泛的缺陷和优势的诊断工具。

SERVQUAL 量表这种工具是从与顾客的广泛的焦点群体面谈中得到的服务质量的五个维度为基础的。这五个维度包括可感知性、可靠性、响应性、保证性和感染力，它们提供了了解服务质量的基本"骨架"。SERVQUAL 量表这种工具是由两部分组成的：第一部分包含 22 个小项目，记录了顾客对特定服务行业中优秀公司的期望。第二部分也包括 22 个项目，它度量消费者对这一服务业中特定公司（即被评价的公司）的感受。然后，把从这两部分中得到的结果进行比较就得到五个维度中的每一个的"差距分值"。差距越大，消费者的感受离期望的距离越大，服务质量的评价越低。相反，差距越小，服务质量的评价就越高。

SERVQUAL 评价方法对顾客感知服务质量的评价是建立在对顾客期望服务质量和顾客接受服务后对服务质量感知的基础之上的。英国学者提出的衡量服务质量的五个评价维度包括有 22 个问项的调查表，学者们后来将其称为 SERVQUAL 评价方法。以下是这五个维度。

1. 有形性（Tangibles）

有形性包括了实际设施、设备及服务人员的外表等。所有这些都被提供给顾客，特别是新顾客用来评价服务质量。在战略中强调有形展示的服务行业主要包括顾客到企业所在地接受服务的服务类型，如餐馆、饭店、影院等。尽管有形性经常被服务公司用来提高形象、保持一致性及向顾客标明质量，但是大多数公司还是把有形性和质量维度结合起来。相比之下，不注意服务策略中有形性维度的公司可能混淆。在具体的操作上，分别是问卷中的第 1~4 项。

2. 可靠性（Reliability）

可靠性是可靠地、准确地履行服务承诺的能力。从更广泛的意义上说，可靠性意味着公司按照其承诺行事，包括送货、提供服务、问题解决及定价方面的承诺。顾客喜欢接受信守承诺的公司的服务，特别是那些能信守关于核心服务质量方面的公司。在调查表中，为第 5~9 项。

3. 响应性（Responsiveness）

响应性是指帮助顾客并迅速地提高服务水平的能力。该维度强调在处理顾客要求、询问、投诉和问题时的专注和快捷。响应性表现在顾客在获得帮助、询问的答案及对问题的解决前等待的时间上。响应性也包括为顾客提供其所需要服务的柔性和能力。在调查表中，为第 10~13 项。

4. 保证性（Assurance）

保证性是指员工所具有的知识、礼节及表现出的自信与可信。在顾客感知的服务包含高风险或其不确定自己是否有能力评价服务的产出时，该维度可能非常重要，尤其是在银行、保险、证券交易、医疗和法律服务等行业。在调查表中，为第 14~17 项。

5. 移情性（Empathy）

移情性是指关心并为顾客提供个性化服务的能力。移情性的本质是通过个性化的或者顾客化的服务使每个用户感到自己是唯一的和特殊的，用户能够感受到为他们提供服务的企业对他们的足够理解和重视。规模较小的服务企业的员工通常知道每个用户的姓名等信息，了解用户的需要和偏好，与用户建立了良好的关系。当这种小规模的企业与大企业竞争时，移情能力可能使其具有明显的优势。在企业对企业服务的情况下，用户想要供应商理解他们所处的行业和面临的问题。即使大型企业有较丰富的资源，小企业仍被认为更了解用户的问题和需要，并且能够提供更加顾客化的服务。在调查表中，为第 18~22 项（见表6-2）。

表 6-2   SERVQUAL 量表

十要素	基本要素	衡量项目
有形性 可接近性	有形性	1. 提供的服务设施是现代化的 2. 能够提供吸引公众的服务设施 3. 工作人员的服装和外表比较整洁 4. 通过企业服务设施能够承诺的服务
可靠性 能力	可靠性	5. 企业能及时地完成向客户承诺的事情 6. 企业能够向遇到困难的顾客提供帮助 7. 对顾客而言，企业是可靠的 8. 企业在向顾客提供所承诺的服务都很准时 9. 正确记录相关的服务
响应性 沟通	响应性	10. 企业会告诉顾客提供服务的准确时间 11. 企业能及时提供服务 12. 员工总是愿意帮助顾客 13. 员工能及时响应顾客的需要并满足顾客的需求
可信度 礼貌	保证性	14. 员工是值得信赖的 15. 在从事交易时顾客会感到放心 16. 员工是有礼貌的 17. 员工可从企业得到适当的支持，以提供更好的服务
安全性 了解顾客	移情性	18. 企业会针对不同的顾客提供个性化的服务 19. 员工会给予顾客个性化的关怀 20. 员工会了解顾客的需求 21. 企业会优先考虑顾客的利益 22. 企业提供的服务时间能符合顾客的需求

在实际应用中，顾客的期望是根据标记从"完全不必要"到"绝对必要"的 7 分制来度量的；同样，顾客的感受也是根据另一个标记从"完全同意"到"完全不同意"的 7 分制来度量的。将顾客对被评价公司的感受与顾客对特定服务行业中优秀公司的期望进行比较，就可以得到五个维度的"差距分值"。差距越大，即服务质量的评价越低；差距越小，即服务质量的评价越高。

SERVQUAL 评价法通过对顾客的服务期望和服务感知分别评价，然后计算二者的差值，从而得到最后的对服务质量的评价，即：

$$SERVQUAL 分数 = 实际感知的分数 - 期望的分数$$

评估整个企业服务质量水平实际就是计算平均 SERVQUAL 分数。假定有 n 个顾客参与问卷调查，根据公式，单个顾客的 SERVQUAL 分数就是其对所有问题的 SERVQUAL 分数加总，再除以问题数目；然后，把 n 个顾客的 SERVQUAL 分数加一起除以 n 就是企业平均的 SERVQUAL 分数。

该模型自提出以来已经被管理者和学者广泛使用。尽管服务质量评价方法较多，但 SERVQUAL 评价方法无疑是其中最重要的方法，因为它不仅是一种度量服务质量的方法，同时在不同程度上为其他评价方法提供了参考和借鉴。随着该模型的普遍推广，目前该模型已被广泛应用到服务业和管理层面的方方面面。

（二）SERVQUAL 量表的应用

1. 使用 SERVQUAL 量表可以更好地理解顾客的期望和感知

SERVQUAL 量表是一个简单的多项目评价工具，具有很好的可靠性和有效性。使用 SERVQUAL 量表可以更好地理解顾客的期望和感知，从而提高服务质量。SERVQUAL 量表通过问卷的形式提供了一个基本的框架，该问卷包括了 5 个基本要素和 22 个主要测量项目。

2. 使用 SERVQUAL 量表可以较为准确地预测服务质量的发展趋势

定期使用 SERVQUAL 量表，并与其他方法结合，可以很准确地预测服务质量的发展趋势。例如，对于一个零售商来说，利用 SERVQUAL 量表，同时配合服务人员对服务质量的看法及调研顾客对服务质量的评价，就可以有效地改进服务质量。

3. SERVQUAL 量表可以对服务质量进行全面衡量

SERVQUAL 量表涉及 5 个要素，通过对组成每个要素条款的不同分数进行平均来评价某一公司的服务质量。还能以所有要素平均分的形式，提供一个全面的对服务质量的衡量。因为要想使问卷条款的回答有意义，就必须要求回复者对被调查公司有一定的认识。因此，SERVQUAL 问卷仅发放给公司现有的或过去的顾客。

4. SERVQUAL 量表可以把顾客划分为若干不同的可感知部分

以 SERVQUAL 分数为基础，可以把一个企业的顾客划分为若干不同的可感知质量的部分，如高的、中的和低的。例如，评分高的顾客，且接受过本企业的服务，那这类顾客成为企业忠诚顾客的可能性就比其他类型的顾客要高；评分中等的顾客一般占大多数，是企业的主要顾客。利用这些数据，企业的管理者就会更好地理解，哪些是他们的忠实顾客，哪些是他们的主要顾客，如何能改进顾客眼中的企业形象。

5. SERVQUAL 分数可作为拥有多个零售单位的企业的奖罚因素之一

SERVQUAL 量表可以对拥有多个零售单位的企业进行跟踪以确定各零售店所提供的服务水平。通过询问回复者，指出他们最熟悉的某个商店，同时提供对那个商店的感知分数，然后，有关人员可把每个商店的 SERVQUAL 分数与其他商店的分数进行比较。此外，对于单独的商店来说，根据 SERVQUAL 分数，对商店进行更细致的检验，可以解释哪些因素有利于商店提高服务质量，哪些因素会阻碍服务质量的提高。

6. 对于同一行业中不同企业的服务水平做出比较

零售商可使用 SERVQUAL 量表来识别在它的目标市场中最显著的服务质量方面，将这些具体的方面在优势和劣势上与它的竞争对手进行比较，使得企业对自身存在的优势和劣势有清楚的认识。例如，一个商场在一个总体市场中有两个主要竞争对手，调查人员可要求回复者提供对竞争者的感知分数，据此分数与它的竞争对手在优势和劣势上进行比较。

小贴士

美国航空公司几乎为所有的运营活动都建立了标准，并对这些标准进行定期检查，他们重复检验回复订票电话的时间、顾客检票等候的时间、顾客托运行李及登机的时间、飞机抵达目的地后开启舱门的时间、送食物上飞机的时间及清除垃圾的时间。而麦当劳的营运标准手册则包含了 3 万多条行为标准，从擦洗地板的正确方式、冰激凌机的操作规范到收银员的微笑，每一项标准都体现出麦当劳尽力满足顾客对高品质的食品、热情的服务、清洁的环境的期望的主导思想。

第四节　服务质量设计

一、服务质量设计的重要性

在日常生活中，我们常会遇到这样的情形：节假日到超市购物肯定人满为患，到好的餐馆就餐肯定得排队等位。这种现象的出现，可能短期会创造大量的收入；但因为服务忙而使服务质量降低，从长远看可能是有害的。因此，服务企业应该积极想办法去设计和管理服务。

在服务业中，"第一次就把事情做好"十分重要，这就要求企业具有良好的服务设计能力。卡尔·西威曾经说过，"服务质量的关键在于设计能让职员第一次就做好服务的系统"。由此可见服务设计在服务质量中的重要性。众所周知，麦当劳高品质的快餐、让人愉悦的设施环境和优良的服务都有严格的设计标准；花旗银行令人满意的服务也是来自不断的服务设计与修正。

服务设计是一个规划过程，良好的服务设计将有利于降低企业的总体服务成本，提高企业的盈利能力。1993 年，朱兰（Juran）和格里纳（Gryna）经过研究得出：由于质量设计不良而造成的成本占到了服务企业总成本的 25%～35%。具体体现在以下几个方面。

（1）服务质量问题导致顾客满意度降低和顾客流失，从而导致销售额减少、顾客忠诚度降低。

（2）顾客流失导致服务人员工作状态不佳，并可能引发较高的员工缺勤率和流失率。

（3）企业在服务失败之后，不仅需要处理顾客抱怨，平息不满意顾客事件等，而且为了进一步吸引新顾客和修复企业形象，还需要付出大量的额外成本。

企业应该一开始就以优秀服务质量的设计作为导向，不要在遭遇服务失败后，为挽救和保留不满意的顾客才开始重视服务设计与质量改进工作。应该通过科学的设计达到顾客满意的目标，而不是出现顾客抱怨之后才着手弥补过失。

二、服务质量设计的工具

在服务质量设计理论中，有许多具体的设计概念和方法，如质量功能展开、服务蓝图、集中服务包、田口式模型、Poka-yoke 法等。服务蓝图在前文已作阐述，这里重点讨论质量功能展开，同时对集中服务包、田口式模型和 Poka-yoke 法做如下介绍。

（一）质量功能展开

1. QFD 与质量屋

质量功能展开（Quality Function Deployment，QFD）是日本的赤尾洋二和水野滋两位教授经过多年的研究提出来的，是用来整理、研发及计划质量的一种方法。其主要功能是确保产品质量和创造有魅力的质量以满足顾客。

QFD 所使用的工具是矩阵，又称为质量屋（House of Quality，HOQ）。质量屋作为服务设计的一种工具，能有效识别潜在的服务质量问题及其内在根源。通过质量屋实施质量功能展开可以帮助企业设计具体的服务产品，有助于预测服务失败、提高顾客价值、降低企业服务总成本。

基于 QFD 的质量屋针对特定的服务产品用一个直观的矩阵将顾客需求与工程特点联系起来，用图示的方法将设计要求、顾客需求、目标价值和竞争者状况联系起来，将顾客满意转化为可识别和可测量的指标，为服务设计提供了一个框架，是一种能提高服务设计有效性的工具。由于这个矩阵框架的形状像一个屋子，因此被称为质量屋。

质量功能展开的核心思想是产品设计应该反映顾客的期望和偏好，它是一套开发服务结构的方法，包括一套非常规范的操作指南，通过形象的质量屋手段将顾客需求与服务设计特点连接起来，并且通过直观的图解形式将服务特征、顾客需求和企业能力相互之间的关系有机地展示出来。

QFD 是一种整合的方法，它具有以下几个原则。

（1）QFD 技术在企业不同职能领域之间提出了一个共同的质量关注点，鼓励人力资源管理、营销、运营和信息技术等决策者相互沟通，以便更好地理解各部门决策对于服务设计的意义。

（2）通过 QFD 技术，企业能够认识到所设计的服务特性之间潜在的权衡取舍关系。例如，使用 ATM 机进行交易能够提高效率，但对顾客与服务人员之间的人际交往等需求会产生负面影响。

（3）QFD 技术是在顾客需求驱动的情况下产生的，顾客需求不仅决定了企业所设计的服务特性，而且决定了服务的传递过程。

（4）QFD 技术对于企业将服务接触和关键时刻分解，并开展深入的分析具有一定的作用。

2. QFD 质量屋设计过程

为了对 QFD 质量屋设计方法有一个整体的了解和把握，现对 QFD 规划全过程及其相应的管理决策进行简要的阐述。图 6-5 是运用质量屋开发新服务的一个完整的 QFD 过程，下面我们以银行业服务为例。

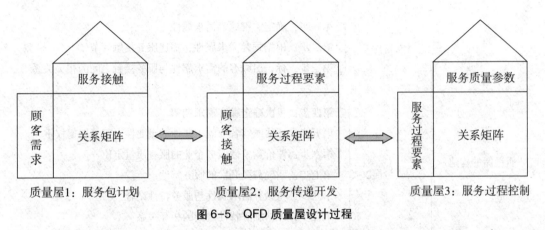

图 6-5　QFD 质量屋设计过程

质量屋 1：根据顾客需求界定服务包（是指在某种环境下提供的一系列产品和服务的组合）或服务概念，将顾客需求与将要设计的关键服务接触连接起来。例如一个银行，可以根据目标顾客的需求界定高接触的服务为服务的概念。在期望的服务接触中，顾客能接受高品质的业务。关键的服务接触可能包括顾客进入银行大厅、排号、办理业务、业务结束和离开银行大厅等环节。

质量屋 2：确定特定的服务接触后，企业应确定在服务过程中应包括哪些基本的服务要素，以满足顾客的需求。例如，银行工作人员在办理业务的接触中，其服务个性与水平将可能与服务人员配备、员工培训、顾客定制化程度等有关。因此，在第二个阶段，服务企业必须针对第一个屋确定下来的每项关键服务接触开发下一个相对应的质量屋。例如，在第一个质量屋中，"顾客关注性"可以定义为在办理业务时员工的响应性，而相应的服务过程可能包括舒适的大厅环境、办理业务程序、等待的时间等具体环节元素。

质量屋 3：将服务过程要素与服务质量控制步骤连接起来，通过质量控制服务过程，以保证顾客在接触的关键时刻都能获得预期的满意。为达到此目的，服务企业对员工进行的质量控制培训应该包括阶段性的进修课程计划，例如，培训员工怎样以友善的态度处理顾客抱怨等相关课程等。

3. QFD 质量屋的构建步骤

QFD 质量屋的构建过程是将顾客需求转化为企业提供物的一种有效手段。同时，质量屋的构建过程也是一种确保员工参与设计过程的有效方法，它有利于提高员工的共识和士气，有利于降低企业的总体质量成本，有助于企业创建持续性竞争优势。

下面以一家酒店的服务设计为例，对 QFD 质量屋的构建步骤进行详细的说明。假设某城市中档酒店中有 A、B 两家，其目标市场以商务旅客为主，这两家酒店彼此为竞争对手，如果现有一家酒店 C，那么它如何在这一竞争市场中定位。整个质量屋的构建分成 3 个阶段，其步骤如图 6-6 所示，下面我们将对此加以阐述。

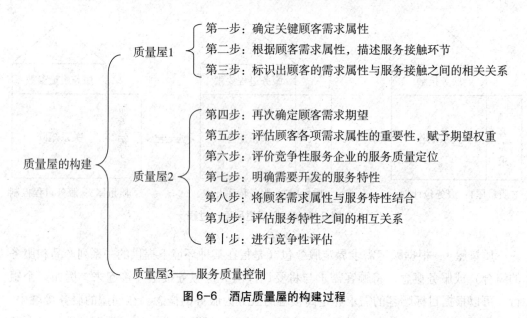

图 6-6　酒店质量屋的构建过程

（1）质量屋 1 的构建。

确定顾客需求期望与相应的服务接触。这一阶段的主要任务是根据顾客的具体需求设计相应的服务接触，并把所有的服务接触整合起来，即企业将要为顾客提供的服务包，如图 6-7 所示。

第一步，确定关键顾客需求属性，即顾客期望。

在图 6-7 中，左边是顾客的需求，即顾客期望。企业从顾客的角度、以顾客的语言来加以描述，如服务快捷、服务精确、态度友善等。在本例中，假设各酒店的地理位置已经确定，我们确定三个关键需求属性：服务快捷、服务精确和态度友善，再对这些关键需求属性作进一步的细分。比如，对于服务精确我们可以将之细分为房间的价格、入住的起止时间、设施信息、点菜、结算方面信息的准确性。

第二步，根据顾客需求属性，描述服务接触环节。

相关性

■强正相关关系

□弱正相关关系

●强负相关关系

○弱负相关关系

相关性／顾客需求属性			前台	餐厅	卧室	休闲室与酒吧	礼仪	门童
顾客期望	服务快捷	快速服务	■	■	□	■	□	□
		等候较短	■	■		□	□	
		响应性	□		□	□	□	■
	服务精确	价格与时间	■	□				
		相关信息	■	□				
	态度友善	态度友好	■			□		■
		移情性	■	■	□			■

图 6-7　质量屋 1 的构建

在图 6-7 的左边，我们界定了顾客需求属性，这些是服务的关键时刻。假设在酒店前台、餐厅、卧室、休闲室与酒吧、礼仪、门童等服务接触中存在关键时刻，因此，将这些相应的服务接触列在图的右上角区域。

第三步，标识出顾客的需求属性与服务接触之间的相关关系。

顾客需求属性与服务接触间的关系可以通过酒店员工调查、焦点小组法、顾客调查、历史数据统计分析等方法获得。将顾客需求属性与服务接触联系起来，标识在图 6-7 的右下角。强正相关关系、弱正相关关系、强负相关关系、弱负相关关系也可用 5 分制或 10 分制来表示。例如，服务快捷可通过餐厅的强正相关、卧室的弱正相关等来进行评估。这样，在第一个质量屋中，就对顾客需求属性与服务接触的关系进行分析和评估。

（2）质量屋 2 的构建。

这一阶段的主要任务是确定各项服务接触，设计相应的服务过程元素，从而把所有的服务接触与相应的服务特性连接起来，如图 6-8 所示。

图 6-8　质量屋 2 的构建

相关性		计算机结算系统	入住前的数据库	员工知识水平	员工技能水平	员工配备数量	及时住房计费系统	重要性高低评估	竞争者评估 1 2 3 4 5	卖点
■强正相关关系										
□弱正相关关系										
●强负相关关系										
○弱负相关关系										
顾客需求属性										
服务快捷	前台等候时间短	■	■	□	■	□	□	1234⑤	A　B	
	快速入住手续	■	■	□		□		12③45	A B	
	快速退房手续	□			□	□	■	123④5	A B	
结算精确性	顾客事先知道价格	□		□				123④5	AB	
	结算费用正确			□			■	12③45	AB	
灵活性	顾客特殊需求管理	●		■				1②345	B　A	
	提供服务和社区信息			■				12③45	B　A	
态度友善	态度友好	○	□	□		■		1234⑤	B　A	
	移情性					□		1②345	BA	
竞争性评价	A	N	N	4	3	5	N			
	B	Y	N	3	4	2	N			
	C 目标定位	Y	Y	4	5	3	7			
	C 资源配置	X	X		X					

第四步，再次确定顾客需求期望。

以酒店前台服务接触中的关键时刻为例，根据图6-8可分析出前台接待的四个关键顾客属性：服务快捷、结算精确性、灵活性和态度友善。这与图6-7中的顾客需求属性是一致的。服务企业通过分析接触层面的顾客需求属性，揭示出事先没有考虑到的质量维度。在本例中，通过分析企业识别出灵活性这一潜在属性，这将能使服务设计得到关键性改进。因此，企业将灵活性整合到图6-7的服务包中。

在图6-8中，左侧将顾客需求属性表述得更为具体。例如，结算精确性包括了顾客事先知道价格、结算费用正确。只有顾客才能了解自己的真实需求，因此这些服务接触的质量属性可以通过顾客调查来决定，但不能通过服务人员和管理者来决定。

第五步，评估顾客各项需求属性的重要性，赋予期望权重。

图6-8右边的符号标识了顾客不同需求属性的相对重要程度。在"重要性高低评估"一栏中，按5分制进行评分，评分为5分的，表示该顾客需求属性最重要；评分为1分的，表示该顾客需求属性最不重要。

第六步，评价竞争性服务企业的服务质量定位。

图6-8右边"竞争者评估"一栏的评估采用5分制，得分为5分的，表明该企业在顾客需求属性方面最为重视，属于该企业的优势项目；得分为1分的，表明该企业在顾客需求属性方面最不重视，属于该企业的劣势项目。由此可见，酒店A更重视服务的灵活性和服务人员的礼貌行为；而酒店B更重视服务的快捷性和结算的精确性。

第七步，明确需要开发的服务特性。

在确定需要列出的服务特性时，我们需要先分析它们对于达成顾客满意的重要程度，并确保这些特性能满足目标顾客的需求。在图6-8中，列举了前台接待的6个服务特性：计算机结算系统、入住前的数据库、员工知识水平、员工技能水平、员工配备数量、及时住房计费系统。

第八步，将顾客需求属性与服务特性结合。

图6-8中间的主体部分说明了顾客需求属性与特定的服务特性之间的内在联系。例如，结算费用正确与及时住房计费系统强相关，而与员工知识水平弱相关；而服务快捷与计算机结算系统之间存在着很强的正相关关系。不过，数据库有时对顾客也会产生负面的影响，因为计算机结算系统的使用会大大降低服务人员与商务旅客之间的接触水平。因此，计算机结算系统与灵活性之间存在着很强的负相关关系，而与员工的态度友好之间存在弱负相关关系。

因此，在采用QFD质量屋设计技术时，服务企业必须慎重考虑目标顾客的评价意见以明确是否需要采用计算机结算系统。如果在图6-8中"计算机结算系统"所对应的行都是空白的，那就意味着服务企业要对顾客需求属性进行重新评估，或者重新考虑服务传递过程的设计。

第九步，评估服务特性之间的相互关系。

在评估服务特性之间的相互关系时必须考虑企业资源和成本。如图 6-8 所示，屋顶部分的员工配备数量与员工技能水平、计算机结算系统之间均存在很强的负相关关系。因此，在一定的成本条件下，企业是选择较多的低技能员工，还是选择较少的训练有素的员工；是选择较少的员工配备完善的计算机结算系统，还是选择较多的员工配备一般的计算机结算系统。服务企业必须进行权衡，并作出决策。

第十步，进行竞争性评估。

这一步骤的主要任务是进行竞争性评估，识别创建竞争优势的方向和战略资源配置的领域。图 6-8 的右边，顾客对竞争者评价较低但却很重要的服务特性，往往是服务企业创建战略性资源的潜在领域。图 6-8 最下面"竞争性评价"部分，是目标定位和资源配置的领域。

在图 6-8 的底部，竞争者 A 没有选择"计算机结算系统"，我们在其所对应的那个方框里标上符号"N"；而竞争者 B 采用了"计算机结算系统"，因此，我们在 B 所对应的方框里标上符号"Y"。对于"入住前的数据库"一栏，竞争者 A 和 B 都没有采用。在员工的知识水平方面保持中等水平，二者评价分别为 4 分和 3 分。竞争者 A 和 B 都已经选择不重视员工技能水平，二者评价分别为 3 分和 4 分。此外，竞争者 A 通过增加员工配备人数（在质量屋底部，A 的员工配备数量记为 5 分），加强员工与顾客间的接触，这种额外的人员配备是以牺牲员工的技能水平为代价的。而对于 B 来说，其通过选择计算机结算的解决方案来进行服务传递，以减少人员接触。从竞争者 A 和竞争者 B 的目标定位可以看出，选择高技能水平的员工，并且运用计算机结算系统及数据库，对于服务设计来说具有战略意义。对于"及时住房计费系统"来说，尽管竞争者 A、B 都没有选择，但该方面对顾客的重要性并不十分明确。对此，我们资源配置的战略方向是计算机结算系统、入住前的数据库和员工技能水平三个方面，在质量屋的最底部标记符号"X"，如图 6-8 所示。

（3）质量屋 3 的构建。

质量屋 2 的构建完成，表明质量屋服务设计过程已基本结束。但作为一个完整的服务设计过程，还必须考虑服务的质量控制问题，即第三个质量屋的构建，如图 6-9 所示。

为了保证有效地传递顾客所认为的很重要的需求属性，因此，在第三个阶段，我们的主要任务是将第二个质量屋的相应服务特性，直接与服务过程和质量控制措施连接起来。例如，可以把建立和使用顾客数据库看作向目标顾客传递快捷服务的一个重要因素。数据库的维护及数据库的准确性是服务质量控制措施的一个关键内容。企业通过获得顾客个人信息、信用卡信息、顾客预订的房间价格、顾客离店具体日期与时间等，可以提高员工接待和结算的速度。服务企业还必须监控错误的根源及错误发生的频率，并提供有效的质量控制。如果在服务过程中出现服务失败导致顾客抱怨，企业就应该将这些失败或抱怨加以整理，并为企业员工进行有效的培训，以提高他们应

相关性
■强正相关关系
□弱正相关关系
●强负相关关系
○弱负相关关系

顾客需求属性			前台	餐厅	卧室	休闲室与酒吧	礼仪	门童
顾客期望	服务快捷	快速服务	■	■	□	■	□	□
		等候较短	■	■				
		响应性	□				□	■
	服务精确	价格与时间	■	□				
		相关信息	■	□				
	灵活性	顾客特殊需求管理	■		■	□	□	
		提供服务和社区信息	□					■
	态度友善	态度友好	■	□	□			■
		移情性	■	■	□			■

图 6-9 质量屋 3 的构建

急处理的能力。

（二）其他服务质量设计的方法

1. 集中服务包

下面通过一个旅馆的例子来说明服务包。这是一个采用总成本领先战略的旅馆，其服务包包括四个方面。

（1）支持设施。整个建筑物是由不需要维护的材料所构成的，每个房间都使用独立的空调，空调与供热系统分散化，保证一台空调的失灵仅影响一个房间。

（2）辅助物品。房间里的家具耐用且易于清洗，使用一次性杯子、拖鞋等来代替需要洗刷的用品。

（3）显性服务。每个房间的外观都相同，使用标准化的方式来培训服务员。

（4）隐性服务。前台服务员友善、令人愉快，具有良好的人际沟通能力，通过标准化的作业程序训练，确保一致地对待每一位客人。

2. 田口式模型

这个模型是由田口的名字命名的，也称"超强设计"，保证在不利的条件下，产品或服务具有适当的功能。田口认为：产品或服务的质量可以通过持续满足设计要求来达到。对一个顾客而言，产品或服务质量最有力的证明是当其被非正常使用时表现出的特性。

3. Poka-yoke 法

新江滋生首创了自动保险或校对差错的理念，以防止不可避免的差错发展成缺陷。Poka-yoke 来自日文，意思是"避免"，就是一个程序中简单的嵌入式步骤，这个程序的每一步都得按顺序进行，也就是要做一个可标识差错的设备或流程。例如，医疗手术中就采用了 Poka-yoke 法。外科手术的装置中有一个托盘，托盘上有很多缺口，对于特定的手术，其所需的全部工具都应放在这个托盘的缺口处。这样，在刀口缝合前，就能确认工具是否齐全，如果缺了某个工具，还可以确认到底少了哪个工具。

第五节　服务质量改进

一、服务质量改进的内涵

（一）服务质量改进的概念

1. 质量改进的定义

质量改进有多种定义，ISO 9000：2015 中质量改进被定义为"旨在增加满足质量要求的能力的质量管理活动"。GB/T 19000—2016 把质量改进定义为"质量管理的一部分，致力于增强满足质量要求的能力"。这些定义强调了质量改进是质量管理的一部分，其目的是通过持续的努力来提高产品、服务或过程满足既定质量要求。质量改进具有三个特征：（1）质量改进能为企业和顾客提供更大的效益；（2）提高质量管理活动和过程的有效性和效率，既是质量改进的手段，又是质量改进的目标；（3）质量改进既可用于日常的改进活动，又可用于解决系统性质量问题的长远性改进，它适用于所有的质量管理活动。质量改进通常涉及识别和消除缺陷的原因，减少变异性，以及通过预防措施来提高质量。

2. 服务质量改进的定义

当然，质量改进的概念同样适用于服务质量改进。综上所述，我们可以把服务质量改进理解为：为提高顾客满意度，保持组织增益而进行的改善服务的特征和特性及提高生产和交付服务过程的有效性和效率的活动。

✏️ **数据链接**

国家邮政局召开 2020 年第一季度例行新闻发布会，通告 2019 年快递服务满意度调查结果和时限准时率测试结果。数据显示，2019 年快递服务总体满意度得分为 77.3 分，较 2018 年上升 1.4 分。其中，公众满意度提升幅度较大，较 2018 年上升 2.3 分。全年业务旺季全程时限较长，第二、第三季度时限水平较高且保持稳定。时限方面，2019 年全国重点地区快递服务全程时限为 56.2 小时，较 2018 年缩短 0.64 小时，72 小时准时率为 79.26%，较 2018 年提高 0.29 个百分点，与 2018 年同期相比，2019 年各月时限水平普遍改善。除投递时限小幅延长外，寄出地处理、寄达地处理和运输时限均有改善。

（二）服务质量改进的原则

服务质量改进要遵循一定的原则，主要包括以下几项。

1. 过程改进原则

服务质量改进根本上是通过过程的质量改进来实现的。服务质量改进过程包括：改进模式的确定、改进组织和团队的建设、改进方案的制定、改进目标的评价和改进过程的实施及监控。整个改进过程构成了一个质量改进环，质量改进环上每一个过程都会影响整个服务质量的改进结果。

2. 循环性原则

服务质量改进以已有的服务产品和服务过程为基础，对过程中涉及的顾客抱怨等问题进行原因分析，探讨解决问题的措施，征求顾客意见后实施措施并评价其有效性。一个阶段的改进完成后即进入下一轮新的改进，继续寻找新的不足。

3. 预防性原则

服务质量改进的关键应该是消除、减少服务质量隐患，防止出现服务失误、顾客不满等问题，而不仅仅是事后的检查和补救。这就要求对影响服务质量的诸因素进行事前质量控制，如完善服务系统、提高服务人员素质、修正服务标准和制度及确立科学的、人性化的服务程序等。

除了上面 3 项原则之外，还包括软硬件并重的原则、全员参与的原则、循序渐进的原则、持之以恒的原则、注重培训和奖励的原则等。

（三）服务质量改进的方法

改善企业的服务质量，有三种常用的方法：标杆管理、流程分析、田口式模型。

（1）标杆管理是指把优于自己的竞争对手作为竞争和赶超对象，在对自己的产品/服务进行比较和检验的过程中吸取精华、修改错误，来达到提高自身水平的目的。

①在发展战略方面，将自身的战略同竞争者成功的战略进行比较，寻找它们的相互关系，借鉴对方的优势特点，根据自身客观条件，重新调整并量身定制出新的、符

合市场环境和自身资源水平的发展战略。

②在经营管理方面，在清晰了解竞争对手的基础上，致力于降低竞争成本和增强竞争差异化的分析研究，并制定自己的经营战略。

③在业务提升方面，结合竞争对手在业务管理方面的优势，对内部业务管理流程的各个环节重新评估，在保持自身服务文化特性前提下学习吸收竞争对手的经验，让二者步调一致无疑是企业提高服务质量的重要保证。

（2）流程分析是指通过对组织系统和架构的分解分析，寻找客户同服务人员的信息沟通接触点，以全面了解客户需求，提升服务质量。在服务传递的整个过程中，通过服务蓝图来检验服务流程中存在的问题，即流程分析。流程分析为企业有效地分析和理解客户认知服务产品的各种因素提供了便利。企业服务的宗旨就是以最快速度解决客户遇到的各类问题。

（3）田口式模型。田口式模型是以田口的名字命名的。该模型设计的核心主导思想是在满足基本需求功能的基础上，保证在任何不利的环境中仍然保持较强的产品适应性。对客户而言，越是在产品被滥用时，它的优势表现就越是明显。

二、服务质量改进的意义

（一）服务质量改进可以有效地降低成本

服务业在成本方面的浪费会直接影响其利润的增加和持续发展。通过服务质量改进不仅可以减少因服务项目开发失败而造成的成本损失，而且还可以降低服务方面许多不必要的消耗。比如，通过对饭店灯光环境的改进可以节约能源耗费，通过对酒店客房的服务改进可以减少一次性物品消耗等。

（二）服务质量改进可以提高服务业市场反应能力

鼓励顾客参与服务质量改进的过程，将顾客的意见和需求作为改进开始时的因素，也可作为改进过程中的因素。确保顾客的信息可到达改进过程中的每一个环节，同时质量改进过程的信息也应及时反馈给顾客，建立灵活迅速的市场反应机制。

（三）服务质量改进有利于重构企业的竞争力

一个具有竞争力的企业能够比其他企业更有效地向市场提供产品或服务来赢得利润。企业可通过服务质量改进来改善服务质量，提高员工素质和能力。通过独特的设计、友好热情的服务、舒适的环境来吸引更多的忠诚顾客，从而在一定程度上重新构建出区别于其他服务企业的竞争力。

（四）服务质量改进有利于提高服务质量管理体系的有效性

实施服务质量改进过程要涉及服务的各个方面、涉及服务的全过程。服务质量管理体系包括服务质量方针、服务质量目标、服务质量计划、服务过程控制、服务质量检验、服务质量审核和服务质量改进等过程。通过服务质量改进，可以测量和监控服务过程的各个方面、各环节的信息，可以发现服务质量管理体系的不足和缺陷，从而采取改进措施，不断完善服务质量管理体系。

✏️ **相关案例**

假日酒店的设施质量和客房收益

为了确定酒店业产品质量和财务绩效之间的关系，谢里尔·基梅斯（Sheryl Kime）分析了美国和加拿大 1135 家假日酒店特许经营店 3 年来的质量和运营绩效数据。

产品质量指标来源于特许经营者的质量保证报告，这些报告基于有经验的质量检查员提供的未发布的半年检查报告，他们在不同的地区轮岗，检查分布在 19 个不同地区的各个酒店，并给它们评分。本研究中包括 12 个质量维度：2 个与客房有关（卧室和浴室），10 个与所谓的商务区域有关（如外部装修、大堂、公共卫生间、用餐设施、走廊、会议室、娱乐场所、厨房及后院等）。每个质量维度包括 10~12 个单项。检查员记录每个维度的缺陷数和整个酒店的缺陷总数。

假日酒店还提供了每个酒店的每间可用客房收益（ReVPAR）。为了针对各地区不同的条件进行调整，基梅斯分析了从上千家美国和加拿大的酒店及《史密斯旅游接待报告月报》（*Smith Travel Accommodation Reports*，这一报告广泛地应用于旅游业）所获得的销售和收入数据。这些数据有助于基梅斯计算每个假日酒店的中等规模的直接竞争者的每间可用客房收益，这些信息可使调查样本中的所有假日酒店的每间可用客房收益具有可比性。为了达到研究目的，如果一个酒店在某个领域的至少一个项目上失败，那么该失败就被认定为该领域的"缺陷"。研究表明，随着酒店存在的缺陷数量的增加，每间可用客房收益减少。对每间可用客房收益有特别强烈影响的质量维度包括外部装修、客房和客房浴室。一项单独的缺陷就会引起每间可用客房收益显著减少，如果以上三个领域都存在不足，则会对每间可用客房收益有更大的影响。基梅斯计算出存在的缺陷对酒店年平均收益的影响高达 204400 美元。

从质量回报的角度来看，以上研究表明，在客房管理和预防维护上增加开支应该首先集中于酒店的外部装修、客房和客房浴室。

三、服务质量改进模式

服务质量改进模式的构建应当结合上述改进原则，整个服务质量改进模式可分为六部分，分别为：管理者支持和承诺、顾客信息、服务质量评价及分析、服务质量改进团队、服务质量改进实施和巩固及推广，如图 6-10 所示。其中，顾客信息为输入，效率提高和顾客满意为输出，质量培训、质量体系、团队培训和奖励手段等都是支持系统。

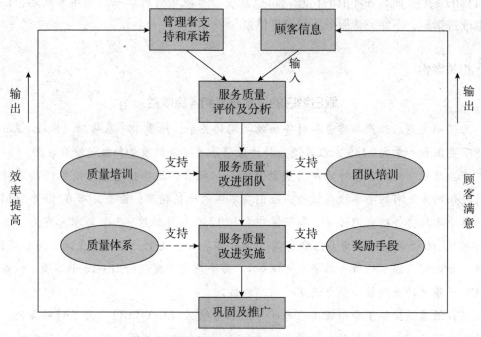

图 6-10 服务质量改进模式

（一）管理者支持和承诺

管理者掌握着人、财、物等资源的支配权，企业的任何一项决策和行动都需要得到管理者的支持才能实施和成功。管理者可采取多种支持和承诺行动，如建立高层团队研究、讨论；在企业的每一个层级上，与员工探讨服务质量改进；与某些服务质量改进的专家们交流。这样一来，将有助于开展服务质量改进工作。比如，可以组成一个由总经理、总经理助理、副总经理等组成的服务质量改进团队。在该团队里，高层领导者必须对本企业的服务质量目标、使命、价值观和关键过程达成一致。最高负责人需要取得其他成员对改进的认同。如果其他成员不支持这个项目的实施，那么这个项目也不能顺利地开展。

（二）顾客信息

顾客需求是服务质量改进的重要输入。在传统理念中，服务质量改进与顾客的需求严重脱节，而现代服务业意识到真正能促进服务质量改进的前提条件是以满足顾客需要为基础，把满足顾客需求作为服务质量改进努力的重要部分。

顾客满意是服务质量改进的宗旨和根本目的，同时，顾客满意也是服务质量改进的主要输出，如图 6-10 所示。服务质量改进还应强调注重提高过程的效果和效率，实现企业自身效益的提高。在现代市场经济中，只有通过服务质量改进使顾客体会到服务质量的提高，才能使其成为忠实客户并影响其他潜在顾客，企业才能维持和扩大市场占有率。因此，顾客满意与否是衡量一个服务企业服务质量改进的重要标准之一。

那么，如何获取和管理顾客的需求信息呢？主要有三点：

（1）通过市场调查研究和访问顾客等途径，识别顾客（包括潜在顾客）的需求，包括价格、可信性、可靠性、安全性、态度等要求。

（2）在服务质量改进过程中，可采用 SERVQUAL 量表测量顾客对服务质量的评价，针对顾客的不满意因素及时采取相应的质量改进措施。

（3）建立一个连续的顾客信息反馈系统，对顾客需求、顾客满意程度的信息进行收集、分析和反馈，加强与顾客的联系，鼓励顾客参与到服务质量改进的全过程。

（三）服务质量评价及分析

服务质量评价是进行服务质量改进的前提之一，有效地评价服务质量，可以确定问题的所在。一般服务质量评价的方式有三种：自我评价、顾客评价和第三方评价。

1. 自我评价

按照已形成的服务企业质量文件并由能胜任的人员有计划地完成并记录归档的评价称为自我评价。服务业的服务质量标准可用来对各个部门进行评价，同时也对服务人员进行评价。通过自我评价，可以明确服务的实际提供情况，可以不断修正以免引起顾客的不满。

2. 顾客评价

由服务的接受者来评价服务提供者的工作是最直接、最有效的。满足顾客的需求是服务企业追求的目标。企业内各种设备设施、精美装饰、典雅气氛及训练有素的员工，都是为了顾客而设置的。服务企业应该从顾客的角度出发，来发现企业所存在的服务质量问题，从而选定服务质量改进项目。

3. 第三方评价

企业服务质量的评价不仅包括自我评价和顾客评价，还包括社会和政府的评价，即第三方评价。第三方评价是指政府部门制定相应的服务质量政策法规，社会有关机构进行相关的评估。作为独立于供应方和需求方的评价主体，第三方评价是比较客观的，但第三方评价往往是在有限的时间内评价，因此更多注重的是企业的硬件质量而非软件质量。

（四）服务质量改进团队

服务质量改进团队的主要目的是改进服务质量。鉴于服务业服务质量改进自身的特点及员工的素质和能力限制，服务质量改进团队应定位为一个为了解决某些问题而选拔和任命组成的小组。随着服务质量改进活动的不断深入，也可以采用由全体员工自主参与的非正式小组的形式。

服务质量改进团队需要有清晰的目标和明确的领导。应该设定几条规则，以说明团队的日常工作内容及如何选择成员。服务质量改进团队的运作是本模式运行过程中的关键部分。团队成员必须接受相同的质量改进教育，否则会因意见不同而争吵不休。

因此，为有效地开展服务质量改进工作，必须加强培训，如服务意识培训、改进团队的培训等。培训能使队员一步一步地建立起对服务质量的理解。

由于员工的流动问题，经过一段时间的改进活动之后，服务质量改进团队可能会更换新人，原来的成员也许只有有限的人员继续留任，因此会形成新的团队。所以，服务企业必须进行经常性的教育和培训，这样，新的团队才能继续进行服务质量改进，甚至发展出新的改进方式，带来更多的进步。

（五）服务质量改进实施

服务质量改进团队实施具体的服务质量改进项目，可以按照 PDCA-S 循环并结合项目的具体特点而实施。在 PDCA-S 循环中，"S" 是 Satisfaction（满意），PDCA 是计划、实施、检查、处理四个阶段。这四个阶段在服务质量改进项目中具体可分为八个步骤：选定项目、确定改进目标、分析各种因素、确认根本原因、制定措施、实施解决措施、检查和评价、总结与处理，如图 6-11 所示。

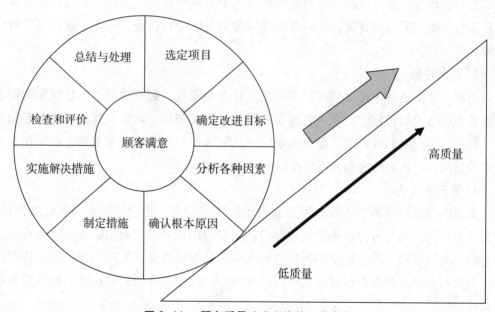

图 6-11　服务质量改进实施的八个步骤

第一步，选定项目。利用收集到的顾客需求和期望等信息，通过调查问卷、访谈等方法获得顾客对服务质量的评价，结合自身状况，发现存在的差距，从而选定服务质量改进项目。

第二步，确定改进目标。要求服务质量改进团队在改进服务质量的过程中，进行充分的调查研究和分析，认真了解顾客的需求和层次，了解他们在消费中所碰到的具体问题，并通过改进加以解决。

第三步，分析各种因素。同样的一项服务在不同的背景下有不同的具体表现，产生不同的服务质量。比如，顾客素质的不同会影响服务质量；服务人员表现的不同也会影响服务质量。因此，需要根据服务企业的实际情况确定服务质量问题的影响因素。

第四步，确认根本原因。找出影响服务质量的根本因素，结合顾客对服务要素的不同重视程度进行分析。

第五步，制定措施。在改进措施的制定过程中，应结合自身各种资源，与企业的相关部门进行沟通，使改进措施更利于实施。

第六步，实施解决措施。这是一个动态控制的阶段。要能够及时发现企业和顾客的变化和反应，适时微调改进计划和措施，采用调查的方式来征求顾客和员工的建议，保证改进计划的顺利实施。

第七步，检查和评价。改进措施实施以后，要及时记录改进过程中的反应和情况。检查改进过程中顾客所提供的可用性资料及改进计划中遇到的不利和有利因素。并且对顾客的需求和期望进行进一步的了解，为新的改进措施的制定提供依据。

第八步，总结与处理。该阶段主要是对检查阶段发现的问题进行研究，提出措施并加以解决，防止以后发生类似问题。同时准备进入下一个循环，对于那些不能解决的问题提出新的对策，并在新的改进过程中实施。

（六）巩固及推广

对改进成果进行巩固和推广的目的是使服务质量改进项目所取得的成果能够持续下去。为此，服务质量改进团队应当设计有效的服务质量控制方法、防止差错的补偿措施及对控制方法进行审核的机制等。

为了更好地利用已完成项目的经验和更有效地开展新的服务质量改进项目，应该对项目成果进行推广。这样就可以保证服务质量改进团队取得成功的扩散，使同类问题得到有效解决。也可以保证团队立即识别新的服务质量改进项目，促进企业的持续改进，最终达到把品质优良的服务展现给顾客的目的。

【课后思考题】

一、简答题

1. 如何理解可感知服务质量？

2. 试对服务质量差距模型进行分析。

3. 如何应用 SERVQUAL 量表？

4. 结合图形分析 QFD 质量屋的构建步骤。

5. 论述服务质量改进模式的构建。

二、论述题

1. 结合所学知识，试讨论服务质量管理对企业的作用。

2. 结合所学知识，试讨论衡量服务质量的五个标准对企业的具体作用并举例。

三、案例分析题

为了让传统服务业更好地把握移动互联网带来的新机会，腾讯电商旗下的微生活团队推出了微生活会员卡系统，其整合了移动 CRM、微信自定义菜单、移动客服、微信支付和手机 QQ 优惠券平台五大核心功能，为商家提供了全面的用户信息管理系统。比如，微生活会员卡能精确地记录每个用户在饭店的消费情况，如他们多长时间到饭店吃一次饭、每次消费的金额是多少，这可以让商家更精确地了解客户的消费习惯，并针对这些习惯推送不同的促销信息。

万龙洲是北京著名的专业经营海鲜、粤菜的连锁餐饮企业，2013 年 6 月与微生活开始合作。针对万龙洲的客单价及客户群体，微生活为会员专门设定会员菜，万龙洲更首次为 200 种菜品调低价格，此项"特权"单日最多吸引会员近 2 万名，项目上线仅 20 天，会员交易总额超过 1000 万元。值得注意的是，微生活会员卡方案中的社交元素也得到了充分发挥。如麦当劳微生活会员卡中的茶点卡可以使会员享受买 A 套餐赠送 B 套餐的优惠，用户分享到朋友圈后很容易引起其他人的效仿。同时，茶点卡中的"转赠好友"这个社交功能，在时尚潮流人士中得到了广泛传播。

阅读以上材料，回答以下问题。

1. 以上体现了服务质量管理的哪些思想？
2. 体现的关于服务质量管理的思想对你有什么启示？

第七章 服务补救

[本章学习目的]

掌握：服务失误的相关性研究；服务补救的内涵；服务失误和服务补救的类型；服务补救与顾客满意度的关系。

熟悉：服务补救模型中的服务补救效益；客户服务资产与服务补救收益及服务补救实施中的服务补救策略；实施服务补救的步骤。

了解：公平理论、期望失验理论、归因理论、社会交换理论在服务补救中的应用。

📝 导入案例

旅客在从纽约飞往墨西哥的旅程中遭遇到的麻烦

这趟航班整整晚点 6 小时才起飞，在途中又意外地多停靠了两站，最后还在空中足足盘旋了 30 分钟才得以着陆。由于所有这些延误和不幸的意外事件，飞机的在途时间比计划长了 10 小时，机上的食品和饮料也消耗殆尽。飞机在凌晨 2 点抵达目的地时，又因着陆过急过猛，使得舱顶的氧气罩和行李纷纷震落。等到机舱门缓缓升起时，盛怒的乘客已被饥饿折磨得头昏眼花，并且确信他们的假期还没有开始就已被破坏了。

而梅德俱乐部针对服务过程中出现的失误进行了及时的补救，并最终赢得一群度假者的满意和忠诚。

首先，旅客们刚刚下飞机，坎肯旅游区总经理带领一半员工就已来到机场，热烈欢迎晚点的旅客。

其次，坎肯旅游区总经理安排了音响设备以播放轻快活泼的音乐，并在梅德俱乐部设下丰盛的宴会，加上墨西哥流浪乐队和香槟，烘托出宜人的氛围。

最后，当旅客拥向出口时，迎接他们的是亲人般的问候、行李的分担、称心如意的小车和开往度假地的客车；不仅如此，在梅德俱乐部，全体员工与其他客人一起夹道欢迎这些新入境者。

第一节　服务失误和服务补救

对于服务业而言，重复性的顾客是公司重要的资产，而确保重复顾客最有效的方式就是在每一次服务时提供符合或超出顾客期望的产品或服务，但这通常是不易达成的。由于服务的无形性、异质性和不可贮存性造成了服务提供与生产的高度不确定性，因此再好的服务公司都无法避免服务失误（Service Failure）的发生，追求服务零缺陷的目标是不可能实现的。然而服务失误会破坏顾客的忠诚度，不过这并不表示公司就一定会失去顾客，因为公司虽无法避免服务失误的发生，但即刻修复失误，一个良好的补救行动可以将生气且失落的顾客转变成忠诚的顾客。

一、服务失误的相关性研究

（一）服务失误的定义

服务与有形产品不同，与其说服务是一种产品，不如说服务是"一种行为，一种表现，一项努力"。因此，对服务失误的定义要比对有形产品缺陷的定义困难得多。著名的服务营销学者格罗鲁斯（Gronroos）将服务失误定义为不按顾客的期望进行服务。凯维尼（Keaveney）认为当顾客对服务系统不满意时，服务失误就发生了。史密斯（Smith）综合了以上定义提出当服务提供者不能按照顾客期望提供服务，并导致其不满意的时候，服务失误就发生了。服务失误发生与否与顾客的感知密切相关，当顾客对服务绩效的感知小于服务期望时，顾客就会不满意，也即发生了服务失误，若顾客没有感知到绩效和期望之间存在负向差异，就不会感到不满意，也就没有发生服务失误。

（二）服务失误的原因

在整个服务过程中，服务传送与服务提供者是不可分离的，从服务传送的第一次接触到最后一次接触的过程中，都有可能发生服务失误，从而对顾客产生不好的影响。

造成服务失误的原因是非常复杂的，既有服务提供者的原因，也有顾客自身的原因，还有随机因素的影响。

1. 从服务提供者的角度来看

服务质量差距的变化是造成服务失误的最重要的原因。我们所说的服务质量差距包括 5 大类，蔡特哈姆尔等人将其归纳为所谓的服务质量差距模型：①管理者认识上的差距；②服务质量规范的差距；③服务交互的差距；④营销沟通的差距；⑤顾客感知服务的差距。而造成这些差距的原因既有技术方面的，也有服务过程方面的。衡量服务质量的 5 大影响因素的变动都可以加大或缩小这些差距。例如，服务传递过程中一线员工的保证性、响应性、移情性等都会影响顾客感知的服务质量。当任何一个差距过大时，就形成了服务失误。当然，有些服务失误是直接面向顾客的，而另一些服务失误则只是内部的服务失误。但我们绝对不能忽略内部失误，因为内部失误是可以向外部失误转化的。

2. 从顾客的角度来看

由于服务具有生产与消费的同时性特点，所以，在很多情况下，顾客对于服务失误也具有不可推卸的责任。例如，在顾客的服务期望中，既有显性的，也有隐性的，还有模糊的期望。在有些情况下，顾客无法正确地表述自己的服务期望，由此而形成的后果是服务结果的失误。而服务结果一旦失误，再好的服务过程都不会有任何的意义。例如，一个理发的顾客如果不能准确地说出他所期望的发型，那么，这个服务过程是注定要失误的，理发师的微笑和良好的服务不会具有任何意义。

3. 随机因素的影响

在有些情况下，随机因素也会造成服务失误。例如，货轮在海上遭遇风浪而造成货物损失、股票操作系统故障而给顾客带来的经济损失等。由于随机因素，特别是不可抗力造成的服务失误是不可控因素，所以企业服务补救的重点不是在服务结果的改进上，而是如何及时、准确地将服务失误的原因等信息传递给顾客，并从功能质量上予以有效的"补偿"。与有形产品不同，许多服务是不可以重新生产的。就像一个人去理发店，如果头发理得一塌糊涂，无论是服务提供者（理发师）还是服务接受者对此都是无能为力的。服务提供者所能做的只是尽量给顾客从精神上和物质上予以补偿，并力争在下一个服务流程中杜绝此类事情的发生。

对于服务失误的研究，不同的学者有着不同的观点，如表7-1所示。

表7-1　　　　不同学者的相关研究

学者	相关内容
Bitner	研究发现当顾客感觉服务失误的原因，可归因于企业，而且也可能再度发生时，顾客会提高不满意的程度；而员工解释、提供补偿及实体环境等均会影响顾客对服务失误的归因
Bitner, Booms and Tereault	从服务接触的观点来探讨顾客不满意的关键事件，并将其分成三类：①服务传递系统失误；②顾客的需求或要求的反应失误；③员工的行为
Bower	服务是"品质、合理价格、良好服务"的综合体
Bitner	认为服务的实体环境会对员工与顾客造成影响，环境的构面包含了环境状况、空间和标识
Goodwin and Ross	服务和消费同时发生，服务传送与服务提供者不可分离，所以在传送的任何一个接触点产生失误，均会使得顾客产生负面的反应

学者	相关内容
Bitner, Booms and Mohr	以 CIT 的方法对旅馆、餐厅及航空公司员工的观点进行调查，将 744 项关键事件分为：①服务传递系统的错误；②员工对顾客的需要或要求的反应；③员工的行为；④有问题的顾客行为。研究显示对于不满意的部分：员工认为是"有问题的顾客行为"，顾客则认为是"员工的行为"
Kelly and Davis	服务失误应从时间、严重性、频率三个构面来加以深入探讨。失误会发生在顾客与服务人员的任何接触点，而失误的严重性，可以是微不足道，也可以是非常严重的
Boulder, et al	针对瑞典航空公司及美国航空公司，综合员工及顾客观点，将服务失误事件分为：①在机场发生的服务失误；②在航空器内发生的服务失误
David and Adrian	以航空乘客为研究对象发现，服务失误会加速顾客对公司的信赖下降。初期虽不会急速下降，但若公司持续发生失误或是补救不满意的情形，在中后期还是会急速下降
Smith, Bolton and Wagner	以美国餐饮业和旅店为例：服务失误可以由两个变量来决定，即服务失误的类型（过程失误与结果失误）和服务失误的严重性。根据这两个变量可以将服务失误描述为四种模式：不严重结果性失误、严重结果性失误、不严重过程性失误和严重过程性失误

（三）服务失误与顾客的反应

1. 服务失误对顾客的影响

服务提供者的目标是提供完美的服务，但由于服务的特点，不可能十全十美，总是存在一些服务失误或问题。除了尽量避免服务失误外，服务提供者还应清楚地了解服务失误造成的影响和顾客可能的反应，以便制定相应的对策。

服务质量是顾客感知的质量，这种感知包括两部分：技术/结果要素和功能/过程要素。服务失误的结果可能是：①结果没有达到顾客的期望；②过程没有达到顾客的期望；③结果和过程都有让顾客不满意之处。

无论哪种情况的服务失误，顾客都没有享受到其所期望的服务。

当出现服务失误或服务问题时，顾客感到不满意，这会给顾客造成两种影响：实际问题和情感问题。

（1）服务失误对顾客来说意味着经济上的损失，顾客为获得服务付出了各种成本，不仅包括顾客为服务所支付的费用（短期可见成本），而且包括关系成本——直接关系成本、间接关系成本和心理成本等，在有些情况下，由于服务失误，顾客可能还会面临一种没有选择其他服务提供者的机会损失。

（2）出现服务失误后，顾客可能会产生焦虑、挫折或懊悔的感觉，失望、愤怒等情感会影响顾客的服务体验或对服务质量的感知，会影响顾客原有对服务提供者的感知。例如，毛特（Maute）等采用心理模拟的方式，调查了顾客在遇到核心服务失误后的情绪反应等。通过聚类分析，他们发现顾客对服务失误有四种不同类型的情绪反应：平静的/容忍的、敌对的/愤怒的、吃惊的/担心的、无动于衷的/没有情绪的。这四种不同情绪反应的顾客在对满意的判断、退出行为、抱怨的表达、口碑和忠诚意愿等方面存在明显的差别。所以，在面对服务失误时，服务管理人员不仅要考虑服务失误给顾客带来的经济损失，还应特别重视给顾客造成的精神或心理损失，顾客后续行为的影响不可忽视。

除了经济和精神上的影响外，服务失误还会改变顾客的期望、信任、与企业之间的关系强度等。例如，通过比较顾客对初始服务和服务补救的期望，有学者发现，服务失误会使顾客对适当服务的预期提高，造成容忍区域变窄甚至消失。

2. 顾客对服务失误的反应

顾客对服务失误的 3 种可能反应如表 7-2 所示。

表 7-2　　　　　　　　　　顾客对服务失误的 3 种可能反应

反应	详情
投诉	投诉是顾客与服务的提供者或者其他人进行交流，述说自己的不满意
退出	退出意味着顾客不再继续与服务组织交往，停止使用服务组织的服务
报复	报复是顾客认真思考后，决定采取行动损害服务组织及其未来的业务

对于企业来说，顾客的第二种和第三种反应都是极为不利的，这些面对不满意采取消极态度的顾客是一种潜在的威胁，因为，不采取行动的不满意顾客最不可能再次光临。因此服务组织就有必要尽量诱导顾客做出第一种反应，即投诉。

根据面对服务失误所引起的不满意，不同的顾客的行为是不同的，如图 7-1 所示。我们可根据顾客对服务失误的反应不同将顾客划分为下列四种类型，如表 7-3 所示。

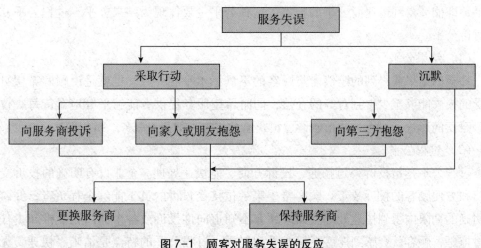

图 7-1　顾客对服务失误的反应

表7-3 顾客的四种类型

类型	表现
发言者	这类顾客更愿意向服务人员投诉，但不大可能去做负面宣传或向第三方投诉，也不太可能改变服务商。对于服务组织来说，这应该算是最好的顾客，他们主动投诉，使组织认识到了服务传递中存在的问题，并有加以改正的机会
消极者	这类顾客极少会采取行动，不大可能对工作人员或者第三方投诉。他们经常怀疑投诉的有效性，并认为花费时间与精力去投诉不值得
发怒者	这类顾客更倾向于向亲朋好友作负面宣传并更换服务商，但一般不向第三方投诉。他们也愿极力向服务商投诉并远离市场，取而代之的是转向其竞争对手
积极者	这类顾客的特点是向可能投诉的各方面进行投诉，他们向服务商投诉，向亲朋好友投诉，向第三方投诉，并更有可能远离市场

3. 顾客投诉（或不投诉）的原因

顾客投诉（或不投诉）的原因如表7-4所示。

表7-4 顾客投诉（或不投诉）的原因

投诉者	不投诉者
1. 投诉会有积极的结果，能获得补偿并对社会有益	1. 投诉是无效的，是时间和精力的浪费
2. 顾客应该得到公平对待，有权获得良好的服务	2. 补救无效，不相信服务商的补救行动
3. 失误是可以弥补的	3. 不知道投诉的方式
4. 投诉是一种社会责任	4. 认为服务失误对自己的影响不大
5. 喜欢投诉，认为是个性	5. 感到某些失误可能是自己的原因造成的

4. 顾客投诉时的期望

顾客面对不满意花费时间和精力采取投诉行动时，他们的期望最主要的是正义和公平，即能够得到迅速而公平的补偿。这种公平主要体现为结果公平、过程公平和相互对待公平。

（1）结果公平。

补救的结果或得到的赔偿能与顾客的不满意水平相一致。也就是说顾客希望自己遭受的损失能够至少得到对等的补偿，同时希望服务提供者能够平等地对待每一位顾客。赔偿的形式一般有：货币赔偿、正式道歉、未来的免费服务、折价等。

（2）过程公平。

过程公平是指投诉渠道畅通、投诉方便、能快速处理。企业设有明确的投诉受理部门和方便顾客的投诉政策。顾客希望第一位接受投诉的员工能够全程负责，并希望在明确的期限内得到快速处理。如果顾客不知道向谁投诉或各个部门相互推卸责任或应付拖延，顾客就会感到迷惑不解或受到轻视。过程公平的特点是清晰、快速、无争吵。相反，不公平的特点是含糊、缓慢、拖延、不方便或要求必须提供证据等。

（3）相互对待公平。

顾客希望企业有礼貌地和诚实地对待顾客的投诉。如果顾客在投诉过程中，感到企业及其员工对顾客的遭遇漠不关心，并表现出勉强或不耐烦的态度，顾客会感到自尊心受挫而愤怒，即使投诉已经得到迅速解决，顾客也会感到强烈的不公平。

二、服务补救的内涵

（一）服务补救的出现

服务领域中的"补救"一词，最早由英国航空公司在其"以顾客为先"的活动中首次提出，他们把服务补救（Service Recovery）定义为：组织为了抵消由服务失误或者其他失误导致的负面影响而做的努力。Gronroos 给出了一个一般性的解释："服务补救是指服务提供者应对服务失误所采取的行动。"在随后的研究文献中，不同学者对服务补救的概念都有不同的表述。总体看来，对服务补救的定义大致可以分为两类：一类是基于顾客抱怨的服务补救，另一类是基于服务失误的服务补救。

1. 基于顾客抱怨的服务补救

哈特（Hart）等人认为服务补救是企业用来解决顾客抱怨，并通过抱怨处理建立对企业的信赖策略；泽瑟摩尔（Zeithaml）和毕特纳（Bitner）指出，服务补救是服务性企业在对顾客提供服务出现失误的情况下，对顾客的不满和抱怨当即做出的补救性反应，其目的是通过这种反应，重新建立顾客满意和忠诚。

2. 基于服务失误的服务补救

约翰斯顿（Johnston）强调服务补救是服务企业探寻和处理服务失误的前瞻性行为，塔克斯（Tax）和布朗（Brown）指出服务补救是一种管理过程，它首先要发现服务失误，分析失误原因，然后在定量分析的基础上，对服务失误进行评估并采取恰当的管理措施予以解决；史密斯（Smith）等人认为补救服务也包括修复那些出现了服务失误但顾客没有抱怨的情形。

可见，二者的不同之处在于，第一类服务补救行为以顾客抱怨为前提，在服务流程没有结束之前，对服务过程中的失误进行即时性补救。第二类定义则认为许多不满意的顾客并不抱怨，而且大部分不满意顾客的抱怨行为是勉强的，因此此类服务补救强调对服务系统中可能导致服务失误或已经发生失误的环节进行补救，它不仅包括第一类服务补救，还涵盖对服务补救需求的事前预测。由此可见，对于服务补救的解释，第二类定义是广义的，而第一类定义则是狭义的。

服务补救与传统的顾客抱怨处理存在本质的不同。狭义的服务补救与传统的顾客抱怨处理虽然都是建立在顾客抱怨的前提之下，但在处理时机上，传统的顾客抱怨处理是在服务流程结束后，由专门的部门负责解决，而基于顾客抱怨的服务补救，在行为上强调抱怨处理的即时性，即在服务流程尚未结束时就立即加以解决；另外，广义的服务补救特别强调服务补救需求的事前预测，说明服务补救在态度上具有主动性，这已经使其与传统的顾客抱怨处理得以严格区分。因此，无论广义还是狭义的服务补救都和传统的顾客抱怨处理截然不同：顾客抱怨处理是事后管理行为，服务补救则强调事前和事中控制，具有即时性和主动性。传统的顾客抱怨处理虽然一定程度上反映了企业的顾客导向，但本质上是一种关注内部效率的管理措施；而服务补救则关注外部效率，完全建立在顾客导向的基础之上，着眼于与顾客建立长期关系。

服务补救的相关研究如表 7-5 所示。

表 7-5　　　　　　　　　　　　　　服务补救的相关研究

学者	相关内容
Firnstahl	指出顾客希望第一次接触的工作人员即被授予解决问题的能力
Hart，et al	指出一半以上对于顾客抱怨的努力，实际上只是增加了顾客对服务的负面反应
Hart，Heskett and Sasser	虽然补救行动是因为服务失误而仓促进行的，但这样的行动通常会对顾客评价及行为有正面的影响，并可加强顾客与组织间的连接；对公司而言重新解决问题对于顾客满意度的提高有很大帮助
Reichheld and Sasser	顾客对于服务的满意度和问题的解决有密切的关系，而问题的重新解决是影响公司的声誉及顾客忠诚度的主要因素
Halstead and Page	研究发现对于抱怨结果满意的顾客有较高的再购意愿
Power	提出公司增进 20% 的顾客保留（customer retention）在利润上的影响和减少 10% 的成本是相同的
Boulding，et al	指出失误若发生在顾客的服务组织关系早期，因为顾客没有之前的成功经验来抵消这个失误，将对顾客对组织的整体评价有较重的影响
Blodget，et al	指出服务补救的效果直接与顾客公平感知的水平相关
Kelley and Davis	研究指出顾客对于服务补救的期望会受到认知的服务品质及组织的承诺的影响
Christo	以飞机乘客为研究对象，研究发现顾客抱怨回应的时间与满意度成反比，服务补救对顾客满意有一定的影响，但并不是顾客满意的必要条件
Tax and Brown	研究提出服务补救的四个阶段为：①确认服务失误；②解决顾客问题；③服务失误的沟通与分类；④整合资料与改善整体服务
Smith，Bolton and Wagner	在 Hart 等的研究的基础上增添了一个维度：补救的主动
郑绍成	研究发现服务补救会对顾客购买意图产生影响，而给予顾客实体补救的效果大于只有口头抱歉

学者	相关内容
Miller, et al	主要提出服务补救的检视程序，程序中说明服务补救的期待会受到失误严重性、认知的服务、顾客忠诚度及服务保证的影响。而补救的方式有：实质性及心理性两种，至于一线人员的权限及补救的速度会影响补救的结果，而补救的结果则会影响顾客的忠诚度及满意度

2007年3月，福建福州机场边防检查站建立了一套涵盖服务承诺、服务规范、通关速度、旅客验放量、被投诉率及旅客满意度等内容的服务量化评价机制，对一线检查员服务作出客观、公正、科学的评价。这个站邀请政府部门、口岸联检单位、旅行社、外资企业代表及经常出入口岸的旅客担任社会监督员，并定期主动联系沟通，及时了解情况、听取意见，将服务工作纳入社会各界的监督范围，增强服务量化评价机制的透明度。同时设计了"服务补救"系统。当执勤人员出现服务失误时，相关责任人迅速推出补救服务，使旅客了解投诉渠道，力争将因服务失误所带来的负面影响减少到最低。此外，还构建了服务质量跟踪监督机制，建立执勤人员服务态度观察表，对现场执勤人员的服务态度、礼节礼貌提出要求，对服务作出反馈。

（二）服务补救的意义

实行服务补救对于企业的生存和发展具有极其重要的意义。

（1）能使现有顾客满意、争取新顾客，维持并培养顾客的忠诚度。企业经营的目的就是使顾客满意，顾客的抱怨投诉恰恰为公司的经营指明了方向。重视顾客的抱怨，并积极探索解决顾客抱怨的方式方法，进行及时的服务补救，维持顾客的忠诚度，这是企业开展顾客满意经营的核心和精髓。对于所购买的商品或服务持不满态度的顾客当中，提出怨言并对企业的服务补救结果感到满意的顾客，其再次购买该商品或服务的比例，比感到不满却未采取任何行动的人的比例要高得多。

（2）进行服务补救能使企业发掘问题，改正缺点，促进业务合理化，达到降低成本，实现盈利的目标。顾客的抱怨对企业而言是"苦口的良药"。顾客抱怨是一种重要的市场信息，显示了企业的弱点。通过分析顾客抱怨的原因，进行服务补救，解决顾客问题，就能促进服务业务流程的合理化，提高企业运作效率，从而降低企业的经营成本，提高盈利。

（3）进行有效的服务补救可以避免引起更大的纠纷，树立良好的企业形象。大的纠纷往往因小的抱怨而起。当顾客向企业提出抱怨时，企业如果处理不善，则很可能使顾客向消费者权益保护机构或大众传媒表达自己的不满，给企业造成重大的公共关系危机。

（三）服务补救的原则

虽然服务不可以重新生产，但恰当、及时和准确的服务补救可以减弱顾客的不满情绪，并部分地恢复顾客满意度和忠诚度，极个别情况下，甚至可以大幅度提升顾客满意度和忠诚度。美国消费者办公室经过研究发现：在批量购买中，未提出批评的顾客重购率为 9%；抱怨未得到解决的重购率为 19%；抱怨得到解决的重购率为 54%；抱怨得到快速解决的，其重购率达到了 82%。由此，在服务补救过程中，有几个原则是必须遵循的。

（1）不能与顾客争执。

我们的目的是倾听事实，进而寻求解决之道。争论只会妨碍聆听顾客的观点，不利于缓和顾客的不良情绪。争论的结果只会激化矛盾，让已经不满意的顾客更加不满意，而我们的职责是拉回那些已经产生不满的顾客。

（2）处理的时间越早，效果越好。

服务失误发生后，应该在第一时间处理，时间越长，顾客感知到的伤害就越大，顾客的忠诚度就会受到严重的考验。所以必须制定相应的制度，以加强管理。

（3）发现并改正服务失误是服务提供者无法推卸的责任。

（4）要使顾客能够轻松、容易地投诉。

（5）让顾客随时了解服务补救的进展情况。

（6）建立有效的服务补救系统，要授权员工解决服务失误。

在这个系统中，得到授权的一线员工和具有顾客导向的管理者的作用均很重要。

✎ **相关案例**

王先生帮住在深圳某三星级酒店 1202 房的住客段先生结账。酒店按惯例请客人交回钥匙，因王先生不是住客，不清楚段先生究竟有没有带走钥匙，便致电联系段先生，但是联系不上。

于是，王先生希望酒店查找一下段先生有无将钥匙存放在酒店。酒店工作人员先后两次查找，都没找到。这样，王先生只好很不情愿地付了钥匙赔偿金。

最后，经酒店仔细查找，发现 1202 房的钥匙存放在酒店，客人并没有带走。

[评析]

这个案例反映出酒店有关工作人员不够细心，没有找到钥匙，同时也应该提高处理问题的技巧，做好补救措施。

有时候难免会发生工作失误，但是补救措施做得好，仍然可以使客人感到酒店的诚意。酒店应该给客人写一封致歉信，并退还赔偿金，欢迎客人下次光临，并给予一定的优惠。

在处理类似事情时，酒店可以考虑采取一些补救办法。在找不到钥匙的情况下，询问客人可不可以留下联系方法，如果住客交回了钥匙，酒店就将钱退还给客人，客人也许就不会觉得那样不情愿了。

三、服务失误和服务补救的类型

（一）服务失误的类型

服务失误一般可以分为三种主要类型：①服务提交系统的失误；②对客户需求和请求的反应失误；③员工自发而多余的行动。服务失误的分类如图 7-2 所示。

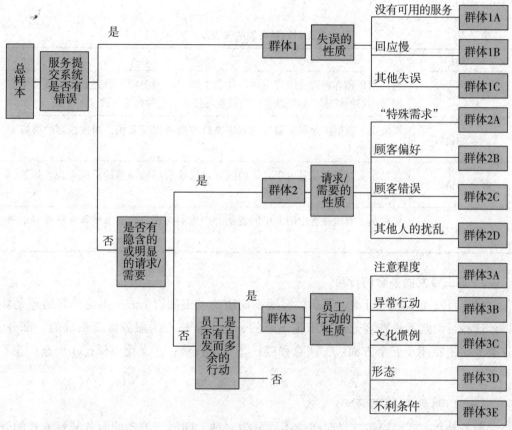

图 7-2　服务失误的分类

1. 服务提交系统的失误

服务提交系统的失误，是指公司提供的核心服务中的失误。一般地，服务提交系统的失误是由员工的三种类型的失误所组成的，如表 7-6 所示。

表 7-6　　　　　　　　　　　　　　员工的三种类型的失误

类型	详情
没有可使用的服务	通常是指那些通常可用，但现在缺少或没有的服务
不合理的缓慢服务	指那些顾客认为在执行他们的职能时特别慢的服务
其他核心服务的失误	包括所有其他核心服务上的失误

这种分类有意地划分得比较宽泛，目的是反映不同行业所提供的各种核心服务。

2. 对顾客的需要和请求的反应失误

对顾客的需要和请求的反应失误，包括员工对个别顾客的需要和特别请求的反应失误。顾客的需要可以是隐含的或者是明显的。隐含的需要顾客是不会提出请求的。明显的需要是公开的要求。一般地说，这类服务失误是由员工对四类可能的失误反应所组成的，如表 7-7 所示。

表 7-7 员工对四类可能的失误反应

类型	详情
特殊的需要	包括满足顾客特殊的医疗上的、饮食上的、心理上的、语言上的或社会学方面等困难的请求，如照顾客户的民族习惯等，这种情形下产生的失误
顾客的偏好	需要员工以能满足顾客偏好的方法来修改服务提交系统，如按顾客的喜好来布置店面
顾客的错误	包括员工对于最初是由于公认的顾客错误所引起的情形的反应失误，如票据的丢失
其他人的扰乱	要求员工解决顾客中间发生的混乱时产生的失误，如要求顾客在就餐时不要喧哗

3. 员工自发而多余的行动

员工自发而多余的行动，是指顾客所不期望的员工的行为——不论是好的还是坏的，这些行动既不是顾客通过请求提出来的，也不是核心的服务提交系统的一部分。这类失误主要涉及五个方面：①注意程度；②异常行动；③文化惯例；④形态；⑤不利条件。

（二）服务补救的方式

服务补救方式可以按选择时机的不同分为三种，即属于被动的服务补救方式的管理角度的服务补救、属于主动的服务补救方式的防御性服务补救和属于超前的服务补救方式的进攻性服务补救。我们可以利用机场中行李丢失的例子来说明这个问题。一个三口之家乘飞机到海边度假，到达目的地后发现行李丢失了，他们随身携带的只有一些换洗衣服，在这种情况下企业显然应当进行补救。

1. 管理角度的服务补救方式

机场管理人员为顾客填写行李丢失单，然后象征性地给顾客一点补偿金，然而这个家庭认为这点钱连支付度假费用的零头都不够。管理人员告诉顾客，他们只能在度假结束后向航空公司正式提出意见。从例中可以看出，这种方式不是在服务失误发生后立即在服务流程尚未结束时加以解决，服务补救被作为一个单独的服务片段，列在主服务片段之后。这种服务补救方式与传统的顾客抱怨处理是基本相同的，忽略了由服务失误所造成的顾客情绪问题，这直接影响到顾客感知服务质量，即使顾客在事后得到了完全和合理的赔偿，也难以轻易消除该事件给顾客感知服务质量造成的负面影响。

2. 防御性服务补救方式

机场管理人员会告知顾客他们可以自己先垫钱购买所需之物，等假期结束后机场有关部门会予以报销和补偿。在服务流程设计中，防御性服务补救仍然是一个独立的情景，但是被纳入服务情景之中。出现服务失误后，不等整个服务流程结束，顾客也不必到规定的部门去提出正式的意见，问题就会得到解决。但是，这种模式之所以被称为主动的服务补救方式，是因为它要求顾客自己解决问题，而正式补救措施只能以后实施，尽管这个流程也被列入总的服务片段之中。

顾客从一开始就清楚，他们能够放心地去购买自己所需之物，所以通过这种补救，也许可以挽回服务失误对顾客感知服务质量的不良影响。但这种模式与前一种模式有相同的弊端：没有充分考虑顾客的情绪。

3. 进攻性服务补救方式

航空公司会在出现服务失误的现场立即解决问题。管理人员可以提出各种不同的补偿方案，如在该度假地的一些指定商店中购买他们的所需之物，费用由航空公司支付。服务失误在出现后立即被解决，而不是等到服务过程结束之后。服务补救已经成为服务流程中一个不可分割的组成部分。

按照这种补救方式，顾客的情绪问题可以得到较好地解决。顾客会为服务提供者的补救行为感到惊喜，顾客感知服务质量很可能比没有遭遇到服务失误时还要高。

这三种不同的服务补救方式对顾客感知服务质量产生了负面或正面的影响。当顾客感知服务质量低于期望水平时，顾客就会不满意；良好的服务质量应至少等于或大于顾客期望的服务质量水平，只有这样才能满足顾客的期望。可接受的服务质量是最起码的要求，如果企业想让顾客满意甚至愉悦，这就远远不够了。由于顾客满意水平和顾客忠诚度之间并不总是强相关关系，它们之间存在着一段质量不敏感区，在此区域尽管顾客的满意水平较高，但顾客不一定再次接受企业的服务，只有当顾客的满意水平非常高时，顾客忠诚度才会提高。根据日本的一项关于小问题补救的调查显示，在声称对公司的服务补救感到"非常满意"的顾客中继续购买该公司产品的有 95.8%，而对服务补救感到"一般"的人，其再次购买的比率为 86.2%。因此，服务补救仅仅是顾客满意是不够的，应该为顾客提供超越其期望的顾客价值，使他们感到"惊喜"，才可以提高顾客的忠诚度。

四、服务补救与顾客满意度的关系

（一）顾客满意度

顾客满意（Customer Satisfaction，CS）是顾客对其要求已被满足的程度的感受。顾客满意度是一个综合的概念，它包括了顾客对企业所提供产品的实现过程、使用过程乃至产品生命周期结束时处理过程的各个方面的综合感知，如对产品的品牌形象、包装、功能特性、价格、交货期、质量、售后服务、所接触企业人员的态度等的综合印象。它取决于顾客所理解的一件产品的性能（服务过程的规范化）与其期望值的比较。如果低于顾客的期望，顾客便不会感到满意；如果性能符合期望，顾客便会感到满意。

（二）服务补救对顾客满意度的影响

虽然服务失误会造成顾客不满，但很多研究表明，合适的服务补救能够重拾顾客的满意度水平。出色的服务补救甚至能引起"服务补救悖论"，即使经历了服务失误，顾客获得了比遭遇服务失误之前更大的满意度。而与此相反，糟糕的服务补救不仅不能提高顾客满意度，还能造成顾客的"双倍震荡"，使顾客的满意度比没有实施补救前更低。

在服务补救情境下，公平理论视角似乎尤其适合解释满意度感知是如何形成的。因为顾客通常在经历服务失误时都会感知到某种程度的不公平。与公平理论观点一致，几位学者也曾指出过公平和满意度之间存在正向关系。也就是说，企业以公平的方式补救他们的失误会提高顾客的满意度感知。顾客在服务失误和补救后的满意度在某种程度上依赖于他们在补救过程中对公平的感知。服务补救水平影响顾客对公平的感知，因此，顾客的满意度会随着服务补救努力的水平而改变。

第二节　服务补救模型

测算服务补救的成本与收益是服务补救系统的一项重要功能，它可以帮助服务的提供者决定是否采取服务补救措施及服务补救的强度。计算客户的终生价值和客户资产有利于服务的提供者在服务失误发生时，迅速做出准确的判断。

一、服务补救的效益

客户是企业尤其是服务企业赖以生存和发展的源泉。有效的服务补救可以降低客户流失率，提升客户满意度，从而提高经济效益。

（一）服务补救的收益

客户的维系率是服务补救是否成功的一个重要标志。服务补救的收益是指由于采取服务补救的措施，减少了客户的流失率，而为企业赢得的收益。服务补救的收益主要包括：老客户购买企业的服务而为企业带来的效益；企业为了获取新客户或潜在客户而付出的成本。通常来说，服务补救的收益主要包括以下几个方面，如表7-8所示。

表 7-8 服务补救的收益主要包括的方面

基本利润 R_1 （Base Profit）	利润是客户支付每次购买产品或者服务的价格与企业成本的差额。客户维系的时间越长，获取利润的时间也越长，企业为获取该客户的投入自然就值得
营业成本节约收益 R_2 （Cost Saving）	企业的老客户会参与企业的运营与管理，可以为企业减少服务支出，降低企业的成本。在逐渐熟悉了企业的各种产品之后，客户便不再过多地依靠企业员工来了解情况、获得咨讯
推荐购买利润 R_3 （Referral Profit）	企业的忠实客户在对企业提供的服务满意时，会向他人推荐企业的服务，这样不仅给企业带来了新的客户收入，同时又节约了企业的营销成本
关联销售收益 R_4 （Cross Selling）	随着企业与客户关系的建立，客户对企业利润的贡献会逐渐加大。忠诚的客户常常能附带购买企业所提供的其他产品或服务，也会从购买廉价产品转到购买高档产品，从而使企业的收入不断增加
客户获取成本 R_5 （Acquisition Cost）	获取一位新客户的成本是维系一位老客户成本的 5~6 倍。由于服务补救能降低客户的流失率，因此所节约的客户获取成本即服务补救的收益之一。客户获取成本包括针对新客户展开的广告宣传费用、向新客户推销所需的佣金、价格优惠折让损失、销售人员的管理费用等，还有时间与精力的投入
溢价收益 R_6 （Premium Price）	所谓溢价是指与正常竞争条件下所确定的市场价格相比，高出的那部分价格，企业可以通过影响客户的质量服务期望来获得溢价。在许多行业，老客户比新客户更愿意以较高的价格来接受企业的服务，因为，对于老客户来说，良好的价值足以弥补增加的支出。服务补救就有可能将流失的客户维系，进而使其转变成忠诚的客户，从而获得溢价收益

从总体上分析，服务补救的收益为以上六个方面的收益之和：

$$R = R_1 + R_2 + R_3 + R_4 + R_5 + R_6$$

（二）服务补救的成本

服务补救主要产出的是客户满意度、忠诚度及客户的维系率。服务补救的成本与较低的不满意客户流失率有密切的关系。评估和了解服务补救的成本最有效的办法是建立服务补救管理的质量成本模式。对服务补救质量成本的进一步细分，有利于分析各成本项目对服务补救措施的贡献程度。

朱兰于 1980 年首先提出了质量成本的概念，他认为质量成本是指为了保证质量所花的费用与质量不合格造成的损失之和，并将质量成本划分为 4 类：预防成本、检查成本、内部失误成本及外部失误成本。服务补救属于服务质量管理中的一个重要环节，因此，服务补救成本可以按照如图 7-3 所示的方式进行划分。

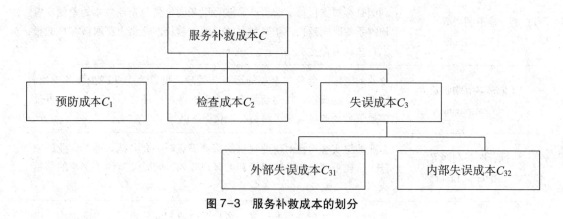

图 7-3　服务补救成本的划分

1. 服务补救预防成本 C_1

为防止因再度发生服务失误或客户对服务再次不满意，而产生的客户退货、负面口碑等有形或无形的损失，在采取服务补救措施前，服务的提供者为了确保服务补救工作的质量，需要采取的一些预防措施而付出相应的成本就是服务补救预防成本。

2. 服务补救检查成本 C_2

检查成本主要是在服务补救过程中，确保能够按照有关的计划实施补救或满足客户的需求而发生的有关费用支出。

3. 服务补救失误成本 C_3

服务补救失误成本是由于服务失误或客户再度不满意，而产生的内部失误与外部失误成本，如再补救、再次提供服务、客户抱怨及负面口碑宣传等产生的成本。所谓外部失误成本是指产品已经售出或服务已经提供给客户后，由于发现了失误而发生的成本；而内部失误成本是指在服务让渡过程中发现了失误而导致的成本。

服务补救成本的具体支出如表 7-9 所示。

表 7-9　　　　　　　　　　　　　服务补救成本的具体支出

类型	详情
服务补救预防成本 C_1	服务补救系统书面文件的制作、交流与分发产生的支出
	服务部门主管或更高层管理人员在预防工作方面的额外投入
	服务补救质量稽查工作产生的支出
	服务人员工作现场有关服务运作方面的培训支出
	服务补救质量保证工作，如绩效衡量、服务流程控制等产生的支出

类型	详情
服务补救检查成本 C_2	验证供应商所提供服务的服务用品质量，由此产生的支出
	检查及确保服务补救过程中所形成的服务质量是否符合原先指定的标准，由此产生的支出
	分析服务补救过程中服务工作是否符合质量标准的报告，由此产生的支出
	收集、整理相关信息的成本，如客户抱怨记录、服务质量工作记录等
服务补救失误成本 C_3	处理客户再次抱怨以及再次提供服务所发生的成本
	对不合格的服务进行补偿的成本
	服务（产品）的可靠性成本，如保险和赔偿等
	客户因不满意导致不愿意再次购买本企业服务而形成的，需要其他的营销手段以改变其印象的成本
	与客户发生有关法律方面的纠纷所造成的司法成本
	由客户不满意导致的负面宣传，从而丧失获取潜在客户的机会收益
	服务系统设计不合理所造成的成本

二、客户资产与服务补救收益

服务补救活动的实质是为了挽回企业的损失，增加企业的利润。要确定是否需要进行服务补救，以及服务补救的投入强度，就必须计算服务补救措施采取后，该客户能为企业带来的净收益，如果收益大于或等于零，就可以决定采取相应的服务补救措施。

（一）客户生命周期

客户关系具有周期性，在整个过程中，企业与客户建立关系总会经历开拓期、基础期，经过成长、成熟、衰退以至终止业务关系。一般来说，客户生命周期如图7-4所示。

客户生命周期是与客户资产、客户终生价值密切相关的概念。客户生命周期概念是从产品生命周期演变而来的，但对企业来讲，客户的生命周期要比产品的生命周期重要得多。客户生命周期是客户关系生命周期的简称，指客户关系水平随时间变化的发展轨迹，它描述了客户关系从一种状态（一个阶段）向另一种状态（另一阶段）发展的总体特征。

客户生命周期是指从客户开始对企业进行了解或企业想要吸引客户开始，直到客户与企业的业务关系完全终止且与之相关的事宜完全处理完毕的这段时间。客户的生命周期可分为潜在客户期、客户开发期、客户成长期、客户成熟期、客户衰退期、客

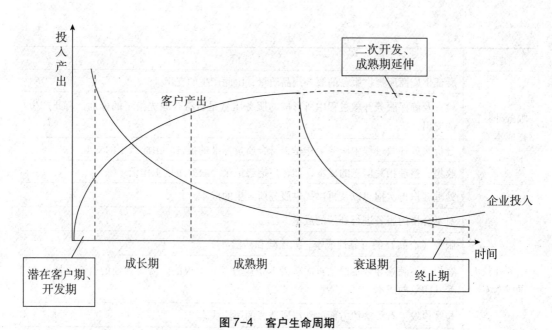

图 7-4　客户生命周期

户终止期共六个阶段。在客户生命周期的不同阶段，企业对客户的投入、客户对企业的贡献是不相同的。

1. 潜在客户期

当客户对企业的业务进行了解，或企业欲对某一区域的客户进行开发时，企业与客户开始交流并建立联系，此时客户关系已进入潜在客户期。这是一个探索和试验阶段。在这一阶段，双方考察和测试目标的相容性、对方的诚意、对方的绩效，考虑如果建立长期关系双方潜在的职责、权利和义务。双方相互了解不足、不确定性大是这一时期的基本特征，评估对方的潜在价值和降低不确定性是这一阶段的中心目标。因客户对企业的业务进行了解，企业要对其进行相应的解答，某一特定区域内的所有客户均是潜在客户，企业投入是对所有客户进行调研，以便确定出可开发的目标客户。此时企业有一定的投入成本，但客户尚未对企业做出任何贡献。

2. 客户开发期

当企业对潜在客户进行了解后，对已选择的目标客户进行开发时，便进入客户开发期。此时企业要进行大量的投入，但客户对企业的贡献很小甚至没有。

3. 客户成长期

这是客户关系快速发展的阶段。双方关系能进入这一阶段，表明双方相互满意，并建立了一定的相互信任和依赖。在这个阶段，双方从关系中获得的回报日趋增多，相互依赖的范围和深度也日益增加，逐渐认识到对方有能力提供令自己满意的价值（或利益）和履行其在关系中担负的职责，因此愿意承诺一种长期关系。在这个阶段，随着双方了解和信任的不断加深，关系日趋成熟，双方的风险承受意愿增加，由此双方交易不断增加。此时客户已经开始为企业做贡献，企业从客户交易获得的收入已经大于投入，开始盈利。

4. 客户成熟期

这是稳定期关系发展的最高阶段。在这个阶段，双方或含蓄或明确地对持续长期关系作了保证。这个阶段有如下明显特征：（1）双方对对方提供的价值高度满意；（2）有大量的交易。此时企业的投入较少，客户为企业做出较大的贡献，企业与客户的交易处于较高的盈利时期。

5. 客户衰退期

当客户与企业的业务交易量逐渐下降或急剧下降，客户自身的总业务量并未下降时，说明客户已进入衰退期。此时，企业有两种选择：一种是加大对客户的投入，重新恢复与客户的关系，确保忠诚度；另一种是不再做过多的投入，渐渐放弃这些客户。企业两种不同做法自然就会有不同的投入产出效益。

6. 客户终止期

当企业的客户不再与企业发生业务关系，且企业与客户之间的关系已经厘清时，意味客户生命周期的完全终止。此时企业有少许成本支出而无收益。

定义客户生命周期的长度为 T，潜在客户期、客户开发期、客户成长期、客户成熟期、客户衰退期、客户终止期的长度分别为 T_1、T_2、T_3、T_4、T_5、T_6；相应地，企业的投入与客户对企业的贡献即企业的收益分别为 C_i、R_i（$i \in \{1, 2, \cdots, 6\}$）。

为了便于计算，将服务成本做了分类，如表 7-10 所示。

表 7-10   服务成本的分类

类别	详情
客户获取成本	为吸引客户并使之满意，企业进行的投资，包括市场营销、广告宣传以及为了获取新客户而进行的投资等
客户发展成本	企业用来加强或发展客户的支出
客户维系成本	为延长客户关系持续的时间，降低客户不满意度，或重新激活客户等的支出

上述成本指标如表 7-11 所示。

表 7-11   成本指标

成本指标	表示
客户资产	CE
客户每期购买量	Q
客户每期购买的税后利润	π
客户生命周期（购买流的持续期）	$t = 1, 2, \cdots, n$
客户获取、发展、维系的成本	A, D, R

一般来说，客户资产＝客户终生价值－客户获取成本－客户发展成本－客户维系成本。

用公式表示为：

$$CE = \sum_{t=1}^{n} Q_t \pi_t d_t - \sum_{t=1}^{n} (D_t + R_t) d_t - A \tag{7-1}$$

$d = 1/(1+i)$。

如果考虑客户在其生命周期内购买或再购买的概率，则上式将变为：

$$CE = \sum_{t=1}^{n} P_t Q_t \pi_t d_t - \sum_{t=1}^{n} (D_t + R_t) d_t - A \tag{7-2}$$

式中：P_t——客户购买（再购买）的概率。

从上述模型中，可以得出客户资产最大化的一些基本原则：

（1）如果从某个客户那里得到的现金流的预期净现值大于或等于获取成本，那么就投资去获取这个客户。

（2）可以通过提高购买量、购买利润和延长购买流的持续期，来增加客户资产。

（3）对发展和保有客户进行投资，直到购买量、购买利润和持续期的改变所引起的客户资产增加的边际值等于为此而支出的成本。

在计算客户资产时，需要注意以下三点：

（1）所有的客户生命周期是等长的，不同类别的客户生命周期 t 单位时间的收益是均等的。

（2）就服务补救而言，在实际操作过程中，与客户接触的一线员工主要根据客户的类别决定是否采取服务补救措施。

（3）根据企业单个客户生命周期 t 时间内的终生价值来计算企业的客户资产，是所有客户在其生命周期 t 时间内（如某一年）的收益，所需的计算工作量较大，但对某一类客户而言，其生命周期 t 时间内的平均收益的相关数据是容易取得的。

（二）客户终生价值

1. 客户终生价值（CLV）的定义

传统的营销模式中，企业注重以产品为中心，目的是销售产品，其营销过程是一个静态的过程，客户价值就等于销售额。而以客户为中心的营销模式，是一种动态的营销过程，不单为了实现产品的销售，更看重客户关系的建立和巩固，此时的客户价值不仅包括销售额，也包括其对需求的贡献，可以看作当前销售、终生潜在销售预期、需求贡献、信用等级、利润贡献的总和。当然，企业为了吸引客户，保持与客户之间长期稳定的关系，同样需要花费成本，这样两者之间就存在差值。目前，CLV 正越来越多地被应用到一般营销领域，因为随着信息技术的迅速发展，许多公司开始拥有越来越完整的包括交易数据在内的客户数据，过去不可能实现的对客户行为的追踪和理解现在变得可能和容易。纵观有关客户终生价值的文献，发现对它有各种不同的理解，如表 7-12 所示。

表 7-12　　　　　　　　　　对客户终生价值的不同理解

作者	对客户终生价值的理解
Barbara	客户当前以及将来所产生的货币利益的净现值
Dwyer	客户在与企业保持客户关系的全过程中为企业创造的全部利润的现值
Jackson	企业期望未来从客户身上用全部费用获得的收益和利润的净现值，他强调了企业客户价值的成本和费用问题
Pearson	企业在向消费者提供产品和服务以及对消费者的承诺并履行的过程中，所产生的成本和费用带来的未来收益和利润流入的净现值
Hughes，Arthur and Kotler	企业在客户生命周期内在同客户连续交易中获得的全部收益的净现值之和，或者是在一定时期内，企业在同某个特定客户的一系列的交易中获得的全部收益减去全部成本后的总剩余

可以看出在客户终生价值的具体含义上，一种观点是将收益定义为利润流，另一种观点是将收益定义为客户在企业降低经营费用和增加利润上的收益，这两种看法其实并无太多的异议。

2. **客户终生价值的计算**

对企业而言，测算客户的终生价值不仅可以帮助企业识别有价值的客户并与之建立长期稳定的关系，更主要的是，它是衡量企业通过实施客户关系管理吸引客户的投资回报率的有效方法。

客户终生价值（CLV）的测算采用了依据未来收益计算当前价值的方法。这一方法类似于财务分析中的年金现值的计算。为了简化过程，假设一个客户每个阶段给企业带来同样的收益，并持续到未来的某个时间。因此，一个客户的终生价值可表示为：

$$CLV = CPCV + CPAV = R \times \left[1 - 1/(1+i)^n\right]/i$$

式中：$CPCV$——企业提供给客户的核心产品（或服务）为企业所带来收益的当前值；

$CPAV$——企业提供给客户的附加产品（或服务）为企业所带来收益的当前值；

R——每一时间单位（一般以年计）从客户那里获取的收益；

i——贴现率；

n——客户生命周期。

例　假设客户与公司保持交易的时间 $n = 6$ 年；客户第一次购买的产品（服务）价格 $P_0 = 4000$ 元；公司期望每年从每个客户处增加的收益 $R = 600$ 元；利率（一般指贴现率）$i = 10\%$。根据公式有：

$$CPCV = P_0 + r \times \left[1 - 1 / (1+i)^n \right] / i$$
$$= 4000 + 600 \times \left[1 - 1 / (1+10\%)^6 \right] / 10\%$$
$$= 6613 \ （元）$$

又如，客户初次消费后，又购买了 300 元的商品或服务，公司希望每年客户都花这 300 元。这时，所增加的客户附加价值为：

$$CPAV = 300 \times \left[1 - 1 / (1+10\%)^6 \right] / 10\% = 1307 \ （元）$$

所以，该客户的终生价值（CLV）就是：

$$CLV = CPCV + CPAV = 6613 + 1307 = 7920 \ （元）$$

从以上计算可以知道，该客户的终生价值是 7920 元。如果这个客户不再和企业发生交易，企业首先损失 7920 元；其次，因为不满意，这个客户会使企业的商誉受到损害，如果损害系数仅为 10%，那么企业的附加损失为 792 元（7920×10%）。这样，企业每失去一个客户，就直接损失 8712 元 [7920×（1+10%）]。

实际上，企业的损失远不止如此。正常情况下，这个客户离开企业不是无缘无故的，应该是企业的产品或服务出现了问题；客户也不会轻意离开企业，他们是在寻求解决方案却没有得到企业满意的处理之后，终于失去了耐心才离开的。假定客户不满意时的投诉率为 5%，如果企业收到了 25 次投诉，说明共有 500 个客户不满意。其中 475 个不满意却未投诉的客户给企业的市场带来的损失是 4138200 元（8712×475）。再假定 25 个投诉的客户中，有 80% 得到了满意的答复，则剩下的未得到满意答复的客户给企业带来的损失是 43560 元 [8712×25×（1-80%）]。两项之和即为企业的市场预期损失，为 4181760 元，高达 400 多万元的损失。

（三）客户的识别与分类管理

1. 基于客户终生价值的客户价值细分

通过对现有客户数据的分析、整理，基本上可以做到识别每一个具体的客户，可以从客户信息中找到有多个方面相同或相似的客户群体，而且这些不同的客户群体对企业的重要程度、对公司的价值是不同的。所以对客户进行分类管理是非常重要的。

客户细分（Customer Segmentation）是指按照一定的标准将企业的现有客户划分为不同的客户群。有学者认为：正确的客户细分能够有效地降低成本，同时获得更强、更有利可图的市场渗透。

客户对公司的价值（简称客户价值）是客户细分的首要依据，因为客户保持是需要付出代价的，公司必须先根据客户价值分配公司有限的资源，然后才能在一定资源预算的范围内根据客户的不同特点，设计和实施不同的客户保持策略。客户终生价值（CLV）是判别客户对公司价值大小的标准。基于 CLV 的客户细分称为客户价值细分。构成 CLV 的客户当前价值和客户增值潜力是客户价值细分的两个具体维度，每个维度分成高、低两档，由此可将整个客户群分成四组，细分的结果用一个矩阵表示，称为客户价值矩阵（Customer Value Matrix），如图7-5所示。

图7-5　客户价值矩阵

上述四类客户中，Ⅳ类客户对公司最有价值，为公司创造的利润最多，Ⅲ类客户对公司的价值次之，也是公司的利润大户，根据帕累托原理，Ⅲ、Ⅳ两类客户的数量不多，约占20%，但为公司创造的利润却要占总利润的大约80%，常说的"最有价值客户"指的就是这两类客户；Ⅱ类客户属于有潜力的客户，未来有可能转化为Ⅲ类客户或Ⅳ类客户，但就当前来说带给公司的利润很薄，Ⅰ类客户对公司的价值最小，是公司的微利或无利客户，Ⅱ类、Ⅰ类客户在数量上占了绝大多数，约占公司客户的80%，但他们为公司创造的利润大约只占公司总利润的20%。

2. 客户资源配置和保持策略

价值细分将公司的客户群分成四种类型，下面将讨论针对每类客户的相应的客户价值管理策略。

Ⅰ类客户：该类客户的特点是当前价值和潜在价值都很低，不具备盈利可能，因此该类客户对公司最没有吸引力。如下客户可能属于这一类：

（1）偶尔下一些小额订单的客户；

（2）经常延期付款甚至不付款的客户（高信用风险客户）；

（3）提出苛刻服务要求的客户；

（4）定制化要求过高的客户。

对这类客户，公司不投入任何资源，宜采用"关系解除"策略，比如，采用高于市场价格的定价策略、拒绝不正当要求等，任其流失，甚至鼓励其转向竞争对手。

Ⅱ类客户：该类客户的特点是当前价值低，但具有较高的增值潜力。一个业务总量很大，但本公司目前只能获得其很小业务份额的客户就属于这一类。从客户生命周期的角度看，这类客户与公司的关系可能一直徘徊在潜在期或开发期前期，双方都没有建立足够的信任和相互依赖的关系。如果改善与这些客户的关系的话，在未来，这些客户将有潜力为公司创造可观利润。对这类客户，公司应当投入适当的资源再造双方关系。如通过不断向客户提供高质量的产品、有价值的信息、优质的服务和个性化的解决方案等，提高对客户的价值，让客户持续满意，并形成对公司的高度信任，从而促进客户关系顺利进入成熟期，进而获得客户的增量购买、交叉购买和新客户推荐。

Ⅲ类客户：该类客户的特点是具有高的当前价值和低的增值潜力。从客户生命周期的角度看，这类客户可能是客户关系已进入成熟期的高度忠诚客户，他们几乎已将其100%的业务给了本公司，并一直真诚、积极地为本公司推荐新客户，因此未来在增值销售、交叉销售和新客户推荐等方面已没有多少潜力可供进一步挖掘。但是，这类客户对公司十分重要，是仅次于Ⅳ类客户的最有价值客户。公司花了很大代价才使客户关系进入成熟期，现在正是公司从他们身上获取回报的黄金季节（根据生命周期经济学的分析结果，成熟期客户创造的单位时间利润是最高的），因此公司应保证足够的资源投入，千方百计地保持这类客户，决不能让他们转向竞争对手。当然要保持住这类客户并非轻而易举，公司必须持续不断地向他们提供超期望值的服务或产品，让他们始终坚信本公司是他们最好的服务提供商。

Ⅳ类客户：该类客户既有很高的当前价值又有巨大的增值潜力，是最有吸引力的一类客户。如Ⅲ类客户一样，这类客户对公司高度忠诚，已将其当前业务几乎100%地给了本公司。与Ⅲ类客户不同的是，这类客户本身具有巨大的发展潜力，他们的业务总量在不断增大，因此这类客户未来在增量销售、交叉销售等方面尚有巨大的潜力可挖。Ⅳ类客户是公司利润的基石，如果失去这类客户将伤及公司的元气，因此公司需要将主要资源用于保持和发展与这类客户的关系上，对每个客户设计和实施一对一的客户保持策略，不遗余力地做出各种努力保持住他们。例如，充分利用包括网络在内的各种沟通手段不断地主动与这类客户进行有效沟通，真正了解他们的需求，甚至他们的客户的需求，进而不仅为他们优先安排生产、提供定制化产品和服务、提供灵活的支付条件、安排最好的服务人员，而且为他们提供能带来增益的全套解决方案，总而言之，公司必须持续不断地向他们提供超期望值的服务或产品，不仅让他们始终坚信本公司是他们最好的供应商，而且要让他们认识到双方的关系是一种建立在公平基础上的双赢关系。表7-13给出了四类客户的资源配置和保持策略。

表7-13 四类客户的资源配置和保持策略

客户类型	客户对公司的价值	资源配置策略	客户保持策略
Ⅰ	低当前价值，低增值潜力	不投入	关系解除
Ⅱ	低当前价值，高增值潜力	适当投入	关系再造
Ⅲ	高当前价值，低增值潜力	重点投入	全力维持高水平的客户关系
Ⅳ	高当前价值，高增值潜力	重中之重投入	不遗余力保持、增强客户关系

客户是公司最重要的资产，是市场竞争的焦点，客户保持对公司的利润有着惊人的影响，客户保持率一个小小的提高就能实现利润可观的改善。有消费者忠诚度方面的专家表明，客户保持率每增加5%，利润将会提高25%以上。由此可见，客户保持对

公司的盈利能力有着惊人的影响。然而，客户保持的目标不是追求零流失，也不是说最大化客户保持率就等同于最大化企业的利润。帕累托法则认为 20% 的客户创造了企业 80% 的利润，当一个组织开始关注客户给自己带来的利润情况时，很多人意识到帕累托法则应该改为：80% 的客户带来 120% 的利润。而另外的客户非但没有带来利润，反而是在吞噬着企业宝贵的资源。如果没有这部分客户，公司的盈利会更好一些，或者至少可以进一步加强与更有利可图的客户的联系。确定哪些是企业应该保持的客户，对有效地开展客户保持、增强盈利能力有着重要意义。

因此，客户细分是保证企业成功实施客户保持的关键，根据客户细分的结果，公司必须先确定每类客户的资源配置策略，然后在预算的资源范围内针对每类客户的不同特点，设计和实施不同的客户保持策略。只有这样，才能牢牢留住那部分对公司最有价值的客户，并把那些有潜力的当前价值低的客户在未来转化为高价值客户，而对于那些不论是现在还是将来都对公司没有价值的客户，则鼓励其转向竞争对手，从而以合理的代价实现公司利润的最大化。

（四）服务补救的客户资产风险

服务补救时往往会带来一些风险，主要包括以下三类。

（1）模式识别错误，包括把优质客户误识别为低价值客户或者相反。一般来说，出现前者时企业将损失客户资产，出现后者时可能带来业务上的严重损失。当我们把一个风险客户引入时将会带来严重的资产风险。

（2）客户流失，即客户购买竞争品牌。

（3）客户欺诈。

第三节　服务补救实施

一、服务补救策略

策略是为了达到某种目的，对可运用的资源加以调配所采取的一种手段。服务的无形性的特点使得服务管理工作不易进行，需要通过服务补救来补偿服务失误造成的影响，一个有效的服务补救策略可以提高顾客的满意度和忠诚度。

服务补救作为企业整体策略中的一部分，是围绕与顾客关系建立过程中对服务失败和服务问题的处理而进行的，是服务提供者在面对服务发生缺陷及错误时所采取的措施。

在服务系统中，即使是最全面、有效的服务作业，也无法消除服务传递过程中出现的错误。因此，服务提供者应建立一套完善的服务补救策略。

许多研究也表明：正式、规范的服务补救的整体效果要远远强于随意、不规范的服务补救。因此，服务企业有必要形成正式、规范的服务补救策略。虽然各类服务企业的性质各不相同，但仍然可以归纳出普遍适用的服务补救策略。

（一）普遍适用的服务补救策略

1. 服务补救策略"链"

针对服务补救中的复杂状况，Zeithaml 和 Bitner 总结了若干企业成功的服务补救策略。沿着服务补救的过程，他们归纳了一条服务补救策略"链"。

（1）避免服务失误，尽量一次做好。

可靠性是服务中的重要因素，不必补救就是最好的补救策略。争取首次做好，这是服务质量最重要的量度标准。让每个员工都了解服务可靠性的意义，并激励和培训员工在每个关键时刻和每个微小细节为顾客提供可靠、优质的服务。企业应通过统计、分析、控制服务过程，降低服务失误出现的概率。

（2）欢迎并鼓励顾客投诉。

将顾客纳入服务质量监测系统非常必要，顾客的投诉可以帮助企业改进服务质量，并提供更多有价值的信息。企业应该利用各种渠道主动收集顾客投诉信息，并采取措施鼓励和方便顾客投诉，降低顾客投诉成本。

（3）出现服务失误或问题时快速行动。

服务失误后，企业反应越快，传递给顾客的信息越早，越可能成功挽回失误。

研究表明，如果立刻处理顾客的投诉，企业可以留住 95% 的顾客；相反，如果企业不理睬顾客的投诉，会有 50% 的顾客离去。反应速度和时间是挽回失误的关键。这要求服务组织建立合适的快速行动系统和程序，并向员工授权。

第一个接受顾客抱怨的员工要对顾客负责到底，直到解决问题。最好是直接和顾客会晤或通电话，这样可以有效地得到顾客的反馈。

需要对员工进行培训和授权。主要是授权一线员工，并培训其补救技巧。

（4）服务补救中，公平地对待顾客。

这是有效补救的必不可少的部分。为了使顾客在服务补救中感到公平，就必须采取一系列具体措施处理服务失误，如表 7-14 所示。

表 7-14　　　　　　　　　　　处理服务失误的具体措施

类型	具体措施
道歉	服务补救开始于向顾客道歉，道歉表示服务组织意识到自己的失误可能给顾客造成的损失，这对顾客意味着过程公平。向顾客表达歉意的方式可以是口头的、书面的、私下的、公开的等
纠正	在大多数情况下，顾客提出投诉意见时，企业马上给予纠正即可。有时要进行超值纠正，即企业不仅纠正服务缺陷，而且采用其他方式给予顾客奖励或补偿

类型	具体措施
移情	应该对顾客的失望和愤怒表现出理解，这是成功的服务补救的必要因素，它可使顾客认识到服务组织对他的处境十分敏感和关心。适当的移情对于顾客来说意味着一种相互对待的公平，有助于为双方的相互尊重打下良好的基础
象征性赎罪	象征性赎罪是以一种有形的方式对顾客做出补偿。具体可以是：替换服务（适用于那些能保留、能调换的情况）；给予价格折扣，以补偿因服务失误给顾客带来的损失和不方便；退款，这也是一种比较常用的方式；赠予优惠卡，许诺在以后的服务中给顾客优惠，发给顾客优惠卡作为凭证

（5）从服务补救的过程中学习。

企业应从服务补救的过程中学习，消除服务失误。通过分析识别服务传递系统中存在的缺陷，来改进服务系统，减少服务失误的隐患。

（6）从失去的顾客身上学习。

有效补救的一个重点是弄清楚：有多少顾客离去，离去的真正原因是什么，顾客转移到了哪里。这有助于避免未来失误的发生，防止更多的顾客离去。

2. 六种不同的服务补救策略

凯利（Kelley）和戴维斯（Davis）在研究中提出企业可采用的六种不同的服务补救策略。

（1）被动补救策略。

被动补救策略对服务补救不做整体的规划，采取一事一议的解决方法。该策略的优点是比较容易实施，所需的成本较少；其缺点是每件事都是突发的，让顾客感觉不正式，处理结果的信度太低，难以推广。

（2）系统的响应策略。

有系统的响应策略，建立制度化的服务补救机制，事先模拟可能出现的抱怨种类，并分别制定标准的作业程序。这种策略的优点是建立了标准的反应机制，可以迅速响应顾客的抱怨并有序地进行处理；缺点是有突发事件产生时，或有意想不到的抱怨产生时，具体作业人员可能无法应对。

（3）早期预警机制。

企业可以建立早期的预警机制，在服务失误发生之前，采取预防措施。其优点是可以降低因服务失误对顾客所造成的不良影响，缺点是该策略会提高服务提供者用于分析和监控服务传递过程的成本。

（4）零缺陷服务系统。

建立零缺陷服务系统，尽量完善服务系统，消除服务过程中出现失误的可能。其优点是可以有效降低服务失误发生的概率，但缺点是成本高、实际操作困难。这实际完全是一种理想状况，企业在实际操作时都希望达到这一目标，但非常困难。

（5）逆向操作策略。

有意造成服务失误，然后展现服务提供者的服务补救能力，这就是逆向操作策略。其优点是成功的服务补救显然会提高顾客的满意度和忠诚度，但采用这种方法时可能会操作失误甚至会弄巧成拙。

（6）正向证明方式。

正向证明方式表达了服务商的补救决心，当竞争者出现服务失误时，积极争取为顾客服务的机会。这种方法的优点是能获得新顾客，但在实施中，竞争者服务失误的信息不易获取。

在实际操作中，企业可以根据自身的实际情况，整合其中几个策略来进行服务补救，优秀的服务补救是各种策略在一起发挥作用的综合体。

（二）服务补救策略的 PDCA 循环

在服务业的质量管理工作中，服务补救对应于管理工作循环中的检查（Check）和处理（Act）阶段，在服务的过程中发生不满意（服务失误）时，服务的提供者应对其提供的服务进行检查，并采取相应的服务补救措施，以不断提升服务的质量。

服务补救作为服务质量管理工作中的一个重要环节，同样遵循 PDCA 循环这一机制的特点。服务补救的管理工作可以划分为如下四个阶段。

1. 服务补救策略的制定阶段（P）

这一阶段主要是分析服务运作系统的现状，发现问题。包括分析质量问题的各种影响因素，分析影响质量问题的主要原因，发现可能造成服务失误的重点环节。在分析现状和问题的基础上，结合企业实际，制定相应的服务补救策略。

2. 服务补救策略的实施阶段（D）

这一阶段的任务主要是针对服务失误，执行相应的服务补救策略。

3. 服务补救策略的效益评估阶段（C）

在实施服务补救策略后，应及时对服务补救的效益进行测算和分析。

4. 服务补救策略的动态调整阶段（A）

这一阶段主要是对原有的服务补救策略进行修正和完善。对成功的服务补救经历加以总结，并制定相应的服务标准。没有解决的服务失误与服务补救问题则可以转入下一个 PDCA 循环去解决。

小贴士

服务补救已逐步应用到医院的服务实践中，并被医院管理者所重视。在医疗活动中，难免会出现服务失误，而服务失误的最终结果会使医院的声誉和利益受损。面对服务失误和医患矛盾的产生，有效的服务补救是解决医患纠纷的法宝。

服务补救是在出现服务失误时所作的即时性和主动性的反应，其目的是通过这种反应，将服务失误带来的负面影响降到最低。

①衡量护理服务质量，进行不合格服务的判断。

可知性：指服务产品的有形部分，如各种设施、设备以及服务人员的语言、行为、仪表、素质等。

可靠性：指企业准确无误地完成所承诺的服务。在临床护理服务过程中最令患者恼火的，莫过于医院的失信。

响应性：随时准备为病人提供便捷、有效的服务，对患者的各种要求能否给予及时的满足，将表明医院的服务导向，即是否把患者的利益放在第一位。同时，服务传递的效率则从侧面反映了服务质量。

保证性：指服务人员的友好态度与胜任工作的能力，它能增强病人对医院服务质量的信心和安全感。医护人员的友好态度和胜任能力二者缺一不可，医务人员缺乏友善的态度自然会让患者感到不快，但如果他们对专业知识了解得太少也会令患者失望，尤其是在健康保健服务不断推陈出新的今天，医护人员更应该具备较高的知识水平。

移情性：要真诚地关心患者，了解他们的实际需要，并给予满足，使整个服务过程充满"人情味"。

如果以上几点不能满足病人的需要，说明护理服务不到位，护理质量不高，应寻求改进。

②建立护理补救程序是非常必要的，按照 PDCA 循环的要求，不断改进护理工作质量，在积极采取补救措施的同时，培养护理人员的服务意识，营造团结协作的科室氛围，将护理服务中的不合格服务率降低到最低，以增强医院的核心竞争力。医院服务补救程序如图 7-6 所示。

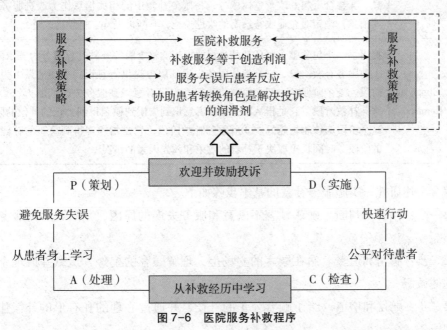

图 7-6　医院服务补救程序

按照 P（策划）—D（实施）—C（检查）—A（处理）循环的要求，不断更新该程序，使其常用常新。

二、实施服务补救的步骤

成功的服务补救应该是迅速且有条不紊地进行的，因此，企业应通过服务补救实践，提炼出适合自己的服务补救程序或步骤，确保服务补救的顺利实施。

在对服务补救步骤的总结、归纳中，研究者针对不同的行业、情况提出了相关的服务补救实施步骤，如表 7-15 所示。

表 7-15 研究者针对不同的行业、情况提出了相关的服务补救实施步骤

研究者	具体内容
Cathy and Ross	对汽车修理、航空旅游、牙医、餐饮四个行业的研究发现，有效的服务补救步骤是：首先，道歉承认是自己的过失；其次，倾听、了解事情的前因后果；最后，给予实质补偿
Kelley and Davis	最有效的服务补救是给予未来服务的优先权、赔偿、提升道歉层次等，并且应考虑服务补救的需求，行动要快速，注意员工的培训，给一线员工授权等
Tax and Brown	提出服务补救共有四个步骤，如图 7-7 所示，前两个步骤是针对个别顾客的问题确认和解决，后两个步骤则是将服务补救资料与公司内部其他资料一起分类、整合，以确定收益最高的服务改进投资。服务补救实施步骤具体为：①确认顾客的不满意和服务失败的原因（确认服务失误）。②解决顾客问题。他们不仅希望得到有形的补偿，更重要的是恢复他们的公平感。③传送并分类服务失误信息。④整合资料并改善整体服务，将服务补救中的相关信息作为改进服务的重要信息，确定对企业收益最高的改进措施，不断地循环、持续地改进
Miller, Craighead and Kerman	提出了一个包含整个服务补救过程的框架。整个服务补救过程被分为三个阶段：①前服务补救阶段，它是指从服务失误到服务提供者意识到失误的发生为止的阶段。这个阶段的时间长短取决于服务提供者意识到服务失误的能力。②即时服务补救阶段，它是指从服务提供者意识到失误到顾客得到公正的补偿的阶段，这个阶段应该越短越好。③后服务补救阶段，它是指顾客得到公正的补偿之后的阶段，时间长短取决于补救的效果和领先因素的情况

综合上述研究，实施服务补救的基本步骤如下。

第一步：倾听和判断。确认顾客不满意和服务失误的原因，判断顾客对服务补救的期望。

第二步：移情和道歉。站在顾客的立场上，理解顾客的抱怨，道歉并展现企业解决问题的诚意。

第三步：赔偿和增值。给予顾客公正的补偿，并通过心理的和有形的补偿让顾客感到增值。

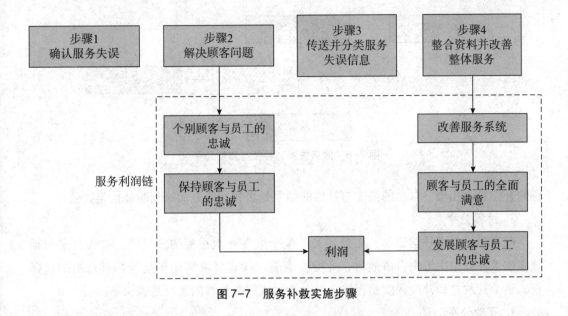

图 7-7　服务补救实施步骤

第四步：追踪和关心。对服务补救的效果进行追踪，并进一步表现出对顾客的关心，提升服务补救的长期效果。

第四节　各种理论在服务补救中的应用

一、公平理论在服务补救中的应用

公平理论（Justice Theory）强调顾客感受到的服务补救的过程和结果的公平性。它的主要假设是顾客的满意程度取决于顾客知觉的公平程度。顾客在接受服务时处于一种交换的关系中，他们将自己的投入，如花费的金钱、时间等与从消费经验中所获得的价值、心理上的满足等作比较，并且也与其他参考群体作比较，若顾客自认为比率不协调，心理就会感到不公平，从而产生不满意。如果知觉公平程度越高，顾客将越满意。

无论顾客以前有无经历过特定企业的服务失误和补救，人们都有一个普遍公认的衡量标准。顾客把这些普遍标准作为参考，与企业的服务补救表现作比较。另外，服务失误的特性（如类型、重要性）也会影响顾客参考的普遍标准。普遍标准与补救表现的对比产生顾客的知觉公平。知觉公平还会进一步影响顾客满意度，如图 7-8 所示。

知觉公平可以分为三个层面：补偿公平、过程公平、互动公平。

1. 补偿公平

企业的道歉可以提高顾客公平和满意的感受，但如果再加上有形补偿，则服务补救的效果将会更好。顾客通常从补偿是否满足自己的需求、自己与同等情况下别人获

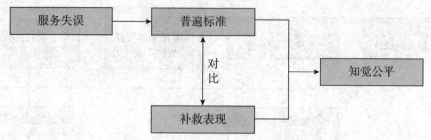

图 7-8　服务失误、补救与知觉公平

得的补偿是否相似、自己的损失与补偿的结果是否相当等方面来判断补偿是否公平。

2. 过程公平

顾客不仅要求补偿公平，而且还关心整个服务补救过程的公平性。过程公平包括顾客能否在补偿决策中自由地与企业交换意见、顾客对决策结果是否拥有自由的选择权、整个补救过程开放程度是否够高、企业完成服务补救的速度是否快等。

3. 互动公平

在补偿公平、过程公平的期望之外，顾客希望在服务补救过程中能够得到礼貌、细心和诚实的对待。同时，企业在解决问题过程中的努力程度，以及在服务失误发生后提供解释的意愿都会影响顾客对互动公平的感知。

有学者用知觉公平框架来测定顾客对旅游供应商服务补救的评价，发现了顾客用知觉公平的三个方面来评价服务补救，同时研究结果显示顾客得到的补偿结果（补偿公平）显然很重要，但整个服务补救过程（过程公平）和员工行为（互动公平）也起到非常重要的作用。

二、期望失验理论在服务补救中的应用

所谓失验（Disconfirmation），指将预期与实际发生情况进行对比时所感知到的不一致。期望失验理论（Expectancy Disconfirmation）认为，顾客在消费后会将实际所感受到的绩效（即服务达成消费者期望的程度）与先前的购买期望相比较，当绩效与期望一致，即无失验产生；当绩效比期望差，即产生负面失验；当绩效比期望好，即产生正面失验。

期望失验理论在服务补救中也得以应用。研究指出，如果服务补救表现比预期的好，顾客经历了正面失验；如果服务补救表现比预期的差，顾客经历了负面失验；如果补救表现与预期的相同，则无失验产生。正面失验的喜悦提高了顾客满意度，而负面失验的失望降低了顾客满意度。

三、归因理论在服务补救中的应用

服务失误发生后，顾客会对服务失误发生的原因进行分析判断，以此来决定采取

什么样的行动。服务失误的发生会对企业造成许多不利影响，如导致顾客离开、进行负面口头宣传等。研究服务失误的归因的目的就是更好地了解顾客行为背后的原因，从而为服务补救提供建议和指导。

美国心理学家海德（Heider）在 1958 年最早提出了归因问题，并运用于心理学领域。归因理论（Attribution Effect）是一种帮助人们判断他人行为背后的原因及其性质的理论，这一理论出现后迅速被管理者运用于管理实践中。

20 世纪 80 年代，瓦莱丽（Valerie）和福克斯（Folkes）等学者就开始研究顾客对服务失误的归因，因为服务失误发生后，不管企业是否对失误原因主动做出解释，顾客总是努力寻求服务失误发生的原因。研究发现，顾客对服务失误的归因结果可分为三个层面：一是归属性（Locus），二是稳定性（Stability），三是可控制性（Controllability）。

1. 判断服务失误原因的归属性

归属性判断是归因的首要工作，意在识别服务失误发生的原因是企业外部原因还是企业内部原因。在对服务失误进行归属性判断时，顾客往往不把自身原因考虑在内。他们多依据服务失误原因所表现出的区别性、一贯性和一致性来断定服务失败原因的责任方。

（1）区别性（Distinctiveness）。

区别性是指除了业已发生在顾客身上的服务失误外，企业在其他方面是否也有较差的表现。区别性低说明企业在其他方面也出现服务失误。对区别性低的服务失误，顾客倾向于归因于企业自身；而对区别性高的服务失误，顾客有可能认同于是由外部因素导致。

（2）一贯性（Consistency）。

一贯性是指同一类服务失误的发生概率。一贯性高则同一类服务失误的发生概率也高。对于一贯性高的服务失误，顾客倾向于归因于企业自身。比如当顾客遇到了结账错误时，若忽然想起上次也在这家企业遇到此事，好像也听朋友抱怨过此事，那么顾客将众多例证组合在一起，就会得出企业管理混乱、员工素质太低等结论。

（3）一致性（Consensus）。

一致性是指顾客除了在某一企业遇到过某项服务失误外，在其他企业是否也遇到过。如果在其他企业很少遇到，则一致性低，对一致性低的服务失误，顾客倾向于认为是由企业自身不完善所引发的。

经过以上归因过程，顾客对服务失误的责任方是企业还是外部因素得出了一个初步判断，结果整理如图 7-9 所示。

在得出服务失误原因的一级归属后，多数顾客还会进一步区分服务失误的责任方是企业整体还是员工个体。这也是基于区别性、一贯性和一致性三准则。如企业某员工对顾客不礼貌，顾客若发现该员工还有诸多其他不合理言行，就容易得出企业缺乏

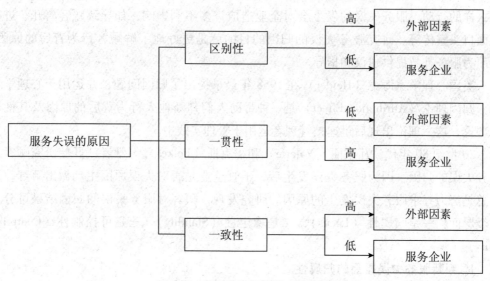

图7-9　服务失误原因的一级归属

对员工培训的结论（区别性）；若在再次消费时发现该员工仍然不礼貌，顾客就会得出企业缺乏不断完善再教育机制的结论（一贯性）；若发现该名员工的表现并不是一个特例，而是企业大部分员工都如此时，顾客就会认为企业管理存在很大问题（一致性）。对服务失误原因归属问题的再次明确，就得到了服务失误原因的二级归属，如图7-10所示。

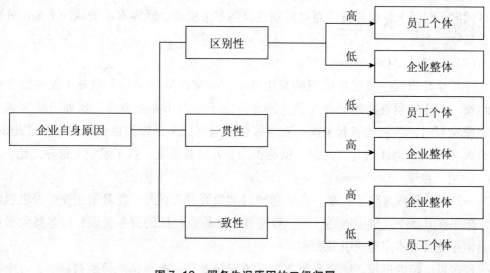

图7-10　服务失误原因的二级归属

2. 判断服务失误原因的稳定性

稳定性是指服务失误的发生是经常出现的还是偶尔出现的，它的程度决定着是否有必要和值得采取措施，以对失误的发生施加影响。顾客对服务失误稳定性的判断，主要是依据可获得的一些直接或间接经验。一般而言，顾客认为由外部因素而引发的服务失误原因稳定性较低，即不会经常发生。认为由企业整体表现较差所引发的服务失误原因稳定性较高，而由员工个体表现较差所引发的服务失误原因稳定性较低，如图 7-11 所示。

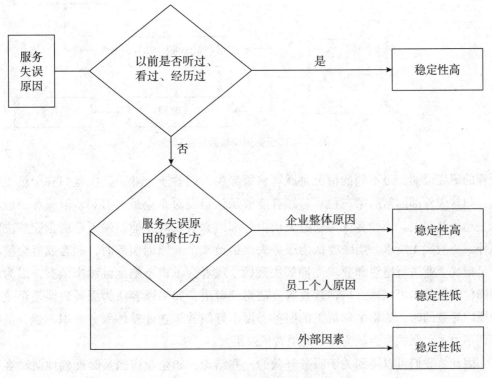

图 7-11　服务失误原因的稳定性

3. 判断服务失误原因的控制性

控制性是指服务失误的原因是可以控制的还是不可以控制的，它的程度决定着采取的措施是否能取得效果。

经过服务失误原因归属性的判断，顾客基本对服务失误原因的可控制性有了一个初步的判断，即由外部因素所引发的服务失误原因可控性较低，而由企业内部因素所引发的服务失误原因一般可控性高。由外部因素引发的服务失误，顾客也有进一步将原因划分为可控性低和完全不可控原因的倾向。顾客对何为不可控外部原因的认定，也经常受企业竞争对手的影响。企业内部的服务失误原因虽为可以控制的，但控制起来的难度也不尽相同。

一般而言，个别员工所导致的服务失误原因比较容易控制，而由企业系统原因所导致的服务失误原因比较难控制，如图 7-12 所示。

对服务失误归因的研究是为了更好地了解企业如何进行服务补救。对归属性判断

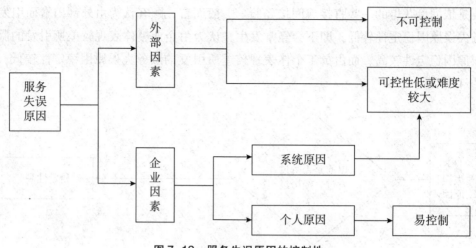

图 7-12　服务失误原因的控制性

过程的研究说明，最不利的情况是顾客将服务失误归咎于企业，其次是归咎于员工个人，归咎于外部因素居第三位。若顾客能够承认错误对企业最为有利，但顾客一般不会主动承认错误。当顾客认为服务失误由外部因素引发时，他们除了希望企业解决问题外，一般别无所求。当顾客认为服务失误由员工个人原因引致时，顾客或者会信心十足地找企业进行抱怨和要求立即解决问题，或者会不声不响地继续来消费，因为他们确信问题员工可以通过培训教育等方法得到解决。如果顾客认为服务失误是企业系统原因导致的时，如将个别员工的服务态度不好归咎于企业整体服务意识不强、员工培训不力等，则顾客会认为再来此消费风险很大。

因此，我们可以得到关于服务补救的一些结论，如企业应当及时准确地向顾客解释服务失误的真正原因，必要时应当客观准确地指出顾客在服务过程中的错误；企业应及时将引发服务失误的外部原因通报给顾客，避免顾客对企业不利的归因倾向。鼓励一线员工勇于承担责任，避免员工将问题推到企业身上。

对稳定性判断过程的研究说明，一再发生的服务失误和由企业系统原因导致的服务失误，易促发顾客得出其将稳定地再次发生的结论。因此企业应极力避免同一类服务失误的一再发生，尤其是同一类服务失误发生在同一位顾客身上。

对控制性判断过程的研究说明，对不可控制原因导致的服务失误，顾客不会产生太多不满；对可控制但因企业疏于控制而引发的服务失误，顾客的不满较为强烈，并希望企业为此承担责任，否则顾客流失的可能性较大；若顾客认为服务失误的原因可控制且企业有能力进行控制，则只要企业能及时采取有效的服务补救措施，顾客一般会再次选择该企业。

四、社会交换理论在服务补救中的应用

社会交换理论最早产生于 20 世纪 50 年代末的美国，其代表人物有美国社会学家

G. C. 霍曼斯和 R. M. 布劳等。该理论以个人为研究主体，认为"人与人之间所有的接触都以给予和回报等值这一范式为基础"。个人在社会交往中以自己所拥有的某种"资源"作为"代价"，从其他人那里换取某种"报酬"。其中，一方所拥有或能够支配的"资源"和另一方对换取这些"资源"所付的"报酬"就是社会交换的内容。

社会交换理论可以从不同的角度去理解，包括从服务失误和服务补救的角度。有学者曾经指出社会交换的基本过程和动因包括市场交易中普遍的紧张关系和冲突。在服务业，服务失误是服务补救的动因，服务补救可以认为是解决由于服务失误造成的紧张的交换关系，即是用来重建关系的。服务补救努力改正服务失误，以使顾客判断所经历的服务是正面的，并愿意继续这种交换关系。

在服务过程中，可以将服务失误看作顾客时间、金钱形式的"成本"或"损失"。随后企业的服务补救行动看作顾客全部效用功能的"价值"或"获得"。在一次服务失误与补救中，多种形式的资源进行了交换，客户和企业既相互交换了经济资源，如顾客支付了最初的服务费用，企业给顾客一定的折扣或免费服务等，又交换了非经济资源，如服务失误后企业向顾客道歉、表示同情等使顾客感觉到被尊重。

作为交换的服务失误和服务补救有以下的特点。

1. 顾客喜欢"同类型"的交换

顾客在服务失误中感受到了损失，企业随后努力以服务补救的方式弥补顾客损失并力图继续维持彼此的交易。顾客能够重新感受到收益（以服务补救的形式）的途径依赖于损失的类型和大小。研究指出顾客喜欢交换的资源在类型上相似、在数量上"平衡"。因此，顾客对企业的服务补救努力是否满意依赖于服务失误的类型和数量。在服务失误和补救中，服务失误或顾客损失分为两类：结果失误（如核心失误）和过程失误（如服务传递失误）。研究表明 26% 交易转换是因为结果（核心）失误造成的，21% 是由过程（传递）失误造成的。当顾客不能得到他需要的服务结果，他将以时间、机会成本、浪费的努力等来评价其经济损失。这时如果顾客认为得到了以经济资源为形式的补偿，如折扣、赠券，他们会比较满意。如果发生了过程失误，顾客认为损失了心理资源（如身份），他们会对能弥补这种损失的资源感到满意，如道歉，即过程失误更需要心理补偿。

2. 顾客喜欢"平衡"的交换

顾客不仅喜欢"同类型"的交换，也希望交换是"平衡"的。"平衡"指顾客在服务失误和补救中体验到的损失和获得的数量大小相当。当服务失误发生时，平衡被破坏，为了重建平衡，服务提供者必须决定补偿的大小，即损失的大小，随之而来的补救大小都是由失误的大小决定的。而顾客希望能够得到与他们经历的损失/失误等量的赔偿。顾客起初并不期望经历服务失误，也就是说，他们起先假设将要经历的服务是没有失误的。所以顾客对服务失误带来的损失要比他们得到预料中的服务更加敏感，这往往需要企业给予顾客"额外补偿"才能使顾客的平衡感重新建立。

　　通过交换理论研究我们得知，既然顾客喜欢"同类型"的交换，企业就应当努力提供与失误类型相匹配的补救资源。经济方面的损失应提供实物补偿，情感上的损失应提供心理补偿。另外，心理价值模型也证明了额外补偿对顾客平衡感建立的重要性。但是由于用来抵消顾客损失的费用可能会比较高，一般企业不愿这么做。毫无疑问，如果企业的确可以给予额外补偿，顾客将更愿意再次惠顾并建立忠诚，因为顾客感觉有义务"回报"企业，以重建交换关系中的平衡。

【课后思考题】

简答题

1. 服务失误产生的原因有哪些？服务失误会对顾客产生什么影响？

2. 服务补救的意义是什么？服务补救的原则是什么？

3. 服务生命周期由哪几个阶段构成？

4. 服务补救的策略有哪些？

5. 举例说明公平理论在服务补救中的应用。

6. 请分别说明服务补救的收益主要包括哪几个方面。

第八章　顾客服务管理

[本章学习目的]

掌握：顾客的分类；顾客价值；顾客关系管理。

熟悉：顾客的定义；顾客关系；顾客关系发展阶段；顾客保留策略。

了解：顾客关系理念；提升顾客服务的策略；顾客保留调节因素。

✎ 导入案例

美国某信用卡公司的卡片分部认识到高质量的顾客服务是多么重要。顾客服务不仅影响公司信誉，也和公司利润息息相关。比如，一张信用卡每早到顾客手中一天，公司可获得 33 美分的额外销售收入，这样一年下来，公司将有 140 万美元的净利润，及时地将新办理的和更换的信用卡送到顾客手中是提升顾客服务质量的一个重要方面。

计划实施效果很好，比如处理信用卡申请的时间从 35 天降到 15 天，更换信用卡的时间从 15 天降到 2 天，回答用户查询的时间从 16 天降到 10 天。这些改进给公司带来的潜在利润是巨大的。例如，办理新卡和更换旧卡节省的时间会给公司带来 1750 万美元的额外收入。另外，如果用户能及时收到信用卡，他们就不会使用竞争者的卡片了。该质量控制计划除了带来潜在的收入和利润，对公司还有其他的益处，该计划使整个公司都注重顾客期望。各部门都以自己的顾客服务记录为骄傲。而且每个雇员都对改进顾客服务做出了贡献，使员工士气大增。每个雇员在为顾客服务时，都认为自己是公司的一部分，是公司的代表。

第一节　顾客及其价值

英语 Customer 可以翻译成顾客、客户、客人、买主等。顾客又称客户按照《质量管理体系　基础和术语》（GB/T 19000—2016）的定义，顾客是能够或实际接受为其提供的，或按其要求提供的产品或服务的个人或组织。

一、顾客分类

顾客可以依据不同的标准进行分类。

（一）按顾客所处组织位置分类

在 GB/T 19000—2016 有关顾客定义的注中解释：顾客可以是组织内部的或外部的，即依据顾客所处组织位置不同，可以分为外部顾客和内部顾客。

外部顾客是指购买或接受组织的产品或服务的外部组织或个人，这也是通常意义上的顾客。

内部顾客是指在组织内部，不同部门、不同工序及不同人员之间所形成的类似于组织与外部顾客之间的关系。在组织内部，通常具有众多各司其职的部门，因此在一个组织中，人与人之间、部门与部门之间、工序与工序之间就形成了类似于供方与顾客的关系。按照全面质量管理（TQM）的观点，"下一道工序"就是"上一道工序"的顾客。如工厂设计部门提供的技术规范就是一种产品，其接收者——生产部门就是顾客；甲车间生产零件提供给乙车间，乙车间就是甲车间的顾客。

（二）按照顾客接收产品的环节分类

按照产品接收的环节不同，外部顾客可以分为最终顾客和中间顾客。

最终顾客是指最终购买和消费产品的顾客，包括三种情况：①购买者和消费者是统一的，如购买和消费日用品；②购买者和消费者是分离的，如玩具的购买者多是家长，使用者是孩子；③多个消费者共同使用某一产品，如家用轿车往往是家庭成员共用。

中间顾客是指基于转卖或出租购买产品的顾客。企业产品一般要经过相当多的环节（如批发商、零售商）才能到达最终消费者或使用者手中。在产品流转链中，任何一个中间环节既是前一个环节的顾客，又是下一个环节的供方。

（三）按购买主体不同分类

按照购买主体不同，顾客可以分为个人顾客和组织顾客。

个人顾客是指为了满足个人或家庭成员消费需要而购买产品或服务的人。组织顾客是指为了满足组织职能而购买产品或服务的单位或组织（一般称为顾客）。

（四）按照购买活动是否发生分类

按照购买活动是否已经发生，外部顾客可以分为现实顾客和潜在顾客。

现实顾客是指已经或正在购买企业产品或服务的顾客，包括两类：①已经购买或消费过本企业产品的组织或个人；②正在购买或消费本企业产品的组织或个人。

潜在顾客是指打算或将来有可能购买企业产品或服务的顾客，包括三个层面：①潜在地区顾客，某个地区是企业的潜在销售市场（此类顾客相对容易开发）；②潜在阶层顾客，某个阶层人群（如以收入划分的阶层）是企业的潜在销售市场（此类顾客开发难度较大）；③潜在个人或组织顾客，某个组织或个人可能是企业某一产品或服务的潜在购买者（此类顾客最难开发）。

二、顾客价值

当今社会，企业所面对的市场是买方市场，买主相对于卖主处在主宰和支配地位，因此，拥有顾客对于企业来说具有十分重要的意义。具体表现为以下几个方面。

（1）顾客是企业存在的基础。企业是以营利为目的，专门从事商品生产、经营或服务性活动的经济单位。企业能否生存决定于其所生产或经营的产品或服务是否拥有市场。企业只有获得顾客的支持才能生存和发展。所谓支持或不支持就是看顾客在市场上是否购买企业所提供的产品或服务。

（2）顾客是企业利润的源泉。企业利润是销售收入与生产经营成本之间的差额。在生产经营成本既定的情况下，企业要想增加利润，唯有扩大销售量以增加销售收入；而企业产品销售量能否增加，则决定于企业是否拥有顾客以及拥有多少顾客。

（3）顾客是企业员工的衣食父母。表面上看员工的工资是由老板发放的，但实际上员工的工资是由顾客发放的。试想：如果企业产品没有市场，员工即使付出再多也难以得到回报。沃尔玛的创始人山姆·沃尔顿（Sam Walton）就曾多次说过："所有同事都是在为购买我们商品的顾客工作。事实上，顾客能够解雇我们公司的每一个人，他们只需要到其他地方去花钱就可以做到这一点。衡量我们成功与否的重要的标准就是看我们让顾客——我们的老板——满意的程度。"

（4）顾客是企业的最大资产。企业可以没有厂房、设备等固定资产，但不能没有顾客，如果没有顾客，企业固定资产就是毫无价值；反之，只要有顾客，企业则可以通过租赁等方式获得固定资产，然后为顾客提供相应的产品或服务。

✎ 相关案例

斯堪的纳维亚航空公司总裁简·卡尔森（Jan Carlzon）就曾经说过："看一下我们的资产负债表，在资产方面，你可以看到有多少架飞机，值多少钱。然而，你错了，在资产方面，我们应该填的内容是，去年我们的班机共有多少愉悦的乘客。因为这才是我们的资产——对我们的服务感到高兴并会再买票的乘客。"

第二节　顾客关系及其发展阶段

一、顾客关系的含义

在汉语中，"关系"一词有多个含义：一是指关联或牵扯，二是指事物之间的相互影响和相互作用，三是指人与人或人与物之间的相互影响和相互作用。

在英语中，关系是指两个人或两群人之间的感知状态和行为方式的相互影响和相互作用。

由上可知，关系可能发生在人与人之间，也可能发生在人与物之间；可能是个体与个体之间的关系，也可能是集体与集体之间的关系以及个体与集体之间的关系。关系是双向的，有典型的互动性。关系既包括行为方面的相互影响和相互作用，也包括感知或态度方面的相互影响和相互作用。

顾客关系是指企业与顾客之间的相互联系及相互影响。

二、顾客关系发展阶段

这里的"顾客"既包括组织顾客也包括个人顾客，既包括最终顾客也包括中间顾客，既包括初次购买顾客也包括长期关系顾客。

有学者将企业与顾客之间的关系划分为以下四个阶段。

（一）陌生关系

陌生关系是指顾客还没有与企业发生业务往来（即没有购买过企业的产品或服务），且不了解企业。针对陌生顾客，企业需要引导他们关注企业的产品或服务，或者通过提供赠品、鼓励试用等方法引导其对企业产品或服务产生兴趣。

（二）熟人关系

熟人关系是指顾客已经购买过企业的产品或服务（甚至多次购买），并且对企业较为了解和熟悉。针对熟人关系，企业的重要任务是增加顾客满意度和忠诚度，防止顾客流失。

（三）朋友关系

朋友关系是指顾客与企业之间除了交易关系还存在情感联系，即顾客与企业或其服务人员、营销人员有情感联系或私人友谊，进而会开展交易关系之外的联系或互动。针对朋友关系，企业及其相关人员应当付出更多的情感以维系良好的关系，进而推动顾客购买企业的其他产品或服务，并推动顾客介绍其他新顾客。

（四）伙伴关系

伙伴关系是指顾客与企业之间开展合作，以达成某种目标，如入股企业、联合投资。针对伙伴关系，企业的重要任务是统一价值观，及时化解分歧，保证合作愉快、稳定和长久。

第三节　建立高效的顾客服务管理

企业应提高对顾客的服务水平，积累每个顾客的数据并加以分析，并针对个性化需求提供全面服务，从而达到双赢的局面。高效的服务就是我们要用更低的成本、高效率的方式为顾客提供更多的价值，获得更高的顾客满意度，与顾客建立起长期合作、互惠双赢的战略合作伙伴关系。

一、顾客服务理念

市场在不断地变化，顾客对产品和服务的要求也在不断地变化。企业要不断赢得顾客的满意，获得企业的长足发展，就要持续为顾客提供优质的产品和真诚的服务。为使顾客服务工作令顾客更满意，应制定顾客服务理念，并作为企业各级部门人员的行动指南。

（一）基本理念

用简洁的语言阐明企业对顾客服务的基本理念，要求所有员工都能熟记，并能运用于日常工作中。例如："顾客是我们的衣食父母"；"无论何时、无论何地、无论采用何种方式，顾客满意是我们不懈的追求"。

（二）具体化理念

顾客服务的基本理念是行动指南，为使之更有效地贯彻执行，必须将其具体化，体现到顾客服务的各个环节中。

📝 **相关案例**

以下是某公司的顾客服务理念的具体化，仅供参考。

1. 服务理念：沟通零距离，服务无止境

（1）"沟通"是指与我们的顾客沟通，做好各方面的交流工作。

（2）"零距离"既是一种尺度的衡量，更是一种质量目标的反映，表明了我们与顾客之间的亲密关系。

（3）当沟通零距离的前提、目标设定以后，服务有永无止境的要求。

2. 口号

顾客需求十万火急时，我们是消防员；

顾客需求事关性命时，我们是急救员；

顾客正在使用产品时，我们是保健师。

3. 具体服务思想

我们的中心思想是："一二三四五"。

（1）一个使者：我们是促进和保证企业使命实现的一个使者；我们每个人都努力，才能把我们的顾客服务好。

（2）两种顾客：顾客与顾客的顾客都是我们的顾客，我们要为顾客着想，更要从维护顾客的利益出发。

（3）三个时段：我们的服务应该是为顾客提供三个阶段的全程服务，包括售前服务、售中服务、售后服务等。我们要树立提示性的咨询、现实性维护维修、预防性的咨询等三时段的全程服务。我们要做好交货、安装、调试、培训和售后服务的各项工作。

（4）四着和谐。

着想（心）：提前为顾客、顾客的顾客想到问题，全面地想到问题，把问题处理在爆发状态或扩大危害程度之前。

着急（脚）：急顾客、顾客的顾客之所急，我们处理顾客设备故障的时间对于顾客的时间、顾客的顾客的时间而言，不是等比的关系，而是指数级的影响关系。

着落（手）：对于顾客的每一件咨询、请求、申告、投诉等要做到处处有着落、事事有人管；对于每一个职员，人人有事干，人人管好每件事。

着装（外貌）：统一订制的工服及配备的工具是工作人员着装的整体组成。

（5）五度统一。

服务速度：具体包括远程 7×24 小时的技术支援、现场服务和备件支持服务。

服务精度：每次的售后服务，要求树立不再有重复的精品意识，没有后患的零缺陷意识，服务规范的实施要精益求精。

服务深度：根据服务协议提供对应深度的标准服务或增值服务。

服务广度：适应性满足顾客需求、创造性引导顾客的发展要求，增强自有发展能力，拓展市场业务。

服务高度：服务的质量和效果要高于从前的自己，高于我们的竞争对手，高于顾客的期望，高于我们现有的经验。而且服务高度是建立在服务速度、服务精度、服务深度、服务广度等基础上的。

（三）顾客服务基本理念的制定

1. 获取顾客信息

对于企业来说，研究顾客的行为和消费习惯是非常有必要的。企业必须通过顾客的记录、顾客服务系统、顾客数据库等途径了解顾客，与顾客建立一对一的服务关系。还可以选择并利用来自顾客群、战略合作伙伴或者第三方的数据资料，以获得更多顾客信息。当然，无论采用哪种方法，都要以获得顾客的真实身份为前提。

2. 对顾客表示欣赏

千万不要忘记对顾客表示欣赏，只有给顾客"可靠的关怀"与"贴心的服务"，欣赏顾客，把顾客当作朋友，他们才可能频繁购买。

3. 答谢顾客

答谢是企业维系与顾客感情的绝好手段，通过答谢，顾客会感到他们受到企业的重视。答谢的方法很多，关键顾客名单、特殊折扣、业务通信记录，甚至记住顾客名字都是向顾客表示感谢的好方法。

4. 分析顾客言行

顾客的任何有关企业的一言一行，对于企业来说都是极有价值的信息。企业应该不断分析顾客的言行，注意顾客变化的动向，掌握顾客的需求，由此更好地为顾客服务。

5. 让顾客满意

如果希望赢得顾客，并长期留住顾客，秘诀在于让他们感到满意，不论是产品还是个人服务，都应让顾客满意。顾客是否愿意再次光临，不依赖于他本人，而依赖于员工能不能让他这一次满意而归。顾客购买的动机在于拥有产品后的满足感，而不在于产品本身有多么好，产品好坏只是顾客内心效用评价的一个重要因素，不是全部。当时做好最重要，如果顾客当时不满意，事后工作再细致周到，也于事无补。要获得顾客的满意和忠诚，只有一个办法，就是先找出他们的需要，然后找出他们心中期望的满足方式，百分之百地，甚至超出他们的期望来满足其需要。

二、提升顾客服务的策略

提升顾客服务即要让顾客满意，满意是顾客的心理感知。在营销活动中，要提高顾客满意度，提升顾客服务，主要从以下两方面入手。

（一）改进顾客满意度指标

顾客满意度可以简要地定义为：顾客接受产品和服务的实际感受与其期望值比较的程度。这个定义既体现了顾客满意的程度，也反映出企业提供的产品或服务满足顾客需求的成效。顾客满意度有两个层面：行为意义上的顾客满意度和经济意义上的顾客满意度。

行为意义上的顾客满意度是一种经过长期沉淀而形成的情感诉求，是消费者在历次购买活动中逐渐积累起来的连续的状态。它是一种总体感觉，不仅仅限于"满意"和"不满意"两种状态。

据研究，企业的顾客服务处于一般水平时，顾客的反应不大；一旦其服务质量提高或降低一定限度，顾客的赞誉或抱怨将呈指数倍的增加。经济意义上的顾客满意度，如果从量化的指标来看，应从四个方面来考虑。

（1）与产品有关的满意度指标：产品质量、产品利益（功效）、产品特色、产品设计、可靠性、性价比等。

（2）与服务有关的指标：保修期、送货、顾客抱怨处理、维修和问题解决等。

（3）与购买有关的绩效指标：礼貌、沟通、获得信息、交易、时间等。

（4）行业特殊的指标：比萨，30分钟送货上门；保健品，服用方便、口感好；银行，迅速更换丢失的信用卡；家具，提供搬运服务；长途电话，通话的质量；汽车，节能；电脑，提供软件维护等。

企业可以结合行业和企业的实际，针对不同顾客关注的指标有针对性地进行改善，从而提高顾客的满意度。

（二）提高服务质量

服务的无形性等特征使得服务质量的高低不仅与服务提供者有关，还与服务接受者的心情、偏好等有关。因此，在提高服务质量过程中，一定要注意以下几点。

1. 制定科学的服务标准

服务标准为员工提供了明确的指导，确保服务的一致性和质量，帮助企业评估和改进服务质量。制定服务标准时，应从客户需求和行业最佳实践出发，充分考虑不同环节和流程的要求。此外，定期评估和更新服务标准，确保其与时俱进，也是提升服务质量的关键手段。

2. 无形服务有形化

企业应通过对服务设施的改善、对服务人员的培训与规范等措施来使无形服务有形化。

3. 服务自助化、自动化

通过自动、自助的方式来提高顾客对个性化方面的满意度，如自己在商场组装计算机及在移动通信营业厅进行话费查询、打印。

4. 服务过程透明化

例如，麦当劳曾向社会开放其操作间，以增强消费者消费的信心，满足消费者对服务过程的好奇，从而提高了消费者满意度。

5. 实施服务补救

当顾客对企业某方面的服务不满意时，企业应迅速查找原因实施服务补救，快速的补救措施不仅可以提高顾客满意度，而且还提升了企业的形象。

总之，在进行顾客服务时，应判断顾客在消费时的心情和消费偏好，同时要衡量自己与竞争对手之间的价值差异，创造差异化服务，全方位地提高顾客满意度，关注细节，提供增值服务，不仅让顾客满意，更要让顾客在享受服务过程中愉悦。

三、发掘顾客资源价值

企业生存与发展之本是顾客，而企业最重要、最有价值的资产之一就是顾客资源。一个企业即使建立了顾客档案，但若只是保存起来并未对其进行有效的利用，一旦某个业务员离去，那么他就会带走一批顾客。由此可见，这样的顾客资源并没有被企业真正拥有，更不被企业所控制。因此，企业要发掘顾客资源，对顾客资源进行数据管理，将数据转化为对公司有利的信息，以便更好地监控和了解顾客行为。对此，可以通过以下手段来发掘顾客资源的价值。

（一）顾客分类管理

经济学上有一个重要的原理，叫"二八原理"，意思是说大约20%的顾客，创造了80%左右的销售收入。对于每个企业来讲，首先要对所有的顾客进行分类，对主要的顾客要实行重点管理，在他们身上投入更多的人力、物力和财力，以便通过销售产品和提供服务，从他们身上获取更多的现金流入量。当然，对于那些非重点管理的顾客，也不能轻易放弃。

（二）与顾客进行沟通

企业应主动与顾客进行沟通，让顾客感觉到企业与顾客之间不仅仅是一种买卖关系，更多的是朋友关系。沟通不是简单的说教，而是带有很浓厚的人情味的，冷冰冰的沟通方式则会适得其反。与顾客沟通能使老顾客成为忠诚顾客，使新顾客成为"回头客"，或者乐意向他人介绍推荐企业产品。

（三）实施顾客跟踪管理

企业的顾客是流动的，即使是同一顾客，其对产品和服务的需求也是持续变化的。因此，企业要随时根据情况的变化，调整重点管理的顾客对象，实施持续的顾客跟踪管理，僵化或者一成不变的管理方式是难以达到好效果的。

（四）延伸顾客服务内涵

当企业开发了一个新的顾客之后，即意味着可能创造了一个源源不断地现金流入的机会。企业应当将第一次交易当作与顾客往来的开始，而非结束。例如，电信行业在提供电话服务的基础上，通过增加服务的内容（开通来电显示、留言、上网服务等），为顾客提供一揽子通信解决方案，增加了电话线路的使用频率，提高了话费收入，这样企业就能从顾客身上获得更多的现金流入量。此外，保持长期的顾客关系，还可以减少广告支出。因为顾客本身就是一个免费的广告资源，很多人在购买之前喜欢听取朋友的意见，觉得比广告更可信。

（五）选择顾客

1. 识别顾客群体

从理论上来讲，所有的消费者都有可能成为企业的顾客，但在现实生活中，由于每个企业都有其特定的经营范围，所生产的产品也有相对应的特定的顾客群体，因此，某一个企业的顾客群体是有范围限制的。只有识别了顾客群体，企业的客服工作才能有的放矢。顾客群体的识别可从以下三方面着手。

（1）企业的收入来自哪里？对于制造商来说，如果他不能将最终消费者的需求刺激起来，他们就可能会失去对零售商顾客的吸引力；对于批发商来说，零售商或次级批发商至关重要，它们是批发商收入的提供者；而对于零售商来说，收入的提供者是购买商品的消费者。

（2）购买产品或服务的决策者是谁？在顾客购买企业产品或服务的过程中，其购买的决策者将起到至关重要的作用，他们往往左右着顾客的行为，进而影响到企业产品的销售和服务的提供。

（3）产品和服务的受益者是谁？一般情况下，受益者往往就是接受产品或服务的顾客，但有时并不一定是。只有找出受益者，企业的产品或者服务的销售才能有针对性的目标。

2. 选择优质顾客

优质顾客是指那些与企业建立了相互信任关系，能够为企业提供稳定利润的顾客。当识别完顾客群体之后，就要进一步选择企业优先开发的目标顾客。企业优先开发的目标顾客通常有三类：喜欢稳定而长期的业务关系的顾客；习惯在某处集中购买，付账及时，需要的服务相对简洁的顾客；认为企业的产品和服务比竞争对手的更物有所值的顾客。

企业吸引上述三类中的顾客越多，那么企业可拥有的优质顾客就会越多，顾客价值保持率就会越高，顾客群体生命周期就会越长。

（六）赢得顾客信任

企业的顾客资源同时也是竞争对手争夺的重要对象，因此，通过努力可能会不断地获得顾客，但也有可能不断地流失顾客。要想赢得新顾客、留住老顾客，企业一定要赢得顾客的信任。

1. 不要迷信价格竞争

价格仅仅是一个有吸引力的区别工具。尽管在某些时候价格是吸引顾客的有效手段，但它不能长期留住顾客。比如，传统保险公司正在竞相提供高额的储蓄利率，一家公司报出的价格竟然比银行主导存款利率高出 3 个百分点。如果这家公司想赚钱，这样的许诺是不太可能长久的。

2. 多渠道提供优质服务

如果顾客得到一些额外的服务，这小小的额外服务使他们与企业交易时变得愉快、有收获。企业可通过以下渠道来提供额外服务：及时、专业、礼貌地与顾客打交道；听取顾客的意见，努力满足顾客甚至超越于他们提出的需求。

3. 建立顾客忠诚

顾客在与企业第一次打交道的时候，总是怀着疑虑的心态。只要企业能够打消顾客的这种疑虑，并让顾客确信他的选择是正确的，就能建立顾客忠诚。顾客忠诚是逐渐积累起来的，企业可以通过让顾客打消自己的疑虑以及让顾客自己成为专家来建立顾客忠诚。

（七）对不同的顾客实行"差别待遇"

顾客服务应以顾客需求为导向，企业应该根据顾客的需求，为顾客提供个性化、差异化的服务，以使顾客满意。不同顾客给企业带来的利润是不同的，因此，需要区别对待顾客。

1. 划分顾客层级

顾客主要划分为四个层级。

铂金层级：代表那些给企业带来的利润最多的顾客，典型的是产品的长期用户，他们对价格并不十分敏感，愿意花钱购买新产品，对企业比较忠诚。

黄金层级：这个层级的顾客希望价格折扣，他们往往与多家企业而非单单一家企业做生意，以降低他们自身的风险。

钢铁层级：该层级的顾客包含的数量很大，能消化企业的产能，但他们的消费支出水平、忠诚度等不高，不需企业去特殊对待。

重铅层级：该层级的顾客要求很多，属问题顾客，消耗企业的资源，他们不能给企业带来盈利。

2. 80/20 法则

80/20 法则，即在企业中 20% 的顾客能为企业创造出 80% 的利润，而另外的 80% 顾客仅给企业带来 20% 的利润。在这种分布中，20% 的顾客构成企业的铂金层级和黄金层级，他们是给企业带来利润最多的顾客。剩下的 80% 顾客是钢铁层级顾客，这 80% 的顾客是企业产品最广泛的消费者，他们离不开企业的产品，但顾客消费额小，企业在其身上所获得的利润少。

3. 新管理思路与策略

在管理上，顾客层级模型有很重要的意义，因为它是一种思考顾客与产品关系的新方法。第一，许多顾客挤占了企业的时间、精力和雇员的情感，而回报很少或对企业无益，所以，企业并非在所有的顾客都花费相同的时间，对顾客进行层级划分可让企业更合理地分配和利用资源。第二，通过向顶级顾客提供优质服务，可以提升企业的声望，口碑宣传较好，竞争地位也会加强。第三，不同层级的服务目标不同，因此，向不同层级的顾客提供不同的服务能更好地满足顾客的需求。第四，如果能清楚地划分顾客需求，就能为目标市场提供更有针对性的产品，为不同层级开发新的服务，就更能满足顾客的需求，获得更强的竞争力。

第四节 顾客关系管理

顾客流失会给企业造成巨大损失，因此，企业必须采取措施防止顾客流失和保持顾客关系，其中关系营销和顾客关系管理是防止顾客流失和保持顾客关系的重要手段。

一、关系营销

关系营销是指企业在与最终顾客或中间商开展交易关系的基础上，进一步创造和发展亲密的工作关系及相互依赖的伙伴关系，从而保持双方的持续性交易关系和巩固企业市场份额。

在服务过程中，顾客要想获得服务，总免不了或多或少地接触服务提供者，这意味着顾客与服务提供者之间存在互动关系。服务的本质特性就是关系特性，服务营销也是建立在关系基础上的。实施关系营销有利于提高顾客的忠诚度，使各方都能从中获益，最终实现各方的目的。

（一）关系营销的含义

许多学者对关系营销给出了不同的定义。北欧服务营销学派的代表人物格罗鲁斯认为："关系营销的目的就是要识别、建立、保持和强化与顾客的关系，在必要的情况下，还要中止与某些顾客的关系，以确保关系双方的经济和其他利益。这是在双方不断做出和履行承诺的过程中实现的。"北美学派的贝里（Bery）认为："关系营销就是吸引、发展和保留顾客关系。优质的服务是建立顾客关系的必要条件。吸引新顾客仅仅是营销过程中的第一步，将新顾客转化为忠诚的顾客，像对待主顾一样为顾客提供服务，这些都是市场营销。"这两种有代表性的定义都是狭义的关系营销，认为关系营销的对象主要是顾客。而摩根（Morgan）认为："关系营销是指建立、发展和保持一种成功的关系交换。"摩根将企业面临的关系分为供应商合伙关系、购买者合伙关系、内部合伙关系和隐性合伙关系，将企业与内外部利益相关者的关系都纳入了关系营销的范围，扩展了关系营销的范畴。这是一个广义的关系营销概念。

综合上述定义，关系营销是指为实现各方目标而识别、建立、保持并加强与利益相关者之间关系的过程。根据这一定义，可以将关系营销的概念归纳为以下几个要点。

1. 关系营销是一种营销理念

关系营销是一种营销理念，是企业与顾客合作共同创造价值的理念。这种营销理念非常重要，它决定了企业与顾客的关系及企业如何管理顾客关系。从交易营销转变为关系营销，实质上是一种营销理念的转变，即从以交易为中心到以关系为中心的观念的变化。在交易营销中，顾客被当作企业要征服的对手，企业竭力说服顾客购买其产品；而在关系营销中，企业将顾客视为一种创造价值的资源，与之建立并保持相互信赖的互动关系，双方共同创造价值，实现双赢。

2. 关系营销的核心内容是与顾客建立合作关系

关系营销要求企业与各个利益相关者建立长期的关系，这些利益相关者包括顾客、员工、供应商、中间商、竞争者、政府和其他相关组织，其中顾客是最重要的利益相关者。在市场上，最重要的是如何与顾客建立起长期互动的关系——顾客与企业的关系是关系营销的核心。要成功地实现商品或服务的交换，企业要以顾客关系为核心，处理好企业内部的员工关系及与外部的供应商、分销商、竞争对手及其他影响者之间的关系，从而获得良好的关系营销效果。

3. 关系营销的重点是保持现有顾客

关系营销包括建立新的关系、维持和强化现有的关系，以及中止与某些顾客的关系。吸引新顾客仅仅是关系营销的第一步，营销的重点在保持与增进现有顾客关系上，企业要努力提高现有顾客的满意度与忠诚度。

✎ 相关案例

房产销售员努力提高顾客满意度

一位顾客在房产销售员的帮助下买了一所大房子。房子虽说不错，可毕竟价格不菲，所以这位顾客总有一种买贵了的感觉。几个星期之后，房产销售员打来电话说要登门拜访，顾客不禁有些奇怪，不知道他来有什么目的。星期天上午，房产销售员来了，一进屋就祝贺顾客选了一所好房子。在聊天中，房产销售员讲了好多当地的小典故，又带顾客围着房子转了一圈，把其他房子指给他看，说明他的房子为何与众不同，还告诉他附近几个住户都是有身份的人。一番话让顾客疑虑顿消，得意满怀，觉得很值。那天，房产销售员表现出的热情甚至超过卖房子的时候，他的热情造访让顾客大受感染，顾客确信自己买对了房子，很开心。一周后，顾客的朋友来这里玩，对旁边的一幢房子产生了兴趣。自然，他介绍了那位房产销售员给朋友。结果，这位房产销售员又顺利地完成了一笔生意。

（二）关系营销与交易营销的区别

关系营销与交易营销有很多不同的地方。关系营销以长期关系为导向，注重保留老顾客，着力于提高顾客的忠诚度，以获得持久的竞争优势；交易营销看重短期利益，以获取新顾客为主，关注一次性的交易，营销的目的就是盈利。两者的主要区别如表8-1所示。

表8-1 　　　　　　　　　　　　关系营销与交易营销的主要区别

关系营销	交易营销
重视顾客忠诚度	重视市场占有率
保留现有顾客	吸引新顾客
动态视角	静态视角
着眼于长期利益	着眼于短期利益
双方都能从长期关系中获利	企业能从交易中获利
相互合作，共同创造价值	利用已有的产品来交换货币
高度接触	中等接触
员工较为重要	员工不太重要
相互依赖度高	相互依赖度低
较多顾客承诺	有限的顾客承诺

（三）关系营销、顾客满意与顾客忠诚的关系

顾客满意与顾客忠诚之间存在着正相关的关系，但是，顾客满意就一定会忠诚于企业吗？答案是否定的，顾客满意只是顾客忠诚的前提条件。研究表明，只有非常满意的顾客才会重复购买并传播好口碑。为了提高顾客的忠诚度，企业可以通过关系营

销影响顾客关系中的关系强度和关系长度，从而将顾客满意度和顾客忠诚度联结起来（见图8-1）。

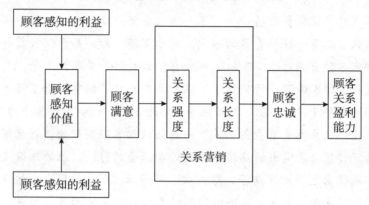

图8-1 关系营销、顾客满意与顾客忠诚的关系

顾客从服务中感知到的利益与为获得该服务所付出的成本决定了顾客对这种服务的感知价值，在持续的关系中也决定了关系的价值。顾客感知到的价值大小会使顾客产生不满意或者十分满意等感觉，因此，顾客感知价值直接影响着顾客的满意度。

顾客的满意度会对关系强度产生重要的影响。关系强度即企业与顾客关系的密切程度或牢固程度。满意的顾客信任企业，愿意向企业做出承诺。为了获得更多的利益，如更多优惠或更方便、更快捷的服务，满意的顾客容易与企业形成经济的、法律的或社会的约束，这些约束将顾客与企业紧密地联系起来。顾客对企业承诺的程度越高，双方之间的约束力越强，则企业与顾客的关系越牢固。关系强度会影响关系长度。关系长度也称为"顾客关系寿命期"。关系长度越大，则顾客与企业维持关系的时间越长。高度满意的顾客缺乏更换服务供应商的动力，牢固的关系也降低了顾客寻找新的服务供应商的可能性，使企业与顾客保持关系的时间拉长。

企业与顾客的关系决定了顾客忠诚度。关系强度越高，则企业与顾客的关系越牢固，顾客重新选择服务的可能就越小，这意味着重复购买企业服务的可能性就越大。密切的关系，使双方彼此之间都非常了解，减少了发生严重冲突而导致关系破裂的可能性。双方之间牢固的关系，容易让顾客谅解服务过程中出现的失误，只要这些失误影响不严重或不经常发生，顾客一般不会为此离开企业。关系长度也影响着顾客忠诚度。双方维持的关系越长，顾客越有可能长期从企业购买各种服务。

✏️ **知识拓展**

顾客忠诚度的衡量标准

1. 顾客重复购买的次数

在一定时期内，顾客对某一品牌产品重复购买的次数越多，说明对这一品牌的忠诚度就越高，反之则越低。对于经营多种产品的企业来讲，顾客重复购买本企业品牌的不同产品，也是一种高忠诚度的表现。企业应注意在确定这一指标的合理界限时，必须根据不同的产品予以区别对待。

2. 顾客购物挑选的时间

一般来说，挑选产品的时间越短，顾客忠诚度越高。在运用这一标准衡量品牌忠诚度时，必须剔除因产品结构、用途等方面的差异而产生的影响。

3. 顾客对价格的敏感程度

对于喜爱和信赖的产品，顾客对其价格变动的承受能力强，即敏感度低；而对于不喜爱的产品，顾客对其价格变动的承受能力弱，即敏感度高。据此亦可衡量顾客对某一品牌的忠诚度。运用这一标准时，要注意顾客对产品的必需程度、产品供求状况及市场竞争程度这三个因素的影响。在实际运用中，衡量价格敏感度与品牌忠诚度的关系时，要排除这三个因素的干扰。

4. 顾客对竞争产品的态度

根据顾客对竞争对手产品的态度，可以从反面判断对企业品牌的忠诚度。如果顾客对竞争对手的产品兴趣浓、好感强，就说明对企业品牌的忠诚度低；如果顾客对其他品牌的产品没有好感、兴趣不大，就说明对企业品牌的忠诚度高。

5. 顾客对产品质量问题的态度

任何一个企业都可能因种种原因而出现产品质量问题，名牌产品也在所难免。如果顾客对企业品牌的印象好、忠诚度高，会以宽容和同情的态度对待企业出现的问题，相信企业很快会处理好。若顾客对某一品牌忠诚度低，则一旦产品出现质量问题，顾客就会非常敏感，极有可能从此不再购买这一产品。

客户忠诚度的衡量标准非常多，这里无法一一列举，上面列举的各种因素的重要程度也不一样，企业可以根据实际情况选择适合的因素赋以不同的权重，得出一个综合得分。

（四）顾客忠诚对企业盈利的影响

一个忠诚的顾客会对企业利润有什么影响？美国营销学者赖克哈尔德（Reichheld）与萨瑟（Sasser）专门对顾客忠诚与企业盈利之间的关系进行了实证研究。在研究过程中，他们依据顾客与企业保持关系的时间将顾客划分为不同类别，并分析了美国各种服务业中每个顾客贡献的利润。这项研究揭示了顾客忠诚与企业盈利之间存在一定的关系。研究发现，在不考虑其他因素的状况下，大多数行业中，在使用企业服务的前5年中，顾客为企业带来的利润逐年增加（见图8-2）。这项研究表明，顾客与企业保持关系的时间越长，他们给企业带来的利润越多。

为什么忠诚的顾客能为企业带来更多的利润？赖克哈尔德与萨瑟以19种服务和商品为基础，研究了在顾客与企业保持关系的7年时间中企业利润逐年上升的原因

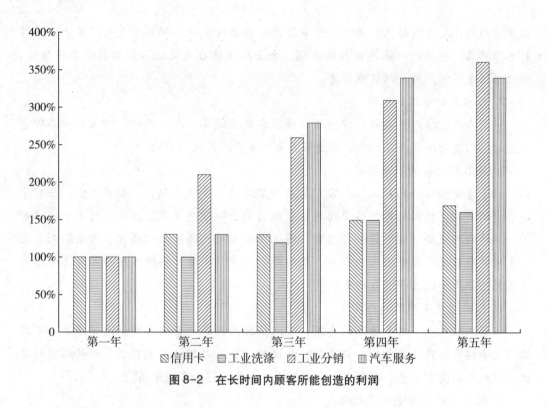

图 8-2　在长时间内顾客所能创造的利润

（见图 8-3）。他们认为，忠诚的顾客为企业带来利润的因素包括新增购买、营运成本降低、好的口碑和溢价。

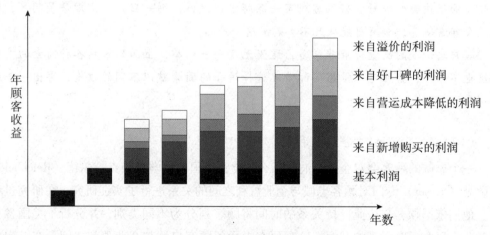

图 8-3　顾客忠诚对企业盈利的影响

1. 来自新增购买的利润

牢固的关系降低了不确定性，忠诚的顾客乐意在风险低的情况下更多、更频繁地购买。企业可以从顾客增加的购买量或购买频率中得到利润。在成为企业的常客后，随着经济状况逐渐转好或家庭成员的增加，顾客可能会向企业购买更多的服务。对于组织用户来说，随着组织规模的扩大，可能也需要进行更大数量的采购。对于金融机构而言，可以从较高的账户余额中获取利润。

2. 来自营运成本降低的利润

老顾客比较了解企业的情况和服务流程，他们向服务人员询问的问题更少，在操作过程中也不会犯较多的错误，服务过程会因此而变得更加顺利，服务时间也会缩短。由此，企业为每位老顾客服务的费用会下降，从而增加企业的利润。

3. 来自好口碑的利润

高度满意的老顾客乐意宣传或赞美企业，向朋友、家人、邻居和同事推荐企业的服务。这种对企业有利的口头广告好比是免费的广告宣传，为企业节省了促销费用，也容易得到人们的信任，能为企业带来新的顾客。

4. 来自溢价的利润

企业需要提供价格折扣才有可能吸引到新顾客，而忠诚的顾客对价格不太敏感。在有些情况下，为了得到更多价值，有些顾客甚至愿意支付溢价。例如，一些高收入的消费者为得到高品质的旅游体验，宁愿出高价购买昂贵的旅游服务。又如，有些老顾客乐意支付高价乘坐特定航空公司的飞机，因为这家航空公司能够提供个性化的优质服务。有些老顾客愿意为获得高峰期的服务支付更高的价格，如在春节期间，一些老顾客支付比平常高得多的价格去国外度假。

（五）关系营销为顾客带来的利益

如果企业开展了有效的关系营销，企业可以通过建立与维持忠诚的顾客关系得到更多经济利益。那么，顾客从中可以得到什么好处呢？研究表明，顾客也可以从长期的关系中获益。在与企业保持长期关系的过程中，除了获得服务本身所带来的利益外，顾客还可以得到关系利益。与核心服务带来的利益相比，这种关系利益更能促使顾客忠诚于企业。在关系营销中，顾客从这种关系中得到的好处可以归纳为信任利益、社会利益和特殊对待利益三种。

1. 信任利益

这种利益包含了顾客在确定的关系中的感觉及对企业的信心，即顾客清楚企业的服务水平，了解期望获得的服务，对合适的服务表现有信心，购买过程中的焦虑感下降，能够信任企业。对于顾客而言，信任利益是最重要的一种关系利益。当我们能相信企业及其所提供的服务时，可以减少不确定性，降低购买服务的风险和成本。

如果顾客对企业不了解，不知道企业能提供什么样的服务，往往容易造成顾客对服务质量的焦虑或担忧。在这种不确定的情况下，大多数人需要花费很多时间和精力来做出购买决策。而人们的时间和精力毕竟是有限的，很多人趋向于寻求简便的办法。有的关系营销可以提供一种相对稳定、可预期的关系环境，让顾客对服务供应商及所提的服务比较了解，购买服务的风险较低。因此，当顾客与企业保持稳定的关系时，顾客可以简化购买决策的过程，节省时间和精力，他们也就有更多的时间用于解决其他更重要的问题，从而提高生活质量。大多数顾客在与企业形成了良好的长期关系后，往往不愿意轻易更换服务供应商。一方面是这些顾客可能为建立这种关系进行了大量的投资，如投入了许多时间、精力和金钱等；另一方面是现有的服务供应商更了解这些顾客的需求偏好，并可以为他们提供个性化的服务，更换服务供应商意味着较高的转换成本。

2. 社会利益

这种利益包括顾客与服务人员之间的相互认同感，与服务人员或企业之间的友谊，以及这种关系在社会层面上给顾客带来的愉悦感。在与企业长期的交往过程中，顾客不仅与企业保持了一种服务方面的关系，还建立了一种社会关系。这扩大了顾客的社交范围，使企业成为顾客社交圈中的一员。在与企业及员工的交往中，顾客可以得到认可，获得友谊，享受社交活动的愉悦感。因此，社会利益可以满足顾客的社交需要，提高顾客的生活质量和工作质量。这种关系利益是顾客忠诚于企业的一个重要动因，尤其是当顾客与服务提供者形成了密切的个人关系和专业关系时，许多顾客都不愿意更换服务供应商。正因为如此，企业可以通过向顾客提供独特的社会利益来深化顾客关系，留住顾客。然而，这种社会关系对企业也存在负面的影响，当优秀的服务人员离开企业后，与该员工有良好关系的顾客也会随之离开，这给企业带来了顾客流失的风险。

3. 特殊对待利益

特殊对待利益包括获得大部分顾客无法得到的特殊价格折扣、额外服务，受到优先接待，比其他大部分顾客得到的服务要便利和快捷得多。例如，在一些银行办理业务时，普通客户需要排队等候服务，而 VIP 客户享有优先权，无须排队等待，一到银行马上就可以获得服务。又如，有些商店在节假日促销活动中，给会员的价格折扣力度远远高于其他顾客。尽管特殊对待利益对创建顾客忠诚很重要，但与其关系利益相比，它对顾客而言并非最为重要的利益。

（六）关系营销实施

一般来说，实施关系营销应做好以下几个方面的工作。

（1）沟通。企业只有与利益相关者进行广泛的信息交流和沟通，才能赢得利益相关者的理解、支持和合作。

（2）合作。关系有两种基本状态：对立与合作，只有通过合作才能实现共赢。因此，企业必须与各方利益相关者开展广泛合作，寻找利益互惠点，及时化解可能存在的误解和冲突。

（3）共赢。共赢是关系保持的基础，如果在合作中只有一方获利而另一方利益受损，合作关系是难以建立和保持的，企业也是难以获取长期利益的。

（4）亲密。关系能否得到稳定和发展，情感因素起着重要作用。因此，关系营销不只是要实现物质利益互惠，还必须让参与各方能够从关系中获得情感满足。

（5）控制。为有效保持企业与相关者之间的关系，企业必须建立专门的机构和安排专门人员用以跟踪各方利益相关者，了解关系的动态变化，及时采取措施消除关系中的不稳定因素和不利于关系各方利益增长的因素。

二、顾客关系管理

（一）顾客关系管理的含义

顾客关系管理是一个在企业界得到广泛应用但在学术界一直没有明确和统一定义的概念。

克拉克塔和罗宾逊（Kalakota and Robinson）认为，顾客关系管理是让企业的所有部门、员工一起努力以满足所有顾客的需求，是一套整合销售、营销、售后服务等工作的系统。信息工程学者巴特（Bhatta）认为，顾客关系管理是利用软件及其相关科技支持，针对销售、营销、顾客服务等多个领域进行的自动化管理。应用心理学者阿里克斯（Alex）认为，顾客关系管理是许多技术和观念的集合与发展，牵涉的技术与观念包括定制服务、顾客区分、顾客忠诚度维系、数据仓库和数据挖掘等。营销学者戈登（Cordon）认为，顾客关系管理是多种信息科技手段的综合应用，其目的在于保留对企业有贡献的顾客。美国市场营销学会（AMA）认为，顾客关系管理就是协助企业与顾客建立良好关系，使双方都得利的管理模式。大型数据库供应商赛贝斯（Sybase）公司认为，顾客关系管理就是利用已有数据仓库，整合相关资料，使其容易进一步分析，让组织能够衡量现有潜在顾客的需求、机会风险和成本，从而实现企业价值最大化。麦肯锡（Mckinsey）公司认为，顾客关系管理是持续性的关系营销，其强调重点是寻找最有价值的顾客，以不同产品和不同销售渠道来满足不同顾客的需求，并经常与顾客保持沟通，进而随着顾客需求变化而调整营销策略。

综上可知，对顾客关系管理概念基本上有两种理解：一种是认为顾客关系管理是一种管理思想和管理策略；另一种是认为顾客关系管理是以信息技术应用为核心的系统。实际上，要将"顾客关系管理"与"顾客关系管理系统"区分开是不可能的，因为它们之间是相互依存的关系，有效的"顾客关系管理"有赖于科学的信息系统应用，而"顾客关系管理系统"能否发挥效力又取决于"顾客关系管理"理念的普及和深入。基于此，本书将顾客关系管理定义为：企业运用一套高效有序的信息管理系统，识别、创造、维持和发展对企业有价值的顾客，以便与其保持长期互动和互惠关系。

（二）顾客关系管理的内容

顾客关系管理一般包括以下五个方面的内容。

1. 资料收集

企业可利用现代信息技术收集顾客资料、消费偏好及过去消费经历等，并将其存储在顾客资料库中，同时还要将不同部门或分公司的顾客资料库进行整合。将数据整合后，有助于把不同部门的产品或服务提供给顾客，即实现交叉销售，不但可以增加公司利润，减少重复行政和营销成本，而且有助于公司从总体上建立与顾客的长期联系。

2. 顾客分类

企业可借助分析工具，将顾客依据不同属性进行分类，并勾勒出每一类顾客群的消费特征和行为模式，从而有助于选择合适的目标顾客，并有针对性地开展营销活动。

这一步骤是整个流程中技术含量最高的部分，能否得出有用结论取决于两个问题：①企业是否有良好的数据积累；②企业能否综合运用各种分析工具。在顾客特征分析和分类中可以运用的统计和分析工具包括回归分析、聚类分析、因子分析等。市场上销售的顾客关系管理系统软件里一般都内嵌了一些分析工具，企业也可以根据自己的情况运用专业统计软件来实现顾客特征分类和建模。

3. 规划和设计营销方案

企业在对顾客进行分类和分析的基础上，设计相应的营销方案，以便实现营销目标。

4. 落实和监控营销活动

顾客关系管理系统有强大的数据处理能力，能够及时统计各项数据，如打进电话的频率、网页被访问的次数、顾客抱怨次数等，从而使得企业快速地对营销活动做出反应，达到动态监控的目的。

5. 绩效分析和评价

顾客关系管理通过对各种活动、销售和顾客资料的综合分析，可以建立一套详细的评估模式和衡量实施成效的制度。如在考虑营销活动绩效时，借助顾客关系管理分析，活动成本、顾客消费模式、动态销售数据等复杂因素都可以被有效地反应和体现，从而实现全面和合理的绩效分析与评价。

以上各道程序必须环环相扣，形成一个不断循环的顾客关系管理作业流程，才能以最适当的渠道、在正确的时间点上、传达最合适的产品或服务给正确的顾客，进而创造企业与顾客双赢的局面和保持顾客关系持续、稳定发展。

（三）顾客关系管理的流程

顾客关系管理是一个系统工程，具体管理流程可以用图8-4来表示。

从图8-4可知，顾客关系管理包括三个具体步骤。

1. 关系建立

企业与顾客建立关系一般要经过三个环节：一是识别顾客，包括获取顾客及分析这些顾客对于企业的价值；二是选择顾客，即选择对于企业有价值或有开发潜力的顾客；三是开发顾客，即争取顾客购买企业的产品或服务，包括开发潜在顾客和抢夺竞争对手的顾客。

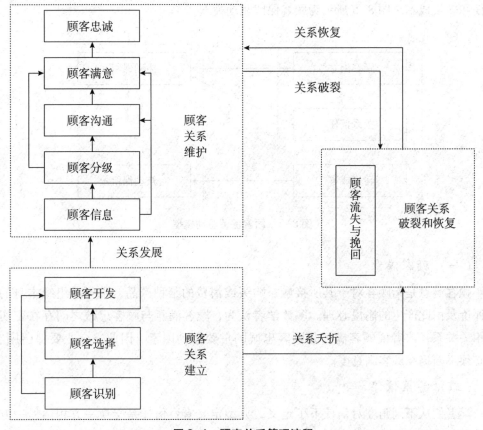

图 8-4 顾客关系管理流程

2. 关系维护

企业要维护与顾客之间的关系，一般要在全面掌握顾客信息、对顾客进行分级管理和与顾客进行有效沟通的基础上，竭力满足顾客需要和让顾客在最大限度上满意，同时还要建立相应的激励和约束机制。

3. 关系破裂和恢复

在顾客关系建立和维护阶段，顾客随时可能会流失，即出现顾客关系夭折和终止，如果企业能够及时采取措施就有可能使破裂的关系得以恢复。

第五节　顾客保留分析

保留顾客的最根本手段是持续创造和向顾客提交竞争对手不能创造和提交的价值，以让顾客在最大限度上满意，进而增加对企业的信任和忠诚。

一、顾客保留驱动因素

一般来说，顾客是否保持与某一企业的关系，决定于三个因素：顾客满意、关系信任和转换成本。图8-5所示为顾客保留驱动模型。

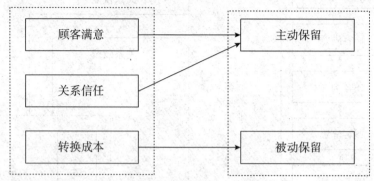

图8-5　顾客保留驱动模型

（一）顾客满意

顾客满意是指顾客对于其所接触、购买或消费的某种产品、服务或组织本身的积极评价及由此产生的愉悦心理。多数学者认为，顾客满意与顾客忠诚之间存在密切的正相关关系，或者说顾客满意是顾客忠诚的重要驱动因素。因此，企业要保留顾客，就必须不断提高顾客满意度。

（二）关系信任

学者们从不同角度对信任下了定义，典型定义有：信任是交换一方相信另一方是诚实可靠的；信任是交换一方信赖交换对象的意愿；信任是人们对于信任对象的可信性和善意的看法。

信任一般包括三个维度：①善意，即关系伙伴在行为展现出对对方的关怀，以免对双方关系造成负面影响；②诚信，即一方认为对方会履行诺言，值得信赖；③能力，即一方认为对方有能力满足自己的某种需要。

顾客对企业的信任关系可以被具化为五个维度：可靠性（即顾客感知风险小）、长期性（即关系维持时间长）、人际关系（即建立有私人友谊）、企业形象和企业声誉。

顾客信任影响顾客情感忠诚和行为忠诚。因为许多顾客并没有知识和技术以预测产品或服务结果，从而决定选择哪一家企业的产品或服务，顾客的选择往往是基于对该企业有无信任或信任程度。如果顾客没有建立起对企业的合理程度信任，关系将很难建立和维持。

（三）转换成本

转换成本是指当买者从一个供应商转向另一个供应商时所付出的经济和非经济成本。贝汉姆、法莱尔斯和马哈建（Burnham，Frels and Mahajan）将顾客转换成本分为以下三类。

1. 财政或经济成本

财政或经济成本包括三种。①经济危机成本，即顾客转购其他企业的产品或服务，有可能为自己带来潜在的负面结果，如产品性能不尽如人意、使用不方便等。②利益损失成本，即顾客转向其他企业，将会失去原企业为忠诚顾客提供的经济上的实惠。③金钱损失成本，即顾客转向其他企业，可能要缴纳一次性的注册费用等。

2. 程序成本（主要是时间和精力）

程序成本包括三种。①评估成本，即顾客转购其他企业的产品或服务，进行信息搜寻和评估必须花费时间和精力。②学习成本，即顾客转购其他企业的产品或服务，为学习产品和服务的使用方法和技巧需要耗费的时间和精力，如学习使用一种新的电脑、数码相机等。③组织调整成本，即顾客转向其他企业，与新的产品或服务提供商建立关系时必须耗费的时间和精力。

3. 情感成本

情感成本包括两种。①个人关系损失成本，即顾客转向其他企业可能会造成人际关系上的损失。②品牌关系损失成本，即顾客转向其他企业可能会失去与原有企业的品牌关联度，造成社会认同等方面的损失。

转换成本可以被视作阻止顾客脱离与企业的关系的一种障碍。因为顾客在转换至所选择的供应商之前无法评价替代产品或服务，即面临较高的风险和不确定性，从而很多顾客为了避免风险或不确定性而愿意维持与现有企业的关系。

一般来说，服务转换成本要高于产品转换成本。因为服务的固有属性，特别是无形性决定了其转换成本难以估计，或者只有有限的提供者导致很高的搜寻成本。

二、顾客保留调节因素

顾客保留除了受一些基本因素驱动外，还受一些调节因素的影响，这些因素包括产品替代性、产品复杂性、顾客产品经验和顾客利益相关性，如图8-6所示。

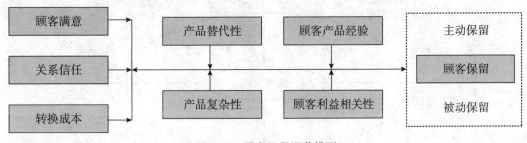

图8-6 顾客保留调节模型

（一）产品替代性

产品替代性是指拥有替代产品的数量及顾客购买替代产品的难易程度。替代产品越多或者顾客越容易购买到更好的替代产品，其转换购买的可能性就越大，对原有供应商的忠诚度就较低。如果替代产品较少或者顾客不易购买到有吸引力的替代产品，顾客转换的可能性就较小，对原有供应商的忠诚度就会较高。

（二）产品复杂性

产品复杂性是指产品在技术及其设计和生产上的复杂程度。产品复杂性越高，对其质量评价就越困难，顾客购买决策过程就越复杂，从而顾客轻易不会转换供应商。如果产品较为简单，顾客评价产品就会较为容易，从而顾客就会频繁转换供应商。

（三）顾客产品经验

顾客产品经验是指顾客在以往购买和消费经历中所积累的知识和经验。如果顾客拥有丰富的产品知识和经验，他们就具有评价产品质量的能力和信心，从而就较容易转换产品或服务供应商。如果顾客的产品知识和经验较少，他们就很难对产品质量做出准确评价，从而愿意保留与原有供应商的关系。

（四）顾客利益相关性

顾客利益相关性是指顾客与相关人群利益关系的密切程度。如果顾客与相关人群利益关系密切，一般就不会轻易转换供应商，以免相关人群利益受损和失去与相关人群的密切关系。如果顾客与相关人群利益关系淡薄，一般就比较容易转换供应商，由此并不会给相关人群造成损失。

三、顾客保留具体策略

服务营销学者贝瑞和帕拉休拉曼开发了一个顾客保留的策略模型，本书作者在借鉴其他学者研究成果的基础上对其进行了改造，如图8-7所示。

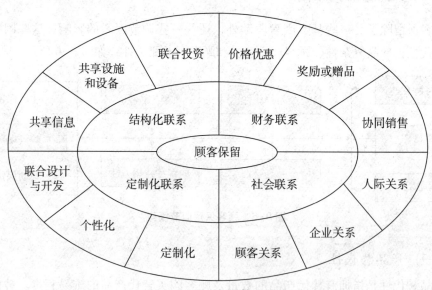

图8-7　顾客保留策略模型

从图 8-7 可知，企业保留顾客有以下 4 种策略。

（一）财务联系

财务联系是指给予大量或重复购买的顾客提供经济刺激。具体方法有以下几种。

（1）价格优惠，即对于大量或重复购买的顾客给予价格优惠或折让，通常采用会员制的方式（包括普通会员和贵宾）。会员制销售产生于 20 世纪 80 年代的欧美国家，一些商家特别是中高档服饰专卖店广泛应用。当时一些顾客经常光顾一些商店购物，与商店建立起了信任关系，专卖店自愿为老主顾实行价格折扣、紧缺商品优先提供及其他特殊服务，而顾客自动成为会员或者拿到商店提供的贵宾卡。目前，会员制几乎渗透到商业的各个门类，许多大型购物中心和超市都实行会员制。

（2）奖励或赠品，即对于大量或重复购买的顾客给予奖励或赠品，通常采用积分制方式进行，即顾客每一次购买都可以获得不同的积分，然后企业根据顾客积分多少分别提供不同的奖励（如现金奖励、折扣、返点）或赠品。

（3）协同销售，即两家或多家企业合作销售，彼此互相借助以进行促销活动，即购买甲的产品可以在乙企业获利，购买乙产品也可以在甲企业获利。

需要说明的是，财务联系方法虽然操作简单，但并非十分可靠，主要原因有以下几个。

①竞争者容易模仿。随着积分制被越来越多的商家使用，手里持有多张积分卡的顾客越来越多，这些顾客在不同商家出示不同的会员卡，享受相应折扣或积分优惠，却对每一家企业都谈不上忠诚。

②顾客容易转移。由于只是单纯的价格折扣吸引，顾客易于受到竞争者类似促销活动的影响而转移购买，致使谁给的优惠多顾客就投奔谁。

③对顾客刺激性会逐渐降低。当顾客无论去哪里消费都会得到一张 VIP 之类的折扣卡时，顾客就会失去新奇感。

（二）社会联系

社会联系是指企业与顾客建立良好的人际关系，通过情感和友谊保留顾客。具体方法有以下几种。

（1）建立人际关系，即企业销售人员或服务人员在与顾客接触、沟通和服务过程中，培养和建立私人友谊。这在专业服务中相当普遍。

（2）建立企业关系，即通过与顾客深入沟通和对顾客需求深入了解，培养顾客对企业的忠诚，包括定期走访顾客、邀请顾客参观企业或参加公司会议、与顾客开展联欢活动等。

（3）建立顾客关系，即搭建顾客之间沟通和交流的平台，以为顾客沟通提供便利创造条件。典型做法是建立顾客俱乐部——一是为成员提供独特的资源；二是将其延伸为一个"社区"，让志趣相投的人在这个"社区"中交流情感和分享生活，最终捆牢其与企业的关系。

社会联系比财务联系更为牢靠，因为它是以情感和信任为基础和纽带的。

（三）定制化联系

定制化联系是指企业为顾客提供定制化或个性化的产品或服务，以满足顾客特殊或个性化的需要，进而保留顾客。具体方法有以下几种。

1. 定制化

定制化即按照顾客需要或其设计要求，专门开发和生产相应的产品或服务，又称客制化。

2. 个性化

个性化即根据顾客消费习惯和特征，主动设计和提交符合顾客需要的个性化产品或服务。如果说"客制化"是被动地适应顾客，"个性化"则是主动探测、发现和满足顾客。个性化营销的前提是建立顾客数据库，又称数据库营销。在大数据背景下，个性化营销更有实施条件。

数据库营销是指企业通过收集和积累顾客信息，然后通过处理和分析以预测顾客需求和购买兴趣，进而主动地为顾客设计和开发相应的产品或服务，并将此信息精准地传达给顾客。

数据库营销一般要经过数据采集、数据存储、数据处理、寻找理想顾客、使用数据和完善数据六个步骤。

当然，数据库营销也存在一些缺陷，表现为：①服务于忠诚顾客的成本并不总是低的。如果顾客提出更高要求或者要求更低廉的价格等，就会得不偿失。②如果顾客对一个产品一辈子只购买一次，或者很少建立忠诚，或者产品销售额很小，或者收集数据成本过高，实施数据库营销就是没有价值的。③不是所有顾客都愿意与一家公司一直保持关系，而且有的顾客可能对其个人信息被收集和存储感到气愤。

3. 联合设计与开发

联合设计与开发即企业邀请顾客参与产品设计，进而与顾客一道完成产品生产，实际上是更高级形式的体验式营销。这在现代农业、工艺品生产以及康复和健身中心等服务行业中得到了广泛应用。

（四）结构化联系

结构化联系是指企业与顾客之间相互渗透，建立命运共同体，进而捆牢顾客。这在企业与组织顾客关系保持方面非常普遍。具体方法包括以下几种。

（1）共享信息，即企业与顾客相互分享相关信息，以减少各自成本并共享市场机会。

（2）共享设施和设备，即企业与顾客通过联合购买或协作方式，共享设施和设备，以分享各自价值。

（3）联合投资，即企业与顾客联合投资创建新的企业或者相互入股以占有对方股份。

第六节　客户关系管理

客户关系管理（CRM）能为企业获得更多的客户，保留更好的客户，创造更大的客户价值，保持客户忠诚，建立一对一的市场营销，从而，为企业带来更丰厚的利润和持续的竞争优势。

一、CRM 的内涵与分类

（一）CRM 的内涵

目前，市面上有很多关于 CRM 的定义，通过众多关于 CRM 的文献可以发现，CRM 是一个不断加强与客户的交流，不断了解客户需求，并不断对产品及服务进行改进和提高以满足客户需求的连续过程。CRM 注重的是与客户的交流，企业的经营是以客户为中心，而不是传统的以产品或以市场为中心。为方便与客户的沟通，CRM 可以为客户提供多种交流的渠道。CRM 是选择和管理有价值客户及其关系的一种商业策略，CRM 要求用以客户为中心的企业文化来支持有效的市场营销、销售与服务流程。

1. CRM 是对传统管理理念的更新

CRM 的核心思想是将企业的客户（包括最终客户、分销商和合作伙伴）作为最重要的企业资源，通过完善的客户服务和深入的客户分析来满足客户的需求，保证实现客户的终生价值。在引入 CRM 的理念和技术时，不可避免地要对企业原来的管理方式进行改革，业务流程重组则为这种变革提供了具体的思路和方法。在互联网时代，仅凭传统的管理思想是不够的。互联网带来的不仅是一种手段，它触发了企业组织架构、工作流程的重组及整个社会管理思想的变革。因此，CRM 首先是对传统管理理念的一种更新。

2. CRM 是一种新型管理机制

CRM 实施于企业的市场营销、销售、服务与技术支持等与客户相关的领域。一方面，向企业的销售市场和客户服务的专业人员提供全面、个性化的客户资料，并强化跟踪服务、信息分析的能力，使他们能够协同建立和维护一系列与客户之间卓有成效的"一对一关系"，从而使企业得以提供更快捷和周到的优质服务，吸引和保持更多的客户，提高客户满意度，从而增加营业额；另一方面通过信息共享和优化商业流程来有效地降低企业经营成本。因此，CRM 是一种旨在改善企业与客户之间关系的新型管理机制。

3. CRM 也是一种管理技术

CRM 将最佳的商业实践与数据仓库、数据挖掘、一对一营销、销售自动化及其他信息技术紧密结合在一起，为企业的销售、客户服务和决策支持等提供了一个业务自动化的解决方案，使企业有了一个基于电子商务的面对客户的前沿，从而顺利实现由传统企业模式到以电子商务为基础的现代企业模式的转化。

4. CRM 并非单纯的技术

CRM 并非单纯的信息技术或管理技术，是一种企业商务战略。其目的是使企业根据客户分层进行重组，连接客户与供应商之间的过程，强化使客户满意的行为，从而优化企业的可盈利性，提高利润并改善客户的满意度。为了实现 CRM，企业与客户连接的每一环节都应实现自动化管理。

（二）CRM 的分类

（1）客户性质分类。分类的标识有多种，主要原则是便于销售业务的展开，如按所有权划分（全民所有制、集体所有制、个体所有制、股份制、合资等），按客户性质划分（批发店、零售商、代理店、特约店、连锁店、专营店等），按客户地域划分（商业中心店、交通枢纽店、居民区店、其他店铺等）。

（2）客户等级分类。企业根据实际情况，确定客户等级标准，将现有客户分为不同的等级，以便于进行商品管理、销售管理和货款回收管理。

（3）客户路序分类。为便于业务员巡回销售、外出推销，先将客户划分为不同的区域，然后将各区域内的客户按照经济合理原则划分出不同的路序。

CRM 可以帮企业建立潜在客户、购买客户的录入及回访标准，以保证客户真实数据的录入和维护。通过客户的持续维系，保持客户对企业关注的热度，保证客户对企业的忠诚度，使其真正成为企业的可再生资源。

二、CRM 系统结构

一个完整的 CRM 系统由四个子系统构成，如图 8-8 所示。

1. 业务操作管理子系统

在业务操作管理子系统中，CRM 的应用主要是为了实现基本商务活动的优化和自动化。在此子系统中，主要涉及三个功能模块：营销自动化（MA）、销售自动化（SA）和客户服务自动化（CSS）。随着移动技术的快速发展，销售自动化可进一步实现移动销售（MS），客户服务自动化则将实现对现场服务的支持。

2. 客户协作管理子系统

在客户协作管理子系统中，CRM 的应用主要是为了实现客户接触点的完整管理，以及客户信息的获取、传递、共享和利用。具体涉及企业不同职能部门的管理信息体系、呼叫中心、移动设备及 Web 渠道的信息集成、处理等问题。

3. 分析管理子系统

在分析管理子系统中，CRM 的应用主要是为了实现客户数据仓库的建设、数据挖掘等工作，在此基础上实现商业智能和决策分析。

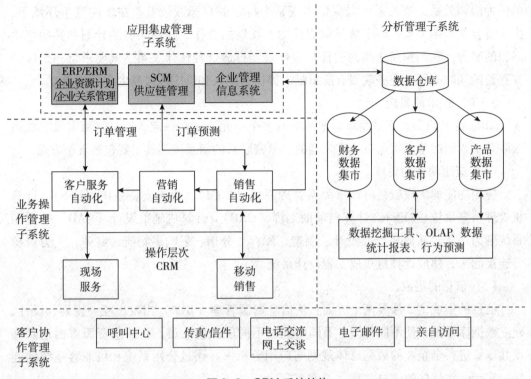

图 8-8　CRM 系统结构

4. 应用集成管理子系统

在应用集成管理子系统中，CRM 与企业管理信息系统乃至整个企业应用集成（EAI）的方案，可以实现 CRM 与企业资源计划/企业关系管理（ERP/ERM）、供应链管理（SCM）等系统的紧密集成。

三、CRM 系统构建

（一）CRM 系统集成组合

CRM 系统的构建应该以客户数据库的建设、供应链合作伙伴关系的建立、CRM 技术的集成和业务流程重组为基础。

1. 客户数据库的建设

客户数据库对 CRM 系统的集成至关重要。客户数据库是 CRM 系统的信息心脏，是客户信息集成和企业借以决策和快速反应的依据。企业通过建立客户数据库，在对数据进行处理分析的基础上，可以研究客户购买产品的倾向性，当然也可以发现现有经营产品的适合客户群体，从而又可针对性地向客户提出各种建议，并更加有效地说服客户接受企业销售的产品。

2. 供应链合作伙伴关系的建立

供应链合作伙伴关系一般是指在供应链内部两个或两个以上独立的成员之间形成

的一种协调关系，该关系可以保证实现某个特定的目标或效益。在新的竞争环境下，供应链合作伙伴关系强调了成员间直接的、长期的合作，强调共有的计划和共同解决问题的努力，强调相互之间的信任与合作。要打造这种伙伴关系，就要求每一个成员在获益的同时必须对业务联盟有所贡献，提供为他人和供应链提高生产力的能力。

3. CRM 技术的集成

CRM 技术的集成不是简单地把两个或多个单元连接在一起，而是将原来没有联系或联系不紧密的单元组成有一定功能的、紧密联系的新系统。其主要包括五个方面。

（1）应用功能的集成。

应用功能的集成就是将客户关系管理系统（CRM）、决策支持系统（DSS）、计算机管理信息系统（MIS）、计算机辅助工程（CAE）、计算机辅助设计（CAD）等应用系统融为一体，从而将产品设计、制造、库存、分销、采购、物流、财务、人力资源等连接起来，建成计算机集成工程设计系统。

（2）信息的集成。

信息的集成主要涉及两个方面：从信息资源管理（IRM）出发，统一规划、设计、建立数据库系统，使不同部门、不同专业、不同层次的人员，在信息资源方面达到高度共享，进行全企业的数据总体规划与应用分析，并通过公用系统和可兼容系统的连接，实现合作伙伴的信息共享。

（3）技术的集成。

技术的集成主要体现在由多种高新技术综合的计算机集成应用系统上，涉及数据库技术、网络通信技术、多媒体技术、可视化技术、并行工程与计算机支持的协同工作、人工智能与优化技术以及工程设计理论与技术和管理科学等，需要有关专家学者的技术咨询和多方面的高级技术人员参加。

（4）系统运行环境的集成。

系统运行环境的集成主要是将不同的硬件设备、操作系统、网络操作系统、数据库管理系统、开发工具及其他系统支撑软件集成为一个系统，形成一个统一的高效协调运行的应用平台，用户可共享系统软硬件资源。

（5）人和组织的集成。

首先，高层领导必须亲自介入，开发建设集成应用系统，加强统一领导；其次，随着集成应用系统规划、分析、设计、实施的逐步完成，必须促使管理机制改革，使之真正达到生产组织和管理机构的科学化和现代化；最后，对集成应用系统的每一个管理者和使用者而言，都要明确系统集成的观念，每一个人都将在系统的控制下进行工作，其工作任务能否正确、适时地完成，将影响系统的维护和运行。

4. 业务流程重组（BPR）

业务流程重组是在 20 世纪 90 年代达到了全盛的一种管理思想。通常定义为通过对企业战略、增值运营流程及支撑它们的系统、政策、组织和结构的重组与优化，达到工作流程和生产力最优化的目的而做的一系列工作。业务流程重组强调以业务流程为改造对象和中心、以关心客户的需求和满意度为目标、对现有的业务流程进行根本的再思考和彻底的再设计，利用先进的制造技术、信息技术及现代的管理手段，最大限度地实现技术上的功能集成和管理上的职能集成，以打破传统的职能型组织结构，建立全新的过程型组织结构，从而实现企业经营在成本、质量、服务和速度等方面的突破性改善。

（二）CRM 的建模方法

1. CRM 建模的原则

一个良好的 CRM 系统必须同时满足管理者、员工、客户和合作伙伴的需求，具体表现为以下四个方面。

①有利于管理者进行考核和跟踪，能够方便地对员工进行绩效评估，能提供培训。

②提供给员工有用的、足够的、容易解读的信息，协助员工采取正确的客户服务行动方案。

③为客户提供一个简单易行、可随时提供支持和反馈的系统。

④能帮助企业及时与合作伙伴沟通，能够实现信息共享、协调运行。

CRM 模型设计的总原则是以企业在供应链中的层级和企业业务流程特点为基础的，在设计 CRM 系统时应体现以下几个建模原则。

①保证企业内部资源共享和方便基层员工使用。

②确保企业与客户的互动。

③利于合作伙伴信息共享。

2. CRM 建模时要解决的问题

在设计 CRM 模型时，要重点解决好以下问题。

（1）企业类型。

企业类型不同，CRM 的内容也是有区别的，服务业与制造业客户管理的对象、要素、内容、要求都不相同。

（2）界定客户。

客户的行为特征千差万别，企业在设计 CRM 系统之前应该对客户进行合理划分，使之能够方便地辨别出各个层级的客户，然后提供有针对性的服务。

（3）系统兼容。

企业不是独立的，它们是供应链一体化成员。企业在设计 CRM 系统时，要与现有 CRM 系统尤其是核心企业的系统兼容。

（4）处理好四种关系。

①CRM 与企业再造的关系；

②CRM 与环境因素的关系；

③CRM 与物流系统的关系；

④CRM 与先进制造模式的关系。

3. CRM 建模方法的应用领域

在 CRM 中，建模技术是一种相当重要的方法。运用建模可以实现从数据、信息到知识的转化，解决最为关键的业务问题。通常的建模方法可应用于以下领域。

（1）应用于客户细分。

客户细分是 CRM 的一种初始性方法，在拥有足够的客户数据基础上，可以采取任何参数和导向来进行细分。无论是采用传统方法，还是根据利润贡献度、忠诚度和价值变化的方法，CRM 都能使我们在构建模型的基础上，将客户细分到具体的方方面面。

（2）应用于客户保留。

企业实施 CRM 是为了得到客户并保留客户，从而提高客户忠诚度。客户可以选择自己喜欢的方式，同企业进行交流，方便地获取信息，得到更好的服务。客户的满意度得到提高，可帮助企业保留更多的老客户，并更好地吸引新客户。从本质上说，CRM 就是保留客户，最大化地创造新的业务机会并持续盈利。

采用 CRM 的企业能够有效地使用客户信息，从而管理企业与客户间的关系。信息可以被共享并最终转化为知识。而这些知识又使企业得以了解客户，同时这些知识还可以用来加强企业的能力，为客户提供更高的价值。

对于流失客户，企业需要精深的洞察力，开发并使用模型来预见哪些客户可能流失，这样就可以进行客户保留管理。通过使用这些模型，加上利润潜力模型，就可以确定哪些客户是应该予以保留的。

同时，强有力的证据表明，客户使用的产品越多，客户保留的可能性就越大。许多模型表明，将近 75% 的客户在离开之前的整整一年里只使用一种产品。

（3）应用于目标营销。

从目标营销的角度看，客户更有可能被新产品或改进型产品和服务所吸引，进而购买，这是由于这种产品或服务更加时尚或与老产品有关联性所致。CRM 将数据库应用于目标营销，可以提高反应率。通过细分，建模技术在目标营销中可以得到多种应用。

①从最近类似的商业活动中分析数据，验证反应良好的客户的特性。

②在试验邮寄的基础上为新客户建立一个模型。

③对各种各样的个人和社会经济数据进行客户细分，并且为每一个验证过的细分客户群建立预测模型。

（4）应用于欺诈检测。

数据建模应用于欺诈分析和检测问题的方式与应用于客户保留和目标营销方面的方式相似，即开发一个预测模型，然后利用这个模型指示客户的欺诈倾向。这个模型可应用于当前的客户数据库，从而为客户的欺诈概率记分，或应用于某些服务的新申请，以预测欺诈的可能性。在预测模型中，应当先查找已知的欺诈性客户和非欺诈性客户例子，分析有关的数据，并找出可能影响欺诈的诸多因素，如客户的年龄、性别、欠费金额等。然后，通过相关测试得出客户欺诈的概率。

（5）应用于关联分析。

关联分析是要建立客户属性指标之间、客户群与指标之间、客户群与客户群之间的相互关系，并通过对此关系的观察研究，发现各种有益的内在规律，为销售部、咨询服务和信息服务人员以及高层管理人员提供经营管理决策支持。

CRM 建模可应用于零售行业。产品购买的关联性，是指在同一次交易中不同的产品被一起购买。通过验证产品购买的关联性，能够获得有价值的结论。数据可视化技术能使产品或者其他关联性可视化，例如蜘蛛网图表，每一个被购买的物品在图表上被显示为一个点，任何两个物品购买关系的强弱程度用连接它们的线的粗细表示。

零售商在为客户设立忠实卡之后，即拥有一套客户数据，根据客户数据得出具有某一种购买习惯的客户的特性。例如，已经验证了某种购买方式或者类型（如同时购买红酒、糖果、美食加咖啡可以叫作"时尚"的购买类型），那么客户记录能够以类型属性来分类，然后开发一种分类模型来预测每一种购买类型的特性（如"时尚"趋向于 25~45 岁高收入的女性）。根据预测的客户购买类型，可以针对客户制定促销活动方案。

（三）CRM 系统构建程序

1. 可行性评估

企业实施 CRM 项目的第一步不是去购买软件，而是聘请有丰富经验的专业咨询管理公司对企业进行诊断，明确问题的关键所在，明确哪些问题可以通过技术解决，哪些问题需要通过战略调整解决，哪些问题需要通过转变观念、重造文化解决，只有解决了这些问题，企业才能顺利地实施 CRM 项目。表 8-2 介绍了四种企业实施 CRM 项目的可行性评估。

表 8-2　　　　　　　　　　　四种企业实施 CRM 项目的可行性评估

企业特点	可行性评估	建议
企业规模还很小，供应商不多，生产流程简单，产品品种有限，业务量不大，下游企业和客户都很明确	不必实施 CRM 项目的企业	只需开设一个 800 服务电话，用计算机建立一套适合自身业务需要的客户管理档案系统即可
生产和销售季节性日用品的企业、生产量大而价低的短生命周期产品的企业、没有长远发展规划的企业	不适宜实施 CRM 项目的企业	略

企业特点	可行性评估	建议
企业经营困难重重，业务流程混乱，发展前景不妙	暂时不能实施 CRM 项目的企业	运行良好、业务流程清晰、运作规范之后可实施
企业在某一条供应链中处于非核心地位，并且希望能够在此供应链中长期与核心企业合作	暂缓实施 CRM 项目的企业	最好在核心企业实施了 CRM 项目之后再实施，并且 CRM 软件要与核心企业的兼容

2. CRM 战略目标规划

实施 CRM 的真正目标是通过与客户建立适当的关系，整合企业和社会的优势资源，提高企业竞争力，从而提高企业的赢利率。因此，在实施 CRM 之前，企业首先应该规划好目标，其次才是如何达到这一目标。

在真正明确实施 CRM 的之前，企业应该与专家顾问认真研究，提出企业短期、中期、远期目标和直接、根本目标。目标的不确定会导致 CRM 实施的失败。此外，目标不要定得太高，目标越高、工程越大、不确定性越多。

3. 阶段目标与实施路线

作为一个系统工程，CRM 需要分阶段来实施。在实施之前，要确定阶段性目标和实施效果，并且量化 CRM 的目标。设计好目标之后，企业还要确定 CRM 的入口。这需要根据企业的具体情况和技术发展的趋势来定，入口的种类很多，现在常用的是 Call Center 和 Web 入口。

4. 业务流程设计

一个成功的项目小组应该把注意力放在流程上，而不是过分关注技术。技术本身不是解决方案，只是促进因素。此外，技术的运用也要注意其灵活性。应该根据业务流程中存在的问题选择合适的技术，而不是调整流程来适应技术要求。

确定完业务流程之后，企业应该根据业务流程调整组织结构，使企业的组织结构具有足够的弹性，增强对市场和客户的反应能力，避免企业行为与市场行为脱节。

5. CRM 系统结构设计

CRM 系统结构的主要功能有：与供应商、销售商、客户沟通手段的集成化、自动化和简便化，对供应商、销售商、客户和企业内部信息的流程化、系统化和信息化，在此基础上的决策智能化。

在设计 CRM 系统结构时企业可以借鉴他人模式，但是不能照搬。CRM 系统没有相同的模式，不可能存在"一种模式，人人通用"的万能软件。在实施 CRM 之前，一定要对企业现状和现有客户关系的运作方法进行分析。如果一个企业对企业战略没有明确的方向，没有科学的流程，而寄希望于购买软件，马上实施 CRM 项目，结果不但不会给企业带来绩效的提高，反而会落得个失败的下场。

6. 实施与培训

CRM 的实施主要是专业技术人员的事情，但 CRM 的应用却是全体员工的工作，因此，在专业技术人员实施 CRM 时，企业应该对全体员工开展培训，帮助员工掌握先进的技术，统一员工的观点。培训的重点体现在 3 个方面。

（1）通过培训改变观念，将以产品为中心的观念转变为以客户服务为导向的观念。

（2）培训专业技术。

（3）培训创新能力。CRM 实施之后，应随着企业环境、企业业务和客户情况的变化不断做出相应的调整和完善，使 CRM 能够"与时俱进"。

7. 系统集成

系统各个部分的集成对 CRM 的成功很重要。CRM 的效率和有效性的获得有一个过程，依次是：终端用户效率的提高、终端用户有效性的提高、团队有效性的提高、企业有效性的提高、企业间有效性的提高。

因此，CRM 系统在试运行过程中，应当与企业的其他信息系统，如物料采购系统、生产制造资源系统等相耦合，形成信息兼容的庞大功能群。

8. 实施效果评估

企业在实施 CRM 项目时，建议聘请专业监理公司参与进来，一方面可以当企业的顾问，另一方面可以适时评估实施进程与实施效果。

在实施过程中，应当把评估效果作为项目参与人奖惩的依据。实施过程中会发生工作人员工作效率不高、情绪消极甚至互不协作的事情，有了奖惩依据可以保证参与者的职业操守得到尊重。

四、CRM 实施

✐ **相关案例**

有一位日本商社的职员 B 先生，到德国一家机械工厂访问时，其总务科长是一位年轻的德国人。这位总务科长不仅热情而郑重地招待 B 先生，而且对 B 先生的家庭、兴趣、爱好、出生年月日、所属的社会团体、所信仰的宗教等都很了解。B 先生对他的敬业精神大为感动，尽力促成他的商社继续购买这家公司的机械。从此以后数十年的时间里，双方保持着密切的交易关系。为什么会有这样的结果呢？这就是这位年轻的总务科长把客户资料做了很好的整理，分类并加以运用的结果。

（一）CRM 实施的原则

在 CRM 实施的过程中，通常要遵守以下三点原则。

1. 企业内部创新需求是实施的推动力

CRM 的实施会带来企业内外的变革。在企业内部，不应当仅仅是信息部门或销售部门应用 CRM 系统，而应当是整个企业在高层领导的直接参与指导之下的多方协同调整。因此，实施 CRM 要获得企业高层管理者从发展战略上的支持。CRM 项目的行政管理者应当有足够的决策和管理权力，从总体上把握建设进度，设定明确的目标，向实施团队提供达到目标所需的时间、财力、人力和其他资源，并推动这个目标从上到下地实施。也就是说，在企业高层的支持和直接参与下，实施团队制定出 CRM 目标、客户价值分类的依据，并动员相关部门为整个项目投入精力和资源，实现内部和外部的转变，最后达到客户和企业的双赢效果。整个过程如图 8-9 所示。

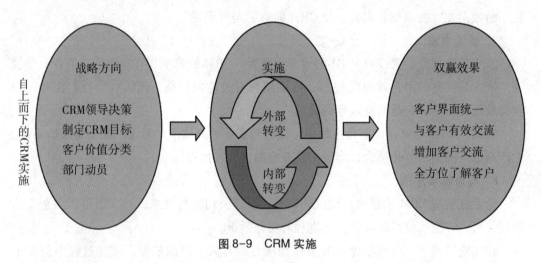

图 8-9　CRM 实施

2. 明确实施 CRM 的目标

将"以客户为中心"的 CRM 管理理念贯彻到各个客户接触点之后，企业的绩效应当有较大的提高。对于企业管理来说，各种绩效衡量指标的提高都很重要，在实施 CRM 之前，项目管理者需要根据企业本身的管理现状，将最需要解决的问题和最期望获得的改变排出优先顺序，以此来确定实施目标。

确定实施目标之后，企业应当针对这一目标的现状进行调查，确定出量化指标，例如，如果实施目标定为"提高销售业绩"，那么应对量化的指标包括进行现状调查。

（1）现有的销售周期有多少天？

（2）现有的销售成功率（潜在客户转为正式客户的比率）是多少？

（3）在销售人员需要（潜在）客户信息时，是否能够及时地获得最新资料？

（4）销售人员离开时，企业是否能够保留客户信息？

（5）销售人员对成单的估计准确率为多少？是否因人而异？等等。

在实施结束，系统启用了一段时间之后，企业可以用同样的量化指标来衡量实施的效果，并把效果通知到每个实施小组成员，逐步增强企业上下对 CRM 的理解，便于确定下一个改进目标和实施计划。

3. 实施 CRM 不仅是安装软件

在企业高层的支持和直接参与下，实施团队制定出 CRM 目标之后，企业将开始流程优化和技术更新，整个转变过程如图 8-10 所示。流程优化的成功与否将直接关系到实施的成败。在开始实施的时候，常见两种情况：一种情况是企业内部已经具备规范的流程，但整个流程忽略了如何对客户更亲切、让客户更方便以及给客户更好的感受，仅仅围绕着产品和内部管理来设计；另一种情况是企业运作主要通过惯例和领导直接指示的方式进行，企业内部的流程没有形成明确化、规范化的步骤及文档。这两种情况都需要企业内部的 CRM 项目管理者和实施团队紧密配合，根据 CRM 系统的功能和特点，进行符合 CRM 战略目标的流程再设计。

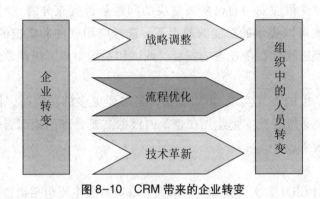

图 8-10　CRM 带来的企业转变

（二）CRM 实施步骤

CRM 系统能够收集通信、采购与互动信息，加深企业对客户的了解，简化知识管理，并能帮助企业运用这些知识来提高销售、扩大回报。那么，企业应该如何实施 CRM 项目呢？

1. 确立业务计划

企业要清楚地认识自身对于 CRM 系统的需求，以及 CRM 系统将如何影响自己的商业活动。在准确把握和描述企业应用需求的基础上，企业应制订一份最高级别的业务计划，力争实现技术解决方案与企业资源的有机结合。

2. 建立 CRM 团队

在 CRM 项目成立之后，企业应当及时组建一支 CRM 团队。企业可以从每个拟使用 CRM 系统的部门中抽选出得力代表组建 CRM 团队。为保证团队的工作能力，企业应当对团队成员进行计划的早期培训和 CRM 概念的推广。

3. 分析客户需求，开展信息系统初建

CRM 团队必须深入了解不同客户的不同需求或服务要求，了解企业和客户之间的交互作用有哪些，以及人们希望它如何工作。客户信息的收集工作和信息系统的初步建设就是建立客户信息文件，一般包括各客户原始记录、统计分析资料和企业投入记

录。企业应该根据自身管理决策的需要、客户特征和收集信息的能力，选择并确定不同的客户档案内容，以保证档案的经济性和实用性。

4. 评估销售、服务过程，明确企业应用需求

在清楚了解客户需求的情况下，企业应对原有业务处理流程进行分析、评估和重构，制定规范合理的新业务处理流程。在这个过程中，企业应该广泛地征求员工的意见，了解他们对销售、服务过程的理解和需求，并确保企业管理人员的参与。重构流程后，企业应该从各部门应用的角度出发，确定其所需的各种模块的功能，并让最终使用者寻找出对其有益的及其所希望使用的功能。

5. 选择合适方案，投入资源全面开发，分段推进

企业在考虑软件供应商对自己所要解决的问题是否有充分的理解和解决的把握，并全面关注其方案可以提供的功能的前提下，选择应用软件和实施的服务商。然后，投入相应的资源推进软件在企业内的安装、调试和系统集成，组织软件实施，使方案落地。

企业应该以渐进的方式实现 CRM 方案，当需要更多的功能时，再不断向系统添加，这样可以避免系统混乱。企业先在企业内根据需要分部门地部署软件系统，然后再与其他应用系统集成。

6. 组织培训

企业应该针对 CRM 方案实施相应的培训，培训对象主要包括销售人员、服务人员及管理人员，培训目的主要是使系统的使用对象掌握使用方法，了解方案实施后的管理与维护方面的需要，以使 CRM 系统能成功运行。

7. 使用、维护、评估和改进

企业应通过使用新的系统，如衡量管理绩效的数据监控体系、内部管理报表体系、决策数据及分析体系对企业经营状况作出分析。在此过程中，企业要与系统的供应商一起对系统应用的有效程度进行评估，在使用中发现问题，对不同模块进行修正，不断提高其适用程度。

（三）CRM 的运行

为了使 CRM 达到预期的效果，除了实施上面的步骤，还需要做好基础工作，也就是要确定客户管理的主要内容，制作客户信息卡，遵循一定的原则进行客户管理的分析。

1. 客户管理的内容

客户管理内容主要包括基础资料、客户特征、交易现状和业务状况。

（1）基础资料主要包括客户的名称、地址、电话、创立时间、与公司交易时间、企业组织形式、业种、资产、所有者、经营管理者、法人代表及他们个人的性格、兴趣、爱好、家庭、学历、年龄、能力等。

（2）客户特征主要包括服务区域、销售能力、发展潜力、营销观念、经营方向、经营政策、企业规模、经营特点等。

（3）交易现状主要包括客户的销售活动现状、存在的问题、保持的优势、未来的对策、企业形象、声誉、信用状况、交易条件及出现的信用问题等方面。

（4）业务状况主要包括销售业绩、经营管理者和业务人员的素质、与其他竞争者的关系、与本公司的业务关系及合作态度等。

2. 客户信息卡

客户信息卡是销售经理了解市场的重要工具之一。通过客户信息卡，销售经理可以连续地了解客户详情，从中看到客户的销售动态。这样，销售经理就可以对市场实态做出判断并采取相应的行动。

3. 客户管理的原则

（1）重点寻找：通过资料找到重点客户。

（2）动态管理：不断调整客户资料，及时补充新的资料，对客户的变化进行跟踪，使客户管理保持动态性。

（3）灵活运用：客户信息卡建立之后，应以灵活的方式及时全面地提供给推销人员及其他相关人员，使他们能进行更详细的分析，使信息更加灵活，提高客户管理的效率。

（4）专人负责：客户管理应由专人负责，应制定明确的规章制度，严格控制客户情报资料的使用和借阅流程。

4. 客户管理的分析

进行客户管理，不仅要收集客户资料，而且还需要对客户资料进行多方面的分析。具体包括：交易状况分析、客户等级分析（如客户等级 ABC 分析法）、客户信用调查分析、客户投诉处理分析等。

【课后思考题】

一、简答题

1. 如何对顾客进行分类？

2. 如何发掘顾客资源的价值？

3. 简述关系营销与交易营销的区别。

4. 顾客保留的驱动因素、调节因素有哪些？

5. CRM 系统集成组合包括哪些？

二、论述题

1. 论述顾客价值的体现。

2. 论述顾客服务基本理念的制定。

三、案例分析题

一般看来，啤酒和尿布是客户群完全不同的商品。但是沃尔玛数据挖掘的结果显示，在居民区中尿布卖得好的店面啤酒也卖得很好。原因其实很简单，一般太太让先生下楼买尿布的时候，先生们一般都会犒劳自己两听啤酒。因此啤酒和尿布一起购买的机会很多。这是一个现代商场智能化信息分析系统发现的秘密。

沃尔玛能够跨越多个渠道收集详细的客户信息，并且能够造就灵活、高速的供应链信息技术系统。沃尔玛的信息系统的主要特点是：投入大、功能全、速度快、智能化和全球联网。沃尔玛美国公司使用的大多数系统都已经在中国得到充分的应用发展，已在中国顺利运行的系统包括：存货管理系统、决策支持系统、管理报告工具及扫描销售点记录系统等。这些技术创新使得沃尔玛得以成功地管理越来越多的营业单位。当沃尔玛的商店规模成倍地增加时，它们不遗余力地向市场推广新技术。比较突出的是借助 RFID（射频识别）技术，沃尔玛可以自动获得采购的订单，更重要的是，RFID系统能够在存货快用完时，自动给供应商发出采购的订单。

另外沃尔玛打算引进到中国的技术是一套"零售商联系"系统。"零售商联系"系统使沃尔玛能和主要的供应商共享业务信息。举例来说，这些供应商可以得到相关的货品数据，观察销售趋势、存货水平和订购信息甚至更多。通过信息共享，沃尔玛能和供应商们一起增进业务的发展，能帮助供应商在业务的不断扩张和成长中掌握更多的主动权。沃尔玛的模式已经跨越了企业内部管理（ERP）和与外界"沟通"的范畴，而是形成了以自身为链主，连接生产厂商与客户的全球供应链。沃尔玛能够参与到上游厂商的生产计划和控制中去，因此能够将消费者的意见迅速反映到生产中，按客户需求开发定制产品。"沃尔玛超市天天低价"的广告表面上看与 CRM 中获得更多客户价值相矛盾，但事实上，沃尔玛的低价策略正是其 CRM 的核心，与前面的"按订单生产"不同，以"价格"取胜是沃尔玛所有信息技术投资和基础架构的最终目标。

阅读上述材料，回答以下问题。

1. 沃尔玛的信息系统有哪些特点？

2. 沃尔玛的"零售商联系"系统在客户关系管理方面有何作用？

第九章　国际服务贸易

[本章学习目的]

掌握：中国服务贸易的发展；中国服务贸易竞争力评价；中国服务贸易发展战略。

熟悉：国际服务贸易的定义和特点；服务贸易相关概念的区分；国际服务贸易的分类。

了解：国际服务贸易的发展阶段、发展的特点、影响因素及发展趋势。

📝 导入案例

2023 服贸会：体会全方位精细化

2023 年的中国国际服务贸易交易会上发现，国外展商对华服务贸易的广度在扩展，多样性在增加；而国内企业的服务出海则达到了新高度，服务精细化程度加深。

在意大利展区，意大利对外贸易委员会、意大利驻华大使馆文化中心、中国意大利商会等机构携包括华饮意大利葡萄酒专家、中意财险等在内的众多品牌参展，几排座椅都座无虚席，参观者正在观看宣传片。塞浦路斯国家馆展区的架子上摆满了各式红酒、啤酒、白酒，并在展区贴了好几张京东商城二维码，一扫即可下单。在英国馆"GREAT HALL"小演播厅里，汇丰晋信基金管理有限公司正在直播题为《与 ESG 同行，汇见绿色未来》的研讨会。

"强有力的伙伴，德国联邦外贸与投资署助您在德国成功"，德国馆顶部的大字展示着它最想让人们看到的内容。该馆为参展客商精心准备了多份印刷精美的介绍材料，例如，"北莱茵-威斯特法伦州——数字经济行业的投资热土""请从我们的服务中获利：市场分析和行业报告、设立业务的服务支持、投资补贴和融资信息、选址与合作伙伴协调"。

走进爱尔兰馆，"爱尔兰就业第一的'企业化'大学——都柏林城市大学""爱尔兰最具性价比理工学院——唐道克理工学院""爱尔兰第一所五星大学——爱尔兰国立科克大学"的标语绘制在最高处，展区内有多位人士正在咨询工作人员，爱尔兰街头大幅照片旁边的咨询台处挤满了人。

中国国际贸易促进委员会商业行业委员会，开创了服务贸易领域"团体标准化+国际标准化"双驱发展模式，在 2020 年至 2023 年，已成功牵头服务贸易领域 ISO 国际标准 13 项，实现在直播营销、展览会议、共享经济、校企合作等领域中国牵头 ISO 国际标准制定、召集 ISO 国际工作组零的突破。

目前，世界产业的发展已经从农业主导和工业主导过渡到服务业主导的新阶段。特别是第三次产业革命以来，世界经济从以产业制造和销售为核心的产品经济进入以提供优质服务为核心的服务经济时代。服务和服务业的内涵及其所覆盖的领域也发生了巨大的变化。在发达国家和地区，其服务业的产值在国内生产总值中的比重甚至高达 70%。当发达国家和地区的内部市场容纳不了日益增长的服务性生产时，开拓外部市场、争夺世界市场就必然成为对外经济扩张的新焦点。因而，国际服务贸易也就成为国际贸易的重要组成部分。

在中国，随着改革开放的进一步深入，服务业的开放也在逐步加快，服务业已经成为中国经济新的增长点、吸纳就业的主要源泉、新一轮的消费热点和外商投资的新焦点。特别是中国加入世界贸易组织（WTO）以后，服务业的开放对中国经济发展带来了更多的机遇和更大的挑战。

第一节　服务贸易的概述

一、服务贸易的概念与特征

美国《1974 年贸易法》首次使用了"世界服务贸易"的概念，20 世纪 70 年代后期，"服务贸易"成了一个广泛使用的贸易词汇。

传统上，由于服务储藏和传送的困难，服务贸易难以实现。但现在大量的服务正在变得更有贸易性，服务贸易成了国际竞争的一部分。随着经济的全球化，服务业得以在全球范围内寻找服务对象、提供服务产品，实现交易成了重要的国际贸易内容，促进了服务贸易的发展，服务贸易在国际贸易中的比重迅速增长。

在《关税和贸易总协定》（GATT）乌拉圭回合服务贸易谈判中，关于什么该列入服务、什么该被排除在外的问题，各国进行了长时间的谈判。在乌拉圭回合谈判中，有一种观点认为服务贸易仅指越境服务贸易，这是发展中国家在谈判初期主张的观点，属服务贸易的狭义定义。

在 1988 年蒙特利尔部长级中期评审会议上，各缔约方部长倾向于认为服务贸易的概念应具有开放性，以便包括那些需要生产要素越境移动才能生产的服务，即包括服务的越境移动、消费者的越境移动、生产要素越境移动。

（一）服务贸易的概念

在国内，一种观点认为，服务贸易可分为三种类型：第一，通过服务提供者或消费者的移动而进行的服务贸易，这种服务贸易以提供者或消费者的跨国界流动为条件，如旅游、工程承包、医疗服务等；第二，不一定要求人员跨国界流动，而在国内即可实现的服务输出与输入，如邮电通信、广告服务、金融债务等，也属于服务贸易；第三，通过交换物化服务（如知识信息产品等）而进行的服务贸易，这是一种特殊形式的服务贸易，其中很多已被列入商品贸易统计中，如书、影视片、科技文件、电子数据、程序软盘等的贸易。

另外一种观点则认为，服务贸易有广义与狭义之分。狭义的服务贸易是有形的，是指发生在国家之间的直接服务输出与输入活动。广义的服务贸易既包括有形的劳动力的输出与输入，也包括无形的、提供者与消费者在没有物理接近情况下的交易活动，如卫星传送和传播、专利技术贸易等。广义的服务贸易涉及范围十分广泛，《关税和贸易总协定》各缔约方提交的材料中列出的服务项目超过 150 种。

世界贸易组织（WTO）将国际服务贸易按提供方式划分为以下四种形式。

1. 跨境供应模式（过境交付）

跨境供应模式指从一个缔约方境内向另一个成员方境内提供服务，在这种情况下，服务提供者不需要过境，因此多借助远程通信手段（如国际电话通信）服务。

2. 国外消费或过境消费模式（境外消费）

国外消费或过境消费模式是在一个成员方境内向任何其他成员方的服务消费者提供服务。在这种情况下，服务接受者要进入服务提供者所在的国家或地区接受服务，如出国旅游、留学等。

3. 商业存在模式

商业存在模式是指一个成员方的服务提供者，通过在任何其他成员方境内的商业实体提供服务。这种商业实体或商业存在，可以是设在另一个成员方的分公司、分支机构或代表处，如外商投资企业、外资或合资银行等。这种服务贸易就会涉及资本和专业人士的跨国流动。

4. 自然人流动模式

自然人流动模式是由一个成员方的自然人给任何其他成员方的自然人提供服务，如建筑项目或各种咨询项目中，那些作为服务提供者的相关专家被请到国外服务，就是自然人的跨国流动服务，这里不涉及投资行为。

此外，服务贸易的交易手段也逐步多样化，包括智力资本报酬的形式（法律咨询和医疗服务）、手续费和版权税的形式、劳务输出的形式和人员流动的形式等。

（二）服务贸易的特征

服务贸易作为非实物劳动成果的交易，与实物产品贸易进行对比，除了服务商品所具有的无形性、不可分离性、异质性、不可储存性，服务贸易还通常表现出如下的特点。

1. 贸易主体地位的特殊性

服务的卖方就是服务产品的生产者提供者，以消费过程中的物质要素为载体提供相对应的服务。服务的买方则往往就是服务的消费者，作为服务生产者的劳动对象直接参与服务产品的分享过程。

2. 服务贸易市场的高度垄断性

国际服务贸易在发达国家和发展中国家表现出较为严重的不平衡性，这是因为服务市场所提供的服务产品受各个国家的历史特点、区域位置及文化背景等多种因素的影响。比如，医疗工程、网络服务、航空运输及教育等直接关系到国家的主权、安全和伦理道德等敏感领域，就会受到外界（制度）或自身（内省）的限制。因此，国际服务贸易市场的垄断性较强，表现为少数发达国家对国际服务贸易的垄断优势，与发展中国家的相对劣势。另外，对国际服务贸易的各种壁垒也比商品贸易多 2000 多种，从而严重地阻碍了国际服务商品进行正常的交易。

3. 贸易保护方式具有隐蔽性

由于服务贸易标的物的特点，各国无法通过统一国际标准或关税进行限制，而是更多地采用国内政策、法令的改变来约束，如市场准入制度，对于贸易出口国或进口国进行限制或者采用非国民待遇等非关税壁垒形式。

4. 国际服务贸易的约束条例相对灵活

《服务贸易总协定》（CATS）条款中规定的义务分为一般性义务和具体承诺义务。一般性义务适用于 GATS 缔约方的所有服务部门，不论缔约方的这些部门是否对外开放，都对其有约束力。一般性义务包括最惠国待遇、透明度和发展中国家更多参与。具体承诺义务是指必须经过双边或多边谈判达成协定之后才承担的义务，包括市场准入和国民待遇，且只适用于缔约方承诺开放的服务部门，不适用于不开放的服务部门。对于市场准入来说，GATS 规定可以采取循序渐进、逐步自由化的办法；允许缔约方初步进行承诺，并提交初步承诺书，然后再进行减让谈判，最后实现自由化。对于国民待遇来说，CATS 规定允许根据缔约方自身的经济发展水平选择承担国民待遇义务。总之，GATS 对于服务贸易的约束是具有一定弹性的。

5. 服务产品的营销管理具有更大的难度和复杂性

无论是从国家宏观方面，还是从微观方面来看，国际服务产品的营销管理与实物产品的营销管理相比，前者都具有较大的难度与复杂性。从宏观层面上讲，国家对服务进出口的管理，不仅仅是对服务产品载体的管理，还涉及对服务的提供者与消费者的管理，包括劳动力服务要素的管理，具有复杂性。另外，约束国家对服务形式的管理主要通过立法的形式，但是立法具有明显的滞后性，很难跟紧形势发展的需要。从微观层面上讲，服务本身的特性使得企业在进行服务产品营销管理过程中经常会受到不确定性因素的干扰，控制难度较大。比如，用于服务产品质量水平的不确定性，服务产品不可能做到"三包"。再如，商品贸易可以通过供需关系的协调使其达到供需平衡，从而使消费者与生产者达到均衡；而服务贸易就不可能通过时间的转换来完成或解决供需矛盾，实现供需平衡。

随着科学技术的发展，全球经济一体化、自由化趋势的到来，国际服务贸易将会呈现出更多的特点，同样也会给服务产品的生产者、消费者带来机遇，同时也带来挑战。

二、服务贸易的分类

国际服务贸易分类表中，把国际服务贸易分为 11 大类 142 个服务项目，这个分类表基本上包括了服务业的主要范围。

（1）商业服务，指在商业活动中涉及的服务交换活动，包括专业服务、计算机及其有关服务、研究与开发服务、房地产服务、无经纪人介入的租赁服务及其他的商业服务，如广告服务等。

（2）通信服务，包括邮政服务、快件服务、电信服务、视听服务。

（3）建筑及有关工程服务，包括建筑物的一般建筑工作、安装与装配工作、建筑物的完善与装饰工作等。

（4）销售服务，包括代理机构的服务、批发贸易服务、零售服务、特约代理服务及其他销售服务。

（5）教育服务，包括初等教育服务、中等教育服务、高等教育服务、成人教育服务及其他教育服务。

（6）环境服务，包括污水处理服务、废物处理服务、卫生及其相关服务、其他的环境服务。

（7）金融服务，包括保险及与保险有关的服务、银行及其他金融服务（保险除外）。

（8）健康与社会服务，包括医院服务、其他人类健康服务、社会服务及其他健康与社会服务。

（9）与旅游有关的服务，包括宾馆与饭店、旅行社及旅游经纪人服务、导游服务等。

（10）娱乐、文化与体育服务，包括娱乐服务、新闻机构的服务、图书馆、档案馆、博物馆及其他文化服务、体育及其他娱乐服务。

（11）运输服务，包括海运服务、内河航运服务、空运服务、空间运输服务、铁路运输服务、公路运输服务、管道运输服务及所有运输方式的辅助性服务。

三、与服务贸易相关的概念

随着服务贸易的发展，开拓服务贸易手段和方法成了贸易创新的重要内容，因而各国都加强了对服务贸易的研究，下面就介绍一些与服务贸易密切相关的概念。

（一）无形贸易

无形贸易是指直接向国外居民提供无形产品获得收入的过程。无形贸易有两种主要形式：一是本国居民或厂商投资外国企业获得的利润、利息或股息；二是向外国服务消费者提供服务获得的收入。大体上说，国际服务贸易与国际无形贸易可以互换使用。但从严格意义上讲，国际无形贸易比国际服务贸易范围更广，它除包括服务贸易外，还包括国际直接投资收支、捐赠侨汇和赔款。无形贸易具体包括以下内容。

（1）货物进出口发生的从属费用的收支，如运输费、保险费、装卸费、商品加工费和船舶修理费等。

（2）与货物进出口无关的其他收支，如国际旅游费、外交人员费、侨民汇款、专利或特许权费、国外投资汇回的股息和红利、公司或个人在外国提供服务的收支及驻外机构费用等。

以上各项中的收入称为无形贸易的出口，支出称为无形贸易的进口。无形贸易一般不显示在各国的海关统计中，但也是各国国际收支的重要部分。

（二）劳务贸易

国际货币基金组织国际收支平衡表中的劳务贸易，除包括一般意义上的服务贸易外，还包括各种对外投资所得的收益，无论这种收益来源于投资货物还是服务，无论是直接投资还是间接投资。在这里，劳务贸易范畴较服务贸易要宽些（还包括对外投资收益）。严格地说，劳务贸易统计数据不等于服务贸易额，目前，在缺乏完整的服务贸易统计数据的条件下，通常近似地以劳务贸易统计项作为服务贸易统计项。

（三）国际劳动力流动

国际劳动力流动与国际服务贸易的区别，主要表现在以下方面。

（1）国际劳动力流动是指劳动力在国家（或地区）与国家（或地区）之间的移动，一般涉及劳动力国籍或身份的变化，这种变化或者是永久的（如那些具有劳动能力或技能的移民），或者是暂时的（称为临时劳动力流动）。

（2）尽管多数国际服务贸易涉及劳动力的国际流动，但这种劳动力的国际流动与国际劳动力流动引起的人员的国际流动存在差别：首先，国际劳动力流动导致的人员流动是单向的，即由劳动力流出国流入劳动力的流入国，而国际服务贸易涉及的人员流动则是双向的，既可以是服务提供者到服务消费者所在地提供服务、服务消费者在本地接受服务（如歌手出国演出），也可以是服务提供者在本国提供服务、服务消费者出国消费服务（如前往外国旅游）。其次，国际服务贸易导致的人员流动具有业务性质，这种流动持续的时间明显短于国际劳动力流动的时间。

（四）生产者服务贸易

生产者服务是指作为货物商品和其他服务生产过程的投入品的那些服务。从宏观角度分析，生产者服务的产生大多是由于制造业内部的服务生产具有明显的外部化趋势，从而导致生产者服务业作为一个独立部门而出现，生产者服务的产生在很大程度上反映了生产要素的技术进步和社会分工的扩展。由于生产者服务业与贸易密切相关，而且其本身也越来越成为可贸易品，某些基础设施性质和下游生产阶段的服务，如运输、电信、批发和零售服务等，实际上成了促进和增加货物贸易的条件。这些生产者服务在各国推进国际贸易发展的过程中扮演着越来越重要的角色。总体来看，生产者服务贸易具有两个主要特征：一是大多数生产者服务贸易品的投入与产出具有非物质性，即含有高度的专有技术和知识内涵；二是生产者服务贸易品具有明显的交易特点，即大多数生产者服务贸易品是在其交易过程中生产出来，而不是预先生产出来以备购买。

（五）要素服务贸易

要素服务贸易是指涉及劳动力、技术和资本等生产要素跨国界移动的服务贸易。具体地说，对外工程承包或劳务输出涉及劳动力生产要素的国际流动，因而属于要素服务贸易。外国投资者投资所获利润、利息、股息等收入，国际技术转让中转让方获取的转让费等收入，也属于要素服务贸易收入。要素服务贸易与货物贸易存在本质区别，前者是提供服务所需的各种生产要素的国际交易，后者则是作为生产要素使用结果的货物商品的交易。

（六）非要素服务贸易

不涉及生产要素的跨国界移动的服务贸易称为非要素服务贸易，如旅游、会计、运输、保险与再保险、咨询、租赁、广告、教育卫生等部分专业服务，以及维修和政府服务等。简单地说，非要素服务贸易包括运输、旅游、其他私人服务和政府服务。

与要素服务贸易相比，非要素服务贸易不是涉及生产要素的服务贸易，而是一种无形的最终产品贸易。在世界银行等国际机构的统计中，非要素服务贸易与货物商品的国际贸易常常合并在一起统计。一般地，划归非要素服务贸易的投资收益、利息、股息、财产和服务收入没有列入国际收支账户。

（七）国际商务

国际商务是指跨国界移动的任何形式的商业活动。国际商务的最简单方式，通常是传统的商品和服务的双向流动。货物商品的国际贸易通常包括各种货物商品的进口和出口。服务的国际贸易既包括旅游、运输、银行、保险、电信、交通、咨询、管理和技术，也包括专利、程序、商标、版权，以及电影、电视剧和杂志的出租，还包括银行出售外币、提供经纪人服务及大饭店的外国办事处等。国际商务活动不仅包括货物贸易和服务贸易，而且包括融资与投资、外汇、风险管理、国际经济合作、商务市场营销、商务结算与会计、商务翻译与交流、商务文化与惯例、国际企业管理与经营、国际商务信息与市场调研及国际商务谈判与礼仪等领域的活动。因此，对国际商务的一种广义理解是，国际商务活动是国际经济、贸易、金融与投资，以及其他与商务运作过程相关的各类活动的统称，是不同国家或地区的各类经济实体或个人之间，为追求各自经济利益而相互间进行的商品与服务的买卖投资、经济合作乃至投机等各类营利活动。

第二节 服务贸易的基本理论

一、服务贸易的比较优势理论

服务生产与消费的同时性，意味着服务不能被储藏，贾格瓦蒂认为关于服务不可贸易的观点，主要是起源于服务生产与消费具有同时性的特点，这一特点必然要求服务的生产者与使用者互相作用和互相影响（即直接接触）。赫希曼用"同时性因素"说明了可贸易与不可贸易服务之间的区别，认为服务生产者与使用者共同作用期间发生的成本占交易总成本的比例越低，这类服务的可贸易性就越大。

日益增多的国际间服务贸易活动使得理论界对比较优势原理进行了重新审视。关于传统比较优势原理是否适应于解释服务贸易的问题，国外大致形成了三种意见：一是认为长期以来用于解释有形的货物贸易的模型不适应于解释服务贸易；二是认为传统比较优势原理完全可以用来解释服务贸易；三是认为传统比较优势原理稍加发展就可以解释服务贸易。其中第三种意见获得了较多的认可。同时，理论界对于服务贸易的比较优势理论与要素禀赋论进行了深入的探讨。

二、比较优势论

（一）比较优势一般原理

长期以来，传统的比较优势一般原理一直是解释国际贸易成因和格局的最基础的方法。该理论的提出者亚当·斯密和大卫·李嘉图认为：劳动生产率的差别或技术差别是各国生产同一产品时存在价格差别的基本原因，这种价格差别及其生产者对较高价格的追求是国际贸易的原因或动力；每个国家专门生产自己优势的产品并根据自己对产品的需要进行交换是国际分工的结果；各国经过国际贸易都能够获得实际收入水平的提高则是国际贸易的结果。基于获得和维持这一结果的因素，国际贸易得以维持和发展。

上述比较利益实质上是比较两国在生产同一产品时的劳动生产率，从而是劳动力熟练程度在各国的差异。两国在同一产品生产上的劳动生产率差别又进一步表现为，两国在生产同一产品时的相对劳动生产率，即表现为生产某种产品的机会成本的差别。

当一国在两种产品生产上的劳动生产率都高于另一国家时，从相对意义看，该国专门生产其中劳动生产率较高的一种产品时，可以发挥本国劳动力的比较优势，即将本国的生产要素都投入机会成本比较低的商品生产中，进而通过贸易交换到本国放弃生产的那种产品。相应地，尽管另外一国生产两种产品的劳动生产率都低于前一国，但是它仍然可以专门生产自己（相对于外国）机会成本较低的产品，进而通过交换，获得本国放弃生产的产品。在这里，技术差异或劳动生产率的差异成为各国进行国际贸易和分工的原因，并成为决定各国专门生产某种产品结构的基础。这种贸易和分工使参加国际贸易的双方都获得了利益：对于消费者来讲，其选择商品消费的可能性扩大了；对于生产者来讲，其生产商品的效率提高了。

具体来讲，有两个国家（本国和外国）生产两种商品 A 和 B，使用一种生产要素——劳动，两种商品的价格在本国和外国分别为 P_A、P_B 和 P_A^*、P_B^*。如果两种商品的劳动生产率在两国存在差异，那么两种商品的相对价格在两国之间不相等。

在信息完全和不存在交易成本的前提下，一个国家可以通过出口其贸易前相对价格较低的商品、进口其贸易前相对价格较高的商品而获得贸易利益。一个国家的比较优势表现为贸易前相对价格较低的商品。假设 $P_A/P_B < P_A^*/P_B^*$，那么本国就应该出口商品 A，进口商品 B，外国则相反。这一比较优势一般原理在阐述各国进行贸易的内在原因时具有广泛的意义，在一定条件下也适用于国际服务贸易。

（二）服务贸易的比较优势

1. 比较优势一般原理对服务的指导性

从生产的角度讲，服务和商品都是在一定技术条件下使用各种生产要素生产出来的。如果用李嘉图的理论分析服务的价值，服务应该有三个主要的构成要素：劳动力要素、人力资本要素和实物资本要素。这三个要素及其在服务中所占的比重，决定了服务在市场中的价值。

根据劳动价值论，一种服务的价值（进而是价格）与它的劳动生产率成反比。从国内角度来看，如果服务 A 的劳动生产率比服务 B 的劳动生产率提高得快，那么服务 B 的相对价格就要上升。在国际上，外国生产的所有服务的劳动生产率可能都比本国的高，但只要两国生产率的差异对所有的服务来讲不完全相同，两国之间的服务价格就会产生差异。如果外国生产服务 A 的相对劳动生产率高于本国的，而本国生产服务 B 的相对劳动生产率高于外国的，那么服务 A 的价格在外国相对较低，服务 B 的价格在本国相对较低。一个国家的比较服务优势表现为生产率相对较高的服务。

与商品贸易同理，通过出口其生产率相对较高的服务，进口其生产率相对较低的服务，可以使参与贸易的每个国家都从中获益。

2. 比较优势一般原理指导服务贸易的适应性

由于商品与服务之间存在着差别，所以比较优势一般原理在国际服务贸易领域的适用性受以下几方面因素的影响。

（1）一般情况下，各国对服务贸易领域会进行各种形式的干预，这完全不符合李嘉图的理论所做的完全竞争市场结构的假设。政府出于各种目的而对服务贸易领域实行特别管制和市场干预，如市场准入、许可证制度等。再比如，政府出于保护本国服务行业的目的，而拒绝开放国内的某些服务市场。此外，服务贸易不是通过海关措施，而是通过立法和国内规章来实现管理，也就是说，影响服务贸易的主要因素是国内法规而非关税等。可以说，相对商品而言，市场结构和国内管制环境对服务生产与分配的影响更为重要和直接。

（2）李嘉图主要分析商品，但许多服务贸易与外国直接投资密切相关，许多国家对服务领域的国外直接投资的各种担心以及由此而引发的对服务领域的限制政策也会影响它的适用性。比如在某些服务领域中，如果想有效地在国外市场提供服务，往往需要在国外设立分公司或分支机构，这很可能导致国外政府制定各种限制性政策阻碍其服务商品的提供。

（3）在确定比较服务优势时，对服务生产率的计量很困难。简单地说，生产率指的是投入与产出的比率。如果把劳动作为投入要素，那么生产率就变成了劳动生产率；如果把资本作为投入要素，那么相对应的就是资本生产率。就产出而言，通过其表示方法，即以实物数量表示还是以产值表示或是以附加值表示，来区分各自的生产率。在计量服务的生产率时，服务的投入要素较容易确定，但问题的关键在于产出以什么表示合适。比如对教育、医疗、行政机关的服务产出的确定，如果以相对应的数量来表示，就有可能出现降低服务质量的问题。服务领域只有在保证服务质量不变的前提下，能以量的标准作为生产率指标。因此，服务生产率提高的标准应该以一定质的产出为基准，与同样产出的相应投入（成本）比以往降低多少来衡量。由于服务的生产和消费是同时进行的，所以服务的生产率就必须考虑服务消费者的直接反应，比如对服务的满意程度等。具体地讲，计量服务生产率的困难主要体现在以下几点。

第一，服务的实际产出在某些服务领域很难获得。如利用互联网可以使人们迅速获得许多有用的信息资料，学到很多新的知识，但是确切计量使用计算机服务的产出是很难的。

第二，目前已有的计量方法难以用数量方法衡量服务的实际效用。服务对人们的健康、学习、生活等的实际效用，究竟有多大贡献，这类实际数据及信息很少，所以很难做出准确判断。

第三，把消费者在服务生产过程中的作用纳入计量模型是一个很复杂的题。随着高新技术的发明和使用，人们自我服务的范围越来越广，如网上的学习、健康检查等。因此，消费者消费服务的时间就成了服务生产应该考虑的一个重要因素，而消费者所受的教育、消费的动机等存在差异，所以在消费时也存在质量、效用和效率的差别，而这些在计量模型中很难体现出来。

上述问题增加了用比较优势一般原理分析比较服务优势的复杂性。尽管服务与商品贸易相对而言有着明显的区别，而且也应该对这些差别给予重视，但比较优势理论强有力的逻辑超越了这些差别。传统比较优势一般原理是基于这样一个简单的命题：每个贸易者都关注的共同利益来源于使其自身效率更高的行为。虽然解释贸易者拥有比较优势的各种理论未必都正确，但上述命题总是有效的。正如比较优势存在于商品生产中那样，它们也同样存在于服务生产中。

三、生产要素禀赋论

（一）生产要素禀赋论的一般原理

瑞典经济学家赫克歇尔和俄林从生产要素禀赋的角度对导致国际贸易产生的原因进行了分析。该原理与比较优势论的共同点在于，它们都是以各国生产同一产品的价格或成本差别作为国际贸易的原因和动力。二者的主要不同是，生产要素禀赋论认为现实生产中投入的生产要素不只是劳动力一种，而是多种生产要素，而投入两种生产要素是生产过程中的基本条件。根据他们所提出的 2×2×2（两个国家、两种商品、两种生产要素）模型，也称赫克歇尔—俄林模型（H-O 模型），在各国生产同一产品的技术水平相同的情况下，两国生产同一产品的价格差来自产品的成本差别，而这种成本差别又来自生产过程中所使用的生产要素的价格差别，这种生产要素的价格差别则决定该国各种生产要素的相对丰裕程度。由于各种产品生产所要求的两种生产要素的比例不同，一国在生产密集使用本国比较丰裕的生产要素的产品时，成本降低，而生产密集使用别国比较丰裕、本国又比较稀缺的生产要素的产品时，成本比较高，从而形成各国生产和交换产品的价格优势，进而形成国际贸易和国际分工。此时本国专门生产自己有成本优势的产品，而换得外国有成本优势的产品。或者说，国际贸易使参加贸易的国家在商品的市场价格、生产商品的生产要素的价格相等，以及在生产要素价格均等的前提下，两国生产同一产品的技术水平相等（或生产同一产品的技术密集度相同）的情况下，国际贸易决定于各国生产要素的禀赋。各国的生产结构表现为，每个国家专门生产密集使用本国较丰裕生产要素的商品。

具体而言，假设现有两个国家，生产两种商品，使用资本和劳动力两种生产要素。假设两国技术水平相同，市场结构为完全竞争市场，生产要素禀赋的相对差异和各种商品所需生产要素的结构比例不同，这导致了生产要素价格的差异：资本相对丰裕的国家资本要素的价格较低，劳动力要素的价格较高，劳动力相对丰裕的国家劳动力要素的价格较低，资本要素的价格较高。由此使得商品的成本出现了差异，进而导致商品的相对价格出现差异：在资本丰裕的国家，资本密集型商品的价格更低些，劳动密集型商品的价格较高；在劳动力丰裕的国家，劳动密集型商品的相对价格较低，资本密集型商品的相对价格较高。这样最终导致国际贸易的产生，两个国家通过分工与交换均可从中获得贸易利益。

生产要素禀赋论假定，生产要素在各部门间转移时，增加生产某种产品的机会成本保持不变。生产要素禀赋论突破了单纯从技术差异的角度解释国际贸易的原因、结构和结果的局限，而是从比较接近现实的生产要素禀赋角度来说明国际贸易的原因、结构和结果。

（二）生产要素禀赋论对服务贸易的指导性

两国之间的生产要素禀赋差异不仅可以说明商品与商品之间的相对价格差异，在普遍意义上讲也可以说明商品与服务之间以及服务与服务之间的相对价格差异。在不考虑技术因素的条件下，服务的成本取决于所需生产要素的密集程度和价格：劳动密集型服务的相对价格在劳动力资源丰富的国家较低，在劳动力稀缺的国家较高；资本密集型服务的相对价格在资本丰富的国家较低，在资本贫乏的国家较高。就一般情况而言，一个国家的服务要素比较优势，表现为密集使用其禀赋相对丰裕的生产要素的服务，通过出口密集使用其禀赋相对丰裕的生产要素的服务和进口密集使用其禀赋相对稀缺的生产要素的服务而从中获得利益。在现实生活中，发达国家的资本禀赋较丰裕，欠发达国家的劳动力禀赋相对丰裕，就不同的服务而言，资本密集型的服务在发达国家的相对价格要低于欠发达国家，而劳动密集型服务的相对价格则相反。比如，发达国家在以金融、运输、电信等为基础的资本密集型的现代服务贸易领域拥有比较优势，而发展中国家在以劳动密集型为基础的饮食、劳务输出等服务贸易领域拥有比较优势。

四、服务要素比较优势论的适用性

服务要素比较优势在一定程度上确实可以用于解释国际服务贸易领域的一些现象，许多经济学家对此进行了论证，而且资本、劳动力等要素依然是服务贸易比较优势的基本来源，但它也有一定的局限性。

第一，服务要素比较优势的一个重要特点，就是它具有移动性和短暂性。许多服务是人力资本密集型的，如信息处理、工程咨询等。由于人力资本是通过教育、培训、研究和开发获得的，因此人力资本所导致的比较优势完全取决于一个国家提供教育、培训、研究和开发等基础设施的能力。同时，与人力资本有关的知识和技能又体现在可以自由流动的人的身上，这些专业人员流动到哪个国家，就可能把相关的比较优势带到该国。另外，当其他国家达到相同的技术水平和教育水平时，高新技术的优势很快就会失去，而他国则通过教育、培训、研究和开发等，也能得到与人力资本、技能相联系的比较优势。

第二，由于知识、技术在服务的生产中所起的作用日益增强，可以说技术已成为服务贸易发展的一个内生变量。技术、管理、知识是现代服务生产与销售的必要因素，知识密集型服务日益起着把技术进步转化为生产力和国际竞争优势的作用，并推动一国服务贸易的比较优势不断发生转移。所以，在服务要素比较优势中，服务生产所投入的要素，必须突破原有的 H-O 模式，即不仅仅包括传统的劳动力和资本，也应该包括诸如技术、政府管制、竞争策略、人力资源等要素，这些要素同样应该被看作构成服务贸易比较优势的重要来源。

第三，许多服务是作为中间投入（如金融、咨询和电信服务）出现在贸易与非贸易品的生产过程中的，因而出现两个阶段生产函数，先是服务生产函数，再是投入使用的商品生产函数，但这两个阶段的要素投入是不同的。如专业服务之间存在巨大差别且往往没有替代品，这些服务生产投入的大多是具体的特殊要素，而传统要素优势论认为生产要素的投入是同质的。

第四，服务贸易的发生往往与要素的移动同时进行。无论是过境交付、商业存在还是消费或人员移动，都要涉及劳动力、资本、信息中的一项或多项移动，因而，服务要素的过境移动通常成为服务贸易实现的要件。相对而言，服务贸易的生产要素移动要比货物贸易频繁得多，这也是该理论要解决的一个问题。

第五，H-O 模型主要从供给角度分析国际贸易，但当可贸易服务的生产函数与主要要素投入相结合时，任何国际服务贸易都将依赖于需求因素而不是生产成本，强调的是需求因素导致的成本增量或消费者选择，运输成本、信息成本、服务种类、消费环境、消费者收入及偏好等因素均构成服务贸易的条件。正因为国际服务贸易中服务的生产和消费基本上是同时进行的，因此，在服务贸易生产函数中，体现重要的要素投入时必须考虑需求因素，要更加注重服务贸易的流向、相关的市场结构及需求特征，仅仅从资源禀赋角度探讨服务贸易比较优势是远远不够的。

由于上述种种原因，传统的生产要素禀赋论不能完全解释服务贸易，但也有许多专家对其现实意义给予了充分的肯定。如世界银行的一份报告指出，一个国家要素配置对其在国际服务贸易中的地位有重要影响，原因在于：有形资本禀赋充裕的国家在运输服务业上有比较优势，而人力资本丰富的国家则在保险和其他私人服务业上拥有比较优势。

欣德利和史密斯认为在理论和经验分析中，没有必要在概念上严格区分商品和服务。从纯理论角度看，应用国际经济的标准模型分析服务的贸易与投资并不存在多少困难，服务贸易研究的主要困难不在于理论而在于测度和统计上。他们的结论是：尽管服务与商品相对而言有显著差别，对这些差别也应给予重视，但比较优势理论强有力的逻辑可以超越这些差别。

五、新贸易理论

(一) 规模经济和不完全竞争理论

目前，学术界对服务业的规模经济和不完全竞争，多数是从生产者服务角度进行研究的，这与生产者服务作为国际服务贸易主流是分不开的。

继古典贸易理论之后，新贸易理论对贸易原因提出了新的解释，其主要贡献者是美国经济学家保罗·克鲁格曼（Paul Krugman）。该理论以企业在生产中的规模经济和世界市场的不完全竞争为基础，解释增长迅速的工业国之间及相同产业之间的贸易。

新贸易理论的第一个重要方面是规模经济和不完全竞争理论。新贸易理论的假设条件与古典贸易理论不同：一是假设企业生产具有规模经济；二是假设国际市场的竞争是不完全的。规模经济是指随着生产规模的扩大，其单位产品的平均成本逐步下降，市场需求量会随着价格的下跌而增加。这意味着企业可以通过扩大其生产规模、降低商品的单位成本占据竞争的优势地位。

具体而言，在企业参与国际贸易以前，企业只面对国内有限的市场和有限的需求，由于需求有限，制约产量，从而使生产成本和产品价格不得不保持在较高的水平上。当企业参与国际贸易时，面对的是国际大市场，需求的增加会使企业降低成本进而降低价格，从而增强企业竞争力。

企业对规模经济效果的追求，将导致产品在一个行业或产业内排他性的增强，先进入的企业可以通过逐步扩大自己的生产规模形成单位产品的成本优势乃至价格优势，这是一种凭借规模经济效果所取得的市场势力或市场控制能力。此外，琼·罗宾逊认为，尽管理论上假定市场是完全竞争的，但在现实中，大多数的市场是不完全竞争的。这是因为，任何企业都希望通过某种优势获得对市场价格的操纵或控制权，而获得垄断或控制权的便利途径就是生产差异产品。从消费者的角度看，随着收入水平的提高，他们不仅要追求某种消费品消费数量的增加，以提高自身消费的福利水平，还可以通过在多种同类产品的供应中选择最适合本人消费偏好的产品来提高自己的福利水平。因此，在一国封闭经济的条件下，市场不完全竞争的特点表现在：一是规模经济排除了企业自由进入某些部门的可能性，二是差异产品意味着企业追求控制产品价格的可能性。

这两个方面都打破了原有的自由竞争的市场结构。然而，在一国市场范围内，追求规模经济效果和追求差异产品是矛盾的，因为规模经济效果要求生产大批量、同质产品，从而带来市场价格的下降，而对差异产品的追求却要求生产小批量、异质产品。解决这一矛盾的最佳途径是开展国际贸易。因为国际贸易可以使批量生产的产品分布在不同国家的市场上，从而在每个国家都成为小批量产品，且成为差异产品。

由于工业产品的多样性，任何一个国家都不可能生产某一行业的全部产品，从而使国际分工和贸易成为必然。但具体由哪国集中生产哪种产品，则没有固定的模式，既可以自然（竞争）产生，也可以协议分工。这种发达国家之间工业产品"双向贸易"的基础是规模经济，而非技术不同或资源配置不同所产生的比较优势。

规模经济和不完全竞争理论强调，在规模经济下，生产者和消费者对差异产品的追求是国际贸易产生的原因，对规模经济效果的追求，进而对获得超额利润的追求是国际贸易产生的动力。

（二）相互倾销理论

新贸易理论的第二个重要方面是相互倾销理论。詹姆斯·布兰德和保罗·克鲁格曼指出，寡头垄断厂商为实现企业利润最大化，将增加的产品产量以低于本国市场价格的价格销往国外市场。尽管表面上在国外市场上产品的售价降低了，但从销售所有产品所获利润最大化的角度看，在这种销售不影响其在本国销售的其他产品的价格的情况下，厂商所获得的总利润水平是提高了。同理，其他国家的厂商也会采取同样的战略。这种相互倾销行为所形成的贸易不是由于两个厂商生产了差异产品，而是因为各自对利润最大限度的追求。可以看到，相互倾销贸易理论说明了各国开展对外贸易的原因只在于垄断或寡头垄断企业的市场销售战略。在相互倾销的基础上，国际贸易的利益来自各国企业通过"倾销"所获得的垄断利润和在本国市场上销售价格保持不变情况下所获得的垄断利润总和。

如果说规模经济和差异产品贸易理论开创了新贸易理论的新阶段，那么相互倾销贸易理论将建立在不完全竞争基础上的国际贸易理论推向了更高的层次：即使各国生产的商品之间不存在任何差异，垄断或寡头垄断企业仍然可以出于对最大限度利润的追求，开展各国之间的贸易。

（三）外部规模经济基础上的国际贸易

新贸易理论的第三个重要方面是外部规模经济基础上的国际贸易。外部规模经济是指由于企业外部经营规模的优势给企业带来的额外报酬或外在优势。该理论认为，企业是否具有贸易优势的一个原因不在于各国之间绝对的要素优势的差异，而取决于有关部门在某个时点上的发展规模。如果一国在某个行业发展的规模较大，相应地会形成一个行业的规模优势。其具体表现为：该行业有一个可供共同使用的劳动力队伍，它可以调剂各企业间的余缺；行业规模较大，有助于技术的进步和技术成果的迅速普及。总之，一定的行业规模有利于资源或生产要素的共享，从而能够在自身企业规模不变的条件下获取经济利益。

在新贸易理论中，企业的优势表现为两种形式：一是企业的内部规模经济，二是企业的外部规模经济。前者可以使企业自身产生竞争优势，而后者是借助行业优势产生的企业优势，这两种优势都会导致国际贸易的产生。外部规模经济贸易论认为，某些具有要素优势的国家之所以不能在某个行业处于优势地位，可能是因为该国的这个行业还没有发展起来。由此可见，发展中国家需要在政府的干预下获得某种规模经济优势或行业规模优势。

（四）新贸易理论与服务贸易

（1）服务、生产及其聚集与分散。

就服务贸易而言，生产者服务这种类似要素的服务需求实质上是一种诱导性需求，即最终商品的需求直接影响着生产者服务的需求。一般货物贸易中的商品通常是先生产后消费，即先存在生产过程和作为生产结果的实物产品，而后再向市场消费者推销。然而，服务通常是"量身定做"的，即要根据消费的不同要求提供质量不同的服务。而且由于服务质量与商品质量相比，更难形成统一的衡量标准，即服务较商品更难实现标准化，因此，无论对理论研究还是实际应用，服务的需求比服务的供给更为重要。

首先，随着生产的发展、生产技术的提高使生产区段不断分离，生产区段的分离需要以服务纽带作为桥梁来控制和协调彼此之间的活动。服务纽带的发展导致了服务贸易，特别是生产者服务贸易迅速发展。

其次，服务部门可以通过内部积聚（内部化）和外部积聚（外部化）两种形式实现规模经济效应。

再次，规模收益递增是资本密集型中间产品生产和知识密集型生产者服务的共同特点。此外，许多中间产品也具有差异化或与国内要素互补的特征。在包含高度熟练劳动的生产者服务贸易中，相对于初始固定成本，实际提供服务的边际成本较低，使服务贸易具有与传统贸易不同的成本特征，并导致专业化程度的提高和国际分工的发展。

最后，服务部门的专业化导致规模经济效应的出现，专业化应用于生产过程的程度依赖于每个厂商内部的生产规模，而这种规模又受到市场规模的限制。服务贸易自由化导致服务产品种类增多，生产规模扩大，使服务进口国向更专业化生产的方向发展，服务出口国或向专业化，或向非专业化生产方向发展，并使与要素总收益相联系的制成品价格下降。随着本国厂商数量的减少，外国厂商数量逐渐上升，但留存下来的本国厂商较贸易自由化前规模更为扩大。

随着生产的扩张及社会分工的发展，专业化的生产技术具有越来越重要的影响。生产的专业化与社会分工程度的加深，推动着生产区段的分离。服务业对此起着重要的作用。两个生产区段需要通过服务设施来协调和联结，而两个生产区段活动的联结不可能没有成本，如果各个生产区段的地理位置不同，服务纽带中就应包含运输服务成本，至少有必要对两条生产线的速度、产量和质量做出计划和协调。这些服务纽带体现在每一个生产区段中额外增加的服务设施上。生产区段的分散导致总成本中增加了联结两个生产区段的服务纽带成本。

又假设一国具有对某种商品的总体比较优势，但是，并非国内每个生产区段和服务纽带的成本都比较低，那么，厂商为追求更高效率，将在国内和国外分别生产。

（2）中间投入与规模经济。

一般认为，许多进入国际贸易市场的中间产品和生产者服务都可能具有规模经济或产品差异的重要特征，中间产品比最终产品拥有更高的资本密集度，而且许多生产者服务既具有差异特征，也具有知识密集特征，即许多生产者服务都属于智力投入，获取知识时又需要大量的初始投入成本，但在提供以知识为基础的服务时却能以非常低的边际成本提供服务。

（3）专业服务和规模经济。

弗兰科斯通过一个具有张伯伦型垄断特征的产品差异模型（一个部分、两个国家），讨论了生产者服务与由于专业化而实现的报酬递增间的关系，以及生产者服务贸易对货物生产的影响。服务部门的专业化和贸易自由化对规模经济效益、服务种类、生产规模及厂商数量和规模都有显著影响。这些变化不仅影响国内经济结构，也对国际贸易格局产生深远影响。

六、新经济增长理论与信息服务理论

新经济增长理论与信息服务贸易是目前国内外经济学家比较关注的问题。

（一）新经济增长理论

1. 新经济增长理论概述

1983—1986 年，保罗·罗默以知识的外部经济性、边际收益递增和新知识产出递减三个基本要素，提出了内生技术变革的长期竞争均衡模型。该模型指出，在一个特定的均衡状态下人均产出可以无限制地增长，甚至可能持续地以一定比率单调增长。在不断增长的资本存量中，投资率与资本报酬率可以不断增加而非递减。知识积累导致技术变革，因而知识积累构成经济长期增长的原动力。对知识（信息资源）的投资具有自然的外部效应：由于传播成本远远低于生产成本，知识不可能完全保密，但可以无限地以线性增长。消费品的生产是知识及其他投入品的函数，且边际收益递增，但对科研等知识生产部门的投资增加却伴随着新知识的产出递减，因而消费与经济增长的速度不可能太快。

内生技术变革的长期竞争均衡模型由四个基本投入要素组成：以消费品单位衡量的资本、以劳动者数量衡量的劳动力、以劳动者知识的积累效应衡量的人力资本及技术水平指数。其中，人力资本属于竞争性知识的组成部分，技术水平指数属于竞争性技术内容，因而可以无限增长。该模型假设技术变革构成经济增长的核心，在很大程度上技术变革的产生是市场刺激的结果，研制新产品所需要的知识、方法与生产其他经济产品有着本质的区别。这种区别主要在于信息生产的成本与使用规模无关，创新知识或发展更好的知识相当于投入固定成本，而且知识属于非竞争性产品，具有溢出效应，即不完全的排他性。知识的无限增长特征和不完全独占性与经济长期增长密切相关。

2. 理论的启示

新经济增长理论有两个关键启示。

（1）新兴经济（如知识经济）是以思想（信息）而不是以实物为基础的，因而新兴经济中的制度安排和价格体系应充分地使思想得到有效的配置。思想产品（信息产品）与实物产品（物质产品）之间的差别在于：后者趋向于生产的单位成本基本保持不变，而前者含有巨大的开发成本，但此后追加的单位成本基本为零。如果厂商对新思想没有垄断权，那么，任何人都不会将自己的资源投入生产新思想的领域。从这个角度来说，专利制度等知识产权制度是一种维护经济增长的经济制度。

（2）新思想的探索与开发领域十分广泛，从而为无限增长提供了可能。即使是一个简单的程序，也有可能演化出相当复杂的生产工序和不同的劳动生产率。在新经济增长理论中，知识产生的经济影响被认为近似于以几何级数的形式发挥作用而推动经济增长。在生产或服务过程中，几乎没有人会认为能找到一种最佳的资源配置方法，一般只是找到一种更好的资源配置方法。但是，如果某一个环节由于新思想而获得技术改进，那么，就会形成一种更加有效的资源配置方式。

（二）信息与商业周期

投资信息产业对经济增长的影响来自两个方面。

（1）投资信息产业、促进信息产业化可以获得经济效益。由于信息产业具有自然垄断、规模经济、范围经济的特征，投资信息产业不仅可以降低单位劳动成本，而且可以通过提高生产率来节省劳动力，在既定产出条件下雇用更少的工人。信息技术对劳动力的替代效应，在一定程度上可能引发社会失业问题。投资信息产业导致的这种对就业的影响如图 9-1 所示。Q_0 和 Q_1 分别代表投资信息产业前后厂商的产出曲线。图 9-1 中，当投资信息产业、信息技术被使用或普及后，意味着某个既定的产出可以用较少数量的投入获得。结果，最优生产要素比例从投资信息产业前的 A 点移到投资信息产业后的 B 点，B 点对劳动力的需求小于 A 点，由于投资需求没有变化，因而出现节约劳动力的效果。

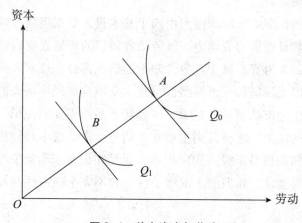

图 9-1　信息资本与劳动

（2）投资信息产业、促进产业信息化可以提高经济效益，由此可带动信息市场和信息贸易的发展，进而促进经济增长。产业信息化是以知识经济为基础的经济增长的发动机。需求不断增加，国际信息贸易在这种需求的拉动下获得发展。

（三）信息产业与经济增长点

对信息产业及相关部门（如人力资源）的投资，以及巨额投资带来的各种乘数效应和外部效应，诱发对信息产品与服务的需求不断增加，这种来自市场的需求诱发了追求利润的新一轮风险投资、交叉融资等经营活动。在信息厂商利润最大化的竞争中，对研究与开发、技术改造与更新的投入不断扩大，新产品和新技术不断涌现，由此使单纯的技术经营转变为资本与技术混合经营或纯资本经营，并影响到就业、税收和外国直接投资的增加。更重要的是，在信息产业外部，信息产业投资及其经营直接提高了政府、企业和个人的信息效率，从而带动全社会劳动生产率和经济效益的提高，促使经济稳定持续增长，形成信息产业促进经济增长的良性机制。

虽然信息产业具备促进经济增长的内在机制，但并不等于只要投资和经营信息产业，就一定能使信息产业成为新的经济增长点。信息产业是否能够真正成为新的经济增长点，需要具备一定的条件和环境。而是否将信息产业作为本地区的龙头产业或新的经济增长点，则应具体分析本地区的实际状况及国外、国内在信息产业领域的竞争状况。

（1）虽然信息产业本身具有促进经济增长的自然垄断、规模经济、范围经济和差异经济特征，但并不等于只要经营信息产业就一定会促进经济增长。

（2）信息产业是否能够真正成为本地区新的经济增长点，取决于本地区为信息产业提供的内部机制和当时的外部经济环境是否吻合。具体地说，就是指政府是否能够在信息产业发展中给予足够、合理的政策扶植和财政支持，并且这种扶植和支持的方向与外部经济环境允许的条件和发展方向相吻合。

（3）是否将信息产业作为本地区新的经济增长点，需要具体分析本地区是否拥有有利于信息产业发展的自然禀赋、人力资本和基础设施。具体考量因素包括：现有信息产品制造和软件厂商的基础、信息资源与信息经济发展所需要的高额原始资本积累、技术人才和居民素质、信息技术的研究与开发投入、信息基础设施状况，以及政府对信息产业的管理效能和经验等。这些因素是信息产业推动经济持续增长的必要前提和先决条件。

（4）信息产业是否适合作为本地区新的经济增长点，需要具体分析现有信息产业与其他支柱产业之间的相互关系。如果信息产业与现有其他已经发展起来的支柱产业之间形成互补关系，发展信息产业就会促进现有其他支柱产业的发展，从而带动全地区经济的增长。如果信息产业与现有支柱产业之间形成替代关系，即发展信息产业将导致现有其他支柱产业的资本短缺、人才流失和失业上升，那么发展信息产业带来的经济增长的提升效用可能被其对现有其他支柱产业的冲击而增加的社会成本和经济成本所抵消。

（5）要使信息产业真正成为新的经济增长点，不仅需要培育大的信息产业集团，更重要的是需要培育竞争性的信息市场。

（6）信息产业要想成为新的经济增长点，需要巨大的风险投资和不断投入的市场资本。没有高额的风险投资，难以启动信息产业，更难以使信息产业达到能够推动、刺激经济增长的最小规模。没有成熟灵敏的资本市场和便利的交叉融资途径，难以使信息产业获得持续发展的资本经营基础。

（7）信息产业要想成为新的增长点，需要较为发达的工业化体系和商业体系作为基础。没有完善的工业化体系和商业化体系，难以产生真正意义上的商业信息需求，而没有真正意义上的商业信息需求，就难以构成信息产业发展的基础——商业信息市场。

总之，是否将信息产业作为本地区的支柱产业，是否将信息产业作为本地区新的经济增长点，需要对上述条件和环境进行具体的调查研究。如果政府的信息产业政策与信息产业发展潮流并不吻合，即使政府制定的信息产业政策与信息产业发展潮流两者本身并没有错误或不妥，即使其规模不断扩大，也可能不如人们所预期的那样对经济增长产生刺激或推动。

七、现代信息服务与国家竞争力

（一）现代信息服务的范畴

按照服务贸易的定义，可以将现代信息服务贸易活动划分为四类基本形式。

1. A 类信息服务贸易

在 A 类信息服务贸易中，信息服务提供者与消费者都不移动，它包含两类具体贸易形式，如图 9-2 所示。

信息服务消费者

	不移动	移动
不移动	A	B
移动	C	D

信息服务提供者

图 9-2　现代信息服务贸易的形式

第一，借助互联网络等进行远距离信息服务贸易、跨国金融信息服务贸易，如网络上的信息贸易、其他跨国数据流贸易、国际电信贸易、跨国金融信息服务贸易或某个外国企业通过其本地计算机终端检索位于他国服务器的商业数据等。

第二，信息服务消费者与服务提供者物理分离而借助物质载体参与的贸易，如计算机软件贸易、音像制品贸易、文学艺术作品贸易和专利许可贸易等，这类信息服务贸易可同时异地（或异时异地）进行交易，是构成现代信息服务贸易不可缺少的组成部分。

2. B 类信息服务贸易

在 B 类信息服务贸易中，信息服务提供者不移动而依靠消费者移动来完成服务的跨国交易，如企业派职员出国学习或培训，或跨国公司内部高级职员出国轮训，或进口教育服务（出国留学）等，这类信息服务一般要求服务提供者与消费者保持物理接近。

3. C 类信息服务贸易

在 C 类信息服务贸易中，信息服务提供者移动而消费者不移动。这种形式的服务交易必然伴随着信息生产要素的跨地区（国界）移动，如跨国信息服务公司在国外开设分支机构或子公司进行与直接投资相关的信息服务贸易。

4. D 类信息服务贸易

在 D 类信息服务贸易中，信息服务提供者和消费者双方都移动。这类信息服务交易通常发生在第三国，如在中国的一家法国公司向同在中国的一家美国公司购买电信服务，或在日本的一家韩国公司向当地的一家美国信息服务公司购买数据服务等。

现代信息服务可以划分为两大类：一类为一般意义上的信息服务，也称无形信息服务，如跨国数据流服务、电信服务、工程咨询服务、技术培训与教育服务及商业信息服务等。这类信息服务通常要求服务提供者与消费者物理接近，服务生产与消费同时同地进行（部分也存在同时异地进行的情况）。另外一类信息服务是有形信息服务，包括计算机软件、音像制品、文化娱乐制品和某些高技术产品等涉及知识产权的各种有形产品。这类信息服务区别于前一类信息服务的特点在于它无须服务提供者与消费者物理接近，服务提供与消费之间既可以同时同地进行，也可以同时异地（或异时同地）进行。现代信息产品贸易与现代信息服务贸易共同构成信息贸易，如图 9-3 所示。

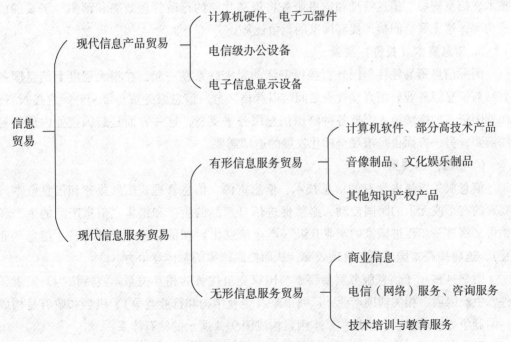

图 9-3　信息服务贸易的构成及相互关系

（二）信息服务贸易要素与国家竞争力

信息服务贸易的要素包括信息技术要素、信息资源要素、信息管理要素、信息服务要素、信息资本（投资）要素和信息产品要素六个方面。

1. 信息技术要素

信息技术要素也称高技术要素，它主要指信息基础设施、信息的物理载体。

2. 信息资源要素

信息资源要素是指信息服务的标的物是数据库、数据仓库、软件、音像制品、专利技术、文艺作品或其他知识产权产品。

3. 信息管理要素

信息流服务属于技术与管理密集型产品，信息贸易过程既是实施信息管理的过程，又是提高信息管理技术和质量的过程。信息服务贸易可以提高厂商的信息管理效率。

4. 信息服务要素

信息服务贸易，特别是国际信息服务贸易为国内厂商提供了一种利用国际信息市场的可能途径，外国信息厂商进入本国市场将带动和加剧信息服务市场竞争，竞争导致信息服务市场价格的下降和信息服务质量的提高，从而给外向型厂商提供了低成本参与国际竞争的外部信息条件，提高了本国厂商的国际竞争力。

上述四项要素不仅给厂商带来竞争优势，而且将提高政府的管理效率，因为信息技术、信息资源、信息管理和信息服务将提高政府的行政管理效率和预测经济发展的成功率，这无疑会间接地提高国家的竞争优势。

5. 信息资本（投资）要素

国际信息贸易往往与国外直接投资活动紧密联系在一起，在很大程度上信息服务贸易与信息服务业外国直接投资之间难以严格区分。信息服务贸易带来外国直接投资，而外国资本的持续流入需要各种跨国信息服务来支持，这一方面是跨国企业内部贸易的需要，另一方面也是市场全球化发展的迫切需要。

6. 信息产品要素

信息服务贸易内含有的信息技术、信息资源、信息管理、信息服务和信息资本等要素的有形或无形的跨国流动，必然促进信息产品的生产和销售。信息产品的生产和销售又将进一步促进国家的产业升级（产业信息化）和信息业的规模发展（信息产业化），这将提高本国厂商的管理效率，从而提高国家的整体竞争力。

图 9-4 展示了信息服务贸易要素与国家竞争优势的相互关系。波特认为，需求条件、生产因素、相关辅助产业、厂商策略（企业结构和行业竞争）、机会和政府是构成一国竞争力的基本因素，这些基本因素构成图 9-4 所示的钻石体系。

图 9-4 说明，国家经济竞争力的提高一般要经历四个阶段：第一阶段为生产因素主导阶段，如农业生产优势依赖于基本生产要素的积累；第二阶段为投资因素主导阶段，国家竞争优势主要表现为政府和企业积极投资，以及生产要素、厂商决策和竞争

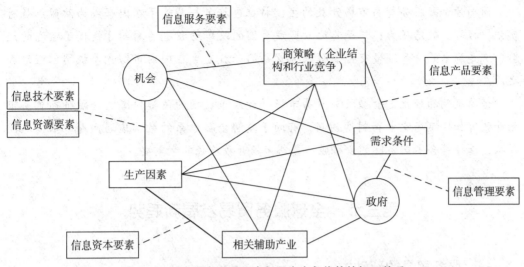

图 9-4 信息服务贸易要素与国家竞争优势的相互关系

环境得到持续改善；第三阶段为创新主导阶段，该阶段的竞争产业建立在较为完整的竞争力体系上，企业向着国际化和全球化方向发展；第四阶段为丰裕主导阶段，该阶段的竞争力来自前三个阶段财富与创新技能的积累。如果波特理论在一定程度上反映了国家竞争力的变化过程的话，那么，信息服务贸易将对除第一阶段外的其他三个阶段的发展产生影响，并且这种影响会随着经济竞争力水平的提高而不断加深。

总之，服务贸易的产业基础是服务业，各国服务贸易的竞争实际上是各国服务业之间的竞争，服务业发展对服务贸易竞争力的构成具有根本性的决定作用。对于服务业和服务贸易的理论研究，也应遵循这种逻辑思路，按照从服务到服务业，从封闭经济到开放经济（服务业的对外投资、跨国公司及服务贸易）的逻辑顺序。因此，针对我国服务贸易发展的实际，应着重关注以下几个方面的理论问题：首先，服务业开放研究，即对加入 WTO 后服务业市场进一步开放的进程及影响效应进行分析；其次，服务业及服务贸易的制度研究，即研究如何构建具有国际竞争力水平的服务业与服务贸易的制度环境；最后，服务贸易与货物贸易、经济增长的协调发展关系研究。

相关案例

葡萄牙在 1983—1993 年成功地实施了金融自由化改革。首先，20 世纪 80 年代的宏观经济失衡现象为金融自由化改革提供了良好的契机，银行体系逐步对内、对外开放，银行提供服务的范围也逐步加宽。在葡萄牙加入欧盟后，资本移动和过境交付金融服务贸易也逐步对外开放。到 20 世纪 90 年代早期，资本控制被完全取消，过境交付金融服务贸易市场开放改革也获得了成功。与此同时，金融自由化改革也在同步进行：一方面，逐渐放松了对银行业和货币体系的管制，国有银行实现了私有化；另一方面，也加强了对银行的风险管理。

葡萄牙金融服务贸易市场开放的主要特征包括：一是改革在国家成为欧盟成员时实施，减轻了政治压力；二是其他欧盟成员国的改革过程也为葡萄牙提供了宝贵的经验；三是资本账户和过境交付金融服务贸易的开放发生在国内市场竞争机制已经形成之后。

谨慎规制的强化是金融服务贸易市场开放改革成功的关键保障。金融服务贸易市场开放可加快市场竞争和制度创新，有助于缓解金融体系的结构虚弱问题。根据本国现状，选择符合本国实际的金融服务贸易市场开放路径非常重要。

第三节　全球服务贸易发展新趋势

一、服务贸易的新动力

首先，全球服务贸易出口的总体增速高于经济平均增速。依据国际收支统计（BOP），1981—2005 年，全球服务贸易出口平均增速为 8.0%，高于全球经济 3% 的平均增速；2006—2017 年，全球服务贸易出口平均增速为 6.3%，是全球经济平均增速（2.7%）的两倍以上。2018—2022 年，全球服务贸易进出口年均增速为 4.6%，高出全球经济 4.1% 的平均增速，全球服务贸易出口增速和经济平均增速如图 9-5 所示。

图 9-5　全球服务贸易出口增速和经济平均增速

资料来源：联合国贸发会议（UNCTAD）数据库。

其次，全球服务贸易增速高于货物贸易，在全球贸易中的占比和地位稳步提升。2012—2022 年，全球服务贸易年均增长 6.19%，同期货物贸易的年均增速为 2.1%；2018 年全球服务贸易总额达 5.8 万亿美元，服务出口占全球出口的比重从 2012 年的 19.73% 上升至 2018 年的 23.14%（见表 9-1）。随着制造服务化推进、可贸易服务的进一步拓展，服务贸易在全球贸易中的地位和作用进一步提升。根据世贸组织报告，预计 2040 年服务贸易在全球贸易中的占比将会提高到 50%。

表 9-1　　　　2012—2018 年全球货物与服务出口额占比及增速（%）

	2012 年	2013 年	2014 年	2015 年	2016 年	2017 年	2018 年
货物出口增速	0.75	2.80	−0.08	−12.83	−3.34	10.60	9.76
服务出口增速	2.92	6.62	7.32	−4.48	1.35	7.91	7.66
货物出口额占比	80.27	79.69	78.51	76.93	76.07	76.51	76.86
服务出口额占比	19.73	20.31	21.49	23.07	23.93	23.49	23.14

资料来源：联合国贸发会议（UNCTAD）数据库。

二、国际服务贸易的新空间

新一轮科技革命推动了数字信息新技术的快速发展和广泛应用，国际服务贸易发展的动力、模式、主体等多个方面发生了诸多变化。全球数字经济快速发展，服务贸易成本大幅降低。根据 2022 年全球数字经济市场规模与竞争格局分析，2022 年，全球有 47 个国家的数字经济规模总量达到 32.6 万亿美元，同比增长 3%。其中，我国数字经济同比增长 9.6%，增速位居全球第一。据《中国国际服务贸易年度观察（2022）》，2021 年我国服务贸易持续快速增长。全年服务进出口总额达 52982.7 亿元人民币，同比增长 16.1%。2021 年国际服务贸易发展主要呈现出几个特点：第一，知识密集型服务贸易稳定增长。知识密集型服务涵盖的部门一般是金融、教育、知识产权使用费、电信计算机和信息服务等。第二，运输服务进出口大幅增长。第三，旅行服务进出口继续下降。

经济数字化快速发展，激发新的贸易方式和服务业态。随着互联网、大数据、云计算、人工智能的快速发展及其与实体经济的深度融合，跨境电商、平台经济等新业态、新模式不断涌现，拓展了服务贸易空间和规模，全球数字贸易急速发展。例如，在平台型数字服务领域，谷歌等大型平台都以移动应用商店或搜索引擎为服务内容，推动市场规模快速扩大，且一半以上的营业收入来自海外市场。与此同时，基于 SaaS（软件即服务）、PaaS（平台即服务）、LaaS（基础架构即服务）的云平台等服务发展迅猛、前景广阔。贝恩公司 2022 年报告显示，2022 年全球云计算市场应该会增长到4740 亿美元，比 2021 年的 4080 亿美元增长 16% 以上。Gartner 是全球知名的研究与顾问咨询公司之一，根据其发布的"2022 年新兴技术成熟度曲线"，数字生态将成为未来 5 年对全球产生重大影响的五大技术发展趋势之一，数字化将促进价值链结构、价值交付网络速度的发展，并创造新的产品和服务，使商业生态系统持续升级。

经济数字化程度提升正在重塑商业模式，大幅提升服务的可贸易性。信息技术的发展、互联网的广泛应用，推动数字贸易快速发展，在降低服务贸易成本的同时，可视化与跨境交付技术正在从根本上改变商业模式和贸易方式，大大提高了跨境贸易的可能性。跨境在线服务正逐渐成为金融机构开展海外业务的重要途径，医疗康养、旅游文娱等服务贸易的便捷性大幅提升，交易成本大幅降低，远程跨境服务日益活跃，品类日益丰富，促进了服务贸易规模快速扩大。根据 WTO 发布的《2022 年世界贸易报告》，2022 年全球基于信息通信技术的服务贸易规模达 3.82 万亿美元，比 2017 年以前增长了 78.6%，表明由于信息与通信技术渗透的潜在作用，跨境服务出口增长了一倍多。据美国国际贸易委员会测算，全球数字经济总产值将从 2017 年的 12.9 万亿美元快速扩大到 2025 年的 23 万亿美元，在数字化创新背景下，跨境服务的发展前景十分广阔。

服务外包拓展升级，吸引更多发展中国家融入全球生产服务网络。信息技术和新的交付手段帮助跨国企业通过外包逐步分离非核心服务，提升专业化和运营效率，降低成本。从国际市场看，美国、中国香港、欧盟离岸服务外包执行额分别为 1878 亿元、1712 亿元和 1232 亿元。我国承接 RCEP（区域全面经济伙伴关系协定）成员国离岸服务外包执行额 2089 亿元，同比增长 4.2%，合计占离岸服务外包执行额的 23.3%。其中，承接新西兰和新加坡等国家离岸服务外包执行额增长较快，同比分别增长 78.8% 和 39.0%。我国承接"一带一路"沿线国家离岸服务外包执行额 1821 亿元，同比增长 12.7%，且外包企业逐步向解决方案、系统集成、综合服务提供商、高附加值领域发展。值得关注的是，中小服务商和发展中国家通过承接服务外包，拥有更多、更为便利的机会参与国际化生产、拓展产业发展空间、融入经济全球化。

三、国际服务贸易格局出现新特征

（一）向高端服务贸易领域发展

长期以来，传统服务领域在国际服务贸易中占据重要地位。以出口为例，旅游、交通运输一直是全球服务贸易最主要的两大部门，2022 年我国全年服务进出口总额为 59801.9 亿元，同比增长 12.9%。其中，服务出口 28522.4 亿元，增长 12.1%；进口 31279.5 亿元，增长 13.5%；逆差 2757.1 亿元。与此同时，技术含量、知识含量高的服务业比重持续上升，计算机与信息服务、金融服务、专业服务和管理咨询、知识产权交易、研发、维修服务等日益活跃，成为各国关注并着力发展的重点领域。

（二）发达经济体占主导地位，发展中国家重要性提升

在当今世界政治、经济、科技格局深刻调整的背景下，全球服务贸易进入创新发展阶段。全球服务贸易反弹回升，知识密集型可数字化交付的服务贸易逆势增长，服务贸易在全球价值链中地位凸显，制造业服务化成为服务贸易的重要增长极，应对气候变化的举措推动环境服务贸易快速兴起，区域自贸协定为服务贸易发展提供了更大空间。与此同时，全球服务贸易发展也面临主要经济体增长放缓、服务需求下降、保护主义和地缘政治风险上升、服务贸易发展环境更加不确定等严峻挑战。在此背景下，

全球服务贸易企业纷纷开展科技创新、服务产品创新、商业模式和业态创新、管理创新。

美国服务业占 GDP 的比重达到 77.37%，处于领先水平。英国服务业占比达到 71%，法国达到 70.3%，而全球制造业强国德国仅为 61.8%。另外一个制造业强国日本服务业的比重达到了 69.1%，接近 70% 的平均水平。我国是公认的制造业大国，尤其是制造业总产值位居世界第一，但服务业的比重明显偏低。

从 2007 年到 2018 年，发展中国家大部分领域服务贸易出口份额均有所提高，大多占全球服务贸易分行业出口的 10%~40%（见图 9-6），甚至更高。发展中国家和新兴经济体承接服务外包能力显著提高，且不断加快新兴领域的创新发展，在旅游、交通运输服务、计算机与信息服务、金融服务、专业服务和管理咨询、知识产权交易领域的全球出口占比明显提升；但在维修服务、视听相关服务、货物相关服务贸易、制造相关服务及个人、文化和休闲服务领域，服务贸易的国际竞争力改善并不明显。

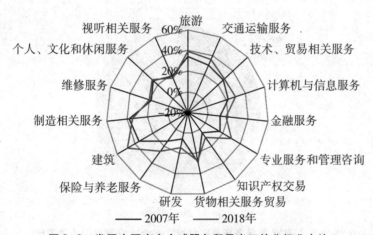

图 9-6 发展中国家在全球服务贸易出口的分行业占比

资料来源：联合国贸发会议（UNCTAD）数据库。

注：视听相关服务采用的是 2017 年数据。

（三）跨国公司加强对服务增值环节的掌控能力

跨国公司是全球产业布局和跨境贸易投资的推动者。近年来，跨国公司日益重视服务要素的投入，服务化转型发展的趋势日益显著，一些传统大型产品制造商已经转型为综合服务解决方案提供商。有数据显示，全球 500 强企业中，20% 的跨国制造企业的服务收入超过总收入的 50%。跨国公司凭借资本、技术和专利等优势，不断集聚资源，通过加强对服务业和服务关键增值环节的竞争力和掌控力，促进业务规模和市场空间的拓展。在高附加值服务市场中，大型跨国企业集中度更趋突出。以云服务市场为例，全球基于亚马逊、微软、谷歌和阿里云四大巨头的云服务，合计市场份额的全球占比提高至 2019 年的 59.9%。

与此同时，信息和数字技术促进贸易新模式和平台化快速发展，中小企业可以通过跨境电商平台参与国际贸易，通过技术创新提升比较优势，通过网络实现跨境服务提供并拓展全球市场，成为全球服务贸易发展中的新力量。

（四）商业存在成为服务竞争力体现的关键

商业存在，指 WTO 成员的服务提供者在其他成员境内通过建立附属企业或分支机构提供服务的模式，即模式三（Foreign Affiliate Trade in Service，FATS）。随着跨境投资的快速发展，商业存在成为服务贸易最重要的模式之一，按世贸组织的 FATS 统计口径和公布的数据，2017 年经商业存在实现的服务贸易额达 7.9 万亿美元，占服务贸易总额的 58.61%（见图 9-7），与全球跨境投资 60% 以上投向服务业的趋势相一致。在服务贸易中规模最大的分销服务和金融服务，2017 年贸易额分别为 2.6 万亿美元和 2.5 万亿美元。

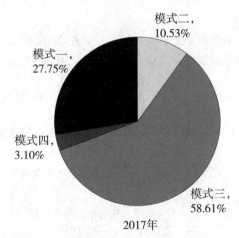

图 9-7　2017 年服务贸易四种模式在全球服务出口中的占比

资料来源：世界贸易组织数据库。

第四节　我国服务贸易竞争力的现状和发展趋势

一、我国服务贸易的发展现状

全球服务贸易在价值链中的地位不断提升，对经济增长和全球价值链深化的促进作用日益重要。本书采取多种方式、从多个视角，对我国服务贸易的竞争力进行了全面深入分析：一是从贸易平衡、国际市场份额、贸易竞争力指数（TC）和显性比较优势（RCA）等多个视角进行了分析；二是分析时兼顾了"跨境服务"的国际收支统计（BOP）和"商业存在模式下的服务贸易统计"；三是采用增加值核算（VA）的方法进行了分析。后两个方法，对我国服务贸易竞争力的分析和国际比较较为全面和深入，在国内属于创新性探索研究。研究发现，我国服务贸易快速发展、竞争力有所提升，但与发达国家相比还有明显差距。必须高度重视，加快管理体制改革和对外开放，推动服务贸易竞争力全面提升。

（一）多措并举促发展，我国已成为服务贸易大国

党的十八大以来我国积极主动扩大服务业和服务贸易开放，实施负面清单的管理体制，设立服务业扩大开放综合试点和服务贸易创新发展试点等，先行先试探索服务贸易管理体制改革与开放路径，服务贸易实现较快发展。

1. 服务进出口规模快速扩大

改革开放以来，我国服务业占 GDP 的比重从 24.6% 上升至 2019 年的 53.9%。加入 WTO 以来，我国多措并举促进服务市场开放和贸易发展，结构持续优化，在全球地位逐步提高。据联合国贸发会议的跨境服务数据（BOP 口径），我国服务贸易规模持续扩大，2019 年服务贸易进出口总额达 5.41 万亿元（7434 亿美元），分别为第二大进口国和第五大出口国。

2. 以商业存在模式提供的服务贸易发展迅猛

据商务部统计，我国商业存在模式服务贸易快速增长，2018 年增长 17.6%，高于服务整体进出口增速（6.1%），外资在华服务销售收入和中资海外机构服务销售收入分别增长 8.4% 和 28.9%。2018 年，我国商业存在模式服务贸易为 15 万亿元人民币，是当年服务进出口的 2.9 倍，占全口径服务贸易（将 FATS 与服务进出口相加）规模的 74.4%。按 WTO 统计，2016 年中国是唯一进入全球前十的发展中经济体，总规模居全球第二位。其中，内向 FATS 低于美国，外向 FATS 低于美国、德国和英国。

3. 共建"一带一路"等区域合作，助力服务贸易发展

2018 年，我国与"一带一路"沿线国家和地区服务贸易总额达 1217 亿美元，占我国服务贸易总额的 15.4%。对沿线国家和地区的投资和承包工程迅猛发展。2019 年，对"一带一路"沿线国家和地区承包工程完成营业额 979.8 亿美元，同比增长 9.7%；承接"一带一路"沿线国家和地区服务外包合同执行额达到 1249.5 亿元人民币（约 184.7 亿美元）。专业服务与管理咨询服务出口快速扩大，成为我国新兴的服务贸易顺差领域。

（二）我国服务贸易"大而不强"的特征明显

1. 服务贸易在对外贸易中的比重仍较低

在全球对外贸易中，服务贸易的重要性持续提高，相比而言，我国仍存在较大差距。从出口看，我国服务贸易占比多年来不升，反而有微幅下降，2017 年仅为 9.3%，远低于全球 23.5% 的平均水平，主要原因是制造业竞争力提升速度远超服务业；从进口看，我国服务进口在商品与服务合计的外贸进口总额中占比持续提升，2017 年已达

21.2%，接近全球 23.3%的平均水平。2018 年，我国服务贸易占全部贸易的 14.04%，仍低于全球水平约 10 个百分点。

2. 服务贸易逆差持续扩大，全球市场份额仍有提升空间

加入 WTO 以来，我国服务进口规模持续扩大，2010 年后快速提升，全球占比从 2010 年的 4.3%提高到 2018 年的 9.4%。我国服务贸易出口大致可分为两个阶段：2011 年之前出口规模和国际市场份额逐步提高，2012 年以后出口规模保持稳定，2018 年占比为 4.6%，与排名第一的美国存在较大差距（出口占全球 14.6%，进口占全球 10.4%）。自 2005 年以来，我国服务贸易持续逆差。在全球服务贸易排名前五的国家中，美、英、法三国都是顺差，德国微弱逆差，只有中国保持服务贸易逆差，但 2019 年逆差规模有所缩小。

3. 行业走势分化，传统优势突出，中高端竞争力较弱

从国际市场份额看，中国细分服务部门有明显差异。①建筑是我国国际竞争力最强的部门，2017 年出口的国际市场份额高达 24%。②我国与货物相关的服务具有很强竞争力，国际市场份额为 13%，略低于美国（14%），但出口主要集中于加工贸易，与高附加值服务的比值为 3:1，发达国家该比值约为 1:1。③我国电信、计算机及信息服务，交通运输服务，旅游，其他商业服务等部门的竞争力处于全球中等水平，国际市场份额为 3%~5%。④金融保险、知识产权服务是竞争力最弱的部门，国际市场份额分别占 0.7%和 0.3%。

从进出口结构看，在 BOP 统计口径下，我国服务贸易出口以交通运输服务，旅游，其他商业服务，电信、计算机和信息服务为主，2017 年上述行业占我服务贸易总出口的 72.5%。服务贸易进口则以旅游为主，2017 年占比达 54.5%，其次为交通运输服务和其他商业服务，占比分别为 19.9%和 9.2%，知识产权交易的占比达 6.1%。总体上，知识密集型服务进出口逐步扩大，2018 年占比提高到 32.4%。

从贸易平衡看，2019 年我国在金融服务，建筑，维护和维修服务，电信、计算机和信息服务，加工服务，其他商业服务等领域处于顺差（见图 9-8），顺差总额合计 550.41 亿美元；在旅游、运输、知识产权使用等 6 个服务领域处于逆差，逆差总额合计达 3143.5 亿美元。2019 年，服务贸易逆差排名前三的领域是：①旅游项目（含留学和就医）连续 10 年高居我国服务贸易逆差第一位，且规模快速扩大，反映了国内消费升级、对高品质生活型服务需求的快速提升；②运输逆差占据第二位，主要是货物贸易较快增长带动交通运输服务支出增加；③知识产权使用进口快速增长，连续 5 年居服务逆差第三位，表明我国尊重和保护知识产权意识逐步增强，但技术研发能力亟待提升。

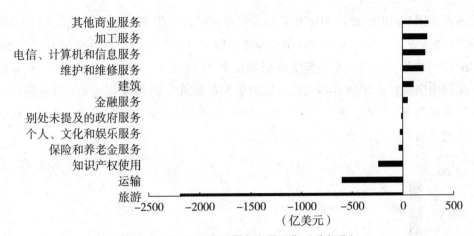

图 9-8　2019 年我国服务贸易平衡（分行业）

资料来源：国家外汇管理局。

用贸易竞争力指数（*TC*）来衡量，我国在货物相关服务和建筑领域竞争优势明显，其他商业服务，电信、计算机和信息服务的竞争力略高于全球平均水平。我国在旅游和知识产权方面明显处于逆差地位，在交通运输、旅游等领域的竞争力逐步下降，表现为相关领域服务进口大幅提升，如图 9-9 所示。

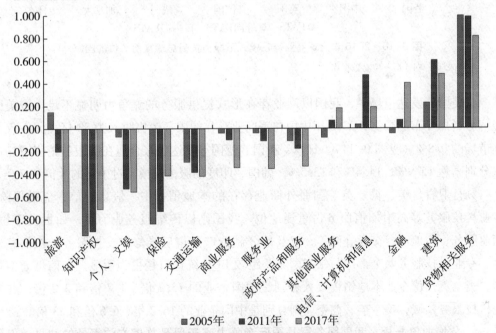

■2005年　■2011年　■2017年

图 9-9　我国主要服务领域的贸易竞争力指数（*TC*）

资料来源：《中国服务贸易统计 2018》。

4. 商业存在模式下我国服务贸易竞争力差距更加凸显

在商业存在模式下，我国发展差距凸显，表现为我国在商业存在模式下服务贸易显著逆差。图 9-10 所示为 2016 年全球商业存在模式下服务贸易总规模前 7 位的国家。据 WTO 最新统计，2016 年外资在华企业提供服务（我国进口）额高达 6101.2 亿美元，我国通过海外分支机构本地销售实现服务出口额 3850.6 亿美元，逆差为 2250.6 亿美元。按照中国统计，2016 年内向附属机构服务贸易额为 8530.4 亿美元，外向附属机构服务贸易额为 6919.0 亿美元，逆差为 1611.4 亿美元。主要发达国家在商业存在模式下的服务贸易均为顺差，美国顺差甚至高达 544 亿美元。

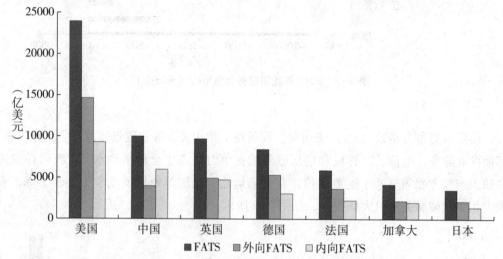

图 9-10　2016 年全球商业存在模式下服务贸易总规模前 7 位的国家

资料来源：WTO 服务贸易数据库。

在美国等发达市场中，我国以商业存在形式提供服务的竞争力明显不足。按美国经济分析局发布的数据，2016 年中国在美商业存在的服务销售收入为 83 亿美元，仅占其市场的 0.8%（见图 9-11）。日本、英国、德国等发达国家企业在美服务销售市场占比分别高达 15.9%、14.4% 和 13.5%，韩国、印度的服务规模超过中国的 3 倍和 2 倍。

分行业看，美、德、英等国海外商业存在的本地销售中，信息通信、金融保险、专业科技服务等高附加值服务占重要地位。我国则以传统服务业为主，如批发零售、商业服务、房地产、交通仓储等，以及部分制造产品售后维修与支持服务；在信息通信、专业科技服务两个部门与领先国家差距较 BOP 统计口径更为明显。在信息通信行业，美、英、德企业本地销售收入分别是中国企业的 13.2 倍、1.7 倍和 3.2 倍；在专业科技服务领域，美、英、德企业则分别是中国企业的 16.2 倍、6.5 倍和 23 倍。

5. 从增加值分析，我国服务贸易国际竞争力高于贸易总值方法衡量的结果，但仍有较大提升空间

首先，从国际市场份额看，以贸易增加值计算的我国服务贸易明显好于贸易总值统计口径下的表现。根据 2018 年 OECD 发布的国际投入产出表（OECD-ICIO），我国

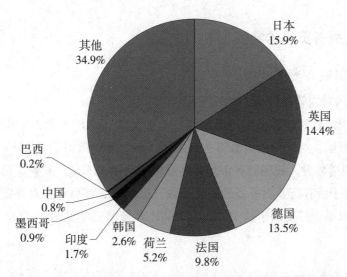

图 9-11　2016 年各经济体在美国商业存在服务销售市场占有率

资料来源：美国经济分析局（BEA）数据库。

服务增加值出口 5944 亿美元，国际市场份额为 8.6%，全球排名第二，传统统计口径下的服务出口 2181 亿美元，国际市场份额为 3.7%，全球排名第五。二者差异较大的主要原因是制造与服务融合发展为制造生产提供多环节服务投入，实现大量服务增加值的间接出口。

其次，从分部门市场份额看，金融保险、其他商业、批发零售、交通仓储等部门的国际市场份额显著提高（见图 9-12），既体现出制造业服务化增强了制造业的出口竞争力，也反映出中国制造业发展带动了服务业国际竞争力的提升。

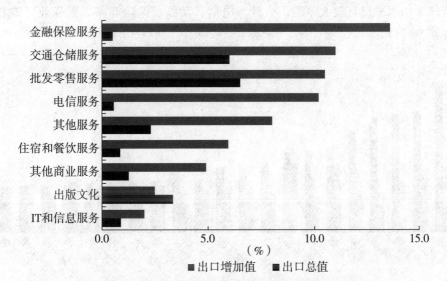

图 9-12　中国分部门服务出口市场份额总值和增加值比较

资料来源：根据 WTO 服务贸易数据库和 OECD-ICIO 数据计算。

二、我国服务贸易的特征

（一）我国服务贸易发展的不足

1. 服务市场对内管制较多，对外开放明显不足

一方面，国内管制较多，阻碍市场发挥有效配置资源的作用，使得服务行业竞争力不强。另一方面，对外开放虽取得长足进展，但仍相对滞后。从 2019 年 OECD 的外资（FDI）限制指数看，我国服务市场对外资开放仍明显不足，服务业对外资限制的指数（0.306）高于所有行业对外资的限制指数（0.244），部分行业对外资准入的限制仍高于世界平均水平，甚至高于越南、墨西哥和巴西等国家（见图 9-13）。

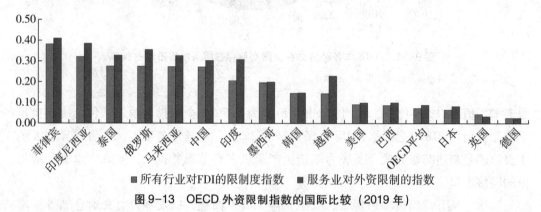

图 9-13　OECD 外资限制指数的国际比较（2019 年）

资料来源：OECD。

以可量化的、结合服务贸易监管与市场准入的服务贸易限制指数（STR）看，我国与全球平均水平仍有较大差距，会计、电信、动画、保险等高端服务业开放相对滞后（见图 9-14）。

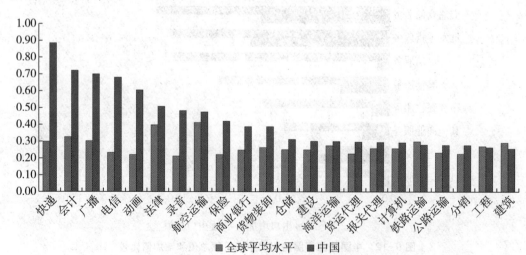

图 9-14　OECD 外资限制指数的国际比较

注：根据 OECD STRI 数据整理而成，STRI 的数值越高、市场限制越多、开放度越低。

2. 我国制造业服务化水平差距明显

制造业服务化水平是决定国际服务贸易国际竞争力的重要因素。当前，我国制造业转型发展与预期目标相差较大，原因之一就是我国制造企业服务化水平较低。据分析，发达国家制造业企业的服务收入占营收总额的50%以上，我国仅在10%左右。

利用OECD最新发布的国际投入产出表（OECD-ICIO）对制造业服务化的两大关键指标进行分析：①从制造业生产中的服务业投入看，2005—2015年发达国家服务投入占比保持在25%~33%，我国则明显偏低，一直在15%左右，仅呈微弱的上升趋势。相对较强的领域主要在运输与分销环节，金融、信息服务和商业服务等知识与技术含量较高的领域竞争力明显较低，生产性服务投入主要来源于外国公司提供的服务。②从制造业最终产品中服务增加值的占比看，我国制造业服务化呈现较快发展趋势，2005—2015年，服务增加值占比由26.5%上升至31.6%，逐步向美、欧、日等发达经济体（服务增加值为35%~41%）靠近。

3. 监管模式难以适应服务贸易发展需求

由于缺乏针对服务贸易进出口的监管政策，我国仍沿用传统制造生产和货物贸易的监管理念和手段，难以适应通关便利化的新要求。例如，医疗用品、耗材、试剂等产品的通关仍沿用原有监管方式，进口少量用于研发的药物，需像上市销售医疗药品一样经多部门审批，对于时间、质量高度敏感的医药检测等业务的影响较大。图9-15所示为制造业服务化水平的国际比较（2005—2015年）。

4. 财税金融政策仍不完善

企业认为含金量较高的税收优惠政策认定门槛高，能切实享受税收优惠政策的企业不多。

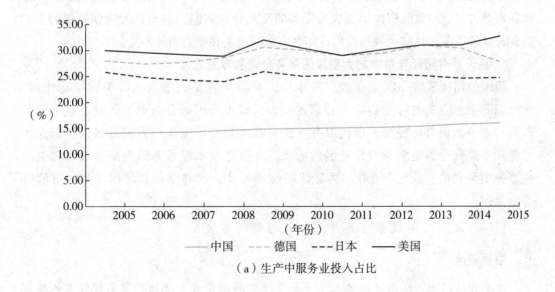

（a）生产中服务业投入占比

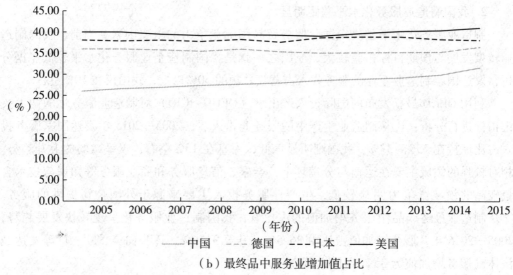

（b）最终品中服务业增加值占比

图9-15 制造业服务化水平的国际比较（2005—2015年）

资料来源：根据WTO服务贸易数据库和OECD-ICIO数据计算。

金融支持政策供给不足、针对性有待提升。例如服务贸易企业"轻资产"特征较为明显，融资缺乏抵押品，而知识产权质押融资和应收账款质押贷款都受到市场评估体系和信用体系尚未建立健全等现实问题的限制。

5. 管理与服务体制待完善

服务贸易创新发展是一项系统工程，涉及领域广、管理部门多且分散，政策出台缺乏统筹协调，难以形成合力。

中介服务能力弱，促进服务体系亟须完善。发达国家往往通过建立行业协会、组织联盟等方式，与政府机构形成较为完善的交流合作机制，形成从宏观到微观的全方位促进服务体系。目前，我国在促进体系方面的机制和能力尚显不足。

6. 缺乏具有国际竞争力的大型跨国服务企业和专业人才

跨国公司代表着一国企业的发展水平，对服务贸易竞争力也有关键带动作用。相比国际服务巨头的行业影响力和掌控能力，我国跨国服务企业的数量、业务覆盖范围与竞争力仍有待提高。现代服务业正向技术和知识密集型发展升级，我国人才培养尚不能充分满足服务贸易发展的需要。在信息技术服务等新兴服务领域和生产性服务贸易领域，缺乏专业化、国际化的高端人才，制约企业拓展市场和向价值链高端发展。

（二）促进我国服务贸易开放合作与创新发展

📝 **数据链接**

改革开放以来，我国经济进入了一个飞速发展的阶段，进出口贸易规模在不断扩大，服务贸易方面也有了很大的发展与进步。2016年，我国服务进出口延续增长态势，规模再创历史新高，达到了 5348 亿元人民币，服务贸易进出口额占对外贸易总额的比重达到 18%，比 2015 年提高了 2.7 个百分点；2016 年，服务进出口贸易总额增长 14.2%，而国内生产总值实际增速为 6.7%，说明了服务贸易为中国外贸的平稳发展以及经济的健康发展做出了重要贡献。

自"十二五"规划实施以来，中国服务贸易在对外贸易总额（货物和服务进出口额之和）中的比重持续上升。2014 年，中国服务贸易增速高出货物贸易增速 10.3 个百分点，服务贸易占对外贸易总额的比重达 12.3%，比 2013 年提高 0.8 个百分点；2015 年，中国服务贸易占对外贸易总额的比重达 15.4%，比 2014 年提高 3.1 个百分点；2016 年，中国服务贸易占对外贸易总额的比重达 18%，其中服务出口占总出口（货物和服务出口之和）的比重为 11.2%，服务进口占总进口（货物和服务进口之和）的比重为 20.2%。

世界已经进入服务经济时代。随着经济全球化深入发展，服务业和服务贸易在世界经济和全球贸易中的重要性将持续提升。我国经济正转向高质量发展新阶段，大力发展服务业、加快提升服务贸易国际竞争力，对我国经济的发展具有重要意义。

第一，服务贸易是我国扩大开放、拓展发展空间和释放增长新动能的重要着力点，有利于"稳增长、稳就业"。在疫情形势下，加快服务业开放和服务贸易发展将有力支持"稳外贸、稳外资"。

第二，加快发展服务贸易，是我国促进经济结构调整、提高发展质量和效率、加快外贸转型升级和释放增长新动能的重要支撑，是我国提升制造业国际竞争力、培育国际竞争新优势的关键环节，对我国迈向价值链高端、实现经济高质量发展具有举足轻重的作用。

小贴士

我国服务贸易的开放程度不高，远远落后于其他行业。如银行、电信等，到现在为止还保持着非常严格的市场准入，有些行业虽然好一些，但对外资不是完全开放。所以，从某种程度来说，中国的服务业在很多方面还存在较多的限制，服务业市场化程度、开放度很低，市场对资源配置无法发挥很大的作用，这就限制了服务贸易的发展。

第三，将为我国参与高标准国际经贸规则制定、维护良好的外部制度环境奠定基础，有利于共促全球服务贸易健康发展。

应全面提升服务业和服务贸易在开放型经济中的战略地位，坚持"抢抓机遇、创新发展，立足优势、促进竞争，依托制造、优化环境，扩大开放、防范风险"的思路，促进我国服务贸易高质量发展、国际竞争力持续提升。

1. 以抢抓两大机遇为突破点

（1）抢抓信息技术和数字经济机遇，提升创新发展能力。

（2）抢抓制造业服务化新机遇，促进价值链升级。

2. 促进市场竞争和增强政策供给的四大着力点

（1）着力改变对外开放不足和对内管制过度的局面。

（2）立足自身优势，深入挖掘市场、产业和人力资本潜力。

（3）改善营商环境，完善服务业和服务贸易发展的生态系统。

（4）改革创新管理体制，形成推动服务贸易发展的合力。

3. 埋性客观地处理好三个关系

一是顺应发展需要，不片面追求短期内服务贸易"扭亏为盈"。服务贸易逆差的存在，反映我国与发达经济体按照比较优势进行国际分工的现状。但随着服务业的发展和进一步扩大开放，我国服务进出口规模将不断扩大，特别是从产业转型、高质量发展和满足消费升级方面看，短期内我国服务贸易进口将大幅增加，我国服务贸易逆差可能仍将保持较大规模甚至有所扩大。对此，应客观看待：促进我国服务贸易竞争力提升，不应以追求顺差为目标，更应注重满足经济社会现实需求及服务高质量发展的目标，促进服务贸易全面健康发展。

二是依托制造业，夯实服务贸易发展的产业基础。制造业是服务业、服务贸易发展的重要基础，制造业中服务要素的投入程度和服务水平，日益成为影响我国国际分工地位、企业国际竞争力的重要因素。需注重发挥我国制造大国优势，推动制造业与现代服务业融合发展，将"中国制造"与"中国服务"有机结合，避免"重服务、轻制造"而付出巨大代价。

三是注重平衡协调，处理好开放与防范安全风险的关系。在扩大服务业开放、促进服务贸易发展的同时，要着力构建风险防范体系。

促进我国服务贸易开放合作与竞争力提升的八大举措如图9-16所示。

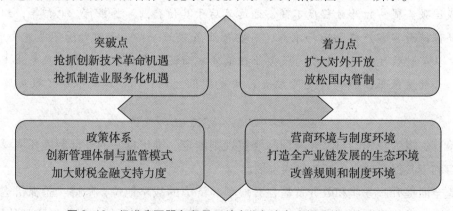

图9-16 促进我国服务贸易开放合作与竞争力提升的八大举措

三、我国服务贸易发展对策

（一）加快推进信息技术、数字经济与服务贸易的融合与创新发展

在全球经济向数字化、网络化、智能化转型的进程中，新技术给产业和生活带来了颠覆性、革命性改变，也将带来前所未有的发展空间。据麦肯锡公司预测，2030年仅人工智能就可能带来新增产值13万亿美元，相当于给全球经济带来1.2个百分点的增长。要抢抓信息技术和数字经济带来的机遇，深入研究应对技术革命和全球产业变革的新趋势、新挑战。

（1）顺应服务贸易数字化进程，加强互联网、大数据等先进信息技术与服务贸易的融合发展，着力打造和完善发展新兴服务贸易的基础设施和生态系统。

（2）鼓励创新发展，大力推动以云计算、大数据、人工智能为技术支撑的平台经济和服务贸易新内容。

（3）积极培育跨境电商、外贸综合服务、市场采购贸易等新业态新模式，努力拓展在全球价值链的增值空间。

（二）充分发挥货物贸易和跨境投资对服务贸易发展的带动作用

建立制造业与服务业一体化发展的政策体系，注重发展生产性服务业。整合管理体制和支撑政策，合力推进制造企业与生产性服务企业的分工协作、协同发展。新兴服务贸易市场潜力大、附加值高，大力发展研发、检测、维修、金融、专业服务等领域，发挥人力资源综合优势，加快促进制造业与服务业融合发展，提升服务贸易增加值。

优化服务业对外投资管理体制，促进服务贸易企业"走出去"。随着我国对外投资不断增多，对外投资相关的法律、金融、标准、会计等服务需求将会增多，要顺势而为，带动服务供应链"走出去"。

以"一带一路"建设为重点，努力拓展服务贸易新市场、新动能。随着"一带一路"合作机制日益健全成熟、相互合作意愿进一步增强，深度挖掘我国与沿线国家在贸易投资领域的合作潜力，带动相关服务贸易持续发展。

（三）着力减少国内管制，促进我国服务业快速发展

服务业是服务贸易发展的基础，大力发展现代服务业，促进服务业转型升级，须着力扭转对内管制过度的局面，通过增强市场竞争，促进服务业进一步发展。

加快市场化改革，营造公平公正的竞争环境和统一透明的市场环境。一方面，进一步激发服务市场活力，加快市场化改革，降低市场准入门槛，增强社会资本推进公共服务领域的动力。另一方面，着力提升监管能力和水平，减少准入环节的审批管理，加强信用体系建设和事中事后管理。

（四）加快扩大市场，着力以开放促发展、促竞争

服务业扩大开放，对东道国提高服务质量、管理能力和风险防范能力等都具有较强的示范和促进作用。提升服务贸易国际竞争力，必须走开放发展的道路，坚持以开放促改革，积极引进国际先进服务业形态和企业，促进市场竞争，提升服务质量和水平。

近期，服务业开放的重点主要集中在以下三个方面。

一是从全产业链发展和价值链地位提升的视角，从促进服务与制造融合发展出发，增强开放的协同促进效应。着力提升研发与设计服务、专业服务、信息服务和金融服务的开放水平，是当前我国扩大服务市场开放、提升服务国际竞争力的关键。

二是对于外资进入意愿强烈、我国人民生活消费需求迫切的领域，要加快推进开放步伐。

三是顺应数字化服务的新趋势和新挑战，在大数据、云计算等信息技术的支持下，加大服务领域开放力度，通过引入高水平竞争，促进国内新兴领域服务水平提升。

从推进路径看，充分发挥自贸试验区/港、全面深化服务贸易创新发展试点等开放平台在服务业扩大开放中的先行先试作用。进一步优化开放布局，继续压缩外资准入负面清单条目数，加快探索，推出高质量的跨境服务贸易负面清单。

要兼顾"引进来"与"走出去"。既要主动有序开放我国服务业市场，还要充分利用我国服务业的独特优势，广泛开展服务跨国投资合作，推动我国服务企业"走出去"。

（五）加快建立适应服务贸易发展的管理体制和监管模式

加强顶层设计统筹协调，完善管理体制，增强政策合力。服务贸易发展涉及部门、环节较多，推动服务贸易发展，需统筹构建制度与政策体系，通过创新集成、信息共享和政策协同，进一步加强跨部门沟通协作，合力营造便利高效的管理体制。

创新监管模式，形成高效便捷的服务贸易监管模式。从"全产业链视角"出发，加强贸易监管理念和模式的转变与创新，探索建立适应服务贸易产品和交易特点的监管体系和监管模式，增强对服务贸易便利化需求的针对性和适应性。

充分发挥中介机构和行业组织的作用。加强行业协调和国际交流合作，建立与各级政府、研究机构相互补充的互动机制，成为促进管理服务改善、推动服务贸易发展的重要环节。

加快完善服务贸易统计体系。健全服务贸易统计调查制度和指标体系，加强大数据在生产性服务业统计中的应用，建立健全有关部门信息统计职能，探索建立各部门信息共享、协同执法的服务贸易统计和监管体系，逐步形成常态化信息发布机制。

（六）加快完善政策配套，增强扶持力度

服务贸易发展涉及领域多、行业广、业态新，需依据现实需求，实施针对性政策措施，强化对服务贸易创新发展的支持力度与服务功能。

加快金融创新，创新贷款担保方式，拓宽轻资产的服务贸易企业贷款抵押及质押物范围，大力推进各类质押贷款，特别是针对服务贸易企业分散化、创新企业小型化的特点，对中小服务贸易企业开展知识产权质押融资支持。进一步完善出口信用保险支持政策和措施，扩大小额贷款保证保险、信用保险覆盖范围，创新开发适合服务贸易企业特点的新型险种，放大保险对服务贸易企业的增信作用。

（七）打造促进服务贸易全产业链发展的生态系统

围绕服务贸易发展及相关产业，系统营造统一、透明、公平竞争的市场环境。创新服务贸易人才培养和引进机制，增强人才供需衔接。建立创新发展服务平台，注重改善宜居宜业、知识产权保护等营商环境。加强综合服务促进，提升企业海外经营能力。加强服务贸易发展战略和政策研究，建立服务贸易专家库。

（八）积极参与国际经贸规则制定

顺应高标准服务开放的趋势和要求，应以更加开放积极的姿态参与国际经贸规则制定，营造良好的制度环境。在我国当前参与区域和双边贸易投资协定的谈判中，加大服务领域开放力度，为参与更高水平的国际经贸规则制定奠定基础。积极参与 TISA 等诸边或多边服务贸易谈判，适时加入 CPTPP 等高水平区域自贸安排等。积极参与 WTO 有关新议题的多边规则谈判，如数字贸易规则制定等，共促全球服务贸易健康持续发展。

加快构建更高水平的开放型经济新体制，积极对标高标准、高水平国际经贸规则，在自贸试验区、全面深化服务贸易创新试点或海南自由贸易港等先行先试开放平台，加大压力测试力度。加快探索完善法律保障体系、安全审查机制和风险防范体系，为加强国内管理体制与国际经贸规则对接，更好地参与国际规则制定做好制度准备。

【课后思考题】

一、简答题

1. 国际服务贸易发展的决定性影响因素是什么？为什么该因素对国际服务贸易的发展起决定性作用？

2. 简要写出国际服务贸易发展的影响因素。

3. 为什么在确定比较服务优势时，对服务生产率的计量较困难？

4. 简要描述生产要素禀赋论对服务贸易的指导作用。

二、论述题

1. 试论述国际服务贸易的发展趋势。

2. 如何才能促进我国服务贸易的持续健康发展？结合本章内容回答，并说说你自己的看法。

三、案例分析题

案例 1：

某外贸公司与某外商初次交易，按 CIF 术语出售一批货物，出口合同的支付条款仅规定："凭不可撤销即期信用证在上海议付。"合同规定的交货条款为："7 月在中国港口装船，运往欧洲某港，不准转运。"货物备妥后，经再三催促，信用证于 7 月 25 日方才开到。由于直达船的船期每月均安排在月中，因此，要在 7 月间将货物装运已无可能。为此，我方电请外商将信用证的装运期延至最迟 8 月 31 日，并将信用证议付到期日延至 9 月 15 日。由于此种货物市价下跌，该商非但不同意延展信用证装运期和议付到期日，反而借口我方未能在 7 月装运而违反合同，向我方索赔。

试分析在这笔交易中究竟是何方违约？我方外贸企业应吸取什么教训？

案例 2：

我国某外贸公司向外国某进口商以托收方式出售一批冻肉，出口合同的支付条款仅规定："凭以买方为付款人见票后 30 天付款的汇票托收。"货抵目的港次日，出口人接进口商来电称："单据与装货船舶均已到达，但代收行坚持要先付款才能放单。由于买卖合同仅规定见票后 30 天托收，未规定先付款后交单，故我方不能按银行要求办理。现部分货物已开始腐烂，如等到 30 天到期付款后放单再提货，货物将全部腐烂变质。"我方外贸公司接电后查对托收委托书，该委托书未表示按付款交单办理。为防止货物变质，立即通过托收银行电告代收银行明确表示："我方未指示付款交单，你方因何坚持汇票付款人必须先行付款。如因此延误提货造成损失，概由你方负责。"后代收行复电是按 URC522 规定办理，并无过错。我方接电后发现在该案的处理上确有不当之处，遂再去电将托收指示书的内容改为"见票后 30 天付款，承兑交单"。但由于交涉，拖延数日，加之当地天气炎热，货物卸船运入仓库后已大部分变质，以致进口商拒绝在汇票上承兑，最终我方蒙受重大损失。

试对本案的产生以及有关当事人在处理中的责任和具体做法作出评论。

第十章　服务供应链

[本章学习目的]

掌握：服务供应链的流程和基本特征；物流服务供应链结构。

熟悉：服务供应链的概念和分类；供应链管理理论；利益相关者理论。

了解：物流服务供应链的内涵；金融证券服务供应链的体系结构特征。

✏ **导入案例**

宜家的供应链外包战略

目前，瑞典宜家的产品面向世界 100 多个国家销售，截至 2023 年年底，在 60 多个国家建立了 482 家宜家门店。"生产外包战略是宜家迅速发展壮大的一大法宝。"中国外商投资企业协会管理专家说。

20 世纪 80 年代流行在西方发达国家的外包管理是一个战略管理模型，指将非核心业务下放给专门从事该项运作的外部第三方，这样可以节省成本、集中精力于核心业务、优化资源配置、获得独立及专业人士的服务等。

据中国驻瑞典大使馆经商参处提供的一份调研报告显示，除了服装、家具等传统产业外，瑞典的汽车、信息技术、生命科学等资本密集型和高新技术型产业都越来越倾向于外包。瑞典业内普遍认为，快速变化的市场和迅猛发展的全球经济给企业带来日渐沉重的竞争压力，消费者对企业产品和服务的需求也更加专业化，这迫使企业必须把资源和精力放在核心业务上，通过外包达成战略目标。

举例来说，一个生产企业，如果为了原材料及产品运输而组织一个车队，那么将增加两个方面的管理风险：一是它在运输领域不具备管理经验，将导致物流运输不畅，难以和专业物流公司竞争；二是欠佳的运输环节将会影响生产和销售环节的工作，从而导致整体管理成本和时间增加。解决方案就是把运输业务外包给专业的运输企业，自己只做核心业务。

生产成本高也是目前国际化企业进行外包的因素之一。在国际分工不断深化的当代，标准化的生产制造环节的附加值越来越低，处于产品价值链的"鸡肋"部分。许多发达国家的跨国公司就把这块"鸡肋"剥离，外包到生产成本低廉的国家和地区。

　　另外，受法律限制，许多企业为了避免在劳动问题上翻船，就选择了尽可能减少固定员工数量的管理模式，把生产、行政、后勤、物流等部门外包给其他专业企业。这样不仅可以优化各部门的生产效率，而且在市场行情出现衰退时可以及时地收缩战线，避免陷入困境。当经济繁荣时，可以及时和外包企业签约，不必自己重新招募、培训员工，从而节省资金和时间，达到人力资源的优化配置和风险转移。

　　"最主要的是外包可以实现资源分享，增加企业整体优势。"专家介绍，如今，瑞典许多公司不仅仅把生产进行外包，而且还把研发项目进行外包，一种是外包给专门承担特定研发项目的专业公司，另一种是与大专院校和科研机构合作。将商业化前期的基础研发项目外包给科研院所，即产、学、研相结合的方式。这两类外包有助于消除企业的科技研发瓶颈和风险，加快产品更新换代，增加企业的整体优势。

第一节　服务供应链概述

一、服务供应链的概念

　　目前，学者们对服务供应链的定义和基本框架尚未有一个明确的研究结论。服务供应链（Service Supply Chain）是一种服务的商业模式，可以用来帮助企业以较低的运作成本达到较高的客户服务水平，最终可提高企业的利润率。程建刚和李从东认为服务供应链是服务行业的供应链。一些学者按照服务的介入程度不同，将服务供应链的定义分为三类。

　　一是认为服务供应链是传统供应链中与服务相关联的环节和活动。这种定义是基于服务在产品的分销、配送、维修和回收等环节所表现出的巨大作用而提出的。华特（Wart）和肯珀（Kemper）认为服务供应链主要有来源、配送和回收、分解、修理恢复等流程管理活动。基于此，他们提供了五步法来指导服务供应链实践，在客户面对的订单履行速度和质量达到最优的同时，也平衡企业内部因库存和服务水准提高所带来的成本。在实践中，服务供应链一般具有图 10-1 所示的流程。

　　二是认为服务供应链是在服务行业中应用供应链思想管理的有形产品。例如，库克（Cook）和蔡斯（Chase）等在医院健康护理方面通过采用供应链管理（Supply Chain Management，SCM）中的药品库存管理和信息集成的思想，提高服务的综合绩效。

　　三是认为服务供应链是在服务行业中应用供应链思想管理的无形服务。艾拉姆（Ellram）提出服务供应链是指在专业服务中从最早的供应商到最后的客户中发生的信息管理、流程管理、能力管理、服务绩效和资金管理。例如，金立印认为航空公司、酒店及旅行社之间通过整合资源形成服务供应链来提高效率、降低成本。事实上，服

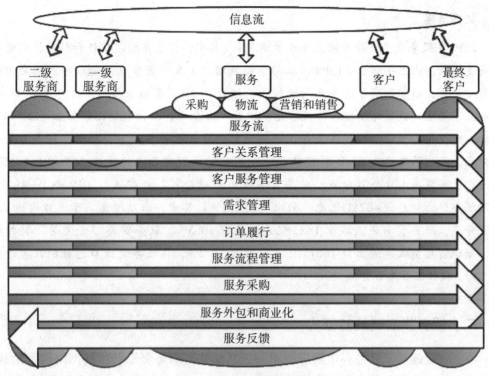

图 10-1　服务供应链流程

务供应链的成本降低和竞争力的提升，不仅取决于服务在最终市场上的竞争，更取决于我们难以看见的、难以发现的、隐藏起来的那部分核心竞争力，如图 10-2 所示。

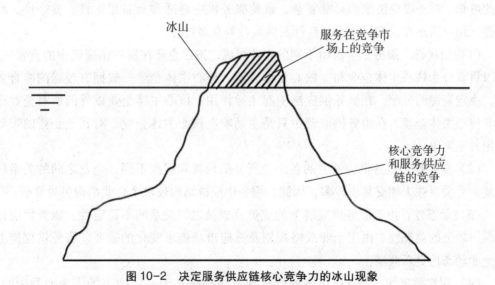

图 10-2　决定服务供应链核心竞争力的冰山现象

✏️ **数据链接**

2019年服务业生产指数比上年增长6.9%。其中，信息传输、软件和信息技术服务业高速增长，比上年增长20.4%，拉动总指数增长1.8个百分点，是服务业稳定增长的重要动力；租赁和商务服务业增速较快，增长9.2%；金融业增速较上年明显加快。服务业市场主体数量持续增加，投资稳步增长。2019年，工商新登记服务业企业594.7万户，比上年增长10.8%，占全部工商新登记企业数量的80.5%，比上年提高0.4个百分点，高出第二产业63.2个百分点。服务业完成固定资产投资比上年增长6.5%，增速比上年提高1.0个百分点。服务贸易成为"稳外贸"新亮点。2019年1—11月，我国服务进出口总额48711亿元，同比增长2.1%。其中，出口增速高于进口增速9.2个百分点，服务贸易逆差减少1623亿元，收窄10.5%。服务贸易"含金量"持续提高，知识密集型服务进出口16675亿元，增长10.2%，占服务进出口总额的比重达到34.2%，提升2.5个百分点。

二、服务供应链的特征

服务供应链并非只是一个简单的单一链状结构，而是交错链状的网络树形结构。服务供应链之间的竞争并非简单的企业与企业之间的竞争与合作，而主要是通过这种网络进行的服务供应链与服务供应链之间的竞争与合作，即一个或若干个核心企业为首的服务供应链与另一个或若干个核心企业为首的服务供应链之间的竞争与合作。每个服务供应链从上游到下游可能拥有众多不同类别的服务提供商、服务集成商和客户。由此可知，服务供应链结构异常复杂，致使服务供应链通常具备层次性、复杂性、动态性、用户需求性、交叉性、创新性及风险性等众多特性。

（1）层次性。服务供应链由不同的企业组成，按照企业在服务供应链中的重要性，可以将其分为核心主体企业和非核心主体企业。核心主体企业一般拥有较强的综合实力，决定资源的分配，在服务供应链中起主导作用。核心主体企业以外的所有企业称为非核心主体企业，在服务供应链中只是主动响应核心主体企业，对其他企业的带动作用并不突出。

（2）复杂性，服务供应链上的各企业所处的位置和层次不同，企业之间的关系较为复杂，关系往来和交易也较多，因此，服务供应链结构较单个企业结构更为复杂。

（3）动态性，由于服务供应链上的成员及成员之间关系的不稳定性，服务供应链表现出较强的动态性。由于企业战略规划及适应市场需求变化的需要，服务供应链上的企业动态地更新调整。

（4）用户需求性。服务供应链的形成和重构都是基于一定的市场需求而发生的，而在服务供应链运作过程中，用户需求是拉动服务供应链上物流、资金流及信息流等运作的驱动力。

（5）交叉性。服务供应链上各个节点企业可以是该服务供应链上的成员，同时也可以是另外服务供应链上的成员，具有一定的交叉性。

（6）创新性。服务供应链充分考虑整个物流过程及影响此过程的各个新旧环节和因素，扩展了原有单个企业的物流渠道。

（7）风险性。由于市场上消费者的需求不断变化，服务供应链上供需的匹配隐含着一定的财务和供销风险。

服务供应链具有与制造供应链相同的特征，如产生背景都是由于专业化趋势和核心竞争力的发展，业务外包成为必然；主要管理内容都是围绕供应、计划、物流、需求等开展；管理目标都是满足既定的服务水平并使系统总成本最小；集成内容等都包括业务集成、关系集成、信息集成和激励机制集成。

但是服务供应链也具有与制造供应链相区别的特征，两者的区别主要来源于服务产品与制造产品的本质区别。制造供应链按功能模式可划分为有效型制造供应链和反应型制造供应链。有效型制造供应链主要体现制造供应链的物理功能，即以最低的成本将原材料转化成零部件、半成品、产品并完成在制造供应链中的运输等。反应型制造供应链主要体现制造供应链的市场中介功能，即把产品分配到满足用户需求的市场，对未预知的需求做出快速反应等。两种类型制造供应链的比较如表10-1所示。

表10-1　　　　　　　　　有效型制造供应链和反应型制造供应链的比较

	有效型制造供应链	反应型制造供应链
产品特性	产品技术和市场需求相对稳定	产品技术和市场需求变化很大
基本目标	以最低的成本供应可预知的需求，提高服务水准，减少缺货损失等	对不可预知的需求做出快速反应，减少缺货损失，并使库存最小化
产品设计策略	获取规模经济和绩效最大比	模块化设计，尽可能延迟产品的差异化业务
提前期	在不增加成本的前提下缩短提前期	大量投资以缩短提前期
制造策略	保持较高的设备利用率	配置缓冲库存，实行柔性制造
库存策略	保持合理库存	部署好零部件和成品的缓冲库存
选择供应商	以成本和质量为核心	以速度、柔性和质量为核心

制造供应链和服务供应链的比较如表10-2所示。

表 10-2 制造供应链和服务供应链的比较

	制造供应链	服务供应链
渠道	长渠道：原料供应商—制造商—批发商—销售商—顾客	短渠道：功能型服务提供商—服务集成商—客户
上下游之间供需的内容	实体产品	服务产品
运营模式	拉动与推动相结合，越上游越拉动	更多采用市场拉动型，具有完全反应型供应链特征
供应链牛鞭效应的影响因素	库存、需求信号、价格波动、短缺博弈	价格波动、短缺博弈
牛鞭效应的体现	库存堆积等	订单堆积、能力利用率波动
供应链协调的主要内容	生产计划协调、库存管理协调	服务能力协调、服务计划协调
体系结构	核心企业可能有多个	高新企业一般只有一个，通常是服务集成商
绩效评价	基于产品的绩效评价，易操作	基于服务的绩效评价，比较主观
稳定性	具有较高的系统稳定性，强调基于信任的全面合作	稳定度低。首先，最终客户不稳定；其次，异质化的客户服务需求使服务企业所选择的服务提供商会随需求有较大变化

另外，服务供应链的服务产品具有不同于制造产品的六个特征，即客户影响、不可触摸性、不可分割性、异质性、易逝性、劳动密集性。这些特征的存在使服务供应链在结构上需要更多地采取较短的供应链渠道，典型的结构为"功能型服务提供商—服务集成商—客户"；在运营模式上更多地采用市场拉动型，具有完全反应型供应链特征；供应链协调（Supply Chain Coordination，SCC）的主要内容上是服务能力协调、服务计划协调等；在稳定性方面，服务供应链的稳定度较低，首先是由于最终客户不稳定性，其次是异质化的客户服务需求使服务企业所选择的服务提供商会随需求的变化而及时调整。

📝 **知识拓展**

头牛效应

市场上的"带头牛"指的就是那些对市场有重大影响，起决定作用的因素。经营者如想快速地进入新市场或占领旧市场，都应该找准"带头牛"，这样才不至于瞎撞。明确经营方向，更容易达到既定目标。

20 世纪 70 年代中期，索尼彩电最初出现在美国时备受歧视、遭人冷落，无人愿意经销。某天，索尼老总驱车路过牧场，看到牧童牵着一头健壮的大公牛进牛栏，一大群牛温顺地鱼贯而入……受"带头牛"启示，索尼选定芝加哥最大的电器零售商店——马歇尔公司为推销主攻对象。集中了优势"兵力"将它拿下后，芝加哥100多家电器销售商店纷纷要求经销索尼彩电。芝加哥地区的强势销售，变成了一头更大的"带头牛"，其他美国城市也向索尼打开了大门。

三、服务供应链的类型

由于服务供应链是一个复杂的运作系统，所以，必须从不同的角度对其类型进行划分。

1. 按稳定性分类

根据服务供应链存在的稳定性，可将其划分为稳定型服务供应链和动态型服务供应链。

（1）稳定型服务供应链是基于相对稳定、单一的市场需求而组成的服务供应链，稳定性较强，即组成服务供应链的节点企业更新较少。

（2）动态型服务供应链同稳定型服务供应链相反，是基于相对频繁变化、复杂的需求而组成的服务供应链，动态性较高，即组成服务供应链的节点企业更新较多。

2. 按容量与用户需求的关系分类

根据服务供应链容量与用户需求的关系，可将其划分为平衡型服务供应链和倾斜型服务供应链。

（1）平衡型服务供应链的容量是恒定的，但用户需求处于不断变化的过程中。当服务供应链的容量能满足用户需求时，服务供应链处于平衡状态，此时的服务供应链称为平衡型服务供应链。

（2）当市场变化加剧，如市场需求增长，造成服务供应链成本增加、浪费增加等现象时，企业不是在最优状态下运作，服务供应链则处于倾斜状态，此时的服务供应链称为倾斜型服务供应链。

3. 按运作方式分类

根据服务供应链运作方式不同，可将其划分为推式服务供应链和拉式服务供应链。

（1）推式服务供应链，对客户订购预期的反应启动推动流程，在推动流程执行过程中，需求是未知的，因此必须进行预测。

（2）拉式服务供应链，对客户订单的反应启动拉动流程，在拉动流程执行过程中，需求是已知的、确定的。

✎ 相关案例

能多洁集团跨越多种服务的品牌定位

2015年收入23亿英镑的能多洁集团是世界最大的商业支持服务提供商之一。能多洁集团在全世界 50 多个国家拥有 27000 名员工，Rentokil 和 Initial 品牌已经成为创新、资深专家、服务质量稳定的代名词。作为一个以生产灭鼠药和杀虫剂起家的英国企业，能多洁集团经历了彻底的变革。当企业认识到，为顾客提供灭虫服务能够比将产品卖给顾客让其自己消灭害虫更赚钱时，能多洁便把业务转向提供控制和消灭害虫的服务。

通过良性的成长和并购，能多洁集团已经开发出多种产品系列，包括：测试及安全服务、防护服务、包裹递送服务、室内植物景观美化（包括销售和租赁热带植物）服务、专业保洁服务、害虫控制服务、制服租赁和清洁服务、医疗垃圾的回收和处理、人员服务、盥洗室处理服务（提供和维修各种卫浴配件、自动设施和一次性消耗品）。企业认为其核心能力是"依靠一支精心甄选出的受到良好培训和激励的员工队伍，在前人经验的基础上为顾客提供高品质的服务"。

企业的一个重要策略是为现有顾客提供附加服务。Initial 集成服务公司（Initial Integrated Services）为客户提供超越传统的"捆绑式"（把与同一个供应商的几份独立的配套服务合同结合起来）概念的全面集成服务。当客户购买某一类解决方案时，可以享受一系列服务，其服务特色是"一张发票、一个账户管理、一个帮助平台（一种统一的客户服务管理软件平台）、一份合同和一个热情高涨的服务团队"。

前任执行总裁克莱夫·汤姆森（Clive Thomson）先生说，我们的目标是建立一个良性循环圈。我们在业界以同一品牌提供优质服务、开展商业活动，所以对能多洁集团某一服务满意的顾客可能成为对其他服务也满意的潜在顾客。我们决定进军热带植物室内景观美化（提供和维护）服务领域时，很多人感到有些奇怪，其实我们的想法是将我们的品牌直接展示在决策者（客户）面前，顾客能够看见我们的服务人员在门前修剪植物。这与害虫控制是完全不同的，顾客看不见我们进行害虫控制，只有当我们失败时顾客才能意识到我们的存在……这个品牌代表着诚实、可靠、稳定、完整和技术领先。

公司在研发方面的投入确保了其在许多服务领域的持续增长。例如，公司建立了雷达智能灭鼠装置。这种雷达智能灭鼠装置将老鼠引诱到可密闭的空间，然后喷射二氧化碳将其人道地杀死。使用公司独有的"害虫跟踪"技术，当捕捉到老鼠时，这种装置向顾客和最近的办事处发送电子邮件，公司的技术人员收到信息，判断出在顾客建筑内有活老鼠，并且进行精确定位。"害虫跟踪"装置可以全天候连续运转，并且每隔 10 分钟自动检测每台独立的雷达装置。技术人员掌握实时信息，就能够及时清理被杀死的老鼠，还能更好地掌握以后的害虫出没情况。

能多洁集团的成功在于，它拥有根据企业核心品牌价值对每一项商业服务进行定位的能力，包括提出顾客服务的超高标准和对最先进服务及产品的应用。它通过独特的制服、车辆的色彩搭配设计、企业标识等有形展示强化了品牌形象。

四、服务供应链管理的内容

服务供应链管理的内容包括不确定性、复杂性、协调与合作和激励与目标协同。虽然制造业供应链管理者也面临同样的内容，但两者存在本质上的区别。几乎在所有服务组织中都存在不确定性，并通常源于需求变化。只有在全国或全球都拥有大量设施的大规模的服务组织才会面临其他三项内容。当供给品在服务过程中发挥关键作用时，也会产生这些内容。

（一）不确定性

需求的不确定性源于其多变。导致需求多变的因素很多，如季节、天气、特殊事件、新闻和经济状况等。例如，暴风雨的天气下购物者可能会待在家里进行网购，这将大大减少该地区零售商的需求，而对于电商的需求则可能骤增。大学举行一场足球比赛，可能会使人们对比赛场所附近的旅馆房间产生极大的需求，尽管只能维持一两天。有些使服务需求骤增的事件可以预先知道并事先做好准备，例如假期里或者在城里要举行大型会议期间，对航空旅行的需求会很旺盛。但是某些事件可能会突然发生，这对服务商而言无疑是一种挑战。对于这些事件，服务组织应制订应急计划。

另外，服务需求可能是没有规律的随机变化或是随季节呈周期性变化。通过历史数据和预测方法，服务组织能有效地应对这两种不确定性因素带来的挑战。

在讨论制造业供应链的不确定性挑战时，提到了几项可能的补救措施：保持库存、加班、业务转包和延期交货。然而对大多数服务而言，这些补救措施却毫无用武之地。大多数服务具有易逝性，无法放入库存。加班也不能提高大多数服务的质量；虽然餐馆可以通过临时延长营业时间而满足新增需求，但是旅馆让员工加班也不会提升接待旅客的能力。最后，业务转包和延期交货的举措也不适用于多数服务。

服务组织还需面对供应的不确定性，有些情况下这种不确定性对服务运营的影响重大。例如，血液供给的不确定性可能是医院面临的主要挑战；疫苗供应的不确定性是医疗机构面临的主要问题，甚至可能造成死亡。总之，服务组织对供应的不确定性的处理可以借鉴制造业供应链的良好实践经验。

（二）复杂性

复杂性对于拥有大量设施和全球业务的大型服务商而言是一个挑战。原因是他们通常需要在业务所在国找到供应商，这可能是出于东道国的法律规定，或者是出于某些经济因素和实际考虑。例如，运营国际航线的航空公司必须依靠当地的供应商为其提供燃料、地面作业、餐食、清洁服务及机组人员的接待服务。

（三）协调与合作

当供给品的可获得性、质量或交货时间对服务工作产生负面影响时，服务组织与除顾客之外的供应商之间的协调与合作变得尤为关键。例如，供给的缺乏或延迟交货可能会使灾难援助处于瘫痪状态，并严重影响服务组织的重建工作。

（四）激励与目标协同

制造业企业的供应商非常关心最终产品能否赢得市场，并以此作为激励。如果最终产品畅销，制造商会给供应商更多的订单，从而为供应商带来更多的业务与利润。如果产品滞销，制造商可能会与供应商终止业务往来，导致利润受损。如果不合格产品是因供应商所提供的材料的质量太差而导致的，两者之间的业务关系必定会宣告终止，供应商的名誉当然也会受损。供应商与其顾客为共同的目标携手合作并从中获益，可以适用于整条供应链，当激励与目标协同时，他们全部都受益。

有趣的是，在大多数服务业供应链中并不存在这种协同关系。原因很简单，在大多数情况下由供应商提供的物资并没有成为服务产品（并非物品）的一部分。显然，供给品的质量和数量以及交货时间和地点在服务提供过程中发挥着重要作用。但只要在服务过程中未出现任何问题，顾客就不会知道或关注有关供给的材料、品牌或供应商方面的事情。即使在服务过程中因材料问题而出现失误，顾客也只会向服务商追责。

第二节　服务供应链相关理论

一、供应链管理理论

供应链是随着社会生产发展而产生的，是一个开发性的概念，而且随着经济的发展，其内涵和外延也不断发展且不断深化。被称为现代管理学之父的彼得·德鲁克首先提出的"经济链"，经过迈克尔·波特的"价值链"，并最终演变为"供应链"。《物流术语》中，把供应链定义为"生产及流通过程中，围绕核心企业的核心产品或服务，由所涉及的原材料供应商、制造商、分销商、零售商直到最终用户等形成的网链结构"，即我们通常所理解的产品和服务从最开始的源头企业到最终端的消费者之间所产生的物流、信息流和资金流的集合。

（一）供应链管理概念

供应链管理顾名思义就是对供应链进行管理的相关活动。与供应链一样，供应链管理也是一个开发性的概念。1996 年，SCM（美国供应链协会）将供应链定义为：供应链管理是为了向消费者提供最终的产品或服务，从供应链的供应商到顾客之间一切行为的努力。这里所说的供应链管理包含四个阶段：计划、采购、制造、配送。随着经济的发展、技术革新、管理方式的进步，供应链管理的概念也有了新的意义，所涉及的阶段也超出了上述四个阶段。供应链管理是从原材料的源头供应商开始到最终用户之间所涉及的所有关键流程，深入到供应链上各个环节，依照消费者需求，将合适的产品和状态，合适的质量和数量，在合适的时间送到合适的地点，实现总成本最小，从而实现最大的经济效益。也就是后来总结的 6R 理论。供应链管理是基于各企业专注于各自的核心竞争力，根据各自优势，将人力物力财力投入最能创造价值的节点上。供应链管理强调系统、整体、一体化。对供应链上的每个节点进行优化管理，以达到总体成本最小化，用户体验最优化，从而使供应链上的所有企业达到共赢。

（二）供应链中企业之间的关系

供应链的构建基于供应链节点上的企业与企业的合作关系。供应链合作伙伴关系是指在供应链上企业与企业之间形成的一种协调关系。建立供应链管理和合作伙伴关系的目的是通过信息共享平台的建立，减少供应链上各企业的库存总量，降低损耗和成本，从而提高整个供应链的运作绩效。根据供应链的发展进程，供应链中企业之间的关系通常分为以下四种关系。

（1）传统关系。基于传统的产品买卖为特征的合同关系，以价格为基础，买卖双方引起的价格竞争以数量的分配加以调节和控制。这种关系是最常见的关系，但不是供应链中企业间最核心的关系。

（2）物流关系。为了加强以产品质量和服务品质为核心的特征，物料在从供应链上的上游到下游的流转过程中进行集成，并重视服务的质量和可靠性，这种关系使供应链上各个企业在产品组成、柔性、准时性方面的要求比较高。

（3）伙伴关系。企业和合作伙伴在信息共享、并行工程、服务支持、群体决策等多方面合作，强调给予时间价值的供应链管理。在这种关系中，供应链各企业之间非常重视信任、合作及时效性。

（4）网络资源关系。网络资源关系是伴随着网络的普及，以实现集成化战略合作伙伴关系和以信息共享的网络资源关系为特征的一种新的供应链关系。信息技术高度发展，供应链节点的企业高度集成，供应链节点各企业间的合作关系最终发展成为网络资源关系。

知识拓展

如今，拉式供应链将逐渐成为日后的主流生产模式，企业在竞争中可主动通过相关行为来获得一定的主动权，从而获得相应的部分市场。着眼于这一点，汽车零部件服务集成商将服务要素加进提供的产品里面，以此来抢占市场。汽车零部件集成商作为汽车零部件服务供应链的核心节点企业，具有强大的信息集成能力，是向消费者提供优质产品与服务的关键。随着服务要素越来越得到重视，越来越多的学者将服务要素考虑进供应链研究当中，从供应链的成员选择到供应链的协调优化最后深入到供应链的模型构建，所以服务供应链的概念越来越具体与重要。

（三）供应链管理模式

在供应链构建的过程中，供应链上各企业结成伙伴关系，形成战略联盟。战略联盟的核心企业是供应链的设计者，同时也是管理者。根据战略联盟核心企业所处的位置不同，供应链管理模式也不一样。

（1）以生产商为核心的供应链管理模式。传统的生产方式是以生产商为核心来建立的，尤其是工业革命以来，生产商一直是商业竞争中的核心企业，同时也是供应链的核心企业。随着信息技术的迅速发展，以及生产技术的日新月异，虽然供应链的核心有慢慢向下游倾斜的趋势，但是现存的供应链里面仍然有很多是以生产商为核心的供应链。我们常见的汽车行业、数字行业等，通常在科技含量比较高或者工艺复杂的行业中，仍然是生产商为核心的供应链最为多见。

（2）以中间商为核心的供应链管理模式。如果一个供应链既不是由生产商主导，也不是由零售商主导，而是介于生产商和零售商之间的一个企业作为核心企业来建立或者管理，那么我们通常认为这是中间商主导的供应链管理模式。前文提到的利丰集团的供应链管理，就是以中间商主导的供应链管理模式。

（3）以零售商为核心的供应链管理模式。零售商由于更加靠近最终的顾客，能更全面、更快地得到消费者的反馈，因此以零售商为核心的供应链管理模式占据主要地位。尤其是随着大数据的发展，消费者的任何消费行为都会被记录，并实时运用到对消费者的行为分析中。以零售商为核心的供应链管理模式，是在以需求为导向的大背景下产生的，产品市场从卖方市场渐渐转变为买方市场，消费需求成为供应链上每个企业想要了解的信息，企业不可能按照自己的意愿生产产品，要预测消费者的需求来生产，只有根据消费者的实际需求不断提供更多样化的产品才能增强自己的市场竞争力。零售商因其最靠近消费者，能更方便快捷地了解消费者信息，提供给消费者更个性化的需求，甚至挖掘消费者潜在的消费需求，引导消费者的需求。在此过程中积累了大量的忠诚顾客，在消费者心目中树立了品牌优势，提升了其在供应链中的核心地位，因此零售商的主导地位予以确立。

供应链上的核心企业的优势在于能对市场需求信息进行充分收集和快速反应。充分收集这些信息，并迅速做出反应，传递给供应链上其他企业，使产品更适合消费者的需求。以消费者为核心的市场，零售商作为供应链核心企业成为趋势，这样也能更好地为顾客提供优质的产品和服务。

供应链管理关注的重点是包含上游供应商和下游客户在内的外部供应链，强调基于各企业之间互动的质量等战略管理，强调通过企业互动优化自身绩效。各企业实施战略互动以实现自身利益的最大化。所以，当前供应链管理的核心是协调各企业间的战略行动，从而达到改善整个供应链的绩效和提升整个供应链竞争力的目的。

值得注意的是，传统企业在服务和生产时，通常只考虑本企业的生产或服务过程，没有像供应链管理那样考虑本企业生产或服务系统以外的因素对企业竞争力的影响。在传统的企业管理运作模式下，企业的设计、研发、生产、销售、服务等活动基本上各自为政，相互脱节，目标不一致，甚至相互冲突。企业管理中的激励机制以企业各部门目标为主，孤立地评价各部门业绩，造成企业内部各部门片面追求本部门利益，导致物流、信息流扭曲、变形的现象。而供应链管理中的激励机制以供应链整体目标为主，全面地评价供应链各企业、各部门的业绩，通常不会造成供应链企业内部各部门由于片面追求本部门利益而导致的物流、信息流扭曲、变形的现象。

另外，供应链管理本质上是一种管理理念，而不是一种具体的研究和运作实施方法，供应链管理及供应链管理研究需要结合具体的供应链运作过程。通过将供应链管理的理念运用于传统领域，企业在提高绩效的同时也创造出新的适合于供应链运作环境的供应链管理理论和实施方法。与传统的基于单个企业的管理理念相对应，供应链管理理念涉及企业运作管理的每一个领域，与具体的业务流程和职能部门相结合以体现供应链管理的价值；供应链管理研究关注的重点是打破企业间的边界，将上游的供应商和下游的客户结合为一个整体。这就需要供应链各成员之间共享部分企业的内部信息，同时简化供应链各企业交界处的出厂质量检验和来料质量检验等部分手续，避免引发供应链有关成员发生质量缺陷、质量故障及质量风险转移等机会主义行为，从而避免给供应链带来风险。

二、服务外包理论

服务外包是指企业将价值链中原本由自身提供的具有基础性的、共性的业务流程剥离出来后，外包给企业外部专业服务提供商的经济活动。服务外包的发展伴随着通信技术的不断创新，所涉及的服务性工作大多通过互联网传输进行操作，同时利用多元化的现代通信手段予以辅助，企业在整个业务流程中通过价值链的重组及资源的重新配置，降低了非核心甚至是核心业务的综合成本，从而大幅提升了自己的综合竞争力。

随着信息技术的高速发展，服务外包产业成为繁荣之下的副产物，与此同时服务外包处于核心地位，是现代国际社会中最根本、最具有战略性的产业之一。服务外包产业之所以在现在这个时代能够成为各国竞相鼓励发展的产业，不仅仅是因为其产业自身可以带来丰厚的经济收益，更是因为通过对社会中的经济结构进行深度优化，可以舍弃传统产业中待提升的糟粕部分，发扬其精华的部分，全面系统地建设完成先进的经济体。换句话而言，服务外包产业所带来的乘数作用超乎想象，是一国国民经济与社会发展的重要支柱产业。

外包的范围按工作性质可分为产品制造过程外包（即蓝领外包）和技术开发与支持等其他服务活动的外包（也就是服务外包或白领外包）。服务外包的动因主要是降低企业成本、技术因素，提升关注企业自身核心竞争力等。

一般来说，服务外包应用于信息技术服务、物流、人力资源管理、旅游、会计、金融、公共服务、客户服务、产品研发、设计和调研等领域。服务外包提供商依托计算机和网络技术进行操作和管理，采用现代通信手段进行交付，不断提高服务层次，大幅提升服务附加值，使发包企业通过重组价值链、优化资源配置、降低成本等措施，明显提升了发包企业的核心竞争力。学者们认为，服务外包至少可以在最大化企业内部核心资源的收益、专注企业自身核心竞争力发展、充分发挥企业外部合作者的专业化优势和快速提升企业市场地位四个方面给企业带来好处。

在我国，服务外包产业可以细分为三种模式：信息技术外包服务（ITO）、技术性业务流程外包服务（BPO）、技术性知识流程外包（KPO）。ITO的主要类别有软件研发及开发服务、信息技术研发服务、信息系统运营维护，多涉及成本和服务。BPO的主要类别有企业业务流程设计服务、企业内部管理数据库服务、企业运营数据库服务、企业供应链管理数据库服务，其主要侧重点在于业务流程、业务效果、营运效率。KPO多用于知识产权研究、技术研发和测试、工业设计等技术性较强的领域。影响我国服务外包产业发展的因素众多，目前我国服务外包产业总体发展一片向好，且在国际市场中位于行业前列，提升产业总体发展不过是锦上添花，如何把握时机实现产业结构升级，运用好同组因素在不同服务外包模式中所产生的影响，有侧重性地投入相应的因素，取得事半功倍的效果才是我国发展服务外包产业的当务之急。

相比BPO，KPO将基于本领域内的流程外包，从而使企业获得高附加值，给零售部门提供了改善促销和获取利润的新机会，提升了BPO基于成本所带来的利益。对于BPO、ITO和KPO而言，BPO的步骤比ITO复杂，而KPO的步骤又比BPO复杂。相比ITO和BPO，KPO缩短了企业从前端设计到终端市场的导入时间，更有效地管理关键硬件，能提供市场、竞争状况、产品和服务等相关研究，提升了企业在业务管理方面的有效性，可帮助企业快速处理预想的业务场景，可提供给客户定制化的服务和采取灵活的价格。目前，KPO已经成熟的业务包括商品计划、销售预测、竞争情报（合作）、客户与市场调查、目录管理（包括分类计划和目录资源配置）、最优化与减价补贴（合作）、仓库管理（合作）、存货管理（合作）、销售点（Point of Sale，POS）管理、客户特许管理、定价（合作）。

✏️ 相关案例

可口可乐1886年在美国佐治亚州亚特兰大市诞生，目前全球每天有17亿人次的消费者在畅饮可口可乐公司的产品，大约每秒钟售出19400瓶饮料，为全球最大的饮料厂商。其主要竞争对手为百事可乐。2016年10月，可口可乐公司排2016年全球100大最有价值品牌第三名。可口可乐在200个国家拥有160种饮料品牌，包括汽水、运动饮料、乳类饮品、果汁、茶和咖啡，也是全球最大的果汁饮料经销商（包括Minute Maid品牌），在美国排名第一的可口可乐为其取得超过40%的市场占有率，而雪碧（Sprite）则是成长最快的饮料，其他品牌包括伯克（Barq）的沙士（Root Beer）、水果国度（Fruitopia）及大浪（Sunge）。

三、利益相关者理论

利益相关者理论的起源可以追溯到 20 世纪 60 年代甚至更早，当时它对英美两国的"股东至上"的理论提出疑问，并逐渐以契约理论和产权理论为基础发展起来。20 世纪 80 年代以后，其影响迅速扩大，其促进了企业管理模式的转变。到目前为止，它的理论体系还在不断完善中，它对真实企业的理解真实，其理论解释和包容性较强。它已成为西方企业理论不可或缺的一部分。

20 世纪 70 年代以后，在企业契约理论的基础上，以弗里曼（Freeman）为代表的一批管理学家提出了利益相关者理论。该理论认为，任何企业的发展都离不开各种利益相关者的参与，这些利益相关者包括企业股东、债权人、雇员、消费者、供应商、政府部门、地方社区、媒体、环保主义者和其他个人和团体。他们对企业的生存和发展进行了专用性的投资，或者共同承担了一定的商业风险，或者为他们的商业活动付出了代价。企业的决策和公司治理结构必须考虑其利益，并赋予其相应的话语权。

企业的利益相关者理论研究更加注重人力资本的重要作用和其他私人资本在企业管理的本质，并深刻理解企业作为一个"社会存在"，可以在日益多元化的社会找到一个普遍利益的平衡。在当前的知识和网络经济下，企业的利益相关者理论对企业的管理实践更具指导意义。

对利益相关者利益的准确判断是非常重要的，然而企业对利益相关者的期望或行为进行预测是很困难的，对利益相关者利益的判断也是困难的。

目前的研究仅仅指出企业的营销战略应该根据利益相关者的期望有所调整以及企业有必要收集利益相关者行为的反馈，但是目前还没有明确的方法来判断对利益相关者利益评估的准确性。

研究了众多学者关于利益相关者定义和分类的研究成果后发现，关系营销中最重要的 8 种利益相关者分别是：①顾客/消费者；②竞争者；③雇员；④社会公众；⑤政府；⑥媒体；⑦股东；⑧供应商。因为这 8 种是关系营销中的最主要的利益相关者群体，对于这 8 种群体之外的利益相关者或者这些利益相关者的子群体的研究都可以参照对这 8 种利益相关者的研究方式。

利益相关者可以是所有直接或间接与企业相关的团体或个人，任何企业都没有无穷的资源满足所有利益相关者的利益要求，所以识别出主要的利益相关者具有非常重要的操作意义，利益相关者的期望和行为将会影响企业的业务，所以对利益相关者的期望或行为进行管理也是必要的，而利益相关者的期望和行为是随时间和空间改变的，利益相关者与企业的沟通渠道也不是固定和通畅的，所以企业需要有顺畅的和每个利益相关者进行沟通的渠道。

基于利益相关者管理理论视角发现，服务供应链利益相关者有发包企业的股东、债权人、雇员、消费者、服务提供商、政府部门、本地居民、本地社区、媒体、自然环境及人类后代等受到企业经营活动直接或间接影响的客体。服务供应链利益相关者众多，这些利益相关者多数与服务供应链的生存和发展密切相关，他们有的分担了服务供应链的经营风险，有的为服务供应链的经营活动付出了代价，有的对服务供应链进行监督和制约。服务供应链在经营决策时，必须考虑这些利益相关者的利益或接受利益相关者的约束。从这个意义讲，服务供应链的生存和发展主要依赖于服务供应链对各利益相关者利益诉求的回应质量。服务供应链利益相关者管理思想从理论上阐述了服务供应链绩效评价和管理的中心，为其后的绩效评价理论奠定了基础。

企业应重视企业与利益相关者之间的关系管理。利益相关者关系的管理可以减少突发事件的发生和对企业的不利影响。在企业管理的过程中，可能会出现各种意想不到的突发事件，对企业经营乃至企业的生存都有很大的影响。在经营中可能发生各种各样的事故，有内部事故和外部事故。

理论研究和无数事例表明，利益相关者会影响企业内外部环境，利益相关者关系的管理可以减少企业外部环境的不确定性。企业外部环境不确定性的许多方面是由利益相关者引起的，如政府干预、媒体负面宣传和消费者的不满。如果企业与他们有通畅的沟通渠道并保持经常性的沟通和互动，建立良好的声誉，积极承担社会责任，可以减轻偶然事件对企业经营的负面影响和冲击，在一定程度上减少外部环境对企业经营的不确定性。相反，如果企业忽视了政府、新闻媒体和其他利益相关者的关系管理，一旦发生事故，外部利益相关者就很难支持和帮助企业，使企业陷入困境。

利益相关者理论开始把企业的关注点延伸到客户之外，并证明了利益相关者理论的研究，如政府、媒体和其他利益相关者，虽然不一定是企业客户，但对企业的营销却有很重要影响。利益相关者理论要求企业在制定发展战略和日常运作中，需要做以下工作：第一，在制定战略目标时，根据企业利益相关者的重要程度，将其利益和目标整合成企业整体目标；第二，企业在实施战略和评价过程中，要考虑利益相关者，对不同的利益相关者采取不同的战略，以提高资源使用效率。利益相关者理论的提出也为拓展关系营销理论研究视角，建立新的关系营销策略和实施模式提供了理论依据和操作方法。

"物不因不生，不革不成。"当前，新一轮科技革命和产业变革引领着服务经济蓬勃发展。依靠市场机制、借助创新手段，推动生产性服务业向专业化和价值链高端延伸，推动生活性服务业向高品质和多样化升级，是服务业高质量发展的途径和方向。

"创新是第一动力"，是现代服务业的核心竞争力。加快现代服务业发展，必须牢牢抓住加快转变经济发展方式和供给侧结构性改革这条主线，在科技、管理、市场、商业模式、企业组织结构创新等方面发力，优化和调整服务业结构，建立和完善服务业体系。当今世界，大数据、物联网、人工智能等新技术开始广泛应用、融合到服务业领域，顺应数字化、网络化、智能化发展趋势进行业态、模式创新，推进数字技术对产业链价值链协同与整合，推动服务型制造和产业数字化转型，是发展高质量服务业的应行之道、应务之实。壮大服务业发展新动能，既要狠抓人才建设创新，大力开发和储备人才资源，支持引导人才培养和集聚，又要狠抓机制体制创新，继续深化"放管服效"改革，释放企业投资项目承诺制、"一枚印章管审批"等改革红利。当然，深化要素市场化配置改革，加快金融、教育、医疗等领域的开放进程，探索建立和完善包容审慎的监管体系，补齐科技研发、高端咨询、知识产权等现代服务业"短板"等，更是改革创新的主要内容和形式。

📝 相关案例

2020 年，衡阳企业上市辅导中心正式营运。中心将通过整合各类上市中介服务机构，组建上市辅导联盟，为企业提供法律、财会、基金、投行、管理咨询等几方面的"手把手"服务，并根据企业实际情况，因材施教、一企一策，旨在加快衡阳上市企业培育，推进经济转型升级，带动城市竞争力全面提升。上市辅导联盟首批邀请了飞马旅、中金、招商证券等 20 家辅导机构加入。加快发展现代服务业，是调结构、转方式、推动高质量发展的有效途径，是保障改善民生、促进社会和谐发展的必然要求，是扎实推进"六稳""六保"工作的有效手段。近年来，衡阳市致力现代服务业提质升级：引进各类金融机构，实施企业上市行动计划，启动衡阳陆港型国家物流枢纽建设，建设东阳渡综合物流产业园和云集空港物流园，培育国家 5A 级物流企业，努力在新起点上谋划经济持续健康发展的增长点。

第三节　服务供应链的应用

一、公共服务供应链

公共服务是 21 世纪公共行政和政府改革的核心理念，包括加强城乡公共设施建设，发展教育、科技、文化、卫生、体育等公共事业，为社会公众参与社会经济、政治、文化活动等提供保障。公共服务以合作为基础，包括加强城乡公共设施建设，强调政府的服务性，强调公民的权利。

（一）公共服务供应链的概述

公共服务满足公民生活、生存与发展的某种直接需求，能使公民受益。享受公共服务供应链企业服务的对象是广大群众，其服务质量的优劣关系着广大人民群众的切身利益。公共服务企业劳动者服务质量的优劣，对公共服务企业提供的最终服务质量往往具有关键性的影响，当这种质量问题超过一定程度时，就会对整个公共服务企业的运作和收益造成决定性的影响，公共服务质量已成为现代公共服务企业形成差异化的重要手段和核心竞争武器。另外，公共服务的群体之大、责任之重、影响面之广等特点也决定了公共服务企业的公共服务质量必须是优质的。优质的公共服务质量可以帮助公共服务企业获取有价值的反馈信息并指导决策，降低客户的流失率，赢得更多的新客户，从而可以促使企业利润持续增长，促进公共服务企业不断发展壮大。值得重视的是，公共服务企业一般通过其劳动者为广大群众提供优质的公共服务，劳动者既是公共服务企业利益的创造者，同时也是公共服务企业利益的受益者，劳动双方的利益本应具有一致性，在这种利益一致、双方无劳动纠纷问题的前提下，劳动者才更可能，也更愿意主动为广大群众提供优质的服务。

然而，一些最新的研究却发现，在现实环境中，世界各国的公共服务企业与其劳动者之间普遍存在劳动合同签订率低、劳动关系双方随意违反劳动合同、企业侵害劳动者权益、劳资矛盾加剧等劳动纠纷问题，并且该类问题层出不穷。为了有效解决上述劳动纠纷等问题，世界各国政府也不得不对上述劳动纠纷问题进行协调和监管并建立相应的"政府—公共服务企业—劳动者"三方协调监管机制。遗憾的是，到目前为止，世界各国劳动三方协调监管机制并不健全，存在三方协调机制相关法律不完善、三方协调机制的主体缺位和代表性不强、劳动三方协调机制的社会影响力不大、公共服务企业的员工没有很强的劳动服务质量意识、政府干预不力等诸多突出问题。公共服务三方协调监管问题，是公共服务领域理论界和实践界迫切需要解决而尚未解决的制约公共服务行业快速发展的瓶颈问题。对公共服务的劳动者、公共服务企业及政府监管者三方的协调监管研究已到了势在必行、刻不容缓的地步。

✏️ 相关案例

为了推动消费，不少地区推出了黄金周期间景点门票优惠乃至全免的政策，就是为了鼓励更多游客前往。而旅游业的本质是强化人文性，服务硬件和软件的人性化、个性化，有助于提升景点的市场竞争力。如果说，门票优惠是价格杠杆，目的是"欢迎您来"，那么，包括服务区在内的细节完善，则决定了游客是一次性消费的顾客还是下次再来的常客。

高速服务区是一地整体旅游环境的展示窗口和推广媒介，通过建设硬件更加完善、服务更加贴心的高品质服务区，在细节上给游客们家一样的关怀，有望撬动一地的旅游产业发展。多些创新、多出精品，服务区也能不断向着"服务"的初衷靠拢。

（二）公共服务供应链的特征

公共服务供应链有如下几个特性。

1. 从整体出发进行公共服务战略规划

企业供应链管理是把所有节点企业看作一个整体，实现全过程的战略管理。新公共管理同样要求管理的整体战略性，所以公共服务供应链管理同样要从整体出发，避免各节点组织、部门之间因职能分工、目标的不同，造成相互的矛盾和效率低下。所以公共服务供应链应该是一个能够立足于整体目标的、合理协调各节点组织间合作的网链结构,公共服务供应链的最终整体目标是实现提供高效、优质的公共服务。

2. 强调合作机制的建立

公共服务供应链管理强调与公益组织、第三部门等建立沟通协调机制,提供资源共享的服务平台,而不是直接干预或者垄断公共事务。政府作为供应链中的主要组织节点,其作用在于为民众和其他公共服务组织建立合理的沟通与协商对话机制,构建畅通的民意表达机制,奉行服务理念,服务于公众,致力于更加高效的公共服务提供。

3. 合理的供应链组织结构

新公共服务理论强调民主和公民权,强调民主协商,强调通过多元主体的民主协商,达到公共服务的目的。供应链管理理论也强调采用集成的思想和方法。在构造公共服务供应链的过程中,为了实现公共政策,为了给公众提供更加丰富广泛的公共服务,必须与市场、第三部门及公民共同合作,本着公平、正义、效率、参与的原则,探索创新、合理的多元主体合作模式,进而推动公共服务的发展。

4. 以公共利益为出发点和终结点

供应链管理以营利为目的,以客户为中心,这也是供应链管理的经营导向,从而衍生出一系列的管理方法和手段。而新公共服务理论中强调公共利益是主要目标,而非副产品。在公共服务供应链中,利用供应链管理的方法和手段,达成提供公共服务、最大化公共利益的目的是其重要特征。

📝 **数据链接**

2020年年初,由于新冠疫情的暴发,大部分居民只能困在家中,同时也加大了我国求职者的就业压力。智联招聘2020年春节企业复工情况调查显示,将近有52%的职场人员对2020年疫情下的求职形势持不乐观态度。同时在疫情的影响下,各企业禁止开展线下招聘活动,以校园招聘、线下招聘会等面对面为主的招聘渠道使用比例显著减少。据悉,智联招聘校园事业部2019年秋招共执行了8000多场线下招聘会,往年春招也有2000多场,2020年这一数字缩水为零。线下招聘会的取消,将对今年求职人员造成较大的打击。不过与此同时,社交渠道、招聘网站等无须面对面交流的招聘渠道使用比例不断增加。数据显示,在受访者对线上求职的看法中,持积极态度的居多,提及了线上求职比较方便(55.79%)、选择多(45.45%)等优点;不过线上招聘也给求职者带来了一些担忧,例如发布在网络上的职位信息的可信度(50.83%)、招聘单位信息的真实性(43.39%)、个人信息的泄露(36.78%)等。

二、物流服务供应链

（一）物流服务供应链的概念

物流服务供应链作为服务供应链必不可少的一部分，正在逐渐成熟并快速发展，目前国内外对物流服务供应链的定义还没有统一，通过对现有文献的收集和整理，可归纳为以下几类。

1. 控制主导型视角

美国供应链管理专业协会认为供应链各节点企业共同参与物流服务全过程，但是各主体都不能单独控制物流服务的能力，并将其定义为物流服务供应链。

2. 核心企业主导型视角

闫秀霞认为在物流服务供应链运作当中，核心企业占据主导地位，利用其丰富的信息资源和先进技术，有效控制链条上的相关活动，从而满足顾客要求并实现服务价值增值。

3. 能力主导型视角

高志军从物流能力的视角指出物流服务供应链上各节点企业之间的资源可通过集成的思想实现互补。

4. 价值主导型视角

李天阳将价值感知的工程思想应用到服务供应链运作优化过程当中，在整个服务过程中看重如何实现价值增值和细分服务供应链的运作过程，结合服务价值的产生、传递、分解、交换等以提升整体的服务价值。

5. 整合主导型视角

高志军认为物流服务供应链主要是物流、信息流、资金流、价值流等整合的过程，先是第三方物流的整合，主要包括基础、运作、管理和战略等方面的整合，再进行供应链整合，最后实现物流服务供应链的整合。

结合以往学者对物流服务供应链概念的界定，可认为物流服务供应链是链上的核心企业，通过整合并合理分配提供商的物流服务，有效控制物流服务供应链运作过程当中的物流、信息流、资金流等，并对服务过程、服务水平、顾客感知进行管理，最终向物流需求客户提供满足其要求的物流服务。

（二）物流服务供应链的构成

物流服务供应链是由客户企业在物流方面的需求拉动，连同其他物流服务提供方基于契约形成的多层次、长期的合作伙伴组织网链结构。物流服务供应链的结构可根据实际情况分为客户企业、集成型物流企业、功能型物流企业和其他节点企业。客户企业在物流方面的需求驱动，集成型物流企业快速、准确地捕捉企业的需求，通过物流信息平台将需求信息传达给其他供应链伙伴，从而实现价值的增值（见图 10-3）。

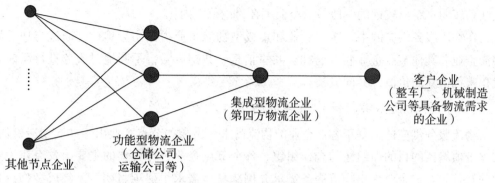

图 10-3　物流服务供应链

1. 客户企业

客户企业是指具备物流需求的企业，如整车厂、机械制造公司等。物流服务供应链价值创造的出发点和归宿点是客户企业需求，在价值创造的过程中，客户提供的不仅仅是需要被运输、仓储并最终用于交换的有形商品，还有信息、经验和知识等无形资源。同时，经济的服务化趋势与服务主导逻辑的发展使得客户企业在物流服务供应链中的地位得到提高，必须重视客户企业为价值创造过程做出的贡献，因此是物流服务供应链的主导节点之一。

2. 集成型物流企业

集成型物流企业也称为物流服务集成商，在当前发展阶段通常是指第四方物流企业，其凭借自身先进的信息网络和优秀的资源整合能力，通过将功能单一的功能型物流企业资源整合起来，为客户提供专业、全面的供应链服务，能够起到客户企业和功能型物流企业之间的桥梁作用，是物流服务供应链中的另一个主导企业。集成型物流企业通过与客户企业、功能型物流企业等直接签订合同，从而整合和管理自己的供应商，不仅为客户企业提供仓储、运输等基本功能，更主要的是为其提供物流信息技术平台、定制化综合解决方案、承运人或功能型物流企业的选择、报关、业务咨询等服务。

3. 功能型物流企业

功能型物流企业也称为分包商，它拥有一定的固定资产，为企业提供传统的运输、仓储等单一服务或某几项服务。由于其提供的服务较为标准、单一且辐射范围有限，因此常被整合进客户企业和集成型物流企业的物流网络中。通过与集成型物流企业签订长期或短期的合同，为集成商及其客户提供专业化服务。

4. 其他节点企业

物流服务供应链中的节点企业都是一个个独立运作的企业和组织，这些企业或组织要么要素互补要么处于流程中的某一环节，如海关、港口、货站服务企业等。但本文的研究重点是客户企业与集成型物流企业直接相关的节点企业，所以那些与核心节点联系较弱、距离较远的一般节点企业不在讨论范围内。

在物流服务供应链中，客户企业和集成型物流企业占据主导地位，通过与功能型物流企业和其他节点企业相互合作、共享信息、共担风险，不断地对服务进行反馈和优化来创造新的价值，共同成长。

（三）物流服务供应链价值共创的运作流程

物流服务供应链是基于客户企业的物流需求，由相关节点企业出于共同创造价值，实现价值增值的目的而组建的合作组织，各个节点企业选择合作的主要出发点在于资源的互补。客户企业提出物流服务需求并围绕具体需求组建项目团队，集成型物流企业作为供应链综合方案解决专家同样需要提供相应人员和客户共同组成完整的项目团队，快速、准确地理解和响应需求。集成型物流企业主要提供两方面的服务：一是综合解决方案，二是物流信息技术平台的搭建和维护。综合解决方案涵盖的范围甚广，从帮助客户规划运输路线、运输方式和装载方案，到依据客户的供应商招标标准代为选择供应商，再到集中闲散需求为重点客户与功能型物流企业谈价、议价；除此之外，集成型物流企业还为客户企业、功能型物流企业组成的价值共创联盟企业提供共同的物流信息平台，实现信息的实时共享。

功能型物流企业须按照契约严格执行客户企业和集成型物流企业的最后决策结果，为客户提供专用的仓库位置，按照约定的时间提供特定的运力将客户的产品准时运往货场，并提前完成报关、清关、订舱工作；同时及时在物流信息平台更新各个重要时间点的货物状态。当货物顺利通关，在约定的时间将由船公司运往契约规定的收货人港口，再由功能型物流企业以相似的流程完成货物的清关等手续并最终送到收货人的仓库。以上全部流程需在契约规定的时间内完成，否则将影响客户企业对集成型物流企业的 KPI（Key Performance Indicator，即关键绩效指标）考核并收取罚金。

在服务经济时代，客户企业在物流服务供应链中的地位得到显著的提高并拥有较大的话语权。对于集成型物流企业提供的解决方案，客户企业给予反馈和建议，集成型物流企业根据这些反馈优化现有流程、方案，针对提出的新需求投入相应人力、资金，构建新的业务模块以满足需求，提高了集成型物流企业的问题响应能力，完善了服务流程中的不足。客户企业的需求还会督促功能型物流企业的物流设施建设、升级，促使其运营能力、安全性等软实力的提升。同样地，集成型物流企业和功能型物流企业通力合作不但满足了客户企业的需求，还实现了各自的经济效益和技术能力的提高。整个价值共创联盟的节点企业通过整合资源、分担风险，共同致力于战略目标的达成，实现共同受益。

✎ **相关案例**

联邦快递倾听顾客声音的途径

"我们相信服务质量必须通过数学方式来测量。"联邦快递公司的主席、总裁兼首席执行官明确表达了他对服务质量的看法。公司致力于实现明确的质量目标，并由持续的测量流程跟进这些目标。这种措施形成了联邦快递测量服务质量的基础。

联邦快递首先设立了两个雄心勃勃的目标：每一次与顾客的接触和交易中实现百分百满意；处理每个包裹传递百分百满意。顾客满意度通过准时投递的百分比来计算，即准时投递包裹数量与包裹总数之比。然而，实际情况表明，准时投递的百分比是内部标准，不等于顾客满意度。

由于系统地记录了顾客抱怨，联邦快递能够识别出最常见的 8 种顾客抱怨：①错误日期投递；②投递日期正确，时间错误；③未收取包裹；④包裹遗失；⑤误传消息给顾客；⑥账单及文件错误；⑦员工服务失误；⑧包裹损坏。这份清单是联邦快递建立其顾客反馈系统的基础。

联邦快递完善了这份清单，并开发出服务质量指数，它是一种从顾客角度反映顾客满意度与服务质量的涵盖 12 个项目的测量方法。每个项目根据其在决定整体顾客满意度中的相应重要程度被赋予权重值。分数用于计算日指数。就像打高尔夫球的得分一样，指数越低，成绩越好。但是，与打高尔夫球不同的是，服务质量指数（SQI）涉及大量的数字（通常有 6 位数），总体 SQI 和 12 个项目每日跟踪，从而对连续的指数进行计算，如表 10-3 所示。

表 10-3　　　　　　　　　　联邦快递服务质量指数（SQI）的构成

服务失误的类型	权重因素×事件发生的次数＝每天的得分
递交延误—日期正确	1
递交延误—日期错误	5
未回复追踪请求	1
重新抱怨	5
遗失递送的证明材料	1
发票修正	1
错过取件	10
丢失包裹	10
包裹损坏	10
航班延误（分钟）	5
超载（包裹丢失了标签）	5
放弃致电垂询	1
服务失误总分（SQI）	225

在上一年度服务失误发生的总次数基础上进行缩减，制定了平均每天 SQI 的年度目标。为了确保持续关注 SQI 的每个独立构成部分，联邦快递建立了 12 个质量行动小组，每个小组负责 SQI 的一个组成部分。这些小组负责分析问题背后的根本原因并加

以纠正。

除了采用 SQI 反映程序、服务和顾客优先度的变化，联邦快递还采用其他多种方法获取反馈。

顾客满意度调研。这项电话调研每个季度在随机抽取的几千名顾客中进行一次，顾客由联邦快递的有关部门分层抽样。调研结果每个季度递交给高层管理者。

目标顾客满意度调研。该项调研包括具体的顾客服务流程，每半年进行一次，受访的顾客群是在过去 3 个月内体验过一次具体联邦快递服务流程的顾客。

联邦快递中心评论卡。评论卡从联邦快递店铺的商务中心收集而来，其结果制成表格（每年两次），递交给负责顾客的管理者。

在线顾客反馈调研。联邦快递委托第三方进行定期调研，获取在线服务的反馈（如包裹追踪）以及进行新产品的专业调研。

从这些多样化的顾客反馈方法中获取的信息，帮助联邦快递在业内保持了领先地位。

三、金融证券服务供应链

金融证券领域对服务供应链进行合理应用，能够有效地促进各项金融产品、资金及信息等要素之间的协调运作，满足不同投资者的差异化需求，构建协同、高效的金融证券服务圈，并以此推动金融证券行业健康有序发展。为了切实发挥服务供应链在金融证券行业的重要价值，有必要对金融证券服务供应链体系结构进行深入分析，结合该体系结构现有特征，提出未来发展和调整的方向，促进金融证券服务供应链管理水平的全面提升。

📝 知识拓展

很多消费者在手机内存有限的情况下，经过多次权衡，在各种 APP 反复下载、删除的循环中，还是会选择保留招商银行掌上生活 APP。为什么呢？相信很多消费者对于招商银行掌上生活 APP 每周三指定餐厅吃饭五折优惠的活动并不陌生，这个满足了消费者的饮食刚需并且在支付渠道提供大力度优惠的策略，为招商银行带来了不少新客户，为掌上生活 APP 带来了不少忠诚用户。因为在买单时全款和打五折付款这两者之间的对比太强烈、太实在了，为此，有不少没有办招商银行信用卡的消费者会新办卡；有招商银行信用卡的消费者会下载注册掌上生活 APP；已经注册掌上生活 APP 的消费者会频繁使用该 APP，并对这个 APP 有黏性。

（一）金融证券服务供应链概述

金融证券服务供应链是基于证券交易活动，对该领域企业竞争力、服务资源及行业优势等实现合理化调整，为提高金融证券机构投资者及个人投资者整体服务质量而构建的服务供应链，是一个在金融证券市场内部组建的包罗各种相关企业、体现领域多样化的整体合作组织。金融证券服务供应链在实际管理过程中，主要的管理目标是协同运作各项服务涉及的产品信息及资金等要素。在供应链中，各个不同成员在提供协同服务基础上，满足不同类型客户的差异化需求，确保服务供应链中涉及的所有企业成员综合竞争力获得全面提升。

金融证券服务供应链在实际管理过程中，需要内部各个企业合理利用现代化信息技术，在不同企业之间全程协作，构建科学的运行模式。在金融证券服务供应链体系结构中，所涉及的各个企业保持一种良好的合作关系，能够促使各企业资源实现更加优化、合理的配置和利用。在金融证券服务供应链中，证券投资者是主体，证券交易市场是中介体，金融证券服务供应链涉及的各种产品，如债券、股票等是客体。

（二）金融证券服务供应链体系结构特征

1. 结构模式较为特殊

在金融证券服务供应链体系中，上市公司以及证券公司等服务供应商要对服务集成商涉及的各项集成服务实现合理利用，在合理指导并有效运用服务输入的基础上，输出更多高质量的金融证券服务，从而最大限度地满足各种类型最终投资者的差异化需求。这种模式保持了输入和输出之间的相互有效结合，同时也对金融证券服务涉及的双向供应链实现了科学整合，确保金融证券服务具备突出的综合性特征。这种结构模型与国企、银行等领域体现出来的结构模型有很大差异。

2. 依赖综合平台系统实现运行

销售买卖和证券流通这两项基本活动始终贯穿在当代金融市场的金融证券服务供应链体系中，但是这两项活动的具体实现程度，主要取决于证券交易所提供的证券交易平台这一关键因素。因此，要保证金融证券服务供应链保持正常、稳定的运行，现代化交易平台系统是必不可少的元素。金融证券服务供应链中，立足于不同的参与者关系，平台系统的主要作用是连接媒介。服务供应商需要先建设平台系统，并以此为基础与系统最终投资者、服务集成商建立联系；最终投资者也需要利用平台系统，将服务请求发送给服务集成商；在系统中，服务集成商更需要与平台系统保持紧密结合，基于平台系统包含的各项功能，实现延伸服务的创新化、合理化设计。

3. 具有推拉结合的运营模式

从投资者响应速度角度看，金融证券服务供应链推动类型的运营模式，要比拉动类型的运营模式明显滞后。前者只能部分满足系统投资者的实际需求，后者又具有更高的经营成本，所以，要优化地建立金融证券服务供应链，就要求该供应链模式保持在两者之间为最好。而如何实践推拉结合型模式，又成为一项新课题。在金融证券服务发生一定差异化之前，比较适合推动类型的运营模式，也就是根据证券金融市场长期预测，设计并输出服务产品；当金融证券服务存在一定差异化变化之后，就应该选择拉式供应链，具体来讲就是以最终服务市场反应的实际需求为基础，科学有效地做出相关反应。在金融证券服务期间，服务集成商是主导差异点集中表现的关键因素，而服务重点是金融证券所体现出来的高速运转和快速变化状态。综合来说，金融证券市场追求的是短期高效，这需要在建立有效模式时同时考虑双向作用力，即推拉模式，以综合体现服务供应链的多样性。以服务供应商差异点为中心，推式阶段体现出来的服务需求具有大批量、稳定等特点；拉式阶段体现出来的服务需求具有小批量、不稳定，紧随交易市场的变化而发生快速改变的特点。这种服务供应链新型运行模式，有效集合了拉式供应链和推式供应链各自的优点。对延迟差异思想实现了综合体现，确保服务供应链综合服务负荷得到稳定保障，并在此基础上促使各金融证券服务商服务效率得到切实提高。

4. 供应链渠道较短

金融证券服务供应链从供应渠道角度分析，在时间跨度上属于短渠道类型。金融证券市场通常是瞬息万变的，所以客户利益与其反应速度存在密切关系。另外，由于服务行业直接和客户挂钩，所以客户基本上都能参与整个服务过程，并在参与过程中对时间具有较高要求。金融证券服务领域为了充分满足客户的这一要求，需要对时间进行合理化控制，尽快形成时间渠道，最大限度地压缩中间环节。这一特征也体现出金融证券服务供应链与其他领域的不同特点。综合来讲，金融证券服务供应链渠道的形成，需要将最终客户、服务集成商、服务供应商作为关键三要素，在实现渠道最优化、最短化基础上，确保供应渠道的快、平、短。

相关案例

平民银行

平民银行（Banco Azteca）是墨西哥的一家银行。这家银行的目标市场是收入相当于每月 250~1300 美元的 1600 万户墨西哥普通家庭，他们的工作大多为出租车司机、工人和教师等。尽管这个细分市场的综合收入高达 1200 亿美元，但大多数银行对这些顾客群体都不感兴趣，嫌弃穷人账户赚不到钱。毫不奇怪，这些家庭平均每 12 户中只有一家拥有储蓄账户。

Banco Azteca 是理查多·萨里纳斯·皮利戈（Ricardo Salinas Pliego）的创意，他是一个集零售、媒体和通信业务于一体的商业帝国的掌门人，他还掌管着墨西哥最大的日用品零售集团 Grupo Elektra。银行的分行网点设在 900 多家 Elektra 的商场里，统一装饰成墨西哥国旗的绿、白、红三种颜色，旨在营造一种宾至如归的氛围。张贴的海报上也醒目地宣传着 Banco Azteca 的广告用语，意思是"友好的银行，热情待客"。

Banco Azteca 之所以同 Elektra 联盟，意在利用这家零售巨头在客户金融业务方面的不凡业绩，因为事实上大约 70% 的商品都是赊账销售的。Elektra 在信用销售方面具有良好的业绩，其偿还率高达97%，并拥有庞大的顾客信用记录数据库。正因为这样，高级管理层认为将那些分布于商场内部的 Elektra 信用部门转变为 Azteca 支行并延伸服务项目是完全可行的。

新银行在信息技术方面投入巨资，采购了高科技的指纹识别器等，这样，顾客在办理业务时就不必出示证件或者存折。银行还组建了一支由3000多名贷款代理人组成的队伍，骑摩托车为顾客提供上门服务。银行还提供个人贷款及吸纳定期存款，并且还推出了二手车贷款、针对低收入者的按揭贷款以及借记卡服务。贷款通常可以用顾客以前购买的物品作为抵押担保。

2003年，Grupo Elektra 得到财政部的授权，收购了一家私营保险公司并将其重新命名为 Seguros Azteca。这家保险公司以非常低廉的价格，向长期以来一直被墨西哥保险行业忽视的细分市场群体提供最基本的保险产品，保险单通过 Banco Azteca 的支行网络进行分销。第二年，银行扩大了业务范围，为希望创立或扩展小企业的个人提供融资。

2015年，Banco Azteca 成了墨西哥规模最大的银行，并且它的业务已经扩展到巴西、巴拿马、危地马拉、洪都拉斯和秘鲁等拉丁美洲国家。

（三）金融证券服务供应链体系结构优化方向

1. 提升体系结构的综合时效性

目前，我国金融证券服务领域现有服务供应体系已经较为稳健，但是还没有充分突出时效性，也就是无法充分体现快、平、短的特征要求。所以，目前金融证券服务供应链体系结构在优化和调整期间，要着重提升结构综合时效性，具体可以从三个方面入手。

（1）着重提升服务平台的共享性和综合性。金融证券要长期生存在交易市场，一个必不可少的环节就是建设金融证券信息化平台。而目前我国金融领域尚缺乏充足的标准化程度，资源方面也缺乏良好的透明度和公开度，这些问题不能仅仅归于信息平台，还要从金融证券服务供应链方面找原因，对供应链体系进行制度优化，在确保制度完整的基础上，加快制度的落实。为了有效提升平台综合性，要求服务平台完整地拥有金融证券市场交易内容和各种延伸内容。金融市场供应链涉及的所有企业主体，都可以在服务平台当中得到相关信息，促使交易服务具备统一化标准，在确保交易行为标准的基础上，提升供应链体系管理的效率。平台要有效提升共享性，就要求金融证券服务供应链中所有企业主体，能够公开地使用相关信息，并透明、公正、公开享受各种类型信息资源。在此基础上，金融证券服务供应链能够对各项服务咨询资源实现更加高效的管理，最终实现资源配置优化。

（2）提升集成服务的多样性和整体性。集成服务充分提升整体性，能够高效整合优质服务资源和服务供应链管理，同时有效保证金融证券服务供应链体系可以顺利正常地运行。集成服务充分保持多样性，可以切实有效地提升系统弹性水平，多元化地满足各阶层客户的需求，全面提升系统管理及运作的便捷性。

（3）保持快速的服务反应。在金融证券各项交易活动中，投资者具有较高参与度，且由于市场行情具有极速变化的特点，所以投资者经常会在短时间内出现服务需求，因此要求金融证券服务供应链切实提升自身反应速度，防止出现牛鞭效应，吸取各种现代化管理理念以提升管理水平。

2. 充分协调服务资源

金融证券领域不仅要充分优化服务供应链体系结构，还要充分协调服务资源，对供应链内外加强结合与联系，利用现代化软件设施进行平台建设，并科学开展平台定位工作，对服务方式等进行改造，在充分的客观条件的支持下，高效推动服务供应链建设与发展，并在此前提下，科学构建一键式平台，完善一站式交易模式。建设一站式平台，并不是单纯地拓展建设，而是要积极地促进内部供应链成效逐步提升，并有效提高综合服务水平，加快建设自主化基础设施等，人力资源方面，要科学利用并分配资源，统一化实现平台管理，保持服务资源的完整性和协调性。目前金融证券服务供应链体系在我国并没有比较完善的结构，供应链体系内部尚不协调，需要相关部门立足结构现状，合理创新构建方式，切实有效地优化并改进金融证券服务供应链体系结构。

【课后思考题】

一、简答题

1. 简述服务供应链的特征。

2. 从不同角度阐述服务供应链的类型。

3. 简述公共服务供应链的特征。

4. 简述供应链中企业之间的关系。

5. 简述供应链管理模式。

二、论述题

1. 结合本章所学知识，试讨论服务供应链在物流管理中的作用。

2. 结合所学内容分析供应链与中介之间的关系。

三、案例分析题

盖特韦电脑公司：一个直销的制造商

盖特韦（Gateway）是一家个人计算机（PC 机）制造商，建立于 1985 年，是一家一开始就没有零售点的直销企业。1996 年，盖特韦是在线销售 PC 机的最大制造商之一。经过多年经营，盖特韦已经将其业务扩大到欧洲和亚太地区。1999 年，该公司在美国有三家工厂，在爱尔兰有一家工厂，在马来西亚有一家工厂。

20 世纪 90 年代末期，盖特韦在全美推出了开设盖特韦零售店这样极具挑战性的战略。到 2002 年 1 月，盖特韦在全美国已经拥有大约 280 家零售店。盖特韦的战略是避免在零售店维持成品库存，而只是将这些店铺作为消费者试用 PC 机和在决定购买某种配置时获取帮助的场所。当消费者决定购买时，PC 机才按订货要求制造，并由配送中心来运送。

开始时，投资方非常支持盖特韦的战略，1999 年年末，股票价格涨至超过每股 80 美元。但是良好势头并没有维持下去，到 2002 年 11 月，盖特韦的股票价格跌到不足 4 美元，这使盖特韦的损失非常大。在盐湖城、爱尔兰和马来西亚的工厂都关闭了。到 2004 年 4 月，盖特韦不得不关闭所有零售终端并减少了可提供给顾客的配置。公司正试图通过电子零售商像百思买、电路城（Circuit City）来销售 PC 机。如你所料，这对该公司来说是一个巨大的转变。

阅读上述材料，回答以下问题。

1. 为什么在美国盖特韦可以拥有多家制造工厂？
2. 当盖特韦要决定哪家工厂需要关闭时，要考虑到哪些因素？

参考文献

[1] 李永飞. 服务供应链质量协调理论和模型研究 [M]. 北京：科学出版社，2017.

[2] 崔立新. 服务质量管理理论与技术 [M]. 北京：北京理工大学出版社，2020.

[3] 沃茨，洛夫洛克. 服务营销：第8版 [M]. 韦福祥，等译. 北京：中国人民大学出版社，2018.

[4] 李俊. 国际服务贸易形势与热点2019 [M]. 北京：时事出版社，2019.

[5] 李巍. 服务营销管理：聚焦服务价值 [M]. 北京：机械工业出版社，2019.

[6] 国务院发展研究中心对外经济研究部课题组. 服务贸易：开放合作与创新发展 [M]. 北京：中国发展出版社，2020.

[7] 刘小茜，李尧，谢灵群. 跨境电子商务服务管理实施指南 [M]. 北京：电子工业出版社，2019.

[8] 柯丽敏，洪方仁. 跨境电商理论与实务 [M]. 北京：中国海关出版社，2016.

[9] 波多洛伊，菲茨西蒙斯A·詹姆斯，菲茨西蒙斯J·莫娜. 服务管理：运作、战略与信息技术（原书第9版）[M]. 张金成，范秀成，杨坤，译. 北京：机械工业出版社，2020.

[10] 李克芳，聂元昆. 服务营销学 [M]. 北京：机械工业出版社，2020.

[11] 汪素芹. 国际服务贸易 [M]. 3版. 北京：机械工业出版社，2016.

[12] 张立中. 现代服务管理：价值共创的典范 [M]. 北京：电子工业出版社，2018.

[13] 胡春林. 现代服务业主导新型城镇化研究 [M]. 北京：中国金融出版社，2018.

[14] 马勇，陈小连，马世骏. 现代服务业管理原理、方法与案例 [M]. 北京：北京大学出版社，2010.

[15] 刘林艳. 生产性服务业服务战略研究 [M]. 北京：旅游教育出版社，2019.

[16] 岳俊芳. 服务市场营销 [M]. 2版. 北京：中国人民大学出版社，2014.

[17] 李高勇. 互联网产品经理价值实现 [M]. 北京：机械工业出版社，2019.

[18] 郑锐洪. 服务营销：理论、方法与案例 [M]. 2版. 北京：机械工业出版社，2019.

[19] 苏朝晖. 服务营销管理 [M]. 2版. 北京：清华大学出版社，2020.

[20] 范秀成，赵占波. 服务营销学 [M]. 北京：首都经济贸易大学出版社，2018.

[21] 苏朝晖. 服务营销与管理 [M]. 北京：人民邮电出版社，2019.

［22］叶万春，叶敏，王红，等．服务营销学［M］．4 版．北京：高等教育出版社，2019.

［23］王成亮．服务创新与服务价值网络研究［M］．北京：企业管理出版社，2020.

［24］娜日．互联网金融服务创新能力的影响机制及提升对策［M］．上海：上海交通大学出版社，2017.

［25］李文立，逯宇铎，徐延峰．跨境电子商务平台服务创新与风险管控［M］．北京：科学出版社，2018.

［26］赵益维．服务型制造、IT 能力与制造企业服务创新绩效［M］．北京：科学出版社，2017.

［27］邓剑伟．公共服务质量持续改进管理框架的构建和应用［M］．北京：科学出版社，2017.

［28］王海燕，张斯琪，仲琴．服务质量管理［M］．北京：电子工业出版社，2014.

［29］胡敏．饭店服务质量管理［M］．3 版．北京：清华大学出版社，2015.

［30］李应军，唐慧，杨结．旅游服务质量管理［M］．武汉：华中科技大学出版社，2019.

［31］赵丽娜．B2C 环境下不同反馈主体服务补救研究［M］．北京：中国社会科学出版社，2019.

［32］万赫．数字商业下网络差评的服务补救：机制与策略［M］．北京：经济管理出版社，2020.

［33］张默，王效俐．突发事件中物流服务供应链的服务补救研究［M］．上海：上海交通大学出版社，2019.

［34］孙宗虎．客户服务全过程管理流程设计与工作标准：流程设计·执行程序·工作标准·考核指标·执行规范［M］．北京：人民邮电出版社，2020.

［35］闫新波，阮瑞华．呼叫中心客户服务与管理［M］．北京：机械工业出版社，2020.

［36］刘少丹．客户服务部精细化管理手册［M］．北京：人民邮电出版社，2018.

［37］戴启明．客户管理与客户服务导论［M］．北京：清华大学出版社，2013.

［38］魏巍，冯琳．国际服务贸易［M］．5 版．大连：东北财经大学出版社，2018.

［39］栗丽．国际服务贸易［M］．北京：中国人民大学出版社，2016.

［40］竺杏月，狄昌娅．国际服务贸易与案例［M］．南京：东南大学出版社，2018.

［41］徐志涛，明新国，尹导．产品服务供应链管理［M］．北京：机械工业出版社，2018.

［42］苏朝晖．服务营销管理［M］．2 版．北京：清华大学出版社，2020.

［43］张圣亮．服务营销与管理［M］．北京：人民邮电出版社，2015.

［44］程龙生．服务质量评价理论与方法［M］．北京：中国标准出版社，2011.

［45］洪冬星．客户服务管理工具大全［M］．北京：人民邮电出版社，2014.

［46］计国君. 服务科学与服务管理［M］. 厦门：厦门大学出版社，2015.

［47］洛夫洛克，沃茨，周. 服务营销精要［M］. 李中，等译. 北京：中国人民大学出版社，2011.

［48］宋华. 服务供应链［M］. 北京：中国人民大学出版社，2012.